SV
international
SCHWEIZER
VERLAGSHAUS

John H. Davis

DIE GUGGENHEIMS

Von Raubrittern zu Menschenfreunden

SV INTERNATIONAL
SCHWEIZER VERLAGSHAUS

Die amerikanische Originalausgabe erschien unter dem Titel
«The Guggenheims: An American Epic» bei William Morrow and Company,
Inc., New York

Ins Deutsche übertragen von Rosemarie Winterberg

2. Auflage 1985

Printed in Austria by Wiener Verlag, Himberg
3-7263-6433-1

Inhaltsverzeichnis

Zur Einführung

In den letzten hundert Jahren hatte ein Volk größeren Einfluß auf unsere Zivilisation als jedes andere: die Juden.

Fast die Hälfte der Menschheit gibt heute vor, in Übereinstimmung mit den politischen und wirtschaftlichen Theorien eines jüdischen Denkers zu leben, der 1883 starb, Karl Marx. Albert Einstein, ein weiterer jüdischer Denker, vier Jahre vor Marx' Tod geboren, revolutionierte unsere Vorstellung vom physikalischen Weltall: Aus einer seiner Theorien entwickelte sich die verhängnisvollste Erfindung des 20. Jahrhunderts: Atomspaltung. Wieder ein anderer jüdischer Denker, Sigmund Freud, der geboren wurde, als Marx achtunddreißig war, gab uns durch seine Theorien über das Unterbewußtsein einen ganz neuen Einblick in die menschliche Natur: Millionen suchen heute Hilfe in der Psychotherapie, der er den Weg bereitet hat.

Unter den unzähligen Juden, die das Denken und die Gewohnheiten unserer Zeit zutiefst beeinflußt haben, ragen diese drei als Giganten heraus. Aber es gab noch viele von riesigem Format und Einfluß in fast jedem Bereich menschlichen Bestrebens. Martin Buber in der Theologie. Henri Bergson und Ludwig Wittgenstein in der Philosophie. Gustav Mahler und Arnold Schönberg in der Musik. Wassermann, Schick, Salk in der Medizin. Casimir Funk, der Entdecker der Vitamine, in der Biochemie. Pissarro, Modigliani und Chagall in der Malerei. Heine, Proust, Kafka und Maurois in der Literatur. Leo Szilard, Niels Bohr und J. Robert Oppenheimer in der Physik. Benjamin Disraeli, Léon Blum, Leo Trotzkij in der Politik. Die Rothschilds in der Hochfinanz. Die Guggenheims im Bergbau und als Förderer von Kunst und Wissenschaften. Seit der Nobelpreis 1901 gestiftet wurde, verlieh man ihn an über fünfzig Juden. Und das Erstaunliche daran ist, daß die Juden weniger als ein halbes Prozent der Gesamtbevölkerung der Welt ausmachen. Ebenso erstaunlich ist außerdem, daß seit der Geburt von Jesus von Nazareth die Juden vor dem 19. Jahrhundert fast niemanden von außerordentlichem intellektuellem oder künstlerischem Rang hervorgebracht hatten, mit Ausnahme vielleicht des Philosophen Baruch (Benedict) de Spinoza.

Was wir in den vergangenen hundert Jahren miterlebt haben, ist eindeutig nichts Geringeres als die künstlerische und intellektuelle Wiedergeburt eines Volkes, vergleichbar nur dem, was die Griechen im 5. Jahrhundert v. Chr.

und die Italiener im 15. und 16. Jahrhundert unserer Zeitrechnung erlebten.

Eine Renaissance widerfährt einem Volk nicht einfach, weil dieses Volk begabter wäre als ein anderes, obwohl natürliche Gaben dabei sicher eine wichtige Rolle spielen. Vielmehr geschieht sie meist als Antwort, als Reaktion sozusagen, auf eine vorangegangene Unterdrückung.

Die außerordentliche Blüte der Künste und Wissenschaften — der Poesie, Physik, Mathematik, Philosophie, Malerei, Bildhauerei, Architektur — im Italien des 15. und 16. Jahrhunderts, die sich dann nach Nordeuropa ausdehnte und dort im 17. Jahrhundert ihren Höhepunkt erreichte, war neben vielem anderen eine Reaktion auf Jahrhunderte der Unterdrückung der künstlerischen und intellektuellen Freiheit durch die Kirche von Rom. Befreit von der jahrhundertelangen Tyrannei der Kirche, konnte der menschliche Geist sich endlich aufschwingen und schöpferisch sein wie nie zuvor seit den Tagen des augustinischen Rom und des perikleischen Athen.

So war auch die jüdische Renaissance des 19. und 20. Jahrhunderts eine Reaktion auf Jahrhunderte der Repression in den europäischen Ghettos, ausgeübt durch die christliche Mehrheit und die jüdischen Rabbiner. In den Jahrzehnten nach der Französischen Revolution und den napoleonischen Kriegen — eine Zeit von rund siebzig Jahren, die man heute oft als die Emanzipation bezeichnet — befreiten sich die europäischen Juden nach und nach aus den Fesseln des Ghettos, und in ihrer neuen Freiheit und Freude kam es zu einem Ausbruch von Genie und Begabung, wie ihn die Welt noch kaum je gesehen hatte.

Doch die jüdische Renaissance war nicht nur Ausdruck der Emanzipation vom Ghetto, sondern auch der Emanzipation vom *Jüdischen*. Jahrhundertelang waren die Juden dazu verurteilt gewesen, an der geschlossenen, stammesmäßigen, rituellen, religiösen und intellektuellen Tradition des Judentums mit ihrem hauptsächlich rückwärts gerichteten Blick auf Glanz und Kämpfe des jüdischen Volkes vor der Diaspora festzuhalten. Jetzt aber waren sie auf einmal nicht nur frei vom Ghetto, sie waren sogar frei, sich selbst aus der Tradition zu befreien, die sie so lange im Unglück genährt hatte.

So entdecken wir, daß fast alle großen Juden der jüdischen Renaissance sich vom Judentum abwandten. Wie vor ihnen Spinoza und Heine, die beide dem Judentum entsagten, lehnten Marx, Disraeli, Freud, Mahler, Proust, Einstein, Wittgenstein und Schönberg die Religion ihrer Väter ab. Oft war es sogar gerade dieser Ablösungsprozeß, der zur Neuheit und Originalität ihres Denkens beitrug. Jetzt auf einmal, nach mehr als zweitausend Jahren in ein und derselben dogmatischen, vergangenheitsbesessenen Tradition und Jahrhunderten in der engen Welt der Ghettos, waren sie frei, selbständig zu denken und zu handeln. Welch eine Heiterkeit muß sie durchdrungen haben!

Nachdem soviel bislang eingesperrte Energie und Begabung in Europa plötzlich losbrach, war es nur natürlich, daß Rivalität, Eifersucht und Widerstand sich in der christlichen Mehrheit regte, die in ihrer humanitären Großmut die Juden aus den Ghettos gelassen hatte. Daher der Ausbruch von Antisemitismus, der sich in der zweiten Hälfte des 19. Jahrhunderts bemerkbar machte und im Nazi-Holocaust des folgenden Jahrhunderts gipfelte. Die Judenverfolgung durch die Nazis wäre nie geschehen, wenn die Juden nicht aus den Ghettos befreit worden wären. Und daher auch die Schaffung des Staates Israel, die man sowohl als einen Ausdruck der jüdischen Renaissance auslegen kann, als auch als eine Art Kompensation oder Wiedergutmachung an den Juden für die Leiden, die sie während des Holocaust durchgemacht hatten.

Ein Kapitel in diesem gewaltigen Drama der jüdischen Emanzipation und Renaissance, diesem wohl zentralen Drama des modernen Zeitalters, ist die Geschichte der Familie Guggenheim in Amerika.

In keinem Land der Welt haben die Juden größere Freiheit und mehr Möglichkeiten erlebt oder größere Dinge vollbracht, als in den Vereinigten Staaten von Amerika. Wir haben die Namen einiger großer Gestalten der jüdischen Renaissance im internationalen Bereich angeführt (ein paar von ihnen, wie Einstein und Schönberg, wurden amerikanische Bürger). Die Liste herausragender amerikanischer Juden ist fast ebenso eindrucksvoll. Die Juristen Benjamin N. Cardozo, Felix Frankfurter, Louis D. Brandeis. Die Dramatiker Lillian Hellmann und Arthur Miller. Die Musiker Nathan Milstein, Isaac Stern, Bruno Walter, Yehudi Menuhin, Artur Rubinstein, Vladimir Horowitz und Leonard Bernstein. Die Verleger Joseph Pulitzer und Adolph S. Ochs. Die populären Komponisten Jerome Kern und George Gershwin. Die Romanciers Isaac Bashevis Singer, Bernard Malamud, Saul Bellow. Die Finanzleute Jacob Schiff, Gebrüder Lehman, Solomon Loeb und Felix Warburg. Die Industriellen und Philanthropen Daniel, Solomon und Simon Guggenheim.

In der Geschichte der Guggenheims sind alle Elemente des großen jüdischen Dramas des 19. und 20. Jahrhunderts enthalten: die Befreiung aus einem europäischen Ghetto in der Mitte des 19. Jahrhunderts; die Auswanderung in ein neues Land; der rasche Erwerb großen Reichtums; das allmähliche Ablegen jüdischer Traditionen; das herrliche Aufblühen von Talenten in der dritten und den folgenden Generationen.

Doch die Geschichte der Guggenheims ist mehr als ein Kapitel der jüdischen Emanzipation und Renaissance; sie ist auch ein höchst bedeutsames Kapitel in der Geschichte der Vereinigten Staaten. Nur wenige amerikanische Familien haben den «American Dream» vom Aufstieg aus Armut und Bedeutungslosigkeit zu Reichtum und Einfluß in dem Ausmaß wahrgemacht wie die Guggenheims. Und im Verlauf der Verwirklichung dieses Traumes haben mit Sicherheit wenige Familien so viel zur amerikanischen Zivilisation beigetragen wie die Guggenheims. Daß die Guggenheims, als einzige unter den superreichen amerikanischen Familien und sogar als einzige unter den Lehrinstitutionen und Regierungsämtern der amerikanischen Republik, den Weitblick besaßen, die erste bedeutende Finanzhilfe an Luftfahrt und Raketenbau zu leisten, für die erste offizielle Förderung der Forschung zu sorgen, die schließlich zum Mondflug der Apollo XI führte, ist für uns Grund genug, ihnen einen hervorragenden Platz zuzuweisen, was den Einfluß auf unsere Zivilisation anbelangt. (Besonders, nachdem sich heute abzeichnet, daß die Errichtung von Kolonien im Weltraum vielleicht die einzige Überlebensmöglichkeit für die Menschheit darstellt.) Doch der Einfluß dieser lebhaften, schillernden Familie erstreckte sich auf viele andere Bereiche neben der Luftfahrt. Durch die fünf Guggenheim-Stiftungen, die heute tätig sind, gibt es kaum eine Domäne der Kunst und Wissenschaft in Amerika, die von der Familie nicht stark beeinflußt worden ist. Keine andere amerikanische Familie hat einen größeren Einfluß auf die moderne Malerei und Bildhauerei ausgeübt als die Guggenheims. Wenige amerikanische Familien haben den Einfluß der Guggenheims auf Literatur, Technologie, Geistes- und Naturwissenschaften übertroffen. Ja, die Einwirkung der Guggenheims auf die zeitgenössische amerikanische Zivilisation ist so umfassend, daß man sagen kann, sie seien mit Sicherheit *die* einflußreichste jüdische Familie in Amerika und eine der fünf oder sechs einflußreichsten amerikanischen Familien des 20. Jahrhunderts gewesen.

Aristokratie ist eines der Ziele der Demokratie.

Eric Bentley

Ich würde meinen, daß eine Gesellschaft, die einigen ihrer Mitglieder außerordentliche Privilegien einräumt und sich dessen rühmt, anstatt sich dafür zu entschuldigen und ihre weniger bevorzugten Mitglieder in ihrem Gefühl des Mißstandes zu bestätigen, sich eines unvergleichlichen Sinnes für die menschlichen Möglichkeiten erfreut.

Edgar Z. Friedenberg

Wenn das Christentum einmal vernichtet ist, wird man die Juden besser schätzen.

Friedrich Nietzsche

Prolog: Harrys Erbe

Am Morgen des 12. März 1970 setzte in Hialeah, Florida, Harry F. Guggenheim seine Unterschrift unter sein Testament. Zwei Monate später änderte er diesen letzten Willen in New York mit einem ersten Nachtrag. Mit diesen beiden Dokumenten sorgte er für die nach seinem Tod vorzunehmende Verteilung seines Anteils an dem größten Vermögen, das je eine jüdische Familie in Amerika zusammengetragen hatte, dem größten durch Bergbau und Hüttenwerke jemals erworbenen Familienvermögen überhaupt.

Im Mai 1970 war Harry Guggenheim achtzig Jahre alt. Seine Familie war seit 123 Jahren in Amerika. Harry war der einflußreichste Mann seiner Generation — der vierten, seit die Guggenheims ihr europäisches Ghetto verlassen hatten —, seine Cousine Peggy die einflußreichste Frau. Noch vor dem Aufsetzen seines Testaments hatte Harry verfügt, daß Peggys riesige Sammlung moderner Kunst — damals wie heute in ihrem venezianischen Palazzo untergebracht — der Stiftung ihres verstorbenen Onkels Solomon vermacht werde, deren Präsident Harry war, so daß nach Peggys Tod eine der größten Privatkollektionen moderner Kunst in der ganzen Welt zusammenkommen würde, eine Sammlung, die verschiedentlich auf 150 bis 200 Millionen Dollar geschätzt worden ist.

Die Zusammenlegung der beiden Sammlungen in eine einzige Stiftung war eine von Harrys befriedigendsten Leistungen der letzten paar Jahre gewesen. Eine weitere, die für seine Erben höchst erfreulich sein sollte, war 1970 der Verkauf seiner Long-Island-Zeitung *Newsday* an die Times Mirror Company gewesen, die Herausgeberin der *Los Angeles Times* und der *New American Library* — zum Preis von 75 Millionen Dollar. Harry hatte die Zeitung in den frühen vierziger Jahren mit lediglich 750 000 Dollar gestartet — zur Hauptsache eigentlich, damit seine dritte Frau, die begabte, rastlose Alicia Patterson, die er zur Chefredakteurin ernannte, etwas zu tun hatte. Mit der hundertfachen Rendite der ursprünglichen Investition stellte er sogar den berühmtesten Geschäftscoup seines Vaters in den Schatten: Der alte Daniel Guggenheim hatte 1910 die Chuquicamata-Kupfermine in Chile, das größte Kupferbergwerk der Welt, für 25 Millionen Dollar erworben, nachdem er es zehn Jahre zuvor für 25 000 nicht hatte haben wollen, und es 1923 gegen Harrys Protest für 70 Millionen verkauft.

(So etwas lag den Guggenheims schon immer. Peggy betonte, daß sie, obwohl sie nicht als Wertanlage Kunst sammelte, für ihre 30-Millionen-Dollar-Sammlung bloß eine Viertelmillion ausgab. Und Verleger Roger Straus, ein Guggenheim mütterlicherseits, ist stolz darauf, zwölf Hermann-Hesse-Titel für nur 12 500 Dollar erworben zu haben, als der Dichter auf dem deutschen Markt nicht sehr gefragt war — um dann 1970 sechs davon für 1,2 Millionen an Bantam Books weiterzuverkaufen.)

Das Geschäft mit *Newsday* war nicht Harrys einziger Erfolg dieser Art in neuerer Zeit gewesen. Er machte auch eine Karriere als Rennstallbesitzer. Harry liebte Pferde fast so sehr wie sich selbst und züchtete und trainierte sie mit überaus glücklicher Hand. Was 1934 mit einem einzelnen Pferd begann — einem Einjährigen, der 400 Dollar kostete —, endete als meistverdienender Rennstall des Landes, der allein 1959 seine 757 000 Dollar gewann.

Harrys Erfolge mit der Stiftung, den Pferderennen und dem *Newsday* hatten sein von verschiedenen Enttäuschungen überschattetes Alter einigermaßen versüßt. Einige dieser Enttäuschungen schlugen sich in seinem Testament nieder, vor allem im Nachtrag. Sie betrafen Menschen — Verwandte und Geschäftspartner —, die ihn geprellt hatten oder von denen er sich geprellt glaubte.

In Wirklichkeit waren an Harrys Enttäuschungen weniger die Fehler anderer Leute schuld als unvermeidliche Umstände und sein etwas sonderbarer Charakter.

Die unvermeidlichen Umstände, das war das Fehlen von Söhnen in einer Familie, die über Jahre hinweg ständig «vertöchtert» war: Harry selbst hatte von zwei seiner drei Frauen drei Töchter gehabt. Seine Onkel Isaac, Solomon und Benjamin hatten insgesamt neun Töchter und keine Söhne hervorgebracht. Vier der fünf männlichen Guggenheims in Harrys Generation waren jung gestorben, davon einer durch Selbstmord. Harry, der Haupterbe der Guggenheimschen Reichtümer und Traditionen, hätte dringend Söhne gebraucht, sei es aus eigenem Blut oder stellvertretend; und verläßliche, besonders nach seinen Vorstellungen verläßliche, waren nicht leicht zu finden gewesen.

Die besondere Art von Harrys Denken und Charakter hing mit seiner größten Enttäuschung eng zusammen. Wie viele Männer seiner Generation war er in seinen Ansichten und Überzeugungen dogmatisch und autoritär. Sein Weltbild war dadurch begrenzt, daß er Erbe eines immensen Bergbauvermögens war. Seine Familie hatte ihren glanzvollen Weg in der Welt gemacht, im Glauben an harte Arbeit, Familienzusammenhalt, aggressive persönliche Initiative, konservative Politik, die prinzipielle Richtigkeit privater Ausbeutung von Bodenschätzen und vor allen Dingen an Immerwährenden Materiellen Fortschritt — mit Großbuchstaben. Und das waren die Überzeugungen, die auch Harrys Leben leiteten. Wenn ein Verwandter oder Geschäftspartner sie nicht teilte, mochte er wohl eine Weile mit ihm zusammenarbeiten, lehnte ihn jedoch letztlich ab. Was er sich als Egozentriker zur Fortführung des Guggenheim-Ethos am meisten wünschte, war schlicht und einfach ein Durchschlag seiner selbst.

Des Mangels an Söhnen war sich Harry nur allzu deutlich bewußt. Anders stand es mit den Mängeln seines Denkens und Wesens. Ebenfalls wie viele andere seiner Generation, hatte er für alles eher Zeit als für Selbstkritik. Höchstwahrscheinlich hatte er nur einen sehr vagen Begriff (wenn überhaupt) von seinen Fehlern und Begrenzungen.

Harry hatte längere Zeit nach einem männlichen Erben Ausschau gehalten. Was er suchte, war ein junger Mann, dem er den Hauptteil seines Vermögens, die Zukunft von Guggenheim Brothers und des *Newsday* sowie zweier Guggenheim-Stiftungen anvertrauen konnte.

Zuerst hatte er sich einen Neffen auserkoren, Oscar Straus, einen der Söhne seiner Schwester Gladys. Oscar war ein fähiger fünfundvierzigjähriger Mann, der etwas Mühe hatte, in dem früher von Guggenheims beherrschten Unternehmen American Smelting and Refining Company voranzukommen. (Sein Vater Roger W. Straus war Präsident der Firma gewesen, aber von seinem Hauptgegner abgelöst worden.) Am 16. Februar 1959 hatte Harry für die Teilhaber von Guggenheim Brothers ein Memorandum herausgegeben, in dem es unter anderem hieß: «Die Firma geht nicht vorwärts, was bedeutet, wenn man sich nicht darum kümmert, geht sie zurück»; seiner Meinung nach, die sich später als falsch erwies, «sollte die Firma zu den obersten Grundsätzen der Gründer zurückkehren und neue Projekte auf dem Gebiet der Ausbeutung der für den Menschen nützlichen Naturerzeugnisse suchen». «Ferner schlage ich vor, daß... die Firma dem Schwung eines neuen, energischen jungen Partners mit kommerziellem Können und Allgemeinwissen auf diesem Gebiet, dem er seine ganze Zeit widmen soll, unterstellt wird. ... Ich habe für diese Partnerschaft», steht in dem Memorandum weiter, «meinen Neffen, Oscar Straus, vorgesehen. ... Ich bin überzeugt, daß er für diese Aufgabe die geeigneten Qualifikationen sowie die besten persönlichen Eigenschaften mitbringt, die ihn zu einem kongenialen, wertvollen Teilhaber der Firma machen. Seine Hingabe an die Familientradition liegt sowohl in seiner Ausbildung als auch in der Vererbung über Generationen begründet.»

Oscar Straus erwies sich jedoch bald als außerstande, die Firma zu verjüngen. Der Zeitgeist war gegen ihn. Es war Harry bei seinem Versuch, Guggenheim Brothers zu reorganisieren, entgangen, daß ein außerhalb der Vereinigten Staaten operierendes Minenunternehmen 1959 eine sehr riskante Sache war. Kaum beginnt man einen Grundbesitz zu nutzen, versuchen die Einheimischen, ihn zu enteignen. Die schönen Zeiten, da die Guggenheims in einem rückständigen Land wie Angola oder Chile einfach die besten verfügbaren Minen zusammenkaufen konnten, waren endgültig vorbei.

Schon nach kurzer Zeit fing Harry mit seinem Neffen über dessen scheinbare Unfähigkeit, «neue Projekte auf dem Gebiet der Ausbeutung der für den Menschen nützlichen Naturerzeugnisse zu entwickeln», zu streiten an. Oscar war ebenso starrköpfig, dogmatisch und eigensinnig wie Harry. Diese Charakterzüge hatten ihn, mindestens teilweise, schon seinen Aufstieg in der American Smelting and Refining gekostet. Nach einer Weile hielten es die beiden Männer nicht einmal mehr miteinander im gleichen Raum aus. Die Folge war, daß Oscar als Harrys Haupterbe, als Seniorpartner von Guggenheim Brothers und als Machtpersönlichkeit in den beiden Stiftungen, deren Oberaufsicht Harry hatte, ausfiel. Harry wandte sich einem anderen Verwandten zu.

An diesem Punkt in der Geschichte des Hauses Guggenheim waren Dutzende und Aberdutzende von weiblichen Nachkommen vorhanden, doch nur noch wenige männliche. Und die paar männlichen waren nicht eben vielversprechend, zumindest in den Augen Harrys. Einer hatte das Studium in Yale abgebrochen und erschien kaum geeignet, sich in der Geschäftswelt durchzusetzen, die beiden anderen hatten sich auf Dauer, und wohl klugerweise, an die Strände Südkaliforniens abgesetzt. Harry ließ also diese drei außer Betracht und richtete sein Augenmerk auf seinen Enkel Dana Draper, den Sohn seiner jüngsten Tochter Nancy.

Dem damals in den Zwanzigern stehenden Dana bot Harry die Welt an: Wenn er eisern und erfolgreich arbeitete, konnte er Harrys Haupterbe werden, Nutznießer eines Trustfonds, Teilhaber der Guggenheim Brothers, Mitbesitzer und Herausgeber des *Newsday* und Vorsteher zweier Guggenheim-Stiftungen.

Bevor er sich Dana Drapers bemächtigte, hatte Harry seiner unsteten Tochter Nancy, einer Amateurtänzerin und Akrobatin, die eine Zeitlang in Kalifornien gelebt hatte, geschrieben:

«Ich habe immer gehofft, meine Kinder und Enkel würden die besten Familientraditionen nach bestem Können fortsetzen. Kurz, die besten Traditionen haben einige der großen Bodenschätze der Welt erschlossen, das heißt Wohlstand zum Nutzen der Menschheit geschaffen und als Lohn in unserem System der freien Unternehmer Reichtümer angehäuft, die zu einem sehr großen Teil in ideenreichen Stiftungen zum künftigen Wohle der Menschheit angelegt wurden.»

Die idealistischen Floskeln, in die Harry seine Hoffnungen gekleidet hatte, gefielen dem jungen Mann, und er reiste in den Osten, um seine Chance wahrzunehmen.

Dana Draper war 1965, als er voll in Harrys Dienst trat, fünfundzwanzig und ein typisches Kind der sechziger Jahre. Als Exponent der Gegenkultur war er so ziemlich alles, was sein Großvater nicht war, und trat für ziemlich alles ein, was sein Großvater bekämpfte. Der empfindsame junge Mann, der sein welliges Blondhaar auf die Schultern fallen ließ, trug gewöhnlich statt der Krawatte ein Tuch um den Hals, statt Anzügen Jeans und T-Shirts und eine Tasche an langem Schulterriemen. Der hochgewachsene, dunkelhaarige, blauäugige Harry hatte selten etwas anderes an als dunkle Anzüge, gestärkte Kragen und traditionell gestreifte Krawatten, und wenn er je etwas trug, dann war es nicht einmal ein Attachéköfferchen, sondern bloß eine Aktenmappe. Politisch neigte Dana zur Neuen Linken, Harry war sein Leben lang ein ultrakonservativer Republikaner gewesen. Dana hatte künstlerische Fähigkeiten und Bestrebungen: Er interessierte sich für Bildhauerei und Fotografie. Harry hätte vielleicht mit Stolz ein Kunstmuseum geleitet, aber einen Künstler in der Familie zu haben, war ein anderes Paar Stiefel. Obwohl er durchaus gewillt war, für Kunstwerke Geld auszugeben, darf man ruhig annehmen, daß er eine künstlerische Karriere seines Enkels kaum finanziert hätte. Überdies war Dana Naturschützer, während Harry selbstverständlich darauf festgelegt war, «die für den Menschen nützlichen Naturerzeugnisse auszubeuten».

Die Situation für einen klassischen Generationenkonflikt war gegeben. Harry hatte Mühe anzuerkennen, daß sein Enkel wirklich sein Fleisch und Blut war. Trotzdem ließ er ihn beim *Newsday* arbeiten, in der Hoffnung, er würde sich zu einem Zeitungsverleger entwickeln und mit der Zeit in eine Neuausgabe von Harry verwandeln. Etwas wie eine Guggenheim-Lehre hatte der junge Mann bereits hinter sich, da er von Zeit zu Zeit im Solomon-R.-Guggenheim-Museum, auf den Guggenheimschen Salpeterfeldern in Chile und auf Harrys Cain-Hoy-Plantage in South Carolina ausgeholfen hatte.

Es dauerte jedoch nicht lange, bis Großvater und Enkel aneinandergerieten. Vorab mochte Harry die Art nicht, wie Dana herumlief: wenn der Junge doch bloß nicht mit Jeans, Leibchen und Schultertasche ins Büro käme! Zweitens war Dana nicht an Guggenheim Brothers interessiert. Er wollte die Natur erhalten, nicht ausbeuten. Drittens waren die politischen Ansichten des Jungen so weit links, daß sie Harry geradezu «rot» erschienen. Für Harry, den Eisenhower- und Nixon-Republikaner, war linksgerichtete Politik in der Familie Guggenheim glatte Ketzerei. Viertens war der junge Mann beim *Newsday* nicht besonders glücklich. Es bedrückte ihn, inmitten eines Kaders bestandener Fachkräfte der Enkel des Alten zu sein. Warum sollte gerade er für den Spitzenjob abgerichtet werden, wo doch ein Dutzend Leute an der Zeitung waren, einschließlich des Neffen von Harrys Frau, Joe Patterson Albright, obendrein einer der Hauptaktionäre, die weitaus berechtigter waren als er, Boß zu werden? Weil er ein Guggenheim sei, donnerte Harry zurück. Um Gottes willen, Junge, sei dir doch endlich bewußt, wer du bist!

Am Ende ging überhaupt nichts mehr. Harry sah seine eigene Welt durch den jungen Draper und seinesgleichen herausgefordert und reagierte hart und heftig. Dana solle sich entweder anpassen (an Harrys Bild) oder gehen. Dana beschloß, sich selber treu zu bleiben. Er weigerte sich, Jeans, Halstuch, Schultersack, Naturschutz und liberale politische Anschauungen abzulegen, verließ die Zeitung und kehrte nach Kalifornien zu seiner Fotografie und Bildhauerei zurück. Durch diese Treue zum eigenen Weg verscherzte er sich eine Millionenerbschaft — Harry erwähnte ihn in seinem Testament nicht — und jede Position, die er in den verschiedenen Guggenheim-Unternehmungen und -Stiftungen hätte erreichen können. (Harry warf ihn auch aus den Vorständen seiner eigenen Stiftung und des Guggenheim-Museums hinaus.) Nach Danas Abgang nahm Harry seine lebenslange Suche nach einem Sohn wieder auf. Ein Sohn, ein Sohn. Sein Königreich für einen Sohn.

Eine Weile spielte er mit dem Gedanken, aus seinem Schwiegerneffen Joe Albright einen «Sohn» zu machen, entschloß sich aber dann, außerhalb der Familie Ausschau zu halten. Nach kurzem Fahnden kam er mit Bill D. Moyers daher, dem früheren Pressesekretär von Lyndon B. Johnson. Das war im Jahr 1967.

Moyers war dreiunddreißig, gescheit, gut aussehend und erfahren. Nach und nach nahm er die Zeitung in seine Hand, formte sie nach seinen eigenen Vorstellungen und Vorurteilen. Harry war zuerst von ihm angetan. Er überließ ihm nicht nur de facto die Kontrolle über den *Newsday*, sondern bedachte ihn in seinem Testament mit einer beträchtlichen Hinterlassenschaft: 100.000 Dollar plus 20 Prozent Gewinnanteil an seinen weltweiten Minengesellschaften, einschließlich Guggenheim Brothers.

Doch es kam zu den unvermeidlichen Meinungsverschiedenheiten. Eigentlich waren sie von Anfang an vorhanden gewesen. Moyers war ein liberaler Demokrat, Harry, wie wir wissen, ein konservativer Republikaner. In den meisten innen- und außenpolitischen Angelegenheiten hatte Harry sture Ansichten, Moyers ein blutendes Herz. Der Vietnamkrieg war im Gang; Harry war ein Falke, Moyers eine Taube. Als Nixon Präsident geworden war, kritisierte Moyers ihn in seinen Leitartikeln erbarmungslos. Harry gab zu, daß Nixon gewisse Mängel hatte, verlangte jedoch mehr Fairneß gegenüber dem Präsidenten: Der Mann konnte ja nicht nur schlecht sein. Und so ging es weiter.

Der endgültige Knall aber wurde nicht durch die verschiedenen Ansichten Harrys und Moyers ausgelöst, sondern durch Moyers' Einmischung in Harrys Bemühungen, den *Newsday* zu verkaufen. Harry hatte mit der Times Mirror Company gefeilscht, aber Moyers war gegen den Verkauf an diese konservative Organisation. Er war sicher, daß diese ihn, den Liberalen, als Herausgeber nicht behalten würde. Er begann daher bei *The New York Times*, bei Time-Life und anderen potentiellen Käufern zu sondieren, ohne Harry etwas davon zu sagen. Harry bekam Wind von der Sache und reagierte blitzschnell: Er schloß den Handel mit Times Mirror ab und liquidierte damit Moyers, der auf den Verkauf hin beim *Newsday* kündigte. Dann entfernte er durch Kodizill Moyers aus seinem Testament. Wieder war ein Sohn ausgeschieden.

Nicht lange vor diesen Ereignissen war Harry an Prostatakrebs erkrankt. Inzwischen hatte er sich in und außerhalb der Familie so vielen Leuten entfremdet, daß sich außer seiner Tochter Joan und ihrem Mann sowie seinem Neffen Roger Straus kaum jemand die Zeit nahm, ihn in seiner tödlichen Krankheit zu trösten. Einer, der es tat, war sein Vetter zweiten Grades, Peter O. Lawson-Johnston, ein Enkel seines verstorbenen Onkels Solomon. Harry hatte Peter immer gern gemocht. Seit 1956 hatte Peter in Guggenheim-kontrollierten Firmen wie der Feldspar Corporation und der Pacific Tin gearbeitet. Später wurde er als Teilhaber in die Guggenheim Brothers aufgenommen. Peter war leutselig, fleißig, intelligent... und trug konservative Anzüge. Ein netter junger Mann — schlank, adrett, blauäugig, mit sandblondem Haar und festem Kinn —, Halbjude von Geburt, aber Mitglied der Episkopalkirche. Er war zweiundvierzig, als Cousin Harry krebskrank wurde.

Peter besuchte Harry regelmäßig in seinem Stadthaus an der 34 East Seventy-fourth Street in Manhattan. Gelegentlich fuhr er sogar zu dem alten Herrn auf sein wunderschönes Landgut Falaise in Sands Point auf Long Island hinaus. Ab und zu begegneten sich die beiden auch zufällig in den Büros von Guggenheim Brothers, ein paar Blocks von der Wall Street entfernt. Allmählich kamen sie einander näher. Sie diskutierten unter anderem über den Verkauf des *Newsday*. Sie diskutierten über Bill Moyers. Mit der Zeit erkannte Harry, daß er endlich seinen Sohn gefunden hatte.

Diese Erkenntnis wurde in dem Nachtrag, mit dem Harry kurz nach dem Verkauf des *Newsday* sein Testament änderte, feierlich bekräftigt. Harry widerrief die Abschnitte, in denen Moyers 100 000 Dollar und 20 Prozent der Minenerträge in der ganzen Welt zugedacht waren, und ersetzte sie durch solche, in denen zu den bereits für Peter geschaffenen beträchtlichen Trusts weitere 100 000 Dollar dazukamen und ihm sein ganzer Anteil an Guggenheim Brothers sowie alle seine Minenbeteiligungen vermacht wurden.

Harry Guggenheim hatte ein höchst ungerechtes Testament aufgesetzt und es dann durch den Zusatz noch ungerechter gemacht. Seinen drei Töchtern Nancy Draper, Joan Van de Maele und Diane Meek hatte er nur je 250 000 Dollar hinterlassen, dazu eine Wohnung in New York und ein Pförtnerhaus auf seinem Landgut auf Long Island für Joan. Peter Lawson-Johnston und der Harry-Frank-Guggenheim-Stiftung, zu deren Verwaltungsratsvorsitzendem Lawson-Johnston ernannt wurde, verschrieb er Werte von rund 23 Millionen, sechs für Peter und siebzehn für die Stiftung.

(Kurz nach der Testamentseröffnung beging Tochter Nancy Draper, die mehrere gescheiterte Ehen und eine Brustamputation hinter sich hatte und jetzt auch noch finanziell von Enttäuschung überwältigt wurde, Selbstmord.)

Ein ungerechtes Testament. Aber Harry Guggenheim, dieser amerikanische Renaissancefürst — Bergwerksmagnat, Finanzmann, Autor, Verleger, Flieger, Marineoffizier, Rennstallbesitzer, Flugpionier, Kunstförderer, Museumspräsident, Philantrop, Botschafter —, hatte ja auch nie etwas von Gerechtigkeit und Gleichberechtigung gehalten, weder sozialer, wirtschaftlicher, sexueller noch außerirdischer. Harry behauptete nie, etwas anderes zu sein als ein außerordentlich privilegierter reicher Mann, noch entschuldigte er sich je dafür, es zu sein. Man erzählt sich die Geschichte, daß einmal während der Depression, als er sich in seiner speziell angefertigten Limousine durch Manhattan ins Büro fahren ließ, ein herumlungernder Arbeitsloser den Kopf ins Autofenster steckte und ihm in häßlichem Ton «Dreckskapitalist!» an den Kopf warf. «Schmeichler, Schmeichler!» rief Harry zurück, während er ausstieg. Nein, für Gleichheitsgedanken war in Harrys Charakter oder Weltanschauung wenig Raum.

Die Ausarbeitung der Trusts nahm dreißig der achtundvierzig Seiten von Harrys Testament in Anspruch. Mit unendlicher Sorgfalt hatten die Rechtsanwälte auf das geachtet, worum sich Amerika dreht, seit die Gründerväter sich vom Mutterland lösten, um den Steuern zu entgehen: den Schutz des Kapitals. So sorgfältig waren die Trusts für Einzelpersonen und Stiftungen ausgeklügelt, daß der Staat von einer Erbmasse von rund 50 Millionen Dollar nur gerade 13 Millionen behändigen konnte.

Unter anderen letztwilligen Verfügungen: Gehälter für seine Hausangestellten auf Lebenszeit; Vermächtnisse von je 100 000 Dollar an seinen Stabschef George Fountaine, seinen Schwiegersohn Albert Van de Maele, das Pembroke College in Cambridge, das North Shore Hospital in Long Island, das Sloan-Kettering-Institut für Krebsforschung in New York; 200 000 Dollar an seinen Anwalt und Freund Leo Gottlieb; seine 4000 Morgen große Danielsinsel vor der Küste von South Carolina an seine Stiftung; seine Cain-Hoy-Plantage von 15 000 Morgen, ebenfalls in South Carolina, einschließlich seiner Stallungen und geliebten Pferde, als Teil des Nachvermächtnisses an Lawson-Johnston; seine Briefschaften, einschließlich der Lindbergh- und Goddardkorrespondenz, an die Kongreßbibliothek; alle Darlehen an seine Töchter und deren Gatten getilgt; sein Landgut Falaise auf Long Island mit allen dortigen Kunstwerken, als Museum zu unterhalten, an die Nassau County.

Und Israel, und die Juden? Wo blieben die Legate an jüdische Wohltätigkeitsorganisationen, an den aufstrebenden neuen Judenstaat, von diesem Sproß der begütertsten und einflußreichsten jüdischen Familie Amerikas? Auf solche Fragen hätte Harry geantwortet, er habe seine eigenen, besonderen jüdischen Wohltätigkeitsorganisationen, für die seine eigene Stiftung großzügig sorge, und die Stiftung seines Vaters Daniel habe vor kurzem dem Rothschild-Hadassah Medical Center auf dem Skopusberg in Jerusalem einen Rehabilitationspavillon gespendet. Damit waren seiner Meinung nach die Verpflichtungen seiner Familie den Juden gegenüber erfüllt. Übrigens war sein Onkel Solomon, obzwar seiner Lebtage ein freigebiger Gönner jüdischer Institutionen, immer skeptisch gewesen, ob es ratsam sei, den Staat Israel zu gründen und dann zu unterstützen, weil «das Judentum eine Religion ist und nicht eine Nationalität» und die Schaffung dieses Staates möglicherweise den Juden mehr Unglück als Segen bringe. Harry teilte im allgemeinen diesen Standpunkt.

Wirklich, Harry wußte, was er tat, als er sein Testament verfaßte. Er hatte auch besonders ausdrücklich eine logische Erklärung für dessen Ungleichheit gegeben. Bei der Einsetzung von Peter Lawson-Johnston als Haupterbe stand, daß Peter «adäquate finanzielle Mittel» haben müsse, um als Oberhaupt der Familie auftreten zu können. «Ererbter Reichtum», heißt es in der letztwilligen Verfügung, «kann zwar manchmal zu einem Parasitenleben führen und für die Gesellschaft wie für den Erben selbst verderblich sein, er kann aber auch das Mittel zu konstruktiver Arbeit zum Vorteil der Menschheit und das größte Glück für den Erben sein.

Wenn ich alle in meiner Familie gleichermaßen bedächte, wäre meiner Meinung nach keiner von ihnen in der Lage, die Familientradition effektiv weiterzuführen.»

Der Gebrauch des Wortes «Familientradition» war wichtig. Denn in seinem Testament verfügte Harry nicht nur über ein Familienvermögen, er verfügte vielmehr, als ob das möglich wäre, auch über die Traditionen seiner Familie. Im Testament hieß es weiter:

«Beim Planen der Verteilung meines Besitzes war es eines meiner vordringlichsten Anliegen, die Dinge so zu ordnen, daß ein Mitglied der Familie Guggenheim die Gelegenheit bekommen und die Verantwortung auf sich nehmen soll, die Guggenheimsche Familientradition unter konstruktiver Verwendung der ihm zur Verfügung stehenden Mittel weiterzuführen. Die Familie Guggenheim hat dazu beigetragen, die Naturschätze der Welt zu erschließen, sie hat bei der Entwicklung des Luft- und Raumfahrtzeitalters Pionierdienste geleistet und in vielen anderen Beziehungen sowohl durch ihre Geschäftstätigkeit als auch durch ihren uneigennützigen Einsatz für Bildung und Kunst der Menschheit im allgemeinen in vielen Teilen der Welt, der Vereinigten Staaten und der westlichen Hemisphäre im besonderen Nutzen gebracht.

Die primären Anforderungen an jemanden, der eine solche Tradition weiterführen soll, sind charakterliche: Integrität, Führungsqualitäten, angeborene Tüchtigkeit, möglichst eine höhere Bildung, sowie Schaffensdrang und Entschlossenheit zum Erfolg... Aufgrund langer, sorgfältiger Beobachtung seiner Möglichkeiten bin ich der Überzeugung, daß Peter O. Lawson-Johnston, ein Enkel meines Onkels Solomon R. Guggenheim, absolut qualifiziert ist, die Guggenheimsche Familientradition ehrenvoll weiterzuführen.»

So wurde denn Lawson-Johnston in aller Form zum Guggenheimschen Bannerträger nach Harrys Tod eingesetzt.

Die Traditionen, die aufrechtzuerhalten und zu fördern er berufen war, umfaßten recht viel, obwohl er ungeachtet der hochtönenden Phrasen in Harrys Testament keineswegs in der Lage war, die «Guggenheim-Tradition» gesamthaft «weiterzuführen». Die John-Simon-Guggenheim-Gedächtnisstiftung, Verteilerin der Guggenheim-Stipendien, die als Reaktion auf eine persönliche Tragödie von einem Bruder seines Großvaters geschaffen worden war und 100 Millionen Dollar besaß, lag außerhalb von Lawson-Johnstons Verfügungsgewalt: Roger Straus war der einzige Guggenheim im Stiftungsrat. In der Daniel-und-Florence-Guggenheim-Stiftung mit ihren 17 Millionen Dollar hatte er ebenfalls nichts zu sagen; dieser Stiftung, die ein weiterer Bruder seines Großvaters gegründet hatte, standen Gladys Guggenheim-Straus und ihr Sohn Oscar vor, und Peter saß nicht im Stiftungsrat.

Was unter der wahrhaft mediceischen Masse Guggenheimscher guter Werke tatsächlich Peter unterstand, waren die Solomon-R.-Guggenheim-Stiftung, zu deren Präsident und Kurator er ernannt worden war, und die Harry-Frank-Guggenheim-Stiftung, deren Vorsitzender und Leiter er wurde. Die Solomon R. betrieb das Museum an der 89. Straße und Fifth Avenue, das Frank Lloyd Wright entworfen und Harry zu Ende geführt hatte (in ständigem Kampf mit Wright, Robert Moses, der Stadt New York und Solomons künstlerischem Berater) und das nunmehr ordentlich eingespielt war. Die Harry Frank war ein kühner und seltsam exzentrischer Vorstoß ins Unbekannte — hauptsächlich in Verhaltenswissenschaften und so geheimnisvollen Dingen wie «Wettkampf des Menschen um Lebensunterhalt, Sex und Vorherrschaft» — und sollte in den folgenden Jahren eine von Peters verwirrendsten und schwierigsten Aufgaben sein.

Was die Geschäfte anbelangt, die Peter erbte, so waren das nicht viel mehr als Stückchen und Brocken des inzwischen verfallenen Guggenheim-Imperiums. Sein Job war es, die Stücke aufzusammeln, wenn er konnte, und von vorn zu beginnen.

Harry Guggenheim starb im Sloan-Kettering Memorial Hospital in New York an Krebs, neun Monate nachdem er den *Newsday* verkauft und den ersten Testamentsnachtrag geschrieben hatte. Die *New York Times* ehrte ihn, indem sie seinen Nachruf auf die Titelseite setzte. In einem Zeitalter der Spezialisierung hatte Harry ein Leben geführt, das dem Universalitätsideal der italienischen Renaissance wohl näher kam als das irgendeines anderen Amerikaners seiner Generation. Er war sowohl ein Mann des Handelns als ein Mann des Denkens gewesen, ein Mann von ungeheurem ererbtem Reichtum und großer persönlicher Leistung. Er hatte seinem Land als Marinepilot, als Luftfahrtpionier und Botschafter gedient. Er hatte der Kunst als führender Geist und Präsident eines der am kühnsten konzipierten Museen der Welt gedient. Er hatte seinen Erben gedient, indem er dem Familienvermögen runde 40 Millionen Dollar hinzufügte. Durch seine finanzielle Unterstützung der Luftfahrt und der Raketentechnik in ihren Anfängen hatte er sogar eine bedeutende Rolle bei der Entwicklung von Saturn V gespielt, der Rakete, die Apollo XI auf den Mond beförderte.

Jetzt gehörte die Guggenheimsche Zukunft Harrys Cousin M. Robert Guggenheim Junior und Roberts Sohn Daniel in Südkalifornien, William Guggenheim III., einem Vetter zweiten Grades in Florida, den Straus' in New York und vor allem Peter O. Lawson-Johnston als dem designierten Familienoberhaupt und Erben.

Neben den Trustfonds und Vorsitzen von Familienstiftungen und Geschäften erbte Peter auch das Chefpult in dem großen walnußgetäfelten, mit Ledersesseln ausgestatteten «Teilhaber-Büro» bei Guggenheim Brothers im Equitable Building, Broadway 120 in New York City.

Hoch oben im fünfunddreißigsten Stock, mit Ausblick auf ein großartiges Panorama von Bürohochhäusern, die Jersey-Wiesen, den Hudson River und die New York Bay, bilden der riesige Raum und seine Relikte ein veritables Museum der Guggenheimschen Vergangenheit.

Hier, an einer Wand, hängt die eingerahmte Zeichnung von Meyer und seinen sieben Söhnen, die ursprünglichen Teilhaber der ersten Familienfirma, «M. Guggenheims Söhne», die gegründet wurde, als alle Brüder noch vereint waren. Hier, über den Raum verteilt, stehen die fünf Pulte, aus dem gleichen schweren, dunklen deutschen Nußbaumholz wie die Wandverkleidung, der fünf ursprünglichen Teilhaber der Firma Guggenheim Brothers, Nachfolger von M. Guggenheims Söhnen, die gegründet wurde, als die Brüder nicht mehr vereint waren. Hier, auf einem Tisch, steht ein eingerahmtes Reliquiar, das ein «echtes Stück des ersten Hangars der Welt — Kitty Hawk» enthält. Hier, an einer der Wände, steht der große Konferenztisch der Partner mit dem riesigen Porträt von Harry im Goldrahmen darüber. Hier, auf einem kleinen Tisch neben Peters Schreibtisch, steht eine weitere Reliquie, nämlich der eingerahmte, entwertete, vom 1. März 1923 datierte Check der National City Bank über 70 Millionen Dollar, ausgestellt auf Guggenheim Brothers und unterschrieben von einem Funktionär der Anaconda Copper. Hier, über verschiedene Tische verstreut, liegen die Geschäftsberichte aus Angola, Malaysia, Brasilien, Alaska, Chile...

Hier, an den Wänden verteilt, hängen in vergoldeten Rahmen auch die Porträts von sechs der ursprünglich sieben Brüder Guggenheim. Das Flächenmaß der Bilder entspricht, wie es heißt, jeweils der Bedeutung des dargestellten Guggenheim. Hier, auf einem mittelgroßen Bildnis, sehen wir den pokergesichtigen Isaac, den ältesten, aber nicht tüchtigsten; er steht im Wald seines riesigen Long-Island-Besitzes Villa Carola und sieht aus wie ein freundlicher, müder britischer Lord. Dort, auf einer anderen Nußbaumfüllung, hängt die ziemlich kleine, kolorierte Fotografie des netten Senators Simon mit den traurigen Augen, des Stifters der Guggenheim-Stipendien. Hier, über einem der beiden Marmorkamine des Raumes, prangt das große Bildnis des großen Daniel, des mächtigsten aller Guggenheims, Pflegevater der amerikanischen Luftfahrt und Raketentechnik, Gönner von Lindbergh und Goddard, Daniel, der in dunklem Jackett, steifem Kragen und purpurrotem Schlips lebhaft und herrisch dreinblickt. Dort, über einer getäfelten Tür, nicht weit von Simon, ist das kleine, ovale Porträt des stutzerhaften Ausgeschiedenen Benjamin, Peggys Vater, der 1912 mit der *Titanic* unterging. Ebenfalls hier ist das halbgroße Bild des nüchtern wirkenden Murry Guggenheim, der den Kindern von New York, dem Mount Sinai Hospital, dem New York Hospital und der Mayo-Klinik Pavillons und Kliniken stiftete. Hier, über dem andern Kamin, hängt das umfangreiche Porträt des furchtlosen Solomon, dessen Enkel jetzt den Vorsitz führte.

Hundertachtundzwanzig Jahre waren vergangen, seit Meyer Guggenheim das Ghettodorf Lengnau in der Schweiz verlassen hatte. In ihrer kurzen amerikanischen Laufbahn hatten seine Nachkommen alles getan, waren alles gewesen, was ihre Vorfahren in Lengnau als Juden so viele Jahre lang nicht hatten tun und sein dürfen: Sie waren Industrielle geworden, Finanziers, Senatoren, Jachtbesitzer, Adlige, Offiziere des Heeres und der Marine, Rennstallbesitzer, Hundezüchter, Verleger, Botschafter, Archäologen, Salonlöwen, Schriftsteller, Kunstmäzene, Plantagenbesitzer, Rancher, Flugpioniere und Stiftungsgründer.

Gab es eine Erklärung für diesen ungeheuren Erguß von Energie und Begabung? Welchen Zuständen der Entbehrung und Einschränkung entsprangen sie, daß sie, einmal in eine freie Gesellschaft entlassen, den Drang verspürten, sich zu entfalten und aufzublühen wie Fürsten, wie Könige?

Die Antwort auf diese Fragen liegt in der Schweiz des frühen neunzehnten Jahrhunderts, insbesondere in dem stillen Dörfchen Lengnau im Kanton Aargau, das Meyer Guggenheim 1847 verließ, um das erstaunliche Abenteuer seiner Familie in der Neuen Welt zu beginnen.

I. Teil

MEYER UND BARBARA
(1828—1905)
Die Gründung einer Dynastie

In der ersten Generation müßt Ihr gut vorankommen, in der zweiten gut heiraten, in der dritten Euch gut fortpflanzen, dann wird die vierte für sich selber sorgen.

Quäkerformel für die Art, eine Familie zu gründen

Wie schön, der Vater vieler Kinder zu sein.

Shakespeare, König Heinrich VI.

GENEALOGIETAFEL DER FAMILIE GUGGENHEIM
(zu Teil I)

SIMON MEYER GUGGENHEIM (1792—1869)
⚭ (1) SCHÄFELI LEVINGER
⚭ (2) RACHEL WEIL MEYER

MEYER GUGGENHEIM (1828—1905)
(Von Schäfeli Levinger)
⚭ BARBARA MEYER (1834—1900)
(Tochter der Rachel Weil Meyer von ihrem ersten Gatten)

- ISAAC
  geb. 1854
- DANIEL
  geb. 1856
- MURRY
  geb. 1858
- SOLOMON R.
  geb. 1861
- JEANNETTE
  geb. 1863
- BENJAMIN
  geb. 1865
- SIMON
  und
- ROBERT
  (Zwillinge)
  geb. 1867
- WILLIAM
  geb. 1868
- ROSE
  geb. 1871
- CORA
  geb. 1873

Vollständige Genealogietafeln siehe S. 399

Kapitel

1

Fort aus dem Ghetto

Das Tal des Flüßchens Surb windet sich sanft durch grüne Auen und Obstgärten mit Birnen-, Apfel-, Kirschen- und Zwetschgenbäumen. Im Frühling erblühen die Apfelbäume zu kleinen weißen Wolken; Hahnenfuß und Löwenzahn erscheinen im saftig grünen Gras; Geranien und Margeriten sprießen in den Blumenkästen vor den Fenstern der rotgedeckten Bauernhäuser. Der Sommer bringt reichen Gartensegen an Sellerie, Endivien und Kohl auf die Hänge der flachen Hügelwellen und Gruppen von gefleckten und braunen Kühen auf die Weiden. Im Herbst verfärben sich die Weingärten rot und golden, und die kahl werdenden Bäume geben den Blick auf die glitzernde Surb frei, die durch das kleine Tal quillt.

Da und dort stehen an der Straße, die dem Flußlauf folgt, Holzkreuze mit blassen, blutenden Christusfiguren: Der Kanton Aargau ist vorwiegend katholisch. Ab und zu gucken schlanke Zwiebelkirchtürme hinter stillen Hügeln hervor. Den Hintergrund bilden bewaldete Höhen, die nie hoch genug sind, um Berge zu werden, und nie die Aufmerksamkeit von der hellen Heiterkeit des Tales ablenken. Eins der Dörfer im aargauischen Surbtal ist Lengnau, eine Gemeinde von 1700 Seelen. Von der Hauptstraße gelangt man über eine schmale Brücke fast unmittelbar auf den von der Synagoge beherrschten Dorfplatz. Die kleinen weißgetünchten Häuser um den Platz, von denen eins das Gasthaus ist, zeigen das typische Fachwerk des schweizerischen Mittellandes, und aus den Fensterkästen quellen Geranien. Ein Brunnen plätschert auf dem von Bäumen gesäumten Platz. Hier läuft nicht viel. Von Zeit zu Zeit treibt ein Bauernjunge eine Herde Schafe oder ein paar Kühe die Hauptstraße beim Platz herauf. Oder ein Moped kommt mit Getöse vor dem Gasthaus zum Stehen. Sonst ist es still im Dorf, bis auf das Rauschen des Flüßchens, das Tröpfeln des Brunnens.

Eine idyllische Szenerie. Und doch war dieses freundliche Ländchen, dieses liebenswürdige Dorf einst nicht sehr freundlich und liebenswürdig mit Leuten wie den Guggenheims. Der Schneider Simon Guggenheim wohnte und arbeitete von 1830 bis zu seiner Auswanderung nach Amerika 1847 im Haus Nummer 64 bei der Brücke über die Surb. Seine Vorfahren hatten seit mindestens 150 Jahren dort oder in der Nähe gelebt.

Wie die meisten Lengnauer Häuser war auch dieses ein Mehrfamilienhaus mit zwei Eingängen, von denen einer zum Hausgang und zu den ebenerdigen Wohnungen führte, der andere zur Treppe und den Wohnungen im ersten Stock — einer für die Christen im Haus und einer für die Juden. Jahrhundertelang hatten sich die Christen in Lengnau geweigert, ihre Häuser über die gleiche Schwelle zu betreten und zu verlassen wie ihre jüdischen Nachbarn.

Doch das war nur ein Zeichen der Demütigungen, die Juden in der Schweiz hatten erdulden müssen, seit sie vor den Verfolgungen in Deutschland hierher geflüchtet waren. Die Schweizer waren zu jener Zeit des festen Glaubens, die Juden seien allein verantwortlich für den Mord an Gottes Sohn und müßten für diese Weltschuld bis in alle Ewigkeit büßen.

Im 16. und 17. Jahrhundert vertrieb eine Schweizer Gemeinde nach der andern die Juden aus ihren Grenzen, angeblich unter dem Druck der Bevölkerung. 1776 stand ihnen einzig noch der Bezirk Baden offen, und auch da waren sie nicht gerade willkommen. Schließlich durften sie sich nur noch in zwei Gemeinden des Kantons niederlassen: Lengnau und Endingen. So wurden die beiden Dörfer im Surbtal zu Ghettos für die ganze Schweiz.

Lengnau und Endingen waren Bauerngemeinden, doch den Juden war es nicht erlaubt, Landwirtschaft zu treiben. Es war ihnen überhaupt nicht erlaubt, außer ihren Häusern auch noch Land zu besitzen. Die Zahl der Haushalte in beiden Dörfern war auf 108 beschränkt, so daß ein Jude oft jahrelang warten mußte, bis er einen eigenen Hausstand gründen konnte. Ferner hatte das Haus eines Juden mit Stroh statt Ziegeln gedeckt zu sein und konnte erst erworben werden, wenn es dreimal bei einer Auktion feilgeboten worden war und kein Christ es gewollt hatte. Nach dem Kauf durfte es weder vergrößert noch äußerlich verändert werden.

Die Juden von Lengnau und Endingen galten auch nicht als Bürger. Sie waren nicht viel mehr als Leibeigene des Landvogts von Baden. Um ihren Status als Geschützte zu behalten und im Besitz ihrer Häuser zu bleiben, mußten sie jeweils im Abstand von 16 Jahren beim Landvogt einen «Schutz- und Geleitbrief» erwerben. Dieses Dokument war zeitweise so teuer, daß ein jüdischer Haushalt einen Halbjahresverdienst dafür aufwenden mußte. Reichere Juden waren zuweilen gezwungen, die Urkunden häufiger als alle 16 Jahre zu erneuern, weil ihnen sonst die Ausweisung drohte. So blieb der Wohlstand der Juden unter strikter Kontrolle, und sobald einer reich wurde, mußte er einen ordentlichen Teil seines Vermögens dem Landvogt zukommen lassen.

Es gab noch manch andere Ungerechtigkeit. Wenn ein Jude die Gemeindegrenzen von Lengnau verließ, wozu er von Berufes wegen oft gezwungen war, hatte er einen speziellen «Judenzoll» zu bezahlen. Die Armee des schweizerischen Bundesstaates nahm keine Juden auf; trotzdem mußte ein Jude für das Vorrecht, nicht in der Armee zu dienen, eine Gebühr berappen.

Eine Erniedrigung gesellte sich zur andern: Den Surbtaler Juden waren nur wenige Tätigkeiten als Broterwerb erlaubt. Sie durften Geldverleiher, Hausierer, Lebensmittelhändler, Schneider sein, sonst kaum etwas. Ärzte oder Professoren konnten sie nicht werden. Mit Geld zu handeln war erlaubt, nicht aber, die Metalle, aus denen Münzen geprägt wurden, abzubauen oder zu schmelzen.

Die meisten waren Hausierer; sie verließen ihr Heim am Sonntagnachmittag und wanderten die ganze Woche durch den Aargau und die übrigen Kantone; sie trugen Gulden zusammen und gaben sie für Judenzölle und Hausiergebühren her, und am Freitagabend kamen sie nach Hause mit dem, was ihnen geblieben war. Oft wurden sie von Christen geschlagen, wenn sie durch die Dörfer zogen und ihre Ware feilboten. Und manchmal fanden sie bei der Rückkehr ihre Häuser von christlichen Horden geplündert und abgebrannt vor. Solches blieb allerdings nicht ungestraft: Es ärgerte den Landvogt, der doch an den Schutzbriefen für «seine Juden» prächtig verdiente, so sehr, daß er die christlichen Übeltäter zu hohen Geldbußen verdonnerte und auf diese Weise den doppelten Gewinn einstrich.

Weitere Demütigungen: In der Satzung des Landvogts für die Surbtaler Juden aus dem Jahr 1760 hieß es, daß die Juden «keine Ehen unter Armen schließen oder erlauben» dürften und daß «alle jüdischen Bräute, die in dieses Land kommen, eine Mitgift von mindestens 500 Gulden mitzubringen» hätten (wovon dann ein Teil an die Steuer abzuführen war). In derselben Urkunde war auch festgelegt, daß den Juden das Recht auf Bestattung im Gemeindegebiet verwehrt war (sie mußten außerhalb der Dorfgrenzen einen Friedhof unterhalten) und daß ein Jude seinen Besitz jederzeit an einen Christen zu verkaufen hatte, sobald dieser ein festes Angebot machte.

Mehr als ein Jahrhundert lang erduldeten die Guggenheims von Lengnau diese Ungerechtigkeiten und Demütigungen; ihr Groll und ihre Frustration wuchsen. Vielleicht aber waren dieser Groll und diese Frustration nichts im Vergleich zu dem, was sie in Deutschland erlebt hatten, bevor sie in die Schweiz kamen.

Sehr wahrscheinlich war es während der Greuel des Dreißigjährigen Kriegs gewesen — wohl einer der härtesten, blutigsten aller Kriege in der Geschichte —, daß die Guggenheims aus Guggenheimb im nordwestlichen Bayern in die sichere Schweiz ausgewandert waren. Wo sie sich hier zuerst niederließen, ist unbekannt. Man weiß lediglich, daß sie 1696 im Ghettodorf Lengnau im lieblichen Surbtal Fuß gefaßt hatten.

In diesem Jahr 1696 nämlich taucht der Name Guggenheim erstmals in Baden in einer Urkunde auf; in einem Eintrag wird «der Jud Maran Guggenheimb von Lengnau» erwähnt. Ob dieser Maran Guggenheim in guten Treuen als Vorfahre der amerikanischen Guggenheims gelten kann, steht nicht fest. Es ist aber wahrscheinlich, denn 1702 kam ein gewisser Jacob Guggenheim, ein gesicherter Ahne des amerikanischen Zweiges vor Gericht, weil er angeblich unrechtmäßig das Haus von Maran Guggenheimb und mit seinem Bruder Samuel zusammen einen Weinberg am Wettinger Hügel, gleich außerhalb des Dorfes, besaß. Später im gleichen Jahr brannte ein christlicher Pöbelhaufen Jacob Guggenheims Haus nieder.

Jacob Guggenheim war offenbar eine führende Gestalt in der jüdischen Gemeinde von Lengnau. Er war *parnas,* Synagogenältester und galt als echter *lambden* oder Gelehrter in hebräischen Studien. Als der Gnadenbrief des Lengnauer Ghettos 1732 erlosch, wurden Jacob Guggenheim und ein gewisser Raphael Pickert von den ungefähr 250 jüdischen Familien des Surbtals auserwählt, ihre Sache vor der eidgenössischen Tagsatzung in Zürich zu vertreten. Es bestand nämlich die Gefahr, daß der Landvogt unter zunehmendem christlichen Druck alle Juden aus den beiden Surbtaler Gemeinden ausstoßen könnte.

Jacob Guggenheim mußte zu plumper Schmeichelei Zuflucht nehmen und sich ebenso plumper Erpressung beugen, um sich und seine Mitjuden vor der Vertreibung zu retten. Als er vor der Tagsatzung zu Wort kam, pries er den Landvogt überschwenglich und nahm schließlich in Kauf, was dieser die ganze Zeit gewollt hatte: einen viel höheren Preis für «seine Juden» gegen die Erlaubnis, im Ghetto zu bleiben.

Nicht lange nach diesen Ereignissen war einer von Jacobs Söhnen, Joseph Guggenheim, in einen Streit verwickelt, über den eine Zeitlang in der ganzen Schweiz geredet wurde. Jacob hatte Joseph auf eine Talmudschule im elsässischen Metz geschickt, und von dort wurde er vom protestantischen Pfarrer Johann Caspar Ulrich, der ihn bei seinem wortgewandten Auftreten vor der Tagsatzung kennengelernt hatte, nach Zürich eingeladen. Pfarrer Ulrich, ein Christ voll missionarischem Eifer, versuchte Joseph Guggenheim zum Christentum zu bekehren, was ihm nach langem Hin und Her und zwei Nervenzusammenbrüchen Guggenheims auch gelang, zur größten Empörung Jacobs und der ganzen jüdischen Gemeinde der Schweiz. Zur Strafe für Josephs Ketzerei strichen ihn später die Guggenheims von Lengnau aus ihren Familienlisten. (Ohne es zu wissen, wurde Joseph zum Vorboten kommender Ereignisse: er war der erste von vielen Guggenheims bis zum heutigen Tag, die zugunsten des Christentums ihren jüdischen Glauben ablegten.)

Jacob war so zornig über den Abfall seines Sohnes, daß er sich zu einer direkten Konfrontation mit Pfarrer Ulrich und den Christen der Schweiz hinreißen ließ. Nach endlosen Debatten, über die in den Zeitungen ausführlich berichtet wurde, verlangte der Landvogt, daß Jacob gezwungen werde, für das Privileg seines Verbleibens in Lengnau 600 Gulden zu bezahlen, eine beträchtliche Summe für die damalige Zeit. Jacob zahlte.

Einer von Jacobs Söhnen war Isaac Guggenheim, der 1800 der reichste Jude in Lengnau war. Isaac, sein Leben lang ein gnadenloser Geldverleiher, bekannt als «der alte Eiszapfen», war im Lengnauer Ghetto eine patriarchalische Figur. Feierlich, schweigsam, bärtig, meist mit Käppchen und Kaftan angetan, herrschte er inoffiziell über die Juden des Dorfes wie über die Familie Guggenheim. Als er 1807 vierundachtzigjährig starb, hinterließ er ein auf 25 000 Gulden geschätztes Vermögen. Dieses Vermögen, eines der größten, das je ein Jude in Lengnau vererbte, bestand aus einer riesigen Truhe voll Geld und Waren, die der alte Eiszapfen als Nebensicherheit für Darlehen angenommen hatte. Darunter befanden sich 830 Gold- und Silbermünzen, 72 Stück Tafelgeschirr, ein Mörser, eine Bratpfanne, 2 Teigschüsseln, eine Sabbatleuchte, ein Kaffeekrug aus Messing, 19 Bettlaken, 15 Handtücher, 8 Nachthemden und ein Kindertöpfchen.

Isaac Guggenheims ältester Sohn und Haupterbe war Meyer, der im Jahr 1775 eine Deutsche, ein gewisses Fräulein Vogel aus Gailingen, geheiratet hatte. Meyer und seiner Frau wurden acht Kinder beschert; an den Sohn Samuel wird im «Partners' Room» im Gebäude von Guggenheim Brothers in New York erinnert, weil er ein Kind aus dem Feuer rettete, und ein anderer, Simon, sollte im Alter von fünfundfünfzig Jahren mit seinem Sohn Meyer Lengnau verlassen und das große Abenteuer der Guggenheims in Amerika beginnen.

Als Simon als Schneider im Haus Nr. 64 an der Surb zu arbeiten anfing, war das von seinem Großvater, dem alten Eiszapfen, angehäufte Vermögen bis auf einen kleinen Rest dahingeschmolzen, so daß die Familie ganz auf Simons mageren Verdienst angewiesen war.

Dreißig Jahre später, 1847, war Simons wirtschaftliche Lage nur wenig besser. Seine Frau, Schäfeli Levinger, war 1836 gestorben; so mußte er seinen Sohn Meyer und fünf Töchter allein aufziehen. Der junge Meyer reiste schon als Zwanzigjähriger hausierend durch die Schweiz und Deutschland, doch die Töchter waren eine Last. Ohne genügende Mitgift durften sie in Lengnau ja nicht heiraten.

Auch der fünfundfünfzigjährige Simon selbst durfte in Lengnau nicht heiraten. Er war einer einundvierzigjährigen Witwe zugetan. Rachel Weil Meyer, die drei Söhne und vier Töchter hatte. Obwohl sie aber einiges Geld besaß und Simon seine eigene Werkstatt samt Einrichtung, vermochten sie die christliche Obrigkeit von Lengnau nicht zu überzeugen, daß sie zum Heiraten genug hätten. Da packte Simon und Rachel der Mut der Verzweiflung. Sie beschlossen, ihre beschränkten Mittel zusammenzulegen und mit ihren Kindern nach Amerika zu ziehen. Von anderen Auswanderern war das Gerücht nach Lengnau gedrungen, in Amerika gäbe es keine Ghettos und keine ächtenden Gesetze gegen Juden.

Es war ein gewaltiger Schritt für einen fünfundfünfzigjährigen Witwer und eine einundvierzigjährige Witwe, die beide mehr als die Hälfte ihres Lebens in einem kleinen Schweizer Dorf verbracht hatten, aber sie wagten ihn. Simon verkaufte sein Häuschen mit Werkstatt an der Surb, legte sein Geld zu dem von Rachel, und dann reisten sie mit zwölf ihrer Kinder nach Koblenz am Rhein. Von dort ging es per Flußboot nach Hamburg, und von Hamburg nahmen sie ein Segelschiff nach Philadelphia.

Als die Guggenheims in Amerika Fuß gefaßt hatten, nahmen sie wie Tausende europäischer Einwanderer aus unterdrückten Schichten unbewußt Rache an der herrschenden Klasse ihres Herkunftslandes. Ohne sich ihre früheren Unterdrücker im einzelnen vor Augen zu halten, wollten sie es dem Landvogt von Baden, der eidgenössischen Tagsatzung, den spießigen, moralisierenden Christen des Surbtals einmal zeigen, all den Leuten, die sie daran gehindert hatten, sich zu verheiraten, Land zu besitzen, frei einen Beruf zu wählen, Kapital zu sammeln, zu wohnen, wo immer es ihnen gefiel, Silber und Gold zu schürfen und zu schmelzen.

Und sie zeigten es ihnen — in Weltformat. Sie wohnten bald in größeren und prächtigeren Palästen als der Landvogt. Sie besaßen Grundstücke, die größer waren als das ganze Surbtal. Sie mußten vor keiner Tagsatzung mehr um ihr Leben betteln; sie saßen im Senat ihres neuen Staatenbundes. Sie schürften und schmolzen nicht nur Metall, aus dem Münzen geprägt wurden, sie besaßen und betrieben die größten, reichsten Silber-, Kupfer- und Goldminen der ganzen Welt. Und sie erwarben in ihrer neuen Heimat Reichtümer und Ehren und Glanz in solchem Ausmaß, daß die selbstzufriedenen Christen von Lengnau daneben wie Bettler, wie Sklaven aussahen.

So straff hatten die Jahrhunderte der Einschränkung, Unterdrückung und Verfolgung der Juden die Feder des Guggenheimschen Ehrgeizes angezogen, daß es manche Generation brauchte, bis sie ermattete, die Triebkraft nachließ. Und dann gab es, selbst noch in der Dämmerung der Familie, immer wieder Ausbrüche von Energie, Aufblitzen von Begabungen, wie es nur wenige der braven christlichen Aargauer je hatten erleben oder sich auch nur vorstellen können.

Kapitel
2
Der Zufluchtsort

Es dauerte mehr als zwei Monate, bis das Schiff, mit dem die Guggenheims und Meyers von Hamburg über das Meer segelten, Philadelphia erreichte. Jahre später erzählte Meyer Guggenheim seinen Kindern manchmal von dem unglaublichen Gedränge unter Deck. Allein sein konnte man selten oder nie. Nachts drängten sich die Zwischendeckpassagiere in von Ratten heimgesuchten Räumen zusammen. Als Verpflegung gab es nur Schiffszwieback, Dörrobst, Fische und streng rationierten Wein und Wasser.

Aber, fügte Meyer jeweils augenzwinkernd hinzu, er spürte kaum etwas von den Unbequemlichkeiten und Entbehrungen, denn er verliebte sich auf dieser Reise in die fünfzehnjährige Barbara Meyer. Ihm und Barbara verflogen die Tage schnell. Ihre ganze Findigkeit boten sie auf, um Mittel und Wege zu ersinnen, beisammen sein zu können, abseits der übrigen Passagiere, abseits der neugierigen Blicke ihrer Familien. Als sie den Delaware River hinaufsegelten, waren sie entschlossen, zu heiraten, sobald Meyer genug Geld hatte.

Vorerst aber war die Reihe zu heiraten an Vater Simon und Mutter Rachel. Die Feier fand kurz nach der Ankunft statt, und dann ließ sich die nunmehr vierzehnköpfige Familie in einem Mietshaus in einem namenlosen Arbeiterviertel, das wohl nicht viel mehr als ein Slum war, außerhalb von Philadelphia nieder.

Man schrieb das Jahr 1848. James K. Polk war Präsident. Der größte Teil des kurz zuvor erweiterten Staatenbundes, den er präsidierte, war noch unentwickelt und unbesiedelt. Die dichten Wälder, tobenden Flüsse und wilden, einsamen Berge waren noch unversehrt und unverschmutzt. Als Sieger in einem zweijährigen Krieg hatten die Vereinigten Staaten gerade Mexiko aus den weitgehend unberührten Gebieten Kalifornien, Nevada, Colorado, Arizona, Utah und New Mexico hinausgeschwindelt. In den zwei Jahren vor dem Mexikanischen Krieg hatten sie bereits Texas annektiert und das Territorium von Oregon erworben. «Manifest Destiny» lautete das Schlagwort dieser Unternehmungen. Der Goldrausch fing gerade erst an. Die Indianer waren noch nicht ausgerottet. Die Frauen hatten noch kein Wahlrecht. Die Schwarzen lebten noch in Sklaverei.

Erst wenige der großen amerikanischen Familien, zu denen sich die Guggenheims im 20. Jahrhundert gesellen sollten, hatten 1848 bereits Reichtum und Einfluß erworben. Patrick Kennedy, der Urgroßvater John F. Kennedys, war ein Jahr zuvor auf Noddle's Island, Boston Harbor, eingetroffen und war immer noch so arm, wenn nicht ärmer, wie er im ausgehungerten Irland gewesen war. Die Vorfahren von Henry Ford waren fünfzehn Jahre vorher ebenfalls aus Irland eingewandert und arbeiteten immer noch als bescheidene Bauern. John D. Rockefeller, der Sohn eines New Yorker Händlers, war gerade neun Jahre alt. Nur die Astors, Du Ponts und Vanderbilts befanden sich schon auf dem Weg zum großen Reichtum.

Das Philadelphia, in dem die Guggenheims 1848 eintrafen, war eine der attraktivsten und tolerantesten Städte Amerikas. Von William Penn gegen Ende des 17. Jahrhunderts als «Zufluchtshafen für Verfolgte, die sich vom inneren Licht des Gewissens leiten lassen wollten», als Teil des «heiligen Experiments» von Pennsylvania gegründet, war sie in der Revolutionszeit die Hauptstadt der Kolonien, 1790 bis 1800 die Hauptstadt der Vereinigten Staaten gewesen und nahm jetzt den Rang des Finanzzentrums der zweiundsiebzigjährigen Nation ein, den sie jedoch bald danach an New York abgeben sollte.

In sozialer Hinsicht war Philadelphia durchaus nicht demokratisch. Die Stadt stand im Ruf, Neuankömmlingen gegenüber tolerant zu sein, das war aber auch schon ziemlich alles. Wohlstand und gesellschaftlicher Rang konzentrierten sich auf einen winzigen Bruchteil der 100 000 Einwohner der Stadt und beschränkten sich auf Christen nordeuropäischer Herkunft; Irländer waren nicht dabei. Damals lebten von den rund 50 000 Juden im ganzen Land ungefähr 2500 in Philadelphia. Ein Ghetto gab es hier nicht, nur konnten die Guggenheims als Juden bei aller Freiheit, beliebig Geld zu verdienen, niemals hoffen, in die exklusive Gesellschaft von Philadelphia — noch heute die hermetischste von ganz Amerika — aufgenommen zu werden, und wenn sie noch so viel Geld scheffelten.

Sobald sie sich häuslich niedergelassen hatten, gingen Simon und Meyer hausieren. Die meisten Hausfrauen Philadelphias kauften, was sie für den Haushalt brauchten, lieber an der Tür, anstatt den weiten Weg zu den Kolonialwarenhandlungen in der Stadt zu unternehmen. Hausieren schien Simon und Meyer der schnellste und sicherste Weg zu sein, zu etwas Geld zu kommen. Zur Einrichtung einer Schneiderwerkstatt gehörte etwas Kapital, das ihnen fehlte, und bis man sich einen Kundenkreis geschaffen hatte, würde es zu lange dauern.

Aus irgendeinem Grund, wahrscheinlich weil die eisernen Kohlenkochherde erst vor kurzem die offenen Feuerherde in den Küchen verdrängt hatten, wurde Herdpolitur zum meistverkauften Artikel in Meyers Hausiererranzen. Meyer brauchte nicht lang, um zu begreifen, daß, wenn ihm jede verkaufte Dose einen oder zwei Pennies einbrachte, der Fabrikant an den unzähligen Dosen, die er verkaufte, Tausende von Dollars verdienen mußte. Mit der Mischung von Beherztheit und gutem Urteilsvermögen, die ihn sein Leben lang von einem geschäftlichen Erfolg zum anderen führte, entschloß sich Meyer, seinen Bestseller nicht nur zu verkaufen, sondern selbst herzustellen. Unverzüglich begab er sich zu einem deutschen Chemiker nach Bethlehem/Pennsylvania, der die Formel der von Meyer verkauften Herdschmiere analysierte und ihm die Fabrikation erklärte. Bald danach entdeckte Meyer, wie er eine Herdpolitur herstellen konnte, die keine schwarzen Bleiflecken an den Händen der Hausfrauen zurückließ, und kurze Zeit später blieb Simon zu Hause und fabrizierte mit einer Wurstmaschine aus zweiter Hand die Politur, die Meyer verkaufte. Bald machte der Profit an einer Dose acht Cents aus statt eines Pennys. Das Herdpoliturgeschäft Guggenheim war etabliert.

Meyer aber war seiner Lebtag nicht gewillt, auf den Lorbeeren des Erfolgs in einem Geschäftszweig auszuruhen. Kaum war ihm ein Wagnis gelungen, nahm er schon das nächste in Angriff. Und kaum begann er mit Fabrikation und Verkauf von Herdpolitur gutes Geld zu verdienen, stürzte er sich auf etwas Neues. Diesmal war es der Verkauf von Kaffee-Essenz.

Kaffee war 1848 ein Getränk der Reichen. Leute von bescheidenem Einkommen konnten ihn sich nicht leisten. Wenn man aber aus den billigsten Kaffeebohnen, die man kriegen konnte, eine Essenz destillierte und diese mit gewissen Aromastoffen wie Zichorie vermischte, dann kam ein Produkt heraus, das, mit heißem Wasser angerührt — wie heute der Sofortkaffee —, ein billiges, genügend starkes und leidlich schmeckendes Kaffeegetränk ergab. 1852, vier Jahre nach seiner Ankunft in den Vereinigten Staaten, hatte Meyer Guggenheim mit Herdpolitur und Kaffee-Essenz genug Geld gemacht und war in beiden Branchen so gut etabliert, daß er seine geliebte Barbara heimführen konnte.

Kapitel

3

Gebratene Tauben fliegen einem nicht ins Maul

Mit der Familiengründung von Meyer und Barbara verschwanden Simon und Rachel allmählich aus dem Bild. Nach und nach heirateten auch ihre übrigen Sprößlinge und bekamen Kinder, doch das bescheidene Leben ihrer Nachkommen stand in hartem Gegensatz zu dem Glanz, in dem Meyers und Barbaras Nachfahren lebten. Simon starb 1869 mit sechsundsiebzig Jahren, ein abgearbeiteter, aber vermutlich zufriedener Mann. Er hatte sein wichtigstes Ziel, seinen Kindern und Stiefkindern einen neuen Start in einer neuen Welt zu ermöglichen, erreicht, und 1869 waren acht Enkel da, die den Familiennamen weitertrugen. Wann Rachel starb, weiß man nicht: die Papiere schweigen sich darüber aus: sie könnte sogar in die Schweiz zurückgekehrt sein.

In den Jahren, in denen Simons Kräfte nachließen, nahm Meyer nach und nach den Platz auf der Mitte der Guggenheimschen Bühne ein und behielt ihn bis zu seinem Tod im Jahr 1905.

«Es ist in der Geschichte nicht zu beobachten, daß Familien mit der Zeit immer stärker werden», schrieb der amerikanische Historiker und Essayist George William Curtis 1887. «Eher macht man die Entdeckung, das Ganze sei wie ein Komet, bei dem der Kopf der leuchtendste Teil ist, während der Schwanz, und sei er noch so lang und hell, sich allmählich im Dunkel verliert.»

Es ist wohl möglich, daß Meyer, das strahlende Haupt des Kometen Guggenheim, der fähigste und außerordentlichste aller Guggenheims war, den keiner je übertreffen konnte, zumindest was Ideenreichtum, Kühnheit, Gerissenheit, Ausdauer, Fleiß, Mut, Energie und Glauben angeht. Einige seiner Kinder und Kindeskinder besaßen außergewöhnliche Qualitäten — die zu erwerben Meyer weder je die Zeit noch die Bildung gehabt hatte — und konnten sich erleseneren, vornehmeren Beschäftigungen widmen als bloßem Gelderwerb, doch begannen sie alle ihr Leben bereits mit reichlichen Privilegien und Erbgütern. Meyer hatte mit nichts als seinen natürlichen Gaben angefangen.

Meyer war die Karikatur eines Juden des 19. Jahrhunderts: ein kleiner, schweigsamer, mißtrauischer Einzelgänger mit langem braunem Kraushaar, langen Schläfenlocken und einem Bart. Als er zu Wohlstand gekommen war, trug er immer einen langen schwarzen Gehrock (der ständig mit Zigarrenasche befleckt war) und einen breitrandigen schwarzen Schlapphut. Er war völlig eingleisig auf Geldverdienen eingestellt. Seine Liebe zum Geld, bemerkten Zeitgenossen, grenzte ans Krankhafte. Es hieß, kein amerikanischer Multimillionär habe je so weit unten angefangen wie Meyer Guggenheim (zuerst war er ja wirklich kaum mehr als ein Bettler), und keiner, nicht einmal sein Zeitgenosse John D. Rockefeller, sei so besessen hinter dem Reichtum her gewesen.

Es war für Meyer Guggenheim — bedingt durch die jahrhundertelange Unterdrückung und Tyrannei in Deutschland und der Schweiz — ein Glaubensgrundsatz, daß Sicherheit und Glück in dieser Welt des «ein Hund frißt den andern» illusorisch waren, und nur Geld konnte einen davor bewahren, aufgefressen oder weggefegt zu werden. So wurde das Sammeln von Geld, von mehr und immer noch mehr Geld, für ihn zu einer Art Weihe unter Ausschluß aller übrigen Anliegen. Als umsichtiger Opportunist hielt er ständig Ausschau nach jeder Chance, die des Weges kam. «Die gebratenen Tauben», wiederholte er unermüdlich, «fliegen einem nicht ins Maul». Man müsse die Vögel erst erlegen und dann braten, bevor man sie essen könne.

Für Meyer war es keine Gotteslästerung, am Sabbat Geschäfte zu machen. Im Gegenteil, er arbeitete jeden Samstag seines Lebens hart. Einige seiner besten Tauben flogen ihm ja gerade am Sabbat zu, wenn seine Rivalen mit der Flinte im Schoß ruhten. Geschäft war der Atem seines Lebens, sein eigentliches Dasein. Es hieß: hier Meyer Guggenheim und seine Familie, hier die Welt — und auf beiden Seiten wurde weder Pardon gegeben noch Gnade erwartet. «Er führte Buch in kleinen, klaren Zahlen», schrieb 1914 einer seiner Söhne, «und wußte, daß jede Veränderung, die er vorgenommen hatte, seine finanzielle Stellung verbessert, ihn seinem Ziel ein kleines Stück nähergebracht hatte.» So zäh und wagemutig er das Geld verdiente, so vorsichtig war er beim Ausgeben. Im tiefsten Innern blieb er stets ein schweizerischer «Rappenspalter». Jeder so sauer verdiente Penny durfte nur widerstrebend und mit Bedacht ausgegeben werden. Außer um noch mehr Geld zu verdienen: Investieren war etwas anderes. Ausgeben, um zu verdienen — dann, und nur dann, durfte man verschwenderisch und rücksichtlos Geld ausgeben.

Als Meyers Geschäft blühte, zog er mit Barbara in ein kleines Haus im Vorort Roxborough, Green Lane Nr. 443. Hier eröffnete er eine Kolonialwarenhandlung, und 1854 schenkte ihm Barbara den ersten Sohn, den sie prophetisch Isaac nannten, nach dem wohlhabendsten von Meyers schweizerischen Vorfahren. Drei weitere Söhne folgten rasch hintereinander: Daniel 1856, Murry 1858 und Solomon 1861.

Als der Bürgerkrieg ausbrach, begann Meyer — der noch immer seinen Kolonialwarenladen führte und sein Herdpolitur- und Kaffee-Essenz-Geschäft leitete — erfolgreich in Bekleidungsartikeln und Nahrungsmitteln zu spekulieren, die von der Potomac-Armee gebraucht wurden: Schuhnägel und Senfsamen, unter anderem. Meyer selbst war nie im Krieg. Getreu seinem Credo verdiente er am Krieg. Das tat er mit solchem Erfolg, daß er in der Lage war, genügend Kapital anzuhäufen, um ein bedeutender Engros-Gewürzhändler zu werden — sein nächstes Geschäft.

Inzwischen hatten sich seine Verpflichtungen um weitere vier Kinder vergrößert: Jeannette, seine erste Tochter, war 1863 geboren, Benjamin 1865 und die Zwillinge Simon und Robert 1867. Meyer war erst neununddreißig, Barbara vierunddreißig, und schon hatten sie sieben Söhne und eine Tochter. Doch das war noch nicht alles. Nach der Geburt der Zwillinge zogen sie in ein besseres Haus an der Franklin Street in Philadelphia und bekamen prompt drei weitere Kinder: William 1868, Rose 1871 und Cora 1873. Noch zweimal zogen sie um, jedesmal an noch bessere Adressen: erst an die North Seventeenth Street und schließlich an die North Sixteenth Street.

1873 war der fünfundvierzigjährige Meyer ein erfolgreicher Gewürzgroßhändler und hatte eigentlich wenig Grund, noch etwas Neues auszuprobieren. Trotzdem fing er in jenem Jahr ein weiteres Geschäft an: Laugenfabrikation. Die Hausfrauen stellten damals aus Lauge von Holzasche und Fett aus der Heimmetzgerei selber Seife her. Warum nicht Lauge fabrizieren und auf diese Weise ein neues Haushaltsbedürfnis schaffen? Da konnte ordentlich Geld drin liegen. Allerdings fliegen einem ja die gebratenen Tauben nicht ins Maul, und so kaufte Meyer mit der ihm eigenen Wendigkeit und Erfindungsgabe schnell ein paar Patentrechte auf, die gerade «betteln gingen», erstand eine kleine Fabrik und warf bald darauf unter dem Namen American Concentrated Lye Company billig und in großen Mengen ein neues Produkt auf den Markt.

Bald darauf aber verklagte die Pennsylvania Salt Company, die ebenfalls Lauge zu fabrizieren versuchte, Meyer wegen angeblicher Verletzung von Patentrechten. Nach heftigem Gerangel entschied das Gericht für Guggenheim. Frustriert anerbot sich die Pennsylvania Salt, Meyer aufzukaufen. Eine Zeitlang spielte er den Spröden. Dann verkaufte er seine American Concentrated Lye für 150 000 Dollar und zog sich für immer aus dem Laugengeschäft zurück.

Bald kamen ein paar weitere Täubchen, zum Braten geeignet, des Weges geflogen. Ihm wurde klar, daß Eisenbahnen die lukrativste Geldanlage des Tages waren. Jemand gab ihm einen Tip für die Hannibal & St. Joseph Railway, eine kleine Linie, die Güterzüge in das aufstrebende Kansas City und zurück führte und für die der Finanzmann Jay Gould sich interessierte. Die Gesellschaft steckte in Schwierigkeiten, die Einnahmen gingen zurück, Dividenden wurden nicht mehr ausbezahlt, der Stock war auf zwanzig Dollar pro Aktie zusammengebrochen. Die Aktionäre hatten angefangen, ihre Papiere zu verschleudern, Meyer kaufte sie zu Schleuderpreisen auf und stand schließlich mit 2000 Aktien da.

Der Tip erwies sich als erstklassig. Jay Gould versuchte ein neues großes Bahnsystem zusammenzustellen, das unter dem Namen Missouri Pacific bekannt werden sollte. Die Hannibal & St. Joseph war ein notwendiges Glied in dieser Kette. Gould und seine Teilhaber fingen an, Hannibal-Aktien zu kaufen. Meyer ließ die Titanen in New York kaufen und kaufen, behielt aber seine Anteile. Nach einer Weile wurde Jay Gould ungeduldig: er wollte die Aktienmehrheit haben und schickte einen Stellvertreter nach Philadelphia, um Meyer zum Verkauf seiner Aktien zu bewegen. Meyer hielt stand. Die Aktien stiegen. Schließlich verkaufte er zu Höchstpreisen und erzielte einen Riesengewinn von 300 000 Dollar.

Jetzt verfügt er über ein Kapital von rund 450 000 Dollar. Die Bühne war frei für sein nächstes Geschäft: die Einfuhr von Spitzen und Stickereien aus Sachsen und der Schweiz. Es war die Zeit, in der Frauen jeden Alters ihre Unterröcke und Sommerkleider mit vielen Reihen zart bestickter und durchbrochener Rüschen besetzen mußten. In den siebziger Jahren hatte ein Onkel von Barbara in der Schweiz eine kleine Fabrik für Maschinenstickerei eingerichtet. Die schweizerischen Juden waren 1863 durch Proklamation aus den Ghettos und von allen einschränkenden Gesetzen befreit worden und packten überall in Europa Gelegenheiten beim Schopf. Barbaras Onkel hatte die Stickereifabrik gekauft, sie zum Erfolg geführt und Meyer Muster geschickt mit dem Vorschlag, das Produkt in die Vereinigten Staaten zu importieren und dort zu verkaufen.

Meyer, der schon immer einen schnellen Blick für lukrative neue Gelegenheiten gehabt hatte, nahm sich einen gewissen Morris Pulaski als Teilhaber, und bald war «Guggenheim und Pulaski, Import feiner Spitzen und Stickereien», eine blühende Firma. Mehr als nur blühend — sie war eine Goldmine. Guggenheim und Pulaski waren die ersten in diesem Sektor, und sie vermochten ihre führende Stellung zu halten. Die zarten Schweizer Stickereien strömten nach Philadelphia, und die Gewinne strömten in Guggenheims und Pulaskis Kassen. Das Geschäft brachte Meyer soviel ein, daß er gleich zwei Riesenschritte in die Zukunft tun konnte: auf die andere Seite der North Sixteenth Street umziehen und sich ein Pferd mit Kutsche kaufen.

Meyer und Barbara hatten ihre Kinder mit einer guten Mischung von Disziplin und Nachsicht erzogen. Obwohl die Jungen später geschäftlich wahre Zauberkünstler wurden, ging außer William keiner von ihnen gern zur Schule oder zeigte besondere Neigungen für Schulfächer. Was die Älteren an den Mittelschulen von Philadelphia am meisten verdroß, war der Zwang zu «nutzlosen» klassischen Studien — ihnen wäre eine «praktische» Geschäftsausbildung viel lieber gewesen.

Nach einer Weile war sich Meyer, schon immer ein scharfsinniger Menschenkenner, darüber im klaren, daß keiner seiner Söhne, mit Ausnahme des lernbeflissenen William, jemals ein rechter Studierter werden würde, und so schickte er den ältesten, Isaac, zur Arbeit zu seinem Onkel (einem Bruder Barbaras), schickte Daniel in die Schweiz, um sein Deutsch zu vervollkommnen und das Stickereigeschäft zu studieren, schickte auch Solomon in die Schweiz, und zwar an das Institut Concordia in Zürich, wo er ebenfalls seine Deutschkenntnisse ergänzen und den Handel erlernen sollte, und schließlich noch Murry auch wieder in die Schweiz, in das Stickereizentrum St. Gallen, um sich dort aus erster Hand über die Stickereimanufaktur zu orientieren.

Zu Hause blieben die sieben jüngeren Kinder zurück: Jeannette, Benjamin, die Zwillinge Simon und Robert, William, Rose und Cora. Von dieser Zeit an wurde der Graben zwischen den älteren und den jüngeren Guggenheim-Brüdern, der irgendwie schon immer dagewesen war, noch ausgeprägter. Isaac, Daniel, Solomon und Murry, denen es bestimmt war, die Geschicke des Guggenheim-Imperiums eines Tages zu lenken, wurden in Europa ausgebildet und lernten europäische Sitten und Gebräuche, während Benjamin, William und Simon, denen keine so bemerkenswerte Rolle im Geschäft zugedacht war, in Amerika blieben. Simons Zwillingsbruder Robert kam mit elf Jahren beim Sturz von einem Pferd ums Leben. Die Mädchen besuchten die Klosterschule von Sacred Heart im nahen Torresdale und wurden dann auf die Heirat in wohlhabende jüdische Familien vorbereitet.

Später kamen die Jungen aus der Schweiz zurück, mit reichen Kenntnissen aus erster Hand über Stickerei- und Spitzenfabrikation, mit tadellosen Deutschkenntnissen und Manieren, und Morris Pulaski zog sich aus der Stickerei-Importfirma Guggenheim und Pulaski zurück. 1877 gründete Meyer die Firma M. Guggenheim's Sons (die 1882 als Aktiengesellschaft eingetragen wurde) und gab dabei jedem Sohn den gleichen Anteil. Zuerst waren nur die vier ältesten — Isaac, Daniel, Murry und Solomon — befugt, im Geschäft zu arbeiten und sich in die Gewinne zu teilen, doch Meyer versicherte seinen jüngeren Söhnen, es werde auch für sie ein Platz im Geschäft sein und dann stehe ihnen der gleiche Gewinnanteil zu wie ihren großen Brüdern. Diese Regelung verdroß Isaac, den Ältesten, der nun schon etliche Jahre bei Guggenheim und Pulaski arbeitete und der Meinung war, aufgrund des

Dienstalters habe er Anspruch auf einen größeren Teil des Profits. Meyer aber war überzeugt, daß jede Ungleichheit in der Partnerschaft nur zu Unzufriedenheit unter den Brüdern führen würde und ließ Isaacs Einwände nicht gelten.

Um sein Argument zu unterstreichen, heißt es, versammelte Meyer eines Tages seine sieben Söhne um einen langen Mahagonitisch in seinem Büro und gab nach kurzer Pause jedem einen Stab. Dann hieß er sie, die Stäbe entzweizubrechen, und sie taten es. Wieder eine Pause, und dann zog er ein Bündel von sieben mit einem Band umwundenen Stäben hervor und forderte jeden der Söhne auf, das Bündel zu zerbrechen. Es wurde herumgereicht. Keiner war imstande, es zu knicken.

«Seht ihr, meine Jungen», sagte Meyer, «einzeln gehen die Stäbe leicht entzwei, gemeinsam sind sie nicht zu brechen. So ist es auch mit euch. Gemeinsam seid ihr unbesiegbar. Einzeln kann jeder von euch ohne weiteres zerbrochen werden. Bleibt zusammen, meine Söhne, und die Welt gehört euch. Wenn ihr auseinanderfällt, werdet ihr alles verlieren.»

Es war eine Lektion, die fünf der Brüder zu ihrem außerordentlichen Vorteil beherzigten. Die beiden, die sie nicht beachteten, die von den übrigen vielleicht auch daran gehindert wurden, gingen einem völlig anderen Schicksal entgegen.

So stand in den späten siebziger Jahren die Firma M. Guggenheim's Sons, Import von feinen Spitzen und Stickereien, fest gegründet, mit vier Söhnen im Geschäft und drei weiteren im Begriff, dazuzustoßen. Das Geschäft blühte, genauso wie Meyers übrige Angelegenheiten, denn er blieb daneben Gewürzimporteur, Kolonialwarenhändler und Herdpoliturfabrikant.

1879 war Meyer Guggenheim mit einundfünfzig Jahren, zweiunddreißig Jahre nachdem er das Lengnauer Ghetto verlassen hatte, schon fast Millionär: Er besaß wohl um die 800 000 Dollar. Die Familie Guggenheim war in ihrer Wahlheimat bestens etabliert, und wieder hätte Meyer allen Grund gehabt, auf seinen Lorbeeren auszuruhen und das Geld hereinströmen zu lassen. Wie sich aber herausstellte, standen die Guggenheims gerade erst am Beginn ihres unheimlichen Aufstiegs zur Dynastie, zum Imperium. Nur hatte keiner von ihnen die leiseste Ahnung davon, denn in jenem erfolgreichen Jahr 1879 zeichnete sich am Guggenheimschen Horizont noch nichts ab, das auf die künftigen immensen Reichtümer hingedeutet hätte.

Kapitel

4

Bonanza in Colorado

Eine einzige plötzliche Entscheidung, getroffen in fast völliger Unkenntnis der möglichen Folgen, eine Entscheidung, die eigentlich nichts als schiere Spekulation war, gab letztlich den Ausschlag für das, was die Guggenheims wurden und heute noch sind. Wäre sie nicht gefallen, so wäre die Familie wahrscheinlich als mehr oder weniger erfolgreiche Spitzen- und Stickerei-Importeure in Philadelphia und, wie die Nachkommen der Geschwister von Meyer und Barbara Guggenheim, nahezu unbekannt geblieben.

Die große Flut kam in Form einer Minenspekulation. 1881 erwarb Meyer für 5000 Dollar einen Drittel-Anteil an zwei Blei- und Silberminen, der «A. Y.» und der «Minnie» in California Gulch an der Peripherie der aufstrebenden Bergbaustadt Leadville in Colorado. Er kaufte ihn von einem alten Bekannten, dem Quäker Charles D. Graham, einem Lebensmittelhändler und Spekulanten in Mineralgrundstücken, der sich Geld geborgt hatte, um seinen Zweidrittel-Anteil zu kaufen, und dann bei Verfall des Schuldscheins nur die Hälfte bezahlen konnte. Die Minen waren für mittelmäßige Produzenten ganz anständig gewesen, aber nichts Besonderes, und bis dahin sehr kostspielig im Betrieb. Leadville selbst gedieh seit mehr als einem Jahrzehnt. Als Meyer sein Risiko mit A. Y. und Minnie einging, wies das Städtchen stolze 120 Saloons, 150 Spielhöllen, 1 Opern- und 35 Freudenhäuser auf. Im Opernhaus traten gelegentlich berühmte Schriftsteller und Schauspieler auf, darunter Oscar Wilde. Dieser entzückte seine Leser zu Hause mit dem Bericht, er habe in einem Saloon ein Schild mit der Aufschrift entdeckt: «Bitte schießen Sie nicht auf den Pianisten, er tut sein Bestes.»

Als Meyer sich auf seine Leadville-Spekulation einließ, hatte er vom Bergbau keine Ahnung. Freunde, Verwandte und Geschäftspartner, für die Minen eine wertlose Schnellgewinnfalle für Unbedarfte waren, glaubten, nun habe er endlich einen Fehler gemacht.

Ein paar Wochen nach dem Kauf des Anteils stand der kleine Meyer in seinem langen Gehrock mit Schlapphut und «Hammelkoteletten» in California Gulch inmitten einer Menge finster dreinblickender Bergleute, spähte mit ihnen in einen zwanzig Meter tiefen Schacht hinunter und lauschte auf das Aufklatschen eines Steins, den der Mineninspektor hineinfallen ließ. Die Minen waren überflutet. Sie trockenzulegen würde ungefähr 25 000 Dollar kosten. Soviel Geld hatten Meyers Teilhaber nicht. Also zahlte Meyer den einen aus, kontrollierte damit die Minen und begann mit vier Ölquellenpumpen, jede von einem 25-PS-Motor angetrieben, die A. Y. und die Minnie zu entwässern. Inzwischen kehrte er nach Philadelphia zurück.

Nach der Trockenlegung erhielt Meyer Meldungen, daß die Bergleute allein aus der Minnie täglich rund fünfzig Tonnen Erz gewannen. Ein schönes Ergebnis im Vergleich zu den zweihundert Tonnen im Monat, die vor der Überflutung beide Minen zusammen hergegeben hatten. Mit den Berichten aber kamen auch Gesuche um Geldmittel für Reparaturen und weitere Entwässerung. Meyer schickte das Geld und wartete hoffnungsfroh auf weitere günstige Rapporte. Was kam, waren noch mehr Geldforderungen. Meyer zahlte. Bald fing er um seine Investition zu zittern an. Er steckte bereits mit einer Summe zwischen 30 000 und 70 000 Dollar (die Angaben schwanken) in dem Abenteuer.

Dann, eines warmen Augustfreitags 1881, traf ein Telegramm aus Leadville in Meyers Büro an der Front/Arch Street ein. Meyer war überzeugt, es handele sich erneut um eine Geldbitte seines Mineninspektors. Statt dessen aber hieß es da: Reiche Ader, fünfzehn Unzen Silber, sechzig Prozent Blei. Es war eine Bonanza — eine Fundgrube.

Die A. Y. und die Minnie, nach ihren ursprünglichen Pionier-Eigentümern A. Y. Corman und seiner Frau Minnie so benannt, die ihr Eigentum für praktisch nichts verkauft hatten, waren in der Tat außergewöhnliche Minen. Es stellte sich heraus, daß das Erz darin zwar schwer schmelzbar war, aber einen höheren Silbergehalt aufwies als die benachbarten, ja den höchsten aller Minen in Leadville. Das beruhte auf dem Vorhandensein großer Mengen reinen, bergfeinen Silbers. Das weiße Edelmetall schien in den schwarzen Tiefen beider Minen überall durchzulaufen. Zuweilen erschien es in der Form von dicken, gewundenen Silberdrähten, häufig war es wie zu Vogelnestern geschlungen. Manchmal zogen sich lange weiße Drähte aus fast reinem Silber von einem Nest zum andern und wieder zum nächsten, um in großen Netzen aus gesponnenem Metall zu enden.

Bald verdiente Meyer monatlich 17 000 Dollar an seinen Minen — etwa 100 500 in heutigem Wert — und war mit einemmal in Philadelphia eine Berühmtheit. Ein Reporter des *Ledger* interviewte ihn:

«Kann man Ihre Mine kaufen, Herr Guggenheim?»

«Nein, die Mine ist unverkäuflich», antwortete Meyer mit seinem schweren schweizerdeutschen Akzent. «Ich gäbe meinen Anteil nicht für eine halbe Million in bar her. Ich habe eine gründliche Untersuchung des Grundstücks machen lassen, und wenn es stimmt, was die Geologen sagen, könnten wir drei oder vier Millionen in bar aus den Minen lösen. Ich finde es besser, selber mit einem solchen Besitz zu arbeiten, als eine Gesellschaft zu gründen.»

Meyer bearbeitete die Minen also selbst, von seinem Büro in Philadelphia aus, mit der Hilfe von 130 Bergleuten und Aufsehern in Leadville, und 1887 hatten sie 9 Millionen Unzen Silber und 86 000 Tonnen Blei produziert. Zwei Kumpel konnten in einer einzigen Zwölfstundenschicht so viel Erz von den Stoßen abbauen, daß es für die Bezahlung sämtlicher Betriebsauslagen eines Tages in beiden Minen reichte. Immer wieder streikten die Bergleute, und immer wieder wurden die Streiks abgebrochen, gewöhnlich mit Hilfe bewaffneter staatlicher Milizen oder angeworbener Schläger. Mit Streikenden hatte Meyer nie viel Geduld. Schließlich war er selbst Arbeiter gewesen, einer der geringsten sogar, aber er hatte nie gestreikt, nur immer noch schwerer geschuftet.

1888 trugen die A. Y. und die Minnie ihm rund 750 000 Dollar Jahresgewinn ein. Bis die Minen erschöpft waren, sollten sie die Guggenheims um mehr als 15 Millionen bereichern. Und das war erst der Beginn der Minenabenteuer der Familie, die ersten zaghaften Schritte auf dem Weg zu einem weltweiten Kupfer-, Silber- und Gold-Imperium. Nachdem die Minen einmal Gewinn abwarfen, dauerte es nicht lang, bis Meyer seinen nächsten Riesenschritt unternahm.

Sehr rasch erkannte er, zu seinem Ärger, daß das Hüttenwerk Holden Smelter in Denver, in dem er sein Erz verarbeiten ließ, den Großteil seines Profits wegfraß. Schmelzhüttenbesitzer waren natürlich die Zwischenhändler des Bergbaus. Lösung: sein eigenes Hüttenwerk bauen, sowohl das Rohmaterial als auch die Verarbeitungsanlagen selber besitzen. Also schickte Meyer seinen drittjüngsten Sohn Benjamin zu Erkundigungen und Verhandlungen nach Colorado. Auf Benjamins Empfehlung hin kaufte er Aktien der Denver Hüttenwerke und bildete mit Edward R. Holden zusammen eine neue Firma, die sie Philadelphia Smelting and Refining Company nannten. 49 Prozent der Aktien gingen an Holden und einen Teilhaber, den Rest und damit die Kontrolle übernahm Meyer Guggenheim. Sogleich begann Guggenheim mit dem Bau einer neuen Schmelzhütte in Pueblo, Colorado, die ihn 500 000 Dollar kostete. Das war der erste Schritt zur Beherrschung der amerikanischen Hüttenindustrie durch die Guggenheims.

Und nun tat Meyer etwas Außergewöhnliches, etwas Beispielhaftes für das, was nach Williams Worten «seine vorherrschende Leidenschaft war: das Vorankommen seiner Söhne.» Er überschrieb seine Aktienmehrheit an der Philadelphia Smelting and Refining Company der Spitzen- und Stickerei-Importfirma M. Guggenheim's Sons, mit der Klausel — wiederum nach Williams Worten —, «daß die drei jüngeren Brüder als gleichberechtigte Partner auch in das neue Unternehmen aufgenommen werden». Erneute Reklamationen von seiten der älteren Brüder, die «die Tatsache etwas aus den Augen verloren hatten, daß ihr Platz an der Sonne mehr mit Meyers Voraussicht und Güte erkauft war als mit ihren persönlichen Anstrengungen». Noch einmal erkärte er ihnen, sie seien wie einzelne Stäbe leicht zu brechen, aber verbunden würden sie jeder Kraft und jedem Druck von außen standhalten. «Es ist mein Wunsch», sagte er, «und mein fester Wille, euch so vereint zu sehen, daß ihr unbesiegbar seid.»

Die Älteren beugten sich, wie immer, Vater Meyer. Benjamin und William, beide Anfang Zwanzig, wurden nun «vor Ort» geschickt. Benjamin, der erste Guggenheim, der je ein College besuchte, verließ die School of Mines der Columbia University und wurde Buchhalter von A. Y. und Minnie. William arbeitete nach seinem Studienabschluß an der University of Pennsylvania in der Erzproben- und Laborabteilung der Minen und später im neuen Hüttenwerk der Familie in Pueblo. Die älteren Söhne waren vorerst noch zu beschäftigt mit dem Spitzen- und Stickerei-Import, um sich gleich ins Bergbau- und Schmelzhüttengeschäft zu stürzen. Sie blieben in der Schweiz, in Philadelphia und New York und betreuten verschiedene administrative Bereiche.

Bald stellte sich indessen heraus, daß das Spitzen- und Stickereigeschäft allmählich abgeschoben werden mußte, damit sich Meyer und alle seine Söhne voll und ganz auf Bergbau und Hütten konzentrieren konnten. Isaac war inzwischen verheiratet und hatte drei Töchter; Daniel war verheiratet und hatte einen Sohn, und beide arbeiteten zusammen mit dem noch ledigen Solomon in dem vor kurzem errichteten New Yorker Büro. Murry war noch in der Schweiz und kümmerte sich dort um den verbliebenen Rest des Stickereigeschäfts. Simon weilte in Spanien; er eignete sich europäischen Schliff und Spanischkenntnisse an, die ihm zugute kommen sollten, als die Guggenheims in Südamerika Einzug hielten. Meyer berief Murry und Simon nach Amerika zurück und befahl allen seinen Söhnen, sich mit dem neuen Unternehmen zu befassen.

Was den konzentrierten Aufmarsch von M. Guggenheim's Sons so dringend erforderlich machte, war die unübersehbare, erschreckende Tatsache, daß das Guggenheimsche Hüttengeschäft anfing, Geld zu verlieren, ja, daß es Meyers Vermögen gänzlich zu vernichten drohte. Es gab Schwierigkeiten mit der Arbeiterschaft. Es gab Schwierigkeiten im Management. Die Hüttenarbeiter, zum Beispiel, streikten gegen den Zwölfstundentag, das Erz türmte sich in den Lagern, die Preise fielen. William Guggenheim, frisch aus dem College, den Kopf voll undurchführbarer Theorien, stritt sich dauernd mit den Hütteninspektoren herum. Bald stiegen die Verluste aus den Schmelzwerken auf 500 000 Dollar in einem halben Jahr. Als sich die Guggenheim-

Jungen in New York trafen, waren sie über die Vorgänge entsetzt. Sie vermochten nicht zu glauben, daß ein Unternehmen ihres Vaters sich mit einemmal so verschlechtern konnte, daß sie sogar Gefahr liefen, bettelarm zu werden.

Die älteren Söhne waren so alarmiert, daß sie es ihrem Vater zum Vorwurf machten, die Schmelzerei überhaupt angefangen zu haben. Was sollten sie mit diesem Geschäft, von dem sie nichts verstanden?

Als Antwort darauf versammelte Meyer seine Söhne im New Yorker Büro um sich und sagte ihnen, sie sollten standhalten. William schilderte das Treffen: «Er war nicht mehr jung, und der Reichtum, der dahinschmolz, war mehr die Frucht seiner Arbeit als der seiner Söhne. Er bemühte sich, ihre Befürchtungen zu zerstreuen und ihnen die Zuversicht einzuflößen, mit der er selbst in die Zukunft blickte. Er konnte nicht glauben, daß sein instinktives Gefühl für Erfolg ihn auf einmal im Stich gelassen hatte. Wie alles andere, so mußte auch dieses Wagnis ganz einfach gelingen. Ganz ruhig machte er sich daran, die Zweifler zu beschwichtigen. Der Verlust war enorm, das ließ sich nicht leugnen; aber sie sollten sich nicht entmutigen lassen. Er machte ihnen deutlich, daß alles, was er besaß, hinter ihrem Wohl zurückzustehen hatte: selbst die Minen A. Y. und Minnie würden geopfert, wenn es sein müßte, um zu einem erfolgreichen Abschluß der Situation zu kommen. Sie alle wußten, was die Minen ihrem Vater bedeuteten: für ihn waren sie nicht nur die Haupteinnahmequelle, sondern auch die Quelle seines Interesses am Leben. Sein Angebot, diese Minen in die Waagschale zu werfen, um ihnen zu helfen, löste die Panik und gab den Ausschlag. Sie begannen wieder zu planen, entschlossen, sich bei ihrem ehrgeizigen Unternehmen nicht unterkriegen zu lassen.»

Später sagte ihnen Meyer, wenn sie sich damit zufriedengäben, ehrbare Spitzenimporteuere zu bleiben, würde kein Mensch je den Namen Guggenheim erwähnen. Er wollte aber, daß der Name Guggenheim über das ganze Land, über die ganze Welt erschalle! Er wollte, daß jeder seiner Söhne, alle sieben, Millionär werde. Wenn sie ihr Leben lang Spitzen verkauften, würden sie nie Millionäre. Sie mußten hinaus und neue, noch lukrativere Gelegenheiten ergreifen, sie mußten hinaus und das Glück beim Schopf packen: «Die gebratenen Tauben fliegen einem nicht ins Maul.»

Es vergingen mehrere Monate, dann begannen die Geschäfte sich langsam zum Besseren zu wenden. Die Arbeiter, von bewaffneten Streikbrechern überredet, erklärten sich mit dem Zwölfstundentag einverstanden und kehrten zu den Schmelzöfen zurück. Die Erzhalden fingen zu schwinden an. Der Silberpreis stabilisierte sich.

In dieser Zeit boten Meyers Hüttenwerkpartner, verschreckt durch die furchtbaren Verluste, die sie erlitten hatten, den Guggenheims ihren 49 Prozent-Anteil an der Pueblohütte zur Übernahme an. Meyer verschaffte seinen Söhnen unverzüglich das notwendige Geld, um diese Minderheit zu kaufen, und so wurde die Firma M. Guggenheim's Sons alleinige Besitzerin der Philadelphia-Hüttenwerke in Pueblo.

Daraufhin brachen die Guggenheims 1888 und 1889 ihre Zelte in Philadelphia ab und zogen nach New York, das Philadelphia als Finanzkapitale abgelöst und sich rasch zum Nervenzentrum des amerikanischen Big Business entwickelt hatte. Die New Yorker Gesellschaft war viel offener, damals wie später. Nicht die Herkunft, sondern Reichtum und Begabung war es, was in Manhattan zählte. Auch ein Jude konnte hier in die gesellschaftliche Stratosphäre aufsteigen.

1888 löste Meyer das Stickereigeschäft vollends auf, verfrachtete die letzten Überreste von M. Guggenheim's Sons von Philadelphia an die Broad Street 30 in Manhattan, und im folgenden Jahr bezogen er und Barbara ein großes braunes Sandsteinhaus mit Hintergarten an der West Seventy-seventh Street, gegenüber dem Naturhistorischen Museum. Die Söhne Isaac, Daniel und Solomon hatten bereits eigene Sandsteinhäuser in den West Fifties von Manhatten, gleich hinter der Fifth Avenue. Zu Daniels nächsten Nachbarn gehörten die Astors; die Vanderbilts und die Rockefellers.

Jetzt war die Bühne bereit für den ersten großen Test in bezug auf die «Unbesiegbarkeit» der Guggenheim-Brüder. Meyer wurde alt und wollte die ganze Verantwortung für die Minen- und Hüttenbetriebe der Familie bald seinen sieben Söhnen überlassen.

Kapitel

5

Die Eroberung Mexikos

Schon drei Jahre nach Fertigstellung des ersten Hüttenwerkes in Pueblo hatten die Brüder Guggenheim einen starken Apparat aufgebaut, der in der Lage war, fast jedes Bergwerksunternehmen anzupacken. In Williams' Worten: «Jeder der Brüder war auf seine Weise tüchtig, und die Arbeitsteilung unter ihnen richtete sich nach ihren unterschiedlichen Begabungen.» Isaac, der älteste und konservativste, wirkte als Finanzchef und kümmerte sich um Bankdarlehen und Kredite. Daniel, der energischste und ehrgeizigste, wurde Chef-Organisator und Unterhändler. «Er war es, der die Firma später aus dem einfachen, aber profitablen Verarbeitungsbereich in das riskantere Feld der Gründung und Ausbeutung führen sollte.» Murry mit seiner angeborenen Vorliebe und Fähigkeit für Statistik handhabte und verkaufte die Metalle. Solomon, der «nette Kerl» der Familie, wurde «der populäre Kontaktmann». Benjamin hatte sich zu einem ausgezeichneten Betriebsverwalter entwickelt. Simon, an diesem sorgenfreien Punkt seines Lebens noch ein leutseliger, unbekümmerter Mensch, «widmete seine Aufmerksamkeit dem Verkauf von Erzen und der Erhaltung freundlicher Beziehungen zu den Minenarbeitern». William, das Küken der Familie, verfügte über eine technisch-metallurgische Ausbildung an der University of Pennsylvania und über praktische Erfahrung bei A. Y., der Minnie und der Pueblohütte.

Hinter ihnen allen stand Meyer, offiziell zwar im Ruhestand, aber immer da, lenkend, beratend. Und Barbara, die nie versiegende Quelle der Ermutigung, des Mitgefühls, der Liebe.

Hinter ihnen stand auch das Glück, durchwegs einer der engsten Verbündeten der Guggenheims. Die alten Römer waren so gescheit gewesen, Glück zu einer ihrer Hauptgöttinnen zu machen. Der riesige Fortunatempel in Palestrina bei Rom zeugt von der enormen Bedeutung, die die Römer dem Glück beimaßen. Wer weiß, welche Votivgabe die Guggenheims der Gottheit darboten, als ihre Pueblohütte so katastrophal in die roten Zahlen rutschte? Sie muß jedenfalls genehm gewesen sein, denn ausgerechnet zu dem Zeitpunkt, da es aussah, als könnten die Guggenheims dem vorzeitigen Ruin anheimfallen, brachte der Kongreß im Frühling 1890 das Sherman-Silver-Purchase-Gesetz durch und gab den Guggenheims damit eine unverhoffte, rettende Spritze. Aufgrund dieses Gesetzes verpflichtete sich das Finanzministerium, jeden Monat vier Millionen Unzen Silber zu kaufen. In Kürze stieg der Silberpreis von 90 Cents auf 1.25 Dollar die Unze. Und der Nettoertrag der Pueblohütte kletterte auf 60 000 Dollar im Monat oder 500 000 im Jahr.

Schon bald wurde sie zur gewinnbringendsten Hütte im ganzen Westen, zur «A. Y. und Minnie der Hüttenwerke», wie William es ausdrückte. Mit zielstrebiger Entschlossenheit und unbegrenzter Energie quetschten Meyer und seine Söhne den letzten Penny aus Minen und Hüttenwerk. Sie drückten die Frachtpreise der Bahn, indem sie drohten, das Erz auf Halde zu lassen, und die Drohung des öfteren auch ausführten. Mit Waffengewalt vertrieben sie Minenleute, die auf ihren Claims hockten. Immer wieder heuerten sie bewaffnete Streikbrecher an, um Streikende wieder an die Arbeit zu zwingen. Sie durchkämpften und gewannen alle Prozesse, die gegen sie angestrengt wurden... von Minen- und Hüttenarbeitern, anderen Minenbesitzern und Geschäftspartnern.

Der Erfolg in Pueblo ermutigte die Guggenheims dermaßen, daß sie sich zu einem neuen Riesenschritt entschlossen: voll in Bergbau und Verhüttung in Mexiko einzusteigen. Schon seit einiger Zeit hatten sie aus Mexiko Blei-und Silbererz für ihre Schmelzöfen in Pueblo importiert. Die Erze waren metallreich und dank der Tagelöhnerarbeit doch relativ billig. Dann aber trat der McKinley Tariff Act von 1890 in Kraft, und plötzlich wurden hohe Zölle auf importiertes Erz geschlagen. Die übrigen amerikanischen Minenbesitzer, Konkurrenten der Guggenheims, hatten in Washington eifrige Lobbyarbeit geleistet und bei ihren Mitchristen reiche Unterstützung gefunden. Erz aus Mexiko hereinzubringen würde jetzt nicht mehr so billig sein.

Die Guggenheimsche Reaktion auf diese plötzliche Pechsträhne war bezeichnend schnell und kühn: Bauen wir mit billiger mexikanischer Arbeitskraft Schmelzöfen in Mexiko und schmelzen das mexikanische Erz dort, unweit der Orte, wo es aus der Erde gefördert wird. Man malte sich aus, daß die Gewinnmargen enorm sein würden.

Also unternahmen Dan und Murry flugs eine Mexiko-Reise, mit Meyers Segen, aber nicht mit dem von Barbara (sie hatte Angst vor Banditen), und sie kamen zum Schluß, mehrere Minen im Norden, in der Nähe von Monterrey in Nuevo Leon, zu pachten oder zu kaufen und in Monterrey eine Hüttenanlage aufzubauen. Ferner weitere Minen im Süden, in Jalisco in der Umgebung von Aguascalientes, zu pachten oder zu kaufen und dazu in Aguascalientes ebenfalls ein Hüttenwerk zu bauen.

In den neuen Büros von M. Guggenheim's Sons an der Wall Street 2 wurde die Angelegenheit gründlich besprochen und vom alten Meyer und allen sieben Söhnen gutgeheißen. Das einzige, was man brauchte, um anzufangen, war eine Konzession der mexikanischen Regierung. Es wurde beschlossen, daß Dan hinfahren und die Konzession, die erste einer Reihe, direkt beim mexikanischen Staatspräsidenten einholen sollte.

In dieses arme, unglückliche, noch immer von den spanischen «Overlords» und der Katholischen Kirche unterdrückte Land, das vor Groll gegen die Vereinigten Staaten förmlich brodelte, kam also Daniel Guggenheim 1890 als moderner Konquistador mit der festen Absicht, Mexiko der Vergrößerung und Verherrlichung des aufsteigenden Hauses Guggenheim zu unterwerfen.

Damals war Porfirio Díaz an der Macht. Halb Spanier, halb Indianermischling, für die Indianer ein Indianer, für die Spanier ein Spanier, hatte er in der Revolution, die 1867 zum Sturz von Kaiser Maximilian führte, eine wichtige Rolle gespielt und herrschte jetzt als absoluter Diktator. Als führender Kopf der progressiven, angeblich «aufgeklärten» Científico-Partei und als Gegner der Konservativen der alten Linie sah Díaz die Rettung Mexikos in der Industrialisierung mit Hilfe ausländischen Kapitals.

Der vierunddreißigjährige Daniel Guggenheim war ein kluger junger Mann —, flink, eindringlich, von mittlerer Gestalt, gepflegt angezogen, mit europäischen Manieren —, der mit geradezu religiöser Überzeugung an die grundlegende Güte und Unvermeidlichkeit des materiellen Fortschritts glaubte, besonders wenn solcher Fortschritt gleichzeitig auch dem Hause Guggenheim Fortschritt brachte. Überdies war er der geborene General; das Kommandieren lag ihm im Blut, und die Leute taten meist, was er sie hieß.

Hier lag nun wirklich der Fall vor, daß der richtige Mann zur richtigen Zeit den richtigen Mann traf. Was Díaz wünschte, das hatte Guggenheim, und nur er; was Guggenheim wollte, das hatte Díaz, und nur er war zu geben ermächtigt.

Nicht lange nach seiner Ankunft in Mexico City fühlte sich Daniel Guggenheim dort überraschend zu Hause, sogar mehr zu Hause, wie er später seiner Familie gestand, als in seinem eigenen Land. Die zehn Jahre in Europa hatten Dan gesellschaftlichen Schliff und Selbstsicherheit gegeben, ein Gefühl für Eleganz, das ihm in der aristokratischen Gesellschaft von Mexico City sehr zustatten kam und ihm hier viel mehr nützte als in der zusammengewürfelten, leise antisemitischen Gesellschaft von New York. Er war von Anfang an beliebt bei den Mexikanern der Oberschicht, die in ihm durchaus keinen «Gringo» sahen, und er fühlte sich bei ihnen sofort wohl. Schon nach kurzer Zeit kannte er alle, die er kennenlernen wollte.

Seine erste Besprechung mit Díaz fand im prunkvollen Staatspalast auf dem Zócalo statt, im Herzen der Aztekenstadt, die Cortez 369 Jahre zuvor erobert hatte. Weitere Zusammenkünfte folgten, dann gab es Dinners, Bankette... Am Ende hatte Dan alles, was er wollte — und noch mehr. Er hatte den schlauen Díaz um den kleinen Finger gewickelt.

Nicht nur erhielt er die Konzessionen für die beiden Hütten in Monterrey und Aguascalientes, sondern darüber hinaus eine Genehmigung für die Guggenheims, «die Erforschung und Ausbeutung jeder Mine zu unternehmen, die sie allenfalls in Mexiko zu pachten oder zu kaufen wünschen». Außerdem erreichte er Díaz' Zusage, alle Maschinen für sämtliche Minen und Hütten zollfrei ins Land zu lassen sowie alles Kapital, das in Monterrey und Aguascalientes ausgegeben wurde, von staatlichen und städtischen Steuern befreien zu können. Das Abkommen wurde am 12. Dezember 1890 unterzeichnet.

Nach Dans triumphaler Rückkehr nach New York trafen sich die Brüder mit Meyer und reorganisierten sich zu einer effizienteren Einheit. Isaac, nunmehr ein ruhiger, ultrakonservativer Familienvater von sechsunddreißig Jahren, bekam die Aufgabe, sich um die letzten Überreste des Stickereigeschäfts zu kümmern, und wurde zum Geldverwalter des neuen Hüttengeschäfts ernannt. Daniel, vierunddreißig, wurde einstimmig gewählt, das gesamte Bergbau- und Hüttenunternehmen von New York aus zu überwachen und die künftige Expansion zu planen. Murry, zweiunddreißig, wurde Manager und Verkaufschef für den Westen. Simon, dreiundzwanzig und eben von seinem Studienaufenthalt in Spanien zurück, ernannten sie zum Bergbauvertreter in Denver, Chef-Einkäufer für Erze und Betriebsstoffe sowie Chef-Kontaktmann zu den Bergleuten im Westen. Benjamin, fünfundzwanzig, bekam die volle Verantwortung für die Hütte in Pueblo, und der zweiundzwanzigjährige William wurde sein Assistent. Dem dreißigjährigen Solomon fiel die Aufgabe zu, das Unternehmen Mexiko in Gang zu setzen. Er sollte sofort nach Monterrey reisen, um Minen zu pachten und zu kaufen sowie die neue Schmelzhütte zu bauen. Anschließend war das gleiche in Aguascalientes zu tun.

Meyer, nunmehr zweiundsechzig, hätte über den Gang der Dinge gar nicht glücklicher sein können. Er war ganz und gar einverstanden mit der Reorganisation und brachte dem neuen Wagnis volle Sympathie entgegen. Jubelnd sagte er seinen Söhnen, jetzt dürften sie keinen andern Ehrgeiz haben, als den gesamten Bergbau und das gesamte Hüttenwesen auf dem nordamerikanischen Kontinent zu beherrschen.

Als der junge Solomon Guggenheim 1891 in Monterrey eintraf, um die erste große Hütte der Stadt zu errichten (eine kleine gab es bereits), da fand er eine armselige, staubige, aus Adobeziegeln erbaute Siedlung von 25 000 Seelen vor, mit ungepflasterten Straßen, offenen Abwasserkanälen und ohne ein Hotel; ein Brutofen bei Tag, eine Mondlandschaft bei Nacht. Wenn es regnete, wurden die Straßen zu Schlammbächen, in Trockenzeiten waren sie Staubschluchten. Die Einwohner, größtenteils Indianer, lebten von der Hand in den Mund, am Rande des Existenzminimums. Meistens saßen die

Männer mit ihren riesigen breitrandigen Hüten rauchend und schwatzend auf der Plaza herum, während die Frauen im steinigen Bach, der mitten durch das Städtchen lief, die Familienwäsche wuschen. Achtzig Jahre später war diese verschlafene Gemeinde Mexikos bedeutendste Industriestadt, die sich des größten Stahlwerks des Landes und einer Einwohnerzahl von über einer Million rühmte.

Für Sol Guggenheim war Monterrey die erste große Herausforderung, die erste wirkliche Gelegenheit, seinem Vater und seinen Brüdern zu zeigen, was in ihm steckte. Zwar hatte er schon früher wichtige Verantwortungen getragen — er war es gewesen, der die Stickereifabriken der Familie in St. Gallen und Plauen verkauft hatte —, doch das war gar nichts im Vergleich zum Aufbau einer brandneuen Industrie im wilden, primitiven Mexiko.

Mit seinen dreißig Jahren war Sol ein eher kleiner, robuster, lebhafter Mann mit ruhigem, festem Blick und einem langen, aufgezwirbelten Schnurrbart. Er hatte Charme und Manieren, liebte guten Wein und schöne Frauen, und die Mexikaner hielten ihn öfter für einen Südländer als für einen Gringo — sehr zu seinem Vorteil. Sein Mut war bereits bekannt; seiner Lebtag hatte er vor nichts und niemandem Angst. Mitschüler in Zürich, die ihn neckten, weil er Jude war, verprügelte er. Als Jahre später Frank Lloyd Wright Sols Museum in New York entwarf, waren Sols Mut und Unerschrockenheit die Eigenschaften, die Wright seinen Freunden gegenüber am meisten rühmte.

Noch vor der Abreise Solomons hatten die Guggenheims die Compañía de La Gran Fundición Nacional Mexicana gegründet. Jetzt begann Sol für diese neue Firma Fabrikgrundstücke zu kaufen und zu pachten, Maschinen einzuführen, sich nach Erz umzusehen. Tagelang ritt er durch die Wüsten, in die Berge, schlief in Strohhütten, aß Tortillas und Frijoles, kämpfte gegen Ruhr, Insekten, Hautausschläge und Banditen, trug einen geladenen Revolver im Gürtel. Er fand einen Platz für die Schmelzhütte, bekam die alles entscheidenden Wasserrechte und traf die notwendigen Abmachungen mit der Eisenbahngesellschaft für Fracht und Anschlußgeleise. Ferner pachtete er vier Minen, die «Cedral» für Eisen, die «Reforma» für Blei, die «Parena» und die «Encantada» für Silber. Dann bat er William, herunterzukommen und den eigentlichen Bau der Hütte zu überwachen. Will wollte kommen, sofern ihm die Brüder den Titel eines Generalmanagers für Mexiko zusprächen. Sie taten es, und er kam. Sol kehrte nach New York zurück: Er hatte seine Arbeit getan, hatte gezeigt, was er wert war. In den nächsten vier Jahren pendelte er zwischen den beiden Ländern hin und her, um die mexikanischen Unternehmungen aufzubauen, bis sie von selbst liefen.

William Guggenheim, der jüngste, gebildetste und besterzogene der Guggenheimbrüder, war ein gescheiter, quecksilbriger, schrulliger Kerl, der viel jünger wirkte als dreiundzwanzig und, wie er selber sagte, «überhaupt nicht semitisch» aussah. Von Mädchen war er überaus angetan. In Pueblo hatten ihm die Schönen, die sich im «Peppersauce Bottoms», dem populärsten Saloon der Stadt, herumtrieben, den Kosenamen «Prinz Billy» gegeben.

Kaum war Will in Monterrey, fand er heraus, daß die annehmbarsten Señoritas der Stadt, gefüttert mit Gerüchten vom Reichtum seiner Familie, bereits auf der Lauer lagen. Will amüsierte sich damit, die hervorstechenderen «Plaza-Wandlerinnen», wie er sie bezeichnete, mit den Namen der berühmtesten Traber des Tages zu belegen. Die dekorativste, «ein hochgewachsenes Mädchen mit elastischem Gang und lässig graziösem, schwingendem Körper», nannte er «Maude S.». Mit gewohnter Nonchalance ging Will auf das Spiel ein, so taktvoll wie er konnte das Vergnügen genießend und den Schlingen ausweichend.

Es geschah alles Mögliche, das den Fortschritt des Hüttenwerks behinderte, doch der junge Will überwand sämtliche Schwierigkeiten. Die schweren Maschinen mußten über das Anschlußgeleise herangeführt werden, aber der schottische Ingenieur, der engagiert war, um die Geleise zu legen, verbrachte seine Zeit Tequila trinkend im Ausländer-Club. Wenn Will ihn drängte, sich an die Arbeit zu machen, stellte der Schotte, der offenbar schon «einheimisch geworden» war, jeweils seinen Tequila hin und lallte «*mañana*». Eines Abends führte Will den Ingenieur aus, weil er hoffte, ihn mit dieser Schmeichelei an die Arbeit zu kriegen, und die beiden tranken texanischen Mais-Whisky. Will war kein großer Trinker. Während der Schotte fröhlich weitersoff, fiel Will unter den Tisch und wurde in sein Logis getragen, wo er «todkrank» fast zwei Tage lang liegenblieb. Am dritten Tag stand er auf, wenn auch noch schwach auf den Beinen, ging hinaus und stieß sogleich mit dem Schotten zusammen, der ihm munter mitteilte, das Anschlußgeleise sei fertig, der Mais-Whisky habe ihm endlich die notwendige «Inspiration» gegeben.

Dann gab es das Problem mit dem schiefen Schmelzhüttenschornstein. Nachdem er gebaut war, begann er sich zu neigen, und geneigt blieb er, etwa im selben Winkel wie der Turm von Pisa. Will ersuchte die Maurer, die ihn erstellt hatten, hineinzugehen und nachzusehen. Sie weigerten sich, dem Hochkamin auch nur in die Nähe zu kommen. Da betrat eben der unerschrockene Will die Verbrennungskammer und kletterte 45 Meter die Innenleiter empor. Als er schließlich oben auftauchte, begrüßte ihn der donnernde Applaus der unten versammelten Arbeiter. Er befand, daß der Schornstein zwar schief, aber fest stehe.

Dann kam die Sache mit dem Chefingenieur, Van Yngling, der die Eifersucht eines Mexikaners durch einen Flirt mit dessen Frau erregt hatte. Eines nachts spät weckten gräßliche Schreie aus Van Ynglings Quartier das ganze Lager auf. Die Leute liefen an die Fenster und sahen «vier Männer in Sombreros und nachschleifenden Umhängen im Gestrüpp unten verschwinden.» Van Yngling war mit zweiunddreißig Messerstichen getötet worden. Als die Mörder gefangen waren, erkundigte sich Sol Guggenheim bei den Behörden, wann der Prozeß stattfinde. «Die kommen nicht vor Gericht», lachten die Polizisten. «Warum nicht?» fragte Sol. «Man hat sie erschossen», lautete die Antwort.

Alles, was Will am darauffolgenden Tag tun konnte, war, die übrigen amerikanischen Arbeiter zum Bleiben zu überreden. Will — zeit seines Lebens ein Meister der Redekunst — schaffte es, und das große Werk schritt weiter fort.

Natürlich gab es auch Probleme mit den Arbeitskräften; Will meisterte sie alle. Die mexikanischen Arbeiter zum Beispiel, die nie besonders von der Arbeitsmoral motiviert waren, schufteten für einen Tageslohn von ungefähr einem Dollar. Sie fanden heraus, daß sie bei dieser guten Bezahlung nur einen Viertel der Tage zu arbeiten brauchten, die sie bei jemand anderem für den gleichen Verdienst benötigt hätten, und das taten sie denn auch. Will mußte ihnen schließlich freie Unterkunft und Billigpreise im firmeneigenen Laden bieten, um sie vollzeitlich bei der Arbeit halten zu können. Zeitweise aber funktionierte nicht einmal das, und man mußte Gangster engagieren, um die Peóns mit Waffengewalt in die glühenden Schmelzhütten zu treiben.

Mit den mexikanischen Bergleuten, lauter Indianern, war ebenfalls nicht leicht zurechtzukommen. Sie haßten die Arbeit und liebten den Tequila, genau wie die Arbeiter in der Hütte. Nach einer Weile mußten die Guggenheims eine Privatmiliz anheuern, um die Peóns dazu zu bringen, Erz aus den Minen zu fördern. Manchmal schickten neidische einheimische Minenbesitzer ihre Milizen gegen die Guggenheimschen in den Kampf.

Schließlich aber klappte doch alles: Das Erz wurde abgebaut und geliefert, die großen Schmelzöfen glühten, und die erste schwarze Rauchwolke zog unter dem Jubel der versammelten Menge über den Himmel von Monterrey. Im ersten Betriebsjahr wirtschaftete die Guggenheimsche Hütte in Monterrey die gesamte Kapitalinvestition heraus. Mit Vergnügen stellte der alte Meyer fest, daß die Arbeiterlöhne, die in der Hütte von Pueblo 19 200 Dollar betrugen, in Monterrey nur 3 840 Dollar ausmachten.

Aufgrund dieser ermutigenden Resultate begab sich Sol nach Aguascalientes, wo er die gerühmten Tepezala-Kupferminen erwarb, Vorboten kommender Dinge, das Grundstück für eine weitere Schmelzhütte kaufte und eine zweite Firma gründete, die Gran Fundición Central Mexicana. Wieder wurde Will gerufen, um den Bau der Hütte zu überwachen. Wieder gab es Schwierigkeiten — diesmal wurde einer der Ingenieure von einem texanischen Banditen erschossen, der auch als Gunman für Will arbeitete —, aber wieder ging am Ende alles gut, und zwei Schmelzhütten entstanden, eine für Kupfer, die andere für Blei.

1895 brachten die Guggenheimschen Hütten in Pueblo, Monterrey und Aguascalientes einen Reingewinn von über einer Million im Jahr ein, und die Gebrüder Guggenheim waren zur ersten Industriemacht in Mexiko geworden.

Kapitel

6

Der Machtkampf

Trotz den spektakulärsten Erfolgen seiner Söhne in Mexiko war der alte Meyer Guggenheim noch lange nicht zufrieden. Er hatte gewollt, daß jeder von ihnen Multimillionär würde, und es war unwahrscheinlich, daß sie das durch die Aufteilung der Gewinne von nur drei Hüttenwerken schafften. Außerdem — hatte er ihnen nicht gesagt, ihr Ehrgeiz dürfe nichts Geringeres sein, als alle Minen und Hütten in Nordamerika zu beherrschen? Diesem Ziel waren sie noch fern. Sooft er sah, daß es einem der Söhne an diesem grandiosen Ehrgeiz mangelte, las er ihm die Leviten, drängte ihn, vorwärtszumachen, und brummelte unweigerlich etwas von gebratenen Tauben, die einem nicht ins Maul fliegen.

Während die Guggenheims ihr Bergbau- und Hütten-Imperium aufgebaut hatten, waren andere ebenfalls damit beschäftigt, ihre Bergbau- und Hütten-Imperien aufzubauen. Gegen Ende des Jahrhunderts nahte der unausweichliche Zusammenstoß mit «den andern». Meyer und seine Jungen erfaßten blitzschnell, daß bei diesem Zusammenstoß ihr großer Augenblick gekommen war.

1889 hatten die Guggenheims die Guggenheim Exploration Company oder «Guggenex» gebildet, eine unabhängige Gesellschaft mit dem Zweck, in der ganzen Welt potentiell gewinnbringende Minen zu suchen, zu kaufen, auszubauen und dann öffentlich Anteile anzubieten. Dan Guggenheim wurde Präsident. Schon nach kurzem kauften Leute wie König Edward VII. von England Aktien von Guggenheim-Unternehmungen.

Ungefähr zur gleichen Zeit hatten Henry H. Rogers, ein Geschäftspartner William Rockefellers, und Adolph Lewisohn, ein bedeutender Kupferproduzent, die United Metals Selling Company gegründet, einen Trust, um den Verkauf von Metallen in Amerika zu beherrschen. Der Erfolg dieses Trusts führte zur Bildung eines noch größeren, der American Smelting and Refining Company (später ASARCO). Dieser Trust bestand aus dreiundzwanzig verschiedenen Hüttenkonzernen und war dazu bestimmt, Rockefeller die Kontrolle aller Bodenschätze unter amerikanischer Erde zu sichern. Es war ein Zeitalter der Zusammenschlüsse. Die Mächtigen im Business der Vereinigten Staaten, wie J. P. Morgan und John D. Rockefeller, waren gegen kostspielige Konkurrenz. Zusammenschluß, «Morganisation», wie man es später nannte, war die Lösung. Man bat die Guggenheims, sich dem neuen Hütten-Trust anzuschließen. Sie lehnten ab.

ASARCO wurde gegründet, und die riesige neue Gesellschaft erklärte sich 65 Millionen Dollar wert. H. H. Rogers war der führende Kopf, William Rockefeller der wichtigste Hintermann. Beide waren entschlossen, die Guggenheims zu ruinieren, weil sie es allein schaffen wollten und weil sie Juden waren.

Das war eine gewaltige Herausforderung für die Guggenheims. Gegen einzelne Minen und Hütten konnten sie gut konkurrieren. Aber konnten sie es mit diesem Giganten aufnehmen? Daniel Guggenheim überdachte die Sache. Je mehr er grübelte, desto klarer wurde ihm, daß die Gründung der ASARCO viel weniger eine Bedrohung als eine Gelegenheit war, die langersehnte Gelegenheit, Bergbau und Verhüttung in Amerika völlig in die Hand zu bekommen. Dan war sich bewußt, daß die Guggenheims ganz einfach schon zu groß waren, als daß man sie hätte zerquetschen können. Die ASARCO mußte sich mit ihnen irgendwie einigen. Und Dan wollte dafür sorgen, daß die Bedingungen hart waren. Der Krieg hatte begonnen.

Dan, dem Meyer solide den Rücken deckte, mobilisierte seine Brüder für den Kampf. Und schon gab es zwei Kriegsopfer: Ben und William fielen ab. Sie hatten ehrlich Angst vor so grandiosen Plänen, die es unweigerlich mit sich bringen würden, daß die Guggenheims Partnerschaften mit Außenseitern eingingen. Sie wollten, daß die Guggenheim-Konzerne ein reines Familiengeschäft blieben. Meyer bereitete die Spaltung in den eigenen Reihen tiefe Sorge, er fing wieder endlos von Stäben und Bündeln von Stäben zu reden an und von gebratenen Tauben, die nicht in Mäuler fliegen.

Die älteren Brüder waren nicht so beunruhigt. Wenn Ben und Will austreten wollten, sollten sie austreten. Da brauchte man später die Beute durch weniger zu teilen. Außerdem waren Ben und Will sowieso zwei verwöhnte Bengel, die aufgewachsen waren, als Meyer schon zu den Reichen gehörte, die zu jung waren, um sich an das Leben auf der Schattenseite erinnern zu können, die es nie nötig gehabt hatten, so hartnäckige Geschäftsleute zu sein, wie es ihre älteren Brüder immer sein mußten.

So traten nun also fünf Guggenheim-Söhne gegen die Welt an. Wie sich herausstellen sollte, waren sie ein unschlagbares Team. Wie ein Mitglied des ASARCO-Trusts es später formulierte: «Was einem Guggenheim entging, daran dachte todsicher ein anderer. Sobald man glaubte, einen ausgetrickst zu haben, wurde man selber von einem andern aufs Kreuz gelegt!»

Wiederum spielte auch das Glück eine entscheidende Rolle. Im Jahr 1900 bestreikten die Arbeiter den ASARCO-Trust zwei Monate lang. Dan nutzte seine Chance blitzschnell: Er überredete Minenbesitzer im ganzen Westen und in Missouri und Kansas, ihr Erz an die stabileren, unbestreikten Guggenheims zu verkaufen. Er erhöhte die Produktion, namentlich in Mexiko. Bald überschwemmten die Guggenheims den Weltmarkt mit billigem Blei und Silber und trieben überall die Preise hinunter. Am Ende des Jahres betrug der Gewinn bei ASARCO 3,5 Millionen, bei Guggenheim 3,6 Millionen. Hunderttausend Dollar mehr für die Guggenheims, und dabei besaßen sie nur den vierten Teil dessen, was der Trust an Minen und Hütten besaß.

Die ASARCO-Aktien fielen. Dan und ein neuer Partner, William Whitney, begannen sie aufzukaufen. Bald waren die Guggenheims im Besitz eines ansehnlichen Bündels, genug jedenfalls, um bei Hauptversammlungen, wenn nötig, ein Wort mitzureden. Nunmehr ernsthaft beunruhigt, unternahmen die Rockefeller-Geschäftsleute einen erneuten Versuch, die Guggenheims auszukaufen. Dan sagte, für 45 Millionen Dollar würde er verkaufen: soviel war das Guggenheim-Geschäft auf Grund eines Jahresreingewinns von 3,6 Millionen wert. Allerdings hielt Dan fest, daß der Trust die vor kurzem organisierte Guggenex, eine Firma mit ungeheuren Möglichkeiten, nicht bekommen würde, und auch nicht alle der reichen Besitzungen in Mexiko. Wenn der Trust die haben wolle, müsse er auch die Brüder Guggenheim mit übernehmen, alle zusammen, und sie in den Verwaltungsrat setzen.

Es folgten monatelange Kämpfe im Gerichtssaal. Als der Rauch sich verzog, waren die American Smelting and Refining Company und die Guggenheims eins. Daniel Guggenheim war Verwaltungsratsvorsitzender und Präsident. Solomon Guggenheim war Finanzchef. Isaac, Murry und Simon waren Verwaltungsräte. William Whitney saß ebenfalls im Verwaltungsrat. Daniel war außerdem Vorsitzender der Geschäftsleitung, der wiederum drei weitere Guggenheims angehörten. Und die Guggenheims und ihre Verbündeten besaßen 51 Prozent der Aktien. Jetzt hatten die Guggenheims Minen und Hütten in Amerika fest in der Hand, und jeder der Brüder, samt Ben und Will, die ihre Anteile am alten Geschäft behielten, war — zumindest auf dem Papier — Multimillionär.

Jetzt konnte Meyer endlich sagen, daß seine Lebensziele sich verwirklicht hatten. Jahre später schrieb William über seinen Vater: «Die Entschlossenheit, daß seine Söhne einmal Vorteile haben müßten, die ihm selbst verwehrt geblieben waren, war der Ansporn seines Ehrgeizes, die treibende Kraft all seines Tuns.» Ja, jetzt und erst jetzt hatten sich seine Söhne in einem Geschäft durchgesetzt, das ihnen und ihren Erben ein namhaftes Einkommen für viele künftige Generationen sicherte. Jetzt und erst jetzt hatte er, Meyer Guggenheim, der Flüchtling aus einem Judenghetto, die Gewißheit, daß der Name Guggenheim vor allen Bedrohungen sicher war, er in der ganzen Welt Klang hatte und überdauern würde, solange Amerika selbst überdauerte.

Kapitel

7

Die Googs von New York

Während ihre Söhne allmählich eines der mächtigsten Industrie-Imperien der Neuzeit zusammenfügten, begannen Meyer und Barbara Guggenheim ihre letzten gemeinsamen Jahre in der unvertrauten Umgebung von New Yorks oberer West Side. Barbara wollte nicht von Philadelphia wegziehen, aber Meyer hatte darauf bestanden, nicht um seinet- oder Barbaras willen, sondern wegen der Jungen. Die Söhne mußten doch ihre Eltern — deren Rat, Ermutigung und Trost — in der Nähe haben, während sie sich im Geschäftsleben nach vorne kämpften.

Nicht daß New York in den neunziger Jahren ein unattraktiver Ort gewesen wäre — aber er war ihnen fremd. Barbara vermißte die mit roten Backsteinen gepflasterten Straßen, die grünen Anlagen und Gärten, die alten roten Backsteinhäuser der Stadt, in der sie ihre elf Kinder geboren hatte. Doch New York war bei weitem nicht die ungeheure, einschüchternde, den Menschen erdrückende Metropole, die sie heute ist. Seine Gebäude hatten noch menschliches Maß und fügten sich in ihre natürliche Umgebung ein. Herbert Satterlee, ein Schwiegersohn von J. P. Morgan, schrieb über das New York der neunziger Jahre: «New York war noch eine freundliche, gutnachbarliche Stadt, in der es sich angenehm lebte.»

Was Meyer an New York am besten gefiel, waren natürlich die Möglichkeiten, zu Geld zu kommen. Die waren damals fast unbegrenzt. Nach den Worten von Oliver Wendell Holmes war die Stadt zur «Spitze der Zunge geworden, die die Sahne vom Handel eines Kontinentes aufleckt». Meyer versuchte sich ein bißchen an der Börse und leckte Aktien von Tennessee Iron, American Cotton Oil, American Tobacco, Texas and Pacific Railroad auf; die Liste war endlos.

Auch die Möglichkeiten des sozialen Aufstiegs waren viel größer als im alten, gesetzten Philadelphia. Die dortige Gesellschaft war eine des *Status quo,* die von New York dagegen eine des Hochkommens. Sidney Fisher, der Tagebuchschreiber von Philadelphia, drückte den grundlegenden Unterschied so aus: «... Philadelphia, unprätentiös, elegant und freundlich, mit vielen Leuten, die nicht reich sind, aber wenigen, deren Familien nicht seit Generationen die gleiche Stellung einnehmen, was eine Atmosphäre der Kultiviertheit, Würde und schlichter Manieren geschaffen hat, die in New York fehlt. In New York ist Reichtum das einzige, was Einlaß verschafft, es würde einen Stiefelputzer aufnehmen, Armut das einzige, was ausschließt, und es würde Anmut, Witz und inneren Wert ausschließen.»

Zugegeben, für ein gewisses gesellschaftliches Vorankommen gab es auch in Philadelphia Gelegenheit, aber ein Jude beispielsweise konnte nur begrenzt aufsteigen, und das war nicht annähernd so weit wie in New York. Dort hatte sich in den neunziger Jahren bereits eine Art jüdische Aristokratie — manche würden es lieber Plutokratie nennen — gebildet, angeführt von einer Gruppe von Familien, alle deutscher Herkunft, deren ungewöhnliche Fähigkeiten, zu Geld zu kommen, sie an die Spitze der gesellschaftlichen Ordnung New Yorks katapultiert hatten, einen Platz, der dem der etablierten nichtjüdischen Elite ebenbürtig war, wenn auch von ihr getrennt. Unter diesen Familien, denen man später den Übernamen «the Crowd» (der Haufen) gab, waren die Seligmans, die Straus', die Goldmans, die Sachs, die Loebs, die Kuhns, Schiffs, Lewisohns und Lehmans.

Die nichtjüdische Elite, Leute wie die Astors, Vanderbilts, Whitneys und die damals noch neuen Rockefellers, neigten dazu, Abstand zu dieser aufstrebenden jüdischen Aristokratie zu halten, doch die jüdische Aristokratie hatte die gleiche Tendenz ihnen gegenüber auch. Ein Mitglied des «Haufens» nahm sich die Mühe, die wichtigsten Unterschiede zwischen den beiden Oberschichten in für die Nichtjuden nicht gerade schmeichelhafter Weise zu beschreiben. Die Vanderbilt-Astor-Leute, bemerkte er, zeichneten sich durch «Publicity, Großspurigkeit, Grausamkeit und Strebertum» aus, während «unsere sich nur auf die Familie stützen und auf die stille Freude an den Menschen, die wir lieben».

Damals litt die jüdische Elite noch immer unter einem schweren Schlag, dem wohl ersten bedeutenden Fall von Antisemitismus in Amerika: der berüchtigten Seligman-Hilton-Affäre.

In den ersten hundert Jahren der Vereinigten Staaten blühte das Land zu schnell auf, waren die wirtschaftlichen Möglichkeiten zu reich, als daß der Antisemitismus hätte Wurzel fassen können. Diese Form der Xenophobie taucht gewöhnlich dort auf, wo die Menschen zu dicht gedrängt leben, wo die Möglichkeiten begrenzt sind und intensiver Wettbewerb herrscht. Als aber die Vereinigten Staaten ihr 100jähriges Bestehen feierten, war der östliche Teil schon dermaßen bevölkert und entwickelt, hatten gewisse jüdische und nichtjüdische Familien schon so viel Geld gescheffelt und eine so aufgeblähte Meinung von sich, daß sie eines Tages bei ihrem ungestümen Drang, mehr und mehr von «der Sahne des Handels eines Kontinents aufzulecken», in direkte Konkurrenz zueinander geraten mußten.

Ein Jahr nach der Jahrhundertfeier reiste Joseph Seligman, Amerikas prominentester Jude, dessen Nichte später einen Guggenheim heiraten sollte, mit seiner Familie im privaten Eisenbahnwagen nach Saratoga Springs, um in dem wohl vornehmsten Badehotel des Landes, dem riesigen 834-Zimmer-Hotel «Grand Union», die alljährliche Sommerfrische zu verbringen. Als er, begleitet von Frau, Kindern, Gefolge und Bergen von Gepäck, zum Empfang kam, wurde er vom Concierge weggeschickt — auf Anweisung hin und nur, weil Seligman Jude war. Seligman raste vor Wut. Er war im Vorjahr schon dort gewesen und hatte als finanziell Gleichgestellter mit den Astors, Vanderbilts und Whitneys geselligen Umgang gepflegt. Er hatte in der Vergangenheit seinem Lande treu gedient. Er hatte in Europa Obligationen verkauft, um die Unionsarmee während des Bürgerkrieges finanzieren zu helfen. Sein Freund Lincoln hatte ihm den Posten eines Finanzministers angeboten, den er aber nicht annahm. Er hatte an Dinners im Weißen Haus teilgenommen, wo die Gäste ihn umgänglich und amüsant fanden. Seine Erfolge in der nichtjüdischen Gesellschaft hatten ihn davon überzeugt, daß die Vorurteile gegen Juden besiegt waren und daß er in Amerika die gesellschaftlichen Triumphe der Rothschilds in Europa wiederholen konnte. Die Ohrfeige in Saratoga versetzte dieser Überzeugung einen harten Schlag.

Nach seiner Rückkehr nach New York klagte Joe Seligman sofort gerichtlich gegen den Besitzer des «Grand Union», Richter Henry Hilton, wegen Verletzung seiner Bürgerrechte. Richter Hilton seinerseits unternahm nichts, um Seligmans verletzte Gefühle zu besänftigen. Im Gegenteil, er übergab der Presse einen Brief, in dem er festhielt: «Ich weiß, was geschehen ist, und ich stehe voll dazu... Da das Gesetz es einem Mann immer noch erlaubt, sein Eigentum zu benützen, wie es ihm gefällt, schlage ich vor, von diesem gesegneten Vorrecht Gebrauch zu machen, auch wenn Moses und all seine Nachkommen dagegen sind... Persönlich hege ich keine bestimmten Gefühle diesbezüglich, außer vielleicht, daß ich diese Klasse ganz allgemein nicht mag und daß es mir gleichgültig ist, ob sie mich mögen oder nicht. Wenn sie mit unserem Haus geschäftlich nichts mehr zu tun haben wollen, bin ich zufrieden, ja sogar froh, denn ich bin überzeugt, wir verlieren durch ihre Kundschaft viel mehr, als wir gewinnen.»

Bald nahm das ganze Land den Streit zwischen dem jüdischen Bankier und dem christliche Hotelbesitzer auf. Hilton behauptete unverhüllt, es sei «schlecht fürs Geschäft», jüdische Gäste im Hotel zu haben, da die christliche «bessere Gesellschaft sich an deren Anwesenheit stoße». Henry Ward Beecher, der damals einflußreichste christliche Prediger, nahm für die Juden Partei. Am Ende aber erhielt Seligman vor Gericht keinerlei Satisfaktion und mußte sich damit abfinden, nur ein Hornissennest von Haß und Heuchelei aufgescheucht zu haben.

Weit davon entfernt, solche Praktiken aufzugeben, verstärkten einige Hotels sie noch. Nicht lange nach Hiltons Maßnahme verkündete Austin Corbin, der Gründer der Long Island Railroad und der Manhattan Beach Company, eines Vorläufers von Coney Island, öffentlich:

«Wir haben die Juden als Klasse nicht gern. Es gibt einige wohlerzogene Leute unter ihnen, aber im allgemeinen machen sie sich jener Art von Leuten, die unsere Bahn und unser Hotel regelmäßig besuchen, zum Ärgernis, und ich bin überzeugt, daß wir besser dran sind ohne ihre Kundschaft.»

Von da an hängte ein Hotel nach dem andern eine Tafel ans Außentor mit der Mitteilung an allfällige Gäste: «Wir bedienen nur nichtjüdische Gäste.»

Diese häßliche Angelegenheit war der Auftakt zu einem lärmigen, unverblümten Antisemitismus in Amerika. Die Nichtjuden, die wahrscheinlich schon lange einen heimlichen Groll gegen den Aufstieg Reichtum und Einfluß von Juden in ihrer Mitte gehegt hatten, stimmten mit ein, und von 1880 an betrieben christliche Gesellschafts- und Geschäftskreise den Ausschluß von Juden schamloser als je, egal, wie hoch deren kulturelle oder finanzielle Position war.

Als die Guggenheims in New York zu Prominenz gelangten, war die Seligman-Hilton-Affäre weitgehend in Vergessenheit geraten, doch die gesellschaftlichen Auswirkungen waren geblieben, schwelten weiter. Es gab eine jüdische und eine nichtjüdische Gesellschaft, und obwohl man eine Menge Geschäfte miteinander machte, verkehrte man in der Regel nicht miteinander. Dasselbe galt für die *petite bourgeoisie*... und dazwischen.

Sehr wahrscheinlich ging dieser Zustand Meyer Guggenheim nicht besonders nahe. Wie wir wissen, hatten er und Barbara für sich selbst kaum gesellschaftlichen Ehrgeiz, und ob sie zu Mrs. Astors Bällen oder zu Mrs. Vanderbilts Gartenfesten eingeladen wurden oder nicht, war ihnen so gleichgültig wie nur etwas. Barbara war eine einfache, scheue Frau, deren gesellschaftliches Leben sich ganz auf die Verwandtschaft beschränkte. Und Meyer hatte sich noch nie im geringsten für die Gesellschaft, jüdisch oder nichtjüdisch, interessiert.

Er interessierte sich, wie wir gesehen haben, nur für Geld. Immerhin legten er und Barbara großen Wert darauf, ihre Kinder gut zu verheiraten. «Warum tief zielen?» fragte Meyer immer. Wenn seine Kinder geschäftlich ehrgeizig waren, sollten sie es auch beim Heiraten sein. Wie aber konnten ihre Kinder die Sprößlinge der großen jüdischen Familien New Yorks kennenlernen? Antwort: in der Synagoge. Meyer und Barbara waren noch nicht lange in New York, als sie schon die strenge Orthodoxie ihrer Vorväter ablegten — Meyer war dem Judentum ohnehin nie besonders angehangen — und Reformjuden wurden, Mitglieder des vornehmen Emanu-El-Tempels an der

Fifth Avenue, der reichsten jüdischen Kongregation der Welt. Hier, in dieser Hochburg des Reformjudentums, begannen sie sich unter Leute wie die Seligmans, die Schiffs, die Loebs, die Lewisohns, die Straus' zu mischen.

Meyer und Barbara machten allerdings keine besonders vornehme Figur. Meyer trug nie etwas anderes als einen zerknitterten Prinz-Albert-Gehrock, dessen Aufschläge ständig weiß von Zigarrenasche waren, und kaute unablässig auf einer meist gar nicht angezündeten, feuchten Zigarre herum. Er sprach wenig — plaudern konnte er sowieso nicht —, und wenn er etwas sagte, dann enthüllte er einen fatalen Hang, immer wieder seine Deutschschweizer Lieblingssprüche zu äußern, wie den von den gebratenen Tauben, die einem nicht ins Maul fliegen. Auch Barbara sprach mit schwerfälligem schweizerdeutschem Akzent und trug nie ein modisches Kleid.

Ihre Söhne und Töchter aber waren von anderem Schlag. Freilich, besonders hübsch konnte man sie auch nicht nennen (mit Ausnahme von Ben und William): Sie waren alle, in verschiedenen Graden, mit der Guggenheim-Meyerschen Kartoffelnase geschlagen. Hingegen hatten sie sich einen gewissen Schliff, eine Lebensart angeeignet, der ihren Eltern abging. Die anderen arrivierten Judenfamilien betrachteten die Guggenheims als schrecklich *nouveau* und nannten sie etwas verächtlich «die Googs», eine Anlehnung an die deutsche Aussprache des Namens Guggenheim. Immerhin waren die Kinder ein Stück besser als der zigarrenkauende Meyer und seine untersetzte Schweizer Hausfrau.

Es war dann den jüngeren beschieden, die «gesellschaftlichsten» Ehen zu schließen. Isaac und Dan waren bereits mit netten, schlichten, mittelreichen jüdischen Mädchen aus Philadelphia verheiratet: Carrie Sonneborn und Florence Shloss. 1890 bekamen Dan und Florence ihren zweiten Sohn, den künftigen Bannerträger der Familie, Harry. Murry hatte eine Europäerin geehelicht, die Elsässerin Leonie Bernheim, als er in der Schweiz arbeitete. Simon machte eine recht gute Partie mit Olga Hirsch, der Tochter eines reichen New Yorker Grundstücksmaklers und Diamantenhändlers, ebenso Solomon, dessen Auserwählte Irene Rothschild war, Tochter eines erfolgreichen, nicht mit der großen europäischen Familie verwandten New Yorker Geschäftsmannes.

Vom gesellschaftlichen Standpunkt aus aber waren diese Heiraten gar nichts im Vergleich zu den Ehen, die Rose, Cora und Ben schlossen. Rose Guggenheim, das zehnte Kind von Meyer und Barbara, war kaum aus der höheren Töchterschule von Madame Bettelsheimer in Paris zurück, als sie Albert Loeb heiratete, einen Neffen von Solomon Loeb, der einer der Gründer von Kuhn Loeb & Co. und Sponsor der Loeb Classical Library war. Cora heiratete Louis F. Rothschild, den späteren Gründer der Investmentbank, ebenfalls nicht verwandt mit den europäischen Rothschilds, denen er jedoch an Reichtum sehr nahe kommen sollte. Und 1895 schloß Benjamin mit dreißig Jahren den Ehebund mit der gesellschaftlich makellosen — vom jüdischen Standpunkt aus — Florette Seligman, Tochter des millionenschweren Finanziers James Seligman, des Bruders des «Großen Snobs» Joseph, und brachte damit die Guggenheims in die jüdische Aristokratie New Yorks.

Zu dem Zeitpunkt, als Dan den großen Coup der Familie landete, mit dem sie die American Smelting and Refining Company unter ihre Kontrolle brachte, hatten die Guggenheims den Schritt ins Allerheiligste der begütertsten und einflußreichsten Judenfamilien New Yorks geschafft. Leute wie die Loebs, die Schiffs, die Kuhns, die Seligmans hatten sie, wenn auch mit gewissen Vorbehalten, akzeptiert. Sie waren nicht mehr die «Googs», sie gehörten zum «Haufen». Die Enkelkinder von Meyer sollten später in andere, noch größere Judenfamilien einheiraten — die Straus' und die Gimbels — und sich auch in prominente nichtjüdische Familien ausbreiten, einschließlich des britischen Hochadels.

Doch obgleich sie anerkannte Mitglieder der jüdischen Elite von New York und damit der Vereinigten Staaten wurden, blieb immer etwas, was sie ein kleines bißchen von den übrigen trennte, abgesehen davon, daß sie viel reicher wurden als sonst jemand. Zum einen kamen alle andern Familien des «Haufens» aus Deutschland; die Guggenheims, wenn auch vermutlich in ferner Vergangenheit ebenfalls Deutsche, waren Schweizer. Zum andern waren alle übrigen entweder als Finanzleute oder im Handel tätig. Die Guggenheims — als einzige unter den großen jüdischen Familien Amerikas — waren in der Schwerindustrie. Irgendwie spürten sie diese Unterschiede, denn im Gegensatz zu den andern «fürstlichen» Judenfamilien beschränkten sie als einzige ihren Umgang nicht auf die jüdische Gesellschaft. Die Generation der Söhne sah sich in der nichtjüdischen Gesellschaft bald recht anerkannt; zu ihren engen Freunden gehörten mit der Zeit Leute wie William Whitney, Charles Lindbergh, Theodore Roosevelt und Averell Harriman. Dans Sohn Harry war, und dies ohne große Schwierigkeiten, der erste Jude, der in den ungeheuer exklusiven New Yorker Jockey-Club aufgenommen wurde.

Für Meyer und Barbara dagegen bedeutete in ihren späten Lebensjahren gesellschaftlicher Umgang Familie und nichts als Familie. Fast der einzige Ort, an dem sie sich noch unter den «Haufen» mischten, war der Tempel Emanu-El. Jeden Freitagabend traf sich der ganze in New York anwesende Guggenheim-Clan im braunen Sandsteinhaus an der West Seventy-seventh Street 36 zum großen Familienessen. Die Schwiegertöchter, stets in heftigem Wettstreit miteinander, erschienen jedesmal im neuesten Putz, und die ganze Familie, bis zu siebzehn Personen, nahm an einem langen, von Farnpflanzen umgebenen Tisch unter einem riesigen Kristallüster Platz. Waren Enkelkinder dabei, so fragte Meyer sie ab wie ein Drillsergeant, verlangte klare Antworten und strengste Disziplin. Er war der große Patriarch, der Gründer nicht nur eines Geschäftsimperiums, sondern einer Dynastie, und erwartete und erhielt Ehrerbietung von jedem einzelnen. Diese Zusammenkünfte hatten nichts mit religiöser Observanz zu tun. Meyer war nie für die orthodoxen jüdischen Bräuche, die, wie er behauptete, die Juden zu sehr absonderten. Nach seinem Willen war alles, was seine und seiner Kinder völlige Assimilierung an das amerikanische Leben hinderte, um jeden Preis zu vermeiden.

Inzwischen hatten sich Meyers Söhne große, prächtige Paläste an einer einsamen Küste von Jersey gebaut, und er besuchte sie jeweils in den Sommermonaten. Barbara, die zuckerkrank war, fühlte sich meist nicht wohl genug, ihn zu begleiten. Jeder der Jungen hatte versucht, die andern an Glanz und Pracht zu überbieten. Daniel hatte einen reichgeschmückten italienischen Palazzo in Elberon. Das war eine Art jüdisches Newport, wenn auch ein gutes Stück langweiliger und öder als das später so trostlose Gegenstück auf Rhode Island. Er nannte seinen neuen Besitz Firenze, nach seiner Frau Florence und ihrer italienischen Lieblingsstadt. Solomon, eben von seinen Triumphen in Mexiko zurückgekehrt, konterte mit einem riesigen viktorianischen Landsitz, wegen seiner maurischen Zwiebeltürme und Giebelaufsätze The Towers genannt, ebenfalls in Elberon. Simon erstellte den Abklatsch eines südstaatlichen Kolonialstil-Herrenhauses à la *Vom Winde verweht.* Und Murry, der Stille, übertraf sie alle mit seiner Marmorreproduktion, komplett mit allen Einzelheiten, des Petit Trianon in Versailles. Meyer begab sich von einem Haus zum andern, über alle Maßen erfreut über diese sichtbaren Symbole des Erfolges seiner Söhne. Ja, sie hatten sich schadlos gehalten für jene Ghetto-Gesetze, die es den Juden untersagten, in Lengnau Besitz zu haben. Jahre später tat Peggy Guggenheim die ganze Elberon-Enklave als «trauriges Ghetto» ab — was, in gewissem Sinne, ja auch aus Newport werden sollte.

Um die Jahrhundertwende hatte sich der Gesundheitszustand von Barbara Guggenheim stark verschlimmert, und sie mußte sich jeweils früh von den Freitagabend-Familienzusammenkünften zurückziehen, die zur innigsten Freude ihres Lebens geworden waren.

Am 2. Januar 1900 ließen ihre jüngsten Söhne Benjamin und William die Familiengeschäfte für eine Weile im Stich und stachen zu einer Vergnügungsreise nach Europa in See. Dank ihrer Pionierarbeit in Colorado und Mexiko waren sie beide, obwohl erst Anfang Dreißig, Multimillionäre. Jetzt wollten sie sich in der Alten Welt einiges gönnen. Achtundvierzig Stunden nach ihrer Ankunft in Paris bekamen sie ein Telegramm, daß Barbara todkrank sei. Unverzüglich sagten sie alles ab und fuhren mit dem nächsten Schiff nach New York zurück. Eine Zeitlang lag Barbara noch im Kampf mit ihrer Diabetes darnieder — damals gab es noch kein Insulin —, aber am 20. März starb sie.

Ihr Tod war ein niederschmetternder Schlag für alle, besonders für ihre jüngeren Kinder. Rose erlitt einen Nervenzusammenbruch — Neurasthenie nannte man es damals — und blieb monatelang an ihr Schlafzimmer gefesselt. Der sorglose Benjamin wurde vorübergehend zum Einsiedler. Der sensible William, der nach seinen eigenen Worten «herausfand, daß Trostworte seinen Gram nur vertieften, blieb in seinem Zimmer und wollte niemanden sehen». Von sich selbst in der dritten Person schreibend, klagte er: «Er wußte, daß sie sterben mußte, und er war dem Tod schon früher von Angesicht zu Angesicht begegnet, aber nicht mit so schrecklicher Vertraulichkeit. Zum erstenmal wurde ihm die letzte Hilflosigkeit des Menschen bewußt. Die Zeit der Sterblichen ist begrenzt; das Ende von jedermanns ungewisser Reise liegt allein in Gottes Willen. In seinem bitteren Kummer fühlte Will alle Fundamente weggefegt und seine Seele verloren.»

Erst ein Jahr vor ihrem Tode hatte Will das prunkvolle Familiengrab in Salem Fields (Jamaica, Long Island) entworfen und für über 100 000 Dollar, rund 635 000 in heutiger Währung, bauen lassen. Der riesige achteckige Bau, eines römischen Kaisers würdig und der größte des ganzen Friedhofs, groß genug, um viele Generationen von Guggenheims aufzunehmen, sogar größer als das benachbarte Seligman-Mausoleum, war aus weißem Marmor in italienischem neo-klassischem Stil errichtet — jemand nannte es eine freie Version des Turms der Winde in Athen. Hierher brachten also die Guggenheims ihre geliebte Barbara am 23. März 1900. Nur ein einziges Familienmitglied war ihr in dieses Mausoleum vorangegangen, ihre erste Tochter Jeanette, die 1889 bei der Geburt eines Töchterchens gestorben war.

Barbara Guggenheim war ein Musterbeispiel all jener fraulichen Tugenden gewesen, die herabzusetzen und zu belächeln heute modern ist. Sie hatte nie etwas anderes zu sein begehrt als eine gute Frau und Mutter, und in diesen hehren Rollen hatte sie Größeres geleistet, als ihr Mann oder ihre Kinder je verlangten oder erwarteten. Nach den Worten wiederum von William, des einzigen Guggenheim, der sich je die Mühe nahm, etwas niederzuschreiben: «Ihr ganzes Leben, ihre ganze Liebe drehte sich um ihre Familie... Reichtum verdarb sie nicht, ihre Güte und sanfte Uneigennützigkeit blieben unversehrt.»

Zum Gedenken an ihre Mutter schenkten die Brüder Guggenheim dem Mount Sinai Hospital in New York 350 000 Dollar (jeder 50 000) für den Bau eines nach ihr benannten Flügels. Meyer spendete weitere 60 000 zu den 50 000, die er dem Jüdischen Hospital in Philadelphia schon früher hatte zukommen lassen. Will schenkte, unabhängig von seinen Brüdern, den United Hebrew Charities 50 000 Dollar an eine bleibende Stiftung, die als Barbara Guggenheim Memorial Fund bekannt werden sollte, und versprach weitere 50 000 an ähnliche Fonds für jede 50 000, die an die Stiftung bezahlt würden. Die Einnahmen sollten für Hilfeleistungen an arme russische Juden verwendet werden, die damals in noch nie dagewesener Zahl in die Vereinigten Staaten strömten.

Diese von Barbara Guggenheims Dasein inspirierten wohltätigen Spenden waren die ersten von Hunderten einzelner Vermächtnisse im Gesamtbetrag von Abermillionen Dollar, die die Guggenheims in Amerika und der ganzen Welt verteilen sollten. Barbara selbst hatte, wie William nachdrücklich festhielt, als junge Frau in Philadelphia mit dieser Wohltätigkeit begonnen, als sie den Armen in der Nachbarschaft beistand und damit ihren sieben Söhnen ein Beispiel gegeben und den Geist der Nächstenliebe eingepflanzt hatte. Die fünf so blühenden Guggenheim-Stiftungen sind heute, mehr als 130 Jahre nachdem Meyer und Barbara das Lengnauer Ghetto verließen, in einem sehr realen Sinn ein einzigartiges Denkmal für Barbara, ihr instinktives Ideal und lebendiges Beispiel dessen, was eine Frau sein sollte.

Kapitel

8

Der Tod des Patriarchen

Nachdem Barbara im großen Mausoleum in Salem Fields zur Ruhe gebetet war, kehrte Meyer in sein Haus an der West Seventy-seventh Street zurück, um dort seine letzten einsamen Jahre zu verbringen, gelegentlich von einem Sohn, einer Tochter, einem Enkelkind, einem alten Bekannten besucht.

Sein hauptsächlicher Trost waren ihm nun die Musik, seine Traberpferde, die Geschäftserfolge seiner Söhne. Wie die meisten Europäer hatte Meyer schon immer Freude an guter Musik gehabt. In den ersten Jahren in Philadelphia hatte er jeden seiner vier ältesten Söhne genötigt, ein Instrument spielen zu lernen — Cello, Violine, Klavier, Flöte —, um abends ein wenig Hausmusik genießen zu können. So wurde ein Miniaturorchester gebildet, und jeden Morgen um sechs fing im Keller das Üben an. Die Klänge störten aber die Nachbarn dermaßen, daß sie nach einiger Zeit die Polizei holten, um die Musikstunden abzubrechen. Die Söhne waren nur allzu froh darüber, und schließlich löste sich das Orchester auf. Nur Solomon, der Cellist, führte sein Musikstudium fort.

In seinem Ruhestand entwickelte Meyer eine besondere Liebe zu Wagner. Oft besuchte er die Carnegie Hall, um eine Wagner-Ouvertüre zu hören, oder die Metropolitan Opera, um sich *Tannhäuser, Die Meistersinger* oder den *Ring des Nibelungen* anzusehen. Von Wagners sozialistischen Ideen wußte Meyer natürlich kaum etwas. Man fragt sich, wie er wohl die Nibelheimszene im *Rheingold* aufnahm, die Szene, in der Alberich, der Minenbesitzer-Zwerg — auch Meyer war ja sehr kleingewachsen — seine brutal behandelten Minenarbeiter antreibt, mehr und mehr Gold zu graben. Nein, dieser Aspekt von Wagner muß ihm entgangen sein. Was Meyer Guggenheim an Wagner so gefiel, war vermutlich dessen Kraft und Großartigkeit, Eigenschaften also, an denen es ihm selbst auch nicht gebrach.

So seltsame Genossen sie scheinen mögen, der alte Kapitalist, der viele

Jahre darum gekämpft hatte, ein Minenimperium zu errichten, war im Geist gar nicht so weit entfernt von dem größenwahnsinnigen Komponisten, der ebenso lange darum gekämpft hatte, ein künstlerisches Imperium zu errichten. Und so saß denn der kleine Meyer mit einer Tochter oder Schwiegertochter in der Met und ergab sich der Pracht der Tannhäuser-Ouvertüre, von Siegfrieds Rheinfahrt oder der Schlußszenen der Götterdämmerung, und erkannte in diesem gigantischen Ringen sein eigenes wieder.

Traber waren seine andere Zerstreuung. Er hielt einen Stall an der West Seventy-seventh Street, und fast jeden Tag sah man ihn in seinem Landauer durch den Central Park flitzen, Zigarre im Mund, Backenbärte und Prinz-Albert-Rockschöße im Winde flatternd.

Und selbstverständlich gab es für ihn immer noch den Zeitvertreib der Börse. Meyer behielt ein Büro in der Firma seines Schwiegersohnes Albert Loeb an der Wall Street, und dort handelte und hätschelte er seine Aktien ein bißchen, die im Tresor der Firma aufbewahrt wurden.

Genugtuungen hatte Meyer in seinen letzten Jahren in Fülle, vor allem natürlich der wachsende Reichtum seiner Söhne. Es gab aber auch viele Enttäuschungen. Eine, die ihn sehr grämte, war das Auseinanderfallen der Einheit seiner Jungen. Als Will und Ben sich weigerten, bei Guggenex und der American Smelting and Refining Company mitzumachen, sich von den älteren Brüdern trennten und zu ihrer Vergnügungsreise nach Europa aufbrachen, da war der alte Mann schmerzlich bestürzt.

Noch bestürzter war er, als mehrere Monate später Will mit einer Ehefrau auftauchte, einer gewissen Grace Brown Herbert, einer geschiedenen Nichtjüdin aus Kalifornien. Wie und wo Will seine Braut kennenlernte, ist nicht bekannt. Man weiß lediglich, daß er sie am 30. November 1900 in Hoboken heiratete und gleich in einer Suite im Waldorf-Astoria unterbrachte, während er selbst weiter bei seinem Vater zu Hause wohnte, wo er bei seiner Rückkehr aus Mexiko vorübergehend Quartier bezogen hatte. Eine Zeitlang fürchtete er sich davor, es Meyer zu sagen. Er wußte, sein Vater würde wütend sein, weil Wills Frau eine Nichtjüdin, eine Geschiedene und — ein Niemand war. Hatte Meyer seinen Söhnen nicht immer eingetrichtert, hoch zu zielen? Nach ein paar Wochen aber erzählte er es Daniel, und Daniel war genauso wütend, wie der Vater es gewesen wäre.

Daniel nahm die Sache in die Hand. Er beriet sich mit seinen Anwälten. Dann befahl er Will, nach Europa zu verreisen, und Grace, sich nach Nord-Dakota zu begeben, wo es damals leicht war, zu einer schnellen Scheidung zu kommen. Dan versicherte Grace, sie könne soviel Geld haben, wie sie nur brauche, sobald die Scheidung perfekt sei. Grace jedoch wehrte sich, sie wolle kein Geld, sie wolle nichts als ihren Darling Will. Zuletzt setzte der gebieterische Dan seinen Willen wie gewöhnlich durch. Er verfrachtete den nachgiebigen Will nach Europa, wo dieser prompt ein Verhältnis mit einer französischen Baronesse in Paris anfing, und überredete Grace, sich in Chicago scheiden zu lassen. Die Scheidung wurde am 20. März 1901 ausgesprochen, und unmittelbar danach sprachen die Guggenheims der Geschiedenen 150 000 Dollar zu, eine in jener Zeit fürstliche Summe.

Den alten Meyer hatte die Sache schwer hergenommen. Er hatte seinen Jüngsten gern gehabt, war so stolz gewesen auf diesen einzigen Guggenheim, der einen College-Abschluß geschafft hatte, und daß Will nun Meyers gute Meinung von ihm verriet, war wirklich bitter. Und dann die Scheidungsabfindung... war das die Art, wie sauer verdientes Geld aus dem Fenster geworfen werden sollte? War das ein Vorzeichen dessen, was mit dem Guggenheim-Vermögen geschehen würde?

Es sah ganz danach aus, denn kaum war die William-Guggenheim/Grace-Brown-Herbert-Affäre geregelt, da wurde Meyer selbst von einer gewissen Hanna McNamara, einer fünfundvierzigjährigen Dame, die behauptete, fünfundzwanzig Jahre lang seine Mätresse gewesen zu sein, um 100 000 Dollar eingeklagt. Vor Gericht behauptete sie, Meyer hätte versprochen, sie nach Barbaras Tod zu heiraten, und sein Versprechen dann nicht gehalten. Meyer war außer sich und bot öffentlich jedem, der einen überzeugenden Beweis dafür beschaffen könne, daß er und Hanna jemals zusammengewesen waren, 10 000 Dollar an. Bekannte und Verwandte kicherten, und eine Weile sah es aus, als sollten die Guggenheims weitere 100 000 Dollar an eine Glücksjägerin verlieren. Em Ende jedoch ließ der Richter die Angelegenheit wegen ungenügender Beweise fallen. (Später erklärte Meyers Enkelin Peggy, Hanna McNamara sei bestimmt nie seine Geliebte gewesen, wohl aber seine Köchin, und dies schon vor Barbaras Tod.)

Verbittert über diese heimtückischen Angriffe auf seinen schwer erworbenen Reichtum wandte sich Meyer Dingen zu, die seinem jüdischen Herzen teuer waren. Als es Anfang 1903 zu dem grauenvollen Pogrom im Ghetto von Kischinjew kam, war Meyer zutiefst beunruhigt und beschwor seine Geschäftsfreunde, die Whitneys, Grover Cleveland dazu zu bringen, daß er an einer Protestversammlung in der Carnegie Hall sprach. Über 100 000 Dollar wurden bei dieser Versammlung gezeichnet, um den Juden von Kischinjew zu helfen.

1904 ließ seine Gesundheit nach. Er hatte ein Prostataleiden und andere Alterskrankheiten. Er blieb zu Hause. Ärzte, Bekannte, Geschäftspartner, Verwandte kamen und gingen. Er wurde zweimal operiert, beide Male zu Hause: Spitälern traute er nicht. Während er langsam genas, dachte er an sein früheres Leben, an sein heimatliches Lengnau und die harten ersten Jahre in Philadelphia. Ja, er war auf seinem Weg zum Reichtum vielen auf die Zehen — und auf die Köpfe getreten, wie die guten Christen im Surbtal seinen Vorvätern generationenlang auf die Köpfe getreten waren. Aber er hatte sich für das alles entschädigt.

Am Thanksgiving Day 1904 hatte Meyer seine letzte Prostata-Operation. Sein Leben lang hatte er Außenstehenden mißtraut, und er dachte nicht daran, ihnen jetzt auf einmal Vertrauen entgegenzubringen. Er wollte nicht im Spital operiert werden, als Gefangener all der Christen dort; es mußte bei ihm zu Hause geschehen. Man willigte ein. Als die Chirurgen ihm rieten, ein Betäubungsmittel zu nehmen, widersprach er erneut und sagte, es gebe «zwei Dinge, die Sie einem Juden nicht verkaufen können: Betäubungsmittel und Lebensversicherungen». Dann legte er sich auf dem Eßzimmertisch zurück und wartete auf das Messer. Wieder gab man nach: kein Betäubungsmittel. Als die Chirurgen ihn aufschnitten, rief er nach einer Zigarre. Eine seiner erlesensten wurde ihm in den Mund gestoßen. Dann, als sie tiefer schnitten, verlangte er Musik. Die Krankenschwestern legten eine Platte auf den großen, tubaähnlichen Phonographen. Die Zigarre paffend und der Musik lauschend — war es sein Favorit Wagner? —, stand Meyer die schmerzhafte Operation bis zum Ende durch, ohne das Bewußtsein zu verlieren.

Doch er erholte sich nur langsam, und nach kurzer Zeit erlitt er eine schwere Erkältung. Die Ärzte schickten ihn nach Palm Beach. Ein paar Tage verbrachte er dort im Royal Poinciana Hotel, aber es ging ihm nicht besser, und so brachte man ihn in ein gemietetes Ferienhaus in Lake Worth. Dort starb er am 15. März als Achtundsiebzigjähriger.

Der Totenfeier im Emanu-El-Tempel wohnten alle seine Kinder, Schwiegerkinder und Enkel bei sowie die Elite der New Yorker Juden, Jacob Schiff, die Kuhns, die Loebs, die Seligmans, die Straus' unter anderen. Dann wurde er neben Barbara im Mausoleum in Salem Field bestattet. Es kamen die erwarteten Nachrufe, die Achtungsbezeigungen. Es wurde gesagt, er habe nicht «auf den hingestreckten Leibern von andern gebaut», aber die meisten Leute, die an jenem Tag im Tempel Emanu-El waren, die Meyer gut gekannt hatten und wußten, worum es in der Geschäftswelt ging, wußten auch, daß er das Erreichte nicht hätte erreichen können, ohne andere Menschen zu verletzen. Oder ohne zumindest vom Leiden anderer zu profitieren.

Hatte er nicht sein erstes großes Geld am Bürgerkrieg verdient — in dem er nicht als Freiwilliger mitkämpfte? War es nicht das auf diese Weise angehäufte Kapital gewesen, das ihn in die Lage versetzte, erst Gewürzimporteur, dann Laugenfabrikant, dann Spekulant in Eisenbahnaktien und schließlich Anleger in Blei- und Silberminen zu werden? Und hatte er je das geringste Mitgefühl für einen Minenbesitzer oder einen Schmelzhüttenbesitzer gezeigt, den er aus dem Geschäft drängte? Oder für einen unterbezahlten Arbeiter, der mehr Geld verlangte, oder für einen überarbeiteten Kumpel, der weniger Arbeitsstunden wollte? Oder für einen mittellosen mexikanischen Peon, der zu alt oder zu müde war, um bei 46 Grad Hitze in Meyers Schmelzöfen zu arbeiten? Nein, nur «auf den hingestreckten Leibern von andern» baut man sich ein großes Vermögen auf. Balzac hatte geschrieben: «Hinter jedem großen Vermögen steht ein Verbrechen.» Hätte Balzac von Meyers Karriere gewußt, so hätte er vielleicht aus Fairneß ihm gegenüber hinzugefügt: «Aber hinter einigen großen Vermögen steht oft schieres Glück.» Man darf doch vernünftigerweise annehmen, daß ohne jenen Glücksfall in Colorado Meyer wohl bis ans Ende seiner Tage Stickereien und Spitzen importiert hätte.

Schon viele Männer begründeten geschäftliche Imperien, aber nicht viele begründeten geschäftliche Imperien und Familiendynastien. Meyer begründete beides und hat damit Anspruch auf großen Respekt. Die Guggenheim-Saga ist ein Epos gemeinsamen Familienbestrebens. Ihre einzige Entsprechung in unserer Zeit ist die Geschichte der Rothschilds in Europa.

So außerordentlich Meyers Qualitäten waren, müssen wir uns doch davor hüten, eine Gestalt wie Meyer Guggenheim zu verherrlichen oder zu romantisieren. Seine opportunistische, ausbeuterische Karriere war, bei allem Erfolg, nicht eben eine noble Leistung. Den größten Erfolg hatte er wohl als Vater und Großvater. Seine Kinder und Enkel, die sich erhabeneren und lebensfördernderen Leistungen zuwandten, sprachen stets mit Liebe, Achtung und Dankbarkeit von ihm und ehrten sein Andenken.

Meyers Testament umfaßte einen Nachlaß von 2 256 280 Dollar an Immobilien, Aktien und Obligationen im Staate New York, dazu die mittlerweile nahezu erschöpften Minen «A. Y.» und «Minnie» in Colorado, die er für 60 000 Dollar jährlich verpachtet hatte. Seine New Yorker Wertpapiere waren zur Hauptsache Stamm- und Vorzugsaktien der American Smelting and Refining, Eisenbahnobligationen und Aktien von Tennessee Iron und American Tobacco. Den größeren Teil seines Vermögens hinterließ er seinen Töchtern Rose Loeb und Cora Rothschild sowie seiner Enkelin Nettie Gerstle, dem Kind seiner verstorbenen Tochter Jeannette. 80 000 Dollar gingen an verschiedene jüdische Wohltätigkeitsorganisationen. Nichts Nennenswertes bekamen die Familien seiner Schwestern in Philadelphia, nur ein Legat von 10 000 Dollar für einen Neffen, Leon Beyle. Die armen Verwandten waren inzwischen weitgehend in Vergessenheit geraten, ihre Spuren verwischt. Die «A. Y.» und die «Minnie» gingen an alle neun noch lebenden Kinder; sie sollten sie «teilen, und zwar gleichmäßig teilen».

Oberflächlich gesehen kein überaus großes Erbe. Nur 2 256 280 Dollar und die beiden verpachteten und ziemlich entleerten Minen. Zusätzlich zu diesem Vermögen hinterließ Meyer aber auch sieben Multimillionäre, die er alle mit beträchtlichen Anfangseinsätzen ins Geschäft gebracht hatte. Bei Meyers Tod im Jahre 1905 machten die Anteile seiner sieben Söhne an Guggenex, M. Guggenheim's Sons und der American Smelting and Refining auf dem Papier nicht weniger als 75 Millionen aus, 9 Millionen für jeden. Vergleicht man die Kaufkraft von 1905 mit derjenigen von 1976, so wären das heute insgesamt ungefähr 476 Millionen Dollar, 68 Millionen für jeden Sohn (alle Dollarbeträge der Jahre 1848—1974 wurden auf Grund der Kaufkraft in

Dollars von 1976 umgerechnet. Als Basis diente der Konsumentenpreisindex im «Handbook of Labor Statistics», herausgegeben vom U. S. Department of Labor).

Wenige Jahre vor seinem Tod stiftete Meyer Guggenheim an die Errichtung eines Altersheims für bedürftige Surbtaler Juden 35 000 Franken unter der Bedingung, daß das Heim am Ort seiner Herkunft gebaut werde. Das Schweizerische Alters- und Pflegeheim liegt denn auch leicht erhöht über Lengnau an einem sonnigen Hang. Heute leben dort zwischen 50 und 60 betagte Männer und Frauen. Sie sind nicht alle gebürtige Schweizer. Viele hat das Schicksal von weit her infolge der nationalsozialistischen Verfolgungen und infolge des Krieges in die Schweiz verschlagen. Aus dem einst (1903) bescheidenen «Asyl» mit 12 Zimmern ist inzwischen ein stattliches Alters- und Pflegeheim geworden. Ein erster Erweiterungsbau stammt aus den dreißiger Jahren, als Raum für die von Hitler Verfolgten geschaffen werden mußte. In neuester Zeit wurde eine moderne Pflegeabteilung angebaut. In einer Nische des Vestibüls ist eine kleine Synagoge eingerichtet, wo regelmäßige Gottesdienste abgehalten werden. Im hübschen Speisesaal ist eine Wand für die Fotografien von Männern und Frauen reserviert, die sich um die Institution verdient gemacht haben. Inmitten dieser Porträtgalerie prangt die Fotografie von Meyer Guggenheim.

II. Teil

Herren der Erde (1905—1923) Der Aufbau des Guggenheim-Imperiums

Die Amerikaner sind eine mächtige Rasse, dem Streben nach Reichtum mit einer Ausdauer und Lebensverachtung hingegeben, die man heldenhaft nennen könnte, wenn ein solcher Ausdruck nicht nur für tugendhafte Bemühungen anwendbar wäre.
Alexis de Tocqueville

Wenn die Könige bauen, haben die Kärrner zu tun.
Friedrich Schiller

HÜTTEN-SCHMELZWERKE DER GUGGENHEIMS IM JAHRE 1910

(zu Teil II)

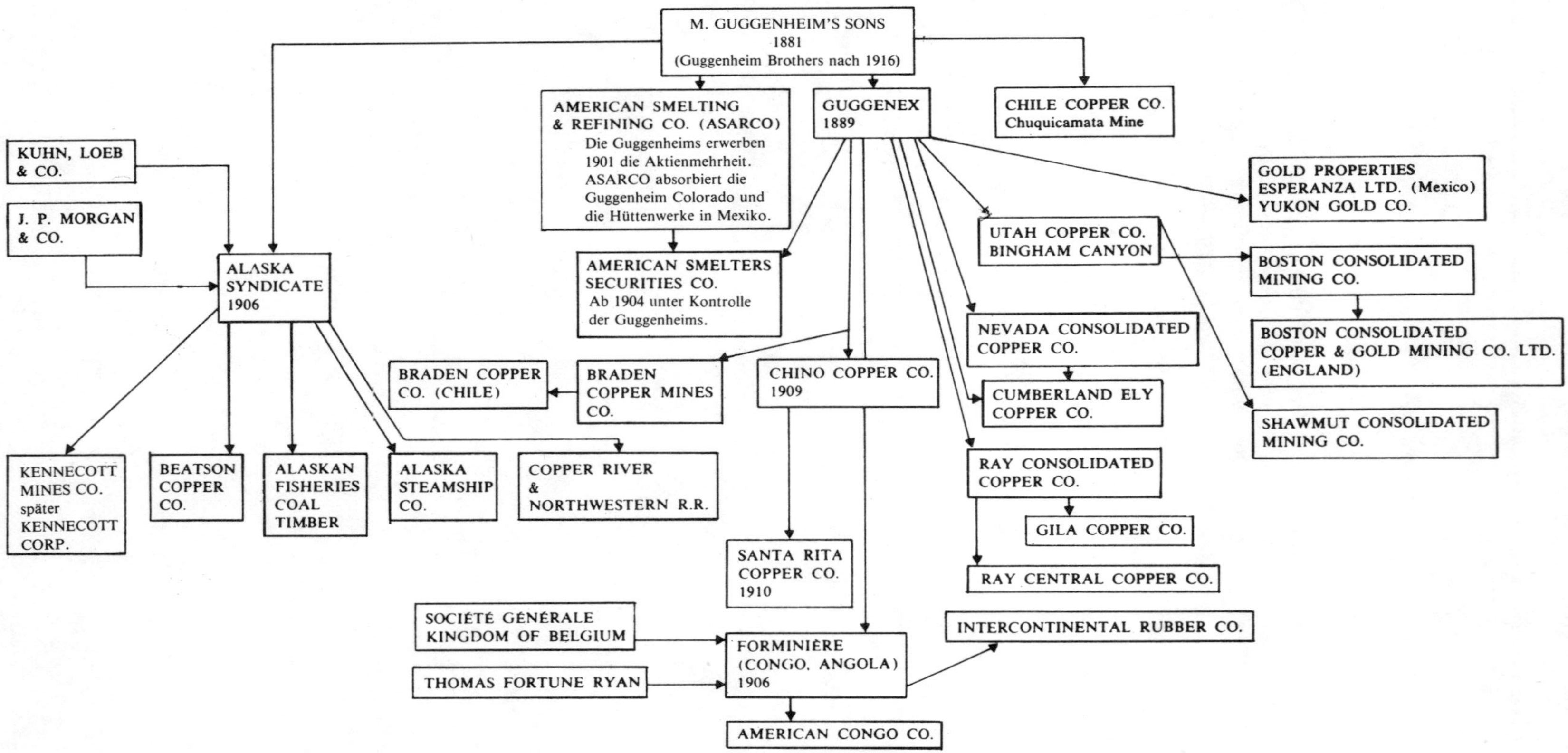

Kapitel

1

Auf eigenen Füßen

Zurück ins Geschäft. Zurück zu den Minen und Hüttenwerken. Weiter nach Utah, Nevada, New Mexico, zum Yukon, nach Alaska, wieder nach Mexiko, in den Kongo, nach Bolivien, Chile. Weiter zu immer mehr Kupfer, zum ersten Gold, immer mehr Silber und Blei, den ersten Diamanten, dem ersten Zinn, noch mehr Kupfer, noch mehr Silber, noch mehr Gold.

Ein paar Tage nach Meyers Begräbnis kehrten die Guggenheim-Söhne an ihre Schreibtische und in ihr Geschäft zurück, wie eh und je, oder besser: jetzt erst recht. Dan als Vorsitzender der Geschäftsleitung und Präsident der American Smelting and Refining hatte sogar zwei Schreibtische, an die er zurückkehren konnte, einen am Hauptsitz der ASARCO und einen weitern im gleichen Gebäude, Broadway 165, im «Partners' Room» von M. Guggenheim's Sons. Die beiden Büros waren durch einen geheimen Treppenaufgang miteinander verbunden, in den man durch eine im Täfer verborgene Tür gelangte. (Dan wollte nicht, daß seine linke Hand, ASARCO, immer wußte, was seine rechte Hand, die Familie, im Sinn hatte.) Isaac, Solomon, Murry und Simon besetzten die übrigen Schreibtische bei M. Guggenheim's Sons. Für die beiden Abtrünnigen, Ben und Will, waren keine Plätze in diesem Raum.

Aus dieser Hochburg mit dem dunklen Holz und den Ledersesseln in Downtown-New York regierten die Brüder Guggenheim ihr ständig wachsendes Reich. Meyers größter Aktivposten, neben seinem eigenen Schwung und Grips, waren seine Söhne gewesen. Aus ihnen hatte er sein wichtigstes Machtinstrument gemacht. Bei seiner paranoiden Natur mußten seine Geschäftspartner Blutsverwandte sein, Leute, denen er absolut vertrauen konnte — sonst brachte er es nicht fertig, mit ihnen zusammenzuarbeiten. Seine treue und fruchtbare Barbara hatte ihm nicht weniger als sieben Partner geschenkt. Ohne sie hätte er seinen ehrgeizigen Plan, das Minen- und Hüttengeschäft Nordamerikas zu beherrschen, nie verwirklichen können.

Und jetzt waren sie auf sich allein gestellt. Meyer war tot. Die Brüder Guggenheim konnten sich nicht mehr auf den Rat, die Erfahrung und die nie erlahmende moralische Unterstützung des alten Kapitalisten verlassen. Es dauerte nicht lange, bis Dan die Lücke füllte. Gleich nach seines Vaters Tod übernahm er die volle, uneingeschränkte Leitung der Familie und ihrer Geschäftsinteressen. Die Bürde der Familienführung hatte er, wie erwähnt, schon vor Meyers Tod auf sich genommen — er war es letztlich gewesen, der Will gezwungen hatte, sich von seiner Angetrauten scheiden zu lassen. Jetzt aber übernahm er die Macht als absoluter Monarch, ohne Rücksicht auf irgend jemanden. Als Vorsitzender und Präsident der ASARCO, oberster Geschäftsleiter von M. Guggenheim's Sons und unangefochtener Chef der Familie hatte er in Guggenheimschen Angelegenheiten das Sagen, und sein Wort war so gut wie Guggengold oder die Gesetzestafeln von Moses.

Daniel Guggenheim, dem es beschieden war, einer der größten industriellen Führer aller Zeiten zu werden — seine Geschäftspolitik sollte einmal wirtschaftlich für ganze Staaten Leben oder Tod bedeuten — war sehr klein, nur wenig über 1 Meter 50, sehr flink und beweglich, sehr kühn und verwegen und von wahrhaft dämonischer Energie besessen. Seine frühen Porträts zeigen einen Ausdruck solcher Intensität — fester Mund, brennende Augen —, daß man den Eindruck gewinnt, er wäre ständig am Explodieren gewesen. Diese potentielle Explosivität hielt er für gewöhnlich unter eiserner Kontrolle, dafür litt er in seinen mittleren Jahren an Bluthochdruck und Magengeschwüren.

Daniel Guggenheim als „napoleonisch" zu bezeichnen, mag klischeehaft erscheinen, aber genau das war er: Nicht größer als Napoleon, hatte er auch dessen gedrungenen, rundbrüstigen Körperbau; wie Napoleons Vater, stammte auch der seine aus einer rückständigen Gegend, und er war, gleich dem Korsen, ein unbarmherziger, unermüdlicher Eroberer und Imperiums-Erbauer, der, trunken und immer trunkener von Erfolg auf Erfolg, zuletzt einen Riesenfehler beging und damit seine früheren Eroberungen beinahe zunichte machte.

Nicht lange, nachdem Daniel Guggenheim sich der ASARCO bemächtigt hatte, ließ er sich auf einen Ast hinaus, nicht seinen ersten und bestimmt nicht seinen letzten — die Guggenheims ließen sich dauernd auf Äste hinaus —, und engagierte für Guggenex einen vielgerühmten Mineningenieur namens John Hays Hammond zum damals höchsten Salär, das in der Weltgeschichte je ein Firmenangestellter bekommen hatte: 250 000 Dollar Jahresgehalt, plus 25 Prozent Gewinnanteil an allen Minen, die Hammond entdeckte und die Guggenheims dann erwarben.

Man schrieb das Jahr 1903. Da es keine Einkommenssteuer gab und die Kaufkraft des Dollars viel höher war als heute, wären 250 000 Dollar gegenwärtig rund 1,6 Millionen, und die 25 Prozent an den entdeckten Grundstücken entsprächen an Kaufkraft einem Betrag zwischen 12 und 32 Millionen jährlich. Journalisten wiesen damals gleich darauf hin, daß Hammond in zweieinhalb Stunden soviel verdiente, wie ein Kumpel in der «A. Y.» und der «Minnie» in einem Jahr. Mit diesen atemraubenden Anstellungsbedingungen für Hammond führte Dan Guggenheim eine Politik ein, von der die Guggenheims nie mehr abweichen sollten: Spitzentalenten stets Spitzengehälter zu bezahlen.

Hammonds Job war es, die Welt nach reichen Erzlagern durchzukämmen. Als die Guggenheims sich an ihn wandten, hatte er bereits blendende Leistungen aufzuweisen. Er hatte, unter anderem, die sagenhaften König-Salomon-Minen in Rhodesien wiederentdeckt und neu eröffnet, die nach seiner Schätzung vor dem Industriezeitalter für mehr als 100 Millionen Dollar Gold produziert haben mußten, und hatte Cecil Rhodes tatkräftig geholfen, Südafrikas Diamanten in die Hand zu bekommen.

Hammond war ein Wichtigtuer, ebenso zu Hause im Zelt in entlegener Wildnis, begleitet von einer Handvoll bewaffneter eingeborener Führer und einer Meute absichtlich hungrig gehaltener Wachhunde, wie in seiner vergoldeten Zehnzimmersuite im Waldorf-Astoria, umgeben von livrierten Dienern, die für seine Freundinnen und Geschäftsfreunde Champagnerflaschen entkorkten. Meist durchstreifte er die unberührten Einöden von vier Erdteilen zu Pferd und Kamel. Wenn er sich in den Vereinigten Staaten aufhielt, reiste er gewöhnlich in seinem privaten Eisenbahnwagen, begleitet von einem Sekretär, zwei Kammerdienern, einem Kellermeister und einem französischen Koch.

Schon nach wenig mehr als einem Jahr hatte sich Dans Investition in Hammond ausgezahlt: In einem Jahr brachte Hammond bei Guggenex den Guggenheims 5 Millionen Dollar und sich selbst an Gehalt und Kommissionen eineinviertel Millionen ein.

1907, zwei Jahre nach Meyers Tod, hatten die Brüder Guggenheim noch einmal alles reorganisiert und umgruppiert und standen an der Schwelle der Zeit ihrer größten Expansion. Dan, ein forscher Einundfünfziger, hatte die American Smeltung and Refining, die Guggenheim Brothers, die Guggenex und die Familie fest in der Hand; Isaac, jetzt dreiundfünfzigjährig, aber viel älter wirkend und erzkonservativ, machte im Grunde genommen Buchhalterarbeit: Er war Finanzverwalter der American Smelting; Murry, ein scheuer, etwas steifer Mann von neunundvierzig, und Solomon, mit sechsundvierzig von überschäumender Lebensfreude, waren mit Dan, aber ohne Isaac Mitglieder der Geschäftsleitung der American Smelting and Refining und bildeten ebenfalls mit Dan zusammen das leitende Triumvirat bei Guggenheim Brothers und Guggenex. Simon, vierzig, hatte sich gerade einen Sitz im amerikanischen Senat gekauft — es schickte sich, daß ein Mitglied der Familie in Washington nach dem Rechten sah —; der zweiundvierzigjährige Ben und der neununddreißigjährige Will waren immer noch «draußen» und versuchten, allerdings erfolglos, selbst etwas Bedeutendes zu sein.

Kapitel

2

Guggenmorgans und Morganheims

Goldsucher, die den Kennecott Creek in Alaska entlangzogen, hatten als erste dieses Tal als leuchtenden grünen Fleck an einem baumlosen Berg bezeichnet. Mitten in der kahlen Wrangell Range stand da dieser einzelne Gipfel mit dem smaragdgrünen Kamm gleich einer Fata Morgana, das arktische Gegenstück einer palmenlosen Oase in der Wüste. Es wurde gemunkelt, der Berg bestehe fast ganz aus Kupfer.

Als Dan Guggenheim von dieser sagenumwobenen Grünspan-Bergspitze hörte, schickte er den Top-Gesteinsprüfer der Guggenex, Pope Yeatman, hin, um das Gelände zu untersuchen. Yeatman brauchte Monate, bis er durch die unwegsame Wildnis ans Ziel gelangte. Nachdem er den geheimnisvollen Abhang geprüft hatte, der auf seiner grünlichen Oberfläche nicht eine Spur von Vegetation aufwies, berichtete er, die Erzproben hätten einen Gehalt von 70—75 Prozent reinem Kupfer ergeben, und es gäbe hier Millionen und Abermillionen Tonnen davon. Es sei nach seiner Schätzung eines der größten und reinsten Kupfervorkommen, die überhaupt existierten. Er irrte nicht: Die Große «Bonanza Lode» oberhalb des Kennecott Creek erwies sich als reichstes Kupferlager der Welt.

Diesen Schatz dort in der hohen, eisigen Einöde zu bergen, das Erz über zweihundert Meilen ans Meer zu transportieren und an die Guggenheimschen Hüttenwerke in Tacoma, Washington, zu verschiffen, würde allerdings mehr kosten, als die Guggenheims sich leisten oder leihen konnten. Alaska war 1907 ein ferner Zipfel von Amerika. Es gab keine Straßen, keine Eisenbahnen, überhaupt keinerlei Verbindungswege, die ein so titanisches Unternehmen erleichtert hätten.

Es gab für die Guggenheims nur eine Möglichkeit, das Kennecott-Kupfer in ihre Hand zu bekommen, nämlich, sich mit einem der herrschenden Giganten der Hochfinanz zusammenzuschließen und dadurch Kapital, Wagemut und Bergbauerfahrung der Guggenheims mit gewaltigen wirtschaftlichen Mitteln zu kombinieren. Und wer wäre für eine Aufgabe wie die Erschließung des Kupferberges von Alaska geeigneter gewesen, als der große J. P. Morgan, der mächtigste Finanzmann der amerikanischen Geschichte!

John Piermont Morgan war eindeutig kein Mann nach herkömmlichem amerikanischem Muster. Es war sein Stolz, ein herrischer Aristokrat zu sein, ein Mann von würdigem Auftreten und verwöhntem Geschmack. Er kleidete seinen mächtigen Leib sehr förmlich — steifer Kragen, Krawattennadel, Cutaway, Pfeffer- und Salz-Hose — und hatte eine besondere Vorliebe für seltene Erstausgaben und italienische Renaissance. Für das gewöhnliche Volk, die demokratische Lebensweise, die „Rechte" der amerikanischen Durchschnittsbürger hatte er wenig Achtung oder Liebe übrig. Ja, er hegte für seine Mitamerikaner ziemliche Geringschätzung. Er glaubte an das Überleben der Tüchtigsten. Er glaubte, einer der Tüchtigsten zu sein. Er hatte bewiesen, daß er einer der Tüchtigsten war, wenn nicht der Tüchtigste überhaupt.

Daniel Guggenheim, zu jener Zeit als Geschäftsmann nicht annähernd so bedeutend wie J. P. Morgan, ließ unter der Hand verbreiten, daß er eine Verbindung mit Morgan wünschte, daß er überzeugt war, er und Morgan, und nur sie beide, hätten die Macht und Fähigkeit, ein so massives Unterfangen wie die Ausbeutung der Bodenschätze Alaskas in Angriff zu nehmen.

Auf das Gerücht hin erschien ein gewisser Arnold «Arctic» Bratnober auf dem Plan, ein bekannter Bergbauingenieur, der schon die Erfahrung von zwanzig Jahren Forschungsarbeit im hohen Norden unter seiner Pelzmütze hatte, einiges davon bereits im Dienste der Guggenheims.

Bratnober schlug Daniel Guggenheim vor, dem großen Morgan einen Besuch abzustatten, und schlug Morgan vor, Daniel Guggenheim zu empfangen. Morgan hatte bereits durchsickern lassen, er liebe die Juden nicht — den «Waldorf-Haufen», wie er sie nannte —, aber das Geldpotential, das in diesem Unternehmen lag, dämpfte seinen Antisemitismus. Er ließ sich herbei, mit Dan über Alaska zu sprechen.

Und der Handel wurde perfekt. Man gründete das große «Alaska-Syndikat», bestehend aus den Guggenheims, J. P. Morgan und einem eilig aufgebotenen dritten Partner, Jacob Schiff. Die Guggenheims steuerten etwas über einen Drittel des Kapitals und das ganze administrative und technische Know-how bei. Morgan und Schiff und ein paar Freunde brachten den Rest des Geldes auf. Die Bedingungen der Vereinbarung sicherten den Guggenheims den Löwenanteil am Gewinn. Die Erschließung des Kennecott Mountain sollte das erste Projekt des Syndikats sein.

Die Schwierigkeiten des Vorhabens waren von atemraubenden Dimensionen. Zuerst galt es, für 25 Millionen Dollar eine mehr als dreihundert Kilometer lange Eisenbahnlinie über riesige Flußdeltas, über wandernde Gletscher, durch tiefe, unerforschte Schluchten vom Meer zum Kennecott Mountain zu erstellen. Dann mußte für viele Millionen ein Wellenbrecher durch die exponierte Bucht an der meerseitigen Endstation der Bahnlinie gezogen und ein Hafen gebaut werden, in dem große Frachter Platz fanden. Ferner war eine Schiffahrtsgesellschaft zu kaufen oder zu gründen, die das Kupfererz zum Guggenheimschen Hüttenwerk in Tacoma verfrachtete. Um den Bergwerksbetrieb, die Bahn, den Hafen und die Dampfer mit Treibstoff zu versorgen, mußten zugängliche Kohlengruben gefunden, gekauft und betrieben werden. Um Schlafbaracken und Lagerhäuser zu bauen, Bahnschwellen, Gerüste und Schuppen herzustellen, mußten riesige Wälder gekauft oder gepachtet und geschlagen werden. Und das alles in einer der rauhesten Wildnisse auf dem ganzen Erdenrund.

Doch die Guggenheims hatten es schon früher mit einer Menge Schwierigkeiten zu tun gehabt; hatten schon früher enorme Risiken auf sich genommen, wie J. P. Morgan und Jacob Schiff auch, und sie dachten nicht daran, sich von diesen nun einschüchtern zu lassen. Der Preis, der ihnen winkte, war viel zu groß. Dan Guggenheims neuer Ehrgeiz war nichts Geringeres, als alle Bodenschätze Alaskas in seine Hand zu bekommen.

Also kaufte das Alaska-Syndikat, das bald als «Guggenheim-Trust» bekannt wurde, den Kennecott Mountain und etliche hunderttausend Morgen angrenzendes Land in den Wrangellbergen, kaufte zweihundert Meilen Eisenbahn-Wegerecht bis ans Meer, kaufte Küstengebiete in der Katallabucht, in Valdez und Cordova, kaufte die Northwestern-Dampfschiffahrtsgesellschaft, kaufte die Northwestern Commercial, eine Versorgungsfirma, kaufte jede Kohlenmine in Alaska, die ihm in die Finger kam, kaufte endlose Wälder und kaufte, als es gewahr wurde, daß Schiffe nicht nur Kupfer, sondern ebensogut Fische transportieren konnten, als Nebenzweig noch die Northwestern Fisheries, die bedeutendste Fischerei- und Fischkonservenindustrie der westlichen Vereinigten Staaten, Kanadas und Alaskas.

Als die Guggenheims in Alaska eintrafen, hatten die Russen es erst seit vierzig Jahren verlassen: Sie waren mehr als ein Jahrhundert lang dort gewesen.

Die ersten russischen Kolonisten in Alaska, für die «Gott weit oben und der Zar weit weg» war, hatten orthodoxe Kirchen gebaut und Städte gegründet, die noch immer ihre russischen Namen tragen: Baranow, Shumagin, Wrangell, Sitka. Der erste russische Gouverneur der Kolonie, ein sibirischer Händler namens Aleksandr Baranow, den der Zar ernannt hatte, errichtete seine Residenz im lebhaften Grenzstädtchen Sitka. Von dort aus führte er die Aufsicht über eine riesengroße Wildnis, bevölkert von Aleuten, Eskimos, und von vier Indianerstämmen — den Tsimshiani, Tlintiti, Athapaskani und Haida —, Nachkommen von Völkern, die, ebenso wie die Vorfahren der amerikanischen Indianer, einst an den Ufern der großen sibirischen Flüsse gelebt hatten. Die Aleuten waren es gewesen, die Alaska seinen ursprünglichen Namen gegeben hatten: *Alakshak,* «Großes Land».

Die alaskischen Russen, ein unbekümmerter Haufen, wie es scheint, der im «Zarenhof» von Sitka glänzende Bälle veranstaltete, bei denen Unmengen Wodka konsumiert wurden, wußten kaum etwas von den Mineralschätzen Alaskas; es fehlte ihnen irgendwie auch die Initiative, danach zu suchen. Ihre kommerziellen Unternehmungen beschränkten sich ausschließlich auf Fischfang und Pelzhandel. Nach mehr als hundert Jahren russischer Herrschaft hatte das «Große Land» dem Zar sehr wenig eingebracht.

So betrachtete der Zar es denn als einen der lohnendsten Geschäfts-Coups der Geschichte, als er seine nordamerikanische Provinz 1867 für 7,2 Millionen Dollar an die Vereinigten Staaten verkaufte, obwohl das einen Preis von nicht mal fünf Dollar für einen Quadratkilometer Land ausmachte. Von den Amerikanern waren damals die meisten mit dem Zar einig; sie hielten den Kauf für eine lächerliche Extravaganz, «Sewards Narretei», nach dem Außenminister William H. Seward, der den Kauf mit Nachdruck vorantrieb, oder für «den wahnsinnigen Ehrgeiz, einen riesigen Eisblock zu besitzen», wie ein Senator es ausdrückte.

Zwei Jahrzehnte lang sah es aus, als hätten der Zar und der Senator recht gehabt. Jetzt aber, vierzig Jahre später, waren die Guggenheims und J. P. Morgan im Begriff, endlich zu kassieren.

Kurze Zeit nach dem Vordringen des Guggenheim-Morgan-Syndikats nach Alaska schufen amerikanische Karikaturisten zwei Monster, Eisbärenfiguren mit Judennasen und behandschuhten Riesenhänden. Sie gaben ihnen die Namen Guggenmorgan und Morganheim und zeichneten sie, wie sie Alaska verschlangen.

Damit waren sie gar nicht so weit von der Wahrheit entfernt. Es dauerte nicht lange, und die Guggenmorgans und Morganheims kauften in Alaska alles auf, was ihnen in die Hände kam: Kupferminen, Eisenminen, Kohlengruben, Fischkonservenfabriken, Wälder. Bei diesem Tempo konnte es nicht mehr lange währen, bis ihnen das Land buchstäblich gehörte.

Bald aber schlossen sich die ersten großen Umweltschützer Amerikas, Theodore Roosevelt und sein missionarischer Chef-Forstfachmann Gifford Pinchot, den Protesten der Karikaturisten an, und die Guggenheims und J. P. Morgan sollten schließlich noch ihre Meister finden.

Inzwischen machte das große Werk Fortschritte. Nach Fehlstarts in Katalla und Valdez, die 1,5 Millionen Dollar verschlangen, wurden die Guggenheimschen Bahnarbeitertrupps und Bestände an schweren Maschinen in Cordova ausgeladen, wo die große, 25 Millionen Dollar kostende Copper River and Northwestern Railroad nach Kennecott beginnen sollte. Aus den depressionsgeplagten Städten San Francisco, Tacoma und Seattle strömten Männer zu Tausenden nach Cordova. Sie schliefen auf den Holzböden von Saloons und Arbeiterbaracken und arbeiteten für drei Dollar Taglohn; dabei zahlten sie für eine Mahlzeit fünfzig Cents und für eine Pritsche pro Nacht einen Dollar. So war das im Jahr 1907.

Kaum hatten die Guggenheims ihren Schienenstrang über die Hügel außerhalb Cordovas gelegt, standen sie dem Problem des großen sumpfigen Copper River-Deltas gegenüber. Im Winter war es voller Schnee, Eis, Matsch und gefrorenem Morast. Im Frühling und Sommer war häufig alles überflutet, und der Schlamm breitete sich meilenweit aus.

Im Spätsommer war der Morast schon so tief, daß Zehntausende von Holzpfählen in den Boden getrieben und Millionen Kubikmeter Moränenschutt über das Delta geschüttet werden mußten, damit die Gleisbettung es überqueren konnte. Kaum war diese Herkulesarbeit getan, galt es mit den beiden Zwillingsgletschern Miles und Childs fertig zu werden. Der eine stellte sich den Eroberern mit einer immensen, starren, sechseinhalb Kilometer breiten und knapp hundert Meter hohen Eismauer entgegen, der andere war vier Kilometer breit und ebenfalls fast hundert Meter hoch. Eine 350 Meter lange Brücke, die anderthalb Millionen Dollar kostete, mußte zwischen den beiden Gletschern gebaut werden. Im Winter 1908 trieben Guggenheim-Morgansche Arbeitertrupps bei 33 Grad minus, Gesichter und Hände von 80-Stundenkilometer-Winden gepeitscht, Tausende und Tausende von hölzernen Pfählen durch zwei Meter Eis und zwölf Meter Moränengeröll als behelfsmäßige Stützen für die Brückenbogen. Bis zum Frühling schwangen sich zwei Bogen auf bleibende Stützen. Die Pfeiler dieser Bogen standen fast zwanzig Meter tief im vereisten Flußbett versenkt, waren aus solidem Zement, Umfang gut 25 Meter, und mit schweren Stahlschienen beschlagen, um sie gegen die Gletscher-Eisberge zu schützen, die die wilde Strömung des Copper River ihnen entgegenschleuderte.

Im Winter 1909 arbeiteten die Trupps schichtweise von Sonnenaufgang bis Mitternacht, um zu versuchen, den dritten und letzten Bogen im Wettlauf mit dem unmittelbar bevorstehenden Frühlingstauwetter zu vollenden. Unglücklicherweise traf das gefürchtete Tauwetter früher ein als erwartet, und der Copper River warf eine zwei Meter dicke Eiskruste hoch gegen das hölzerne Baugerüst, das den dritten Brückenbogen festhielt. Bei Sonnenuntergang des ersten warmen Tages war das Gerüst schon um 40 cm verschoben. Die ganze Nacht über arbeiteten die Leute, um mit Dampf das Eis um die Pfeiler abzuschmelzen, während andere Kolonnen mit Hilfe von Seilen das 140 Meter hohe Gerüst wieder in Stellung brachten. Anderthalb Stunden, nachdem der Brückenbogen vom Gerüst gelöst und an den festen Zement-und-Stahl-Pfeilern verankert war, brach das Eis vollständig auf. Große Blöcke prallten gegen das Gerüst und ließen es in der tobenden Strömung zusammenbrechen. Aber die große Gletscherbrücke stand im letzten Augenblick fest auf ihren Pfeilern. Weiter mit der Arbeit...

Jetzt mußte der Schienenstrang durch den engen Abercrombie-Canyon vorgetrieben werden. Der arktische Wind heulte mit 70 bis 120 Stundenkilometern durch die Schlucht. Die Männer mußten halbstundenweise arbeiten und dann jeweils in die Baracken rennen, um wieder zu Atem zu kommen und Hände und Füße aufzuwärmen. 17-Tonnen-Dynamitladungen wurden verwendet, um die Wände des schmalen V-förmigen Canyons aufzusprengen, damit der Bahnkörper angelegt werden konnte. Kaum waren die Geleise angebracht, blockierten wiederholt schwere Schneeverwehungen den Weg. Eine Bahn mit 160 Arbeitern fuhr in einen riesigen Schneehaufen, und die Schneefräse versagte. In wenigen Minuten war der Zug zugedeckt und blieb einundzwanzig Tage lang im Schnee begraben. Später verwandelte sich der Schnee in Eis, und die Schienen waren von einer 15—20 cm dicken Eisschicht bedeckt. Die Schneefräse entgleiste auf einem Weg von 80 Kilometern 1050 Mal.

Im Frühsommer tauchten die Guggenheim-Trupps endlich aus der Schlucht auf und drangen den Copper River entlang vor, trieben Pfähle in den Schlamm, füllten den Morast mit Moränenschutt auf, erreichten Mitte Sommer den Chitina River, dann den Nizina und im Herbst schließlich den Kennecott Creek. Der letzte Schienennagel, der Anfang 1911 in eine Eisenbahnschwelle getrieben wurde, war aus Kennecott-Kupfer geschmiedet. Zu jener Zeit wurde am großen Kupferberg bereits abgebaut.

Von den Ufern des Kennecott Creek konnten die Bahn- und Minenarbeiter etwa 1200 Meter über sich den kahlen, hellgrünen Gipfel der Bonanza Lode sehen. Die Kumpel und ihre Pferde erklommen den vereisten Felsenhang des Kennecott über einen Zickzackpfad. Kabel wurden von Männern, Pferden und Maultieren hinaufgeschleppt, und nach fünf oder sechs Monaten verband eine sechs Kilometer lange Luftseilbahn den Berggipfel mit dem Tal und der Eisenbahn unten.

Holzgerüste wurden an den Berg gelegt, von denen aus die Arbeiter Stollen in die gefrorene Wand aus Erde und Felsen sprengten. Und so wurde in diesem fernen arktischen Nibelheim in Wind, Regen, Hagel, Schnee und Eis das Kupfererz abgebaut, dem froststarren Berg entrissen, in stählerne Kübel gehäuft und die Seilbahn hinunter zu den wartenden offenen Güterwagen transportiert. Die Arbeit war anstrengender, als man es sich überhaupt vorzustellen vermag, und manch ein Kumpel brach tot über seiner Hacke zusammen.

Sobald aber der kupferne Abschlußnagel in das Geleise getrieben war, stand die erste Güterzugladung auch schon bereit. Sie bestand aus Erz mit einem Kupfergehalt von 75 Prozent — gegenüber den 2—3 Prozent des Erzes aus den großen Porphyr-Kupferminen von Utah und Nevada. Jeder Güterwagen trug Kupfer im Wert von 12 000 bis 15 000 Dollar. Die erste Schiffsladung, die Cordova verließ, um zum Hüttenwerk in Tacoma gebracht zu werden, wurde auf 500 000 Dollar geschätzt.

Bald wurde das Kennecott-Kupfer das billigste der Welt. Ende 1911, als die Entwicklungsarbeiten zu ungefähr einem Drittel beendet waren, rechnete sich das Alaska-Syndikat einen Reingewinn von 1 658 000 Dollar am ersten abgebauten Bonanza Lode-Erz aus. Ende 1912 hatte Kennecott an Morgan, Schiff und die Guggenheims bereits 3 Millionen Dollar Dividende ausbezahlt. Aber das war erst der Anfang, ein schwacher Abglanz dessen, was noch kommen sollte. Der Erste Weltkrieg war nicht mehr fern, und die Bonanza Lode und ihre angrenzenden Minen, die den Alliierten den größten Teil ihres hochgradigen Kupfers lieferte, überschüttete die Guggenheims derart tonnenweise mit Geld, daß sie beinahe in Verlegenheit gerieten. Bis 1918 hatten die Guggenheims allein aus dem Kennecott mehr als zehnmal soviel Geld herausgeholt, wie die Russen fünfzig Jahre vorher für ganz Alaska bekommen hatten.

Vom Erfolg angestachelt, begann Guggenmorgan noch mehr potentielle alaskische Reichtümer aufzukaufen, mehr Kohlengruben, mehr Eisenminen, Wälder über Wälder ohne Ende. Bald schien es, daß das Undenkbare sich ereignete und die Karikaturisten gar nicht übertrieben hatten. Wenn nicht jemand oder etwas sie aufhielt, würden die Guggenmorgans und Morganheims eines Tages alles besitzen, was in Alaska etwas wert war.

Alaska war in den ersten Jahren des 20. Jahrhunderts zum letzten Neuland des «American Dream» geworden, zum letzten Flecken, wo ein Amerikaner sich wirklich frei fühlen konnte, wo ein Mann mit nichts als seinem eigenen Verstand hingehen und sich ein anständiges, unabhängiges Leben zimmern konnte. Daher fingen die Presse, die wenigen damals schon aktiven Umweltschützer und ein ansehnlicher Teil des amerikanischen Volkes an, sich der «Guggenmorganisation» Alaskas mit Nachdruck zu widersetzen.

Das «Wall Street Journal» nannte die Tätigkeit des Syndikats «den zweiten Kauf von Alaska». Andere Zeitungen bemerkten, es sei wohl Alaskas Schicksal, immer eine Kolonie zu bleiben. Zuerst eine russische, dann eine Guggenmorgansche. Keiner schrie lauter nach der Bewahrung Alaskas für die Amerikaner als der idealistische Gifford Pinchot, der unter den Präsidenten McKinley, Theodore Roosevelt und Taft Chef der Forstabteilung im Landwirtschaftsdepartement und seit 1908 außerdem Leiter der National Conservation Commission war.

Pinchot war mit Herz und Verstand davon überzeugt, daß alle Reichtümer in und auf amerikanischer Erde dem ganzen amerikanischen Volk gehörten und nicht von einer Handvoll «industrieller Verwüster», wie er sie nannte, besessen oder beherrscht werden durften. Die Bahnlinie zum Kennecott und der Bergbau am Kennecott waren bereits ein *fait accompli,* da gab es nicht mehr viel auszurichten. Was er aber seiner Meinung nach noch angreifen konnte, war der Guggenheim-Morgansche Plan, 950 000 Morgen Urwald und ein 60-Millionen-Tonnen-Kohlenlager, letzteres im Wert von ungefähr 25 Millionen Dollar, zu kaufen.

Es kam zu einem langen Krieg in den Regierungskorridoren und Gerichtshöfen. Innenminister Ballinger vertrat den Standpunkt, nur eine Organisation von der Größe, Sachkenntnis und Finanzkraft des Guggenheim-Morgan-Syndikats, nur «Big Business» sei in der Lage, die Bodenschätze eines so riesigen, unzugänglichen Territoriums wie Alaska auszubeuten. Pinchot konterte immer und immer wieder mit seinem edlen Argument, der Reichtum Alaskas gehöre dem ganzen amerikanischen Volk und dürfe nur von amerikanischen Regierungsagenturen und kleinen, unabhängigen Betrieben ausgebeutet werden.

Zum Glück für die Guggenheims hatte die Familie eine Trumpfkarte in der Hand: Simon, der zweitjüngste der sieben Brüder, war zur Zeit der Kontroverse US-Senator. Er leistete nicht eben viel in seinen sechs Jahren Washington, aber immerhin gelang es ihm, die umweltschützerischen Pinchot-Anhänger an die Wand zu drücken. Am Ende blieben die Ballinger-Leute, unterstützt und ermutigt von Senator Simon Guggenheim, Tagessieger; den Idealisten wurden nebenbei ein paar Scheinkonzessionen gemacht, und Guggenmorgan und Morganheim blieben die Herren von Alaska; sie hatten das «Große Land» so sicher in ihrer Hand, wie nur fünfundsechzig Jahre zuvor der Landvogt von Baden die Juden von Lengnau in der Hand gehabt hatte.

Kapitel

3

Der Griff nach dem Globus

Während die Guggenmorgans nach Alaska vorrückten, stießen die Guggenheims so gut wie überall sonst vor. Vier Brüder trieben das ständig wachsende Imperium von New York aus an, und einer versetzte gelegentlich in Washington Berge. Die beiden Außenseiter Ben und Will strichen nicht nur ihre steigenden Dividenden ein, sondern steuerten von Zeit zu Zeit auch für ein paar Heller Ratschläge bei. Die bloße Eroberung Alaskas genügte nicht annähernd, um fünf oder zuweilen gar sieben Guggenheimsche Köpfe beschäftigt zu halten.

Es galt so viele andere verlockende Gelegenheiten flugs zu nützen. Im Yukon gab es ganze Bäche von Gold, in Utah, Nevada und Chile noch mehr Kupfer. In Bolivien und auf der malaiischen Halbinsel lag Zinn. In Mexiko gab es noch mehr Gold, Silber und Blei; und in Belgisch-Kongo und Angola warteten Diamanten nur darauf, geschürft zu werden.

Die Geschäftsstrategie der Guggenheims, von Dan ausgearbeitet und von den andern übernommen, bestand im wesentlichen aus drei Maximen:

Erstens, und das war stets ein Grundprinzip der Guggenheims, man unternimmt große Projekte immer dann, wenn das allgemeine Geschäftsbarometer tief steht. (Nach Alaska gingen sie in der Zeit der größten Depression seit dem Bürgerkrieg.)

Zweitens, und das könnte man im Wagnerschen Symbolismus die Nibelheim-Philosophie nennen, man benutzt immer die billigen Arbeitskräfte und Rohstoffe unentwickelter Länder, um die Industrien des eigenen Landes zu schwächen, ihre Löhne und Preise zu drücken, bis sie so billig sind, daß man es sich leisten kann, sie aufzukaufen und dem eigenen Monopol einzuverleiben.

Drittens, es hat in der Metallindustrie keinen Sinn, zu konkurrieren, wenn einem nicht von der Grube bis zum Fertigprodukt alles gehört. Man muß die

Mine und die Veredelungswerke besitzen wie auch die Vermarktung des Metalls beherrschen.

Diese dreifache Strategie funktionierte so gut, daß sie sich nicht nur für die Beherrschung der Bodenschätze Nordamerikas, sondern auf der ganzen Welt anwenden ließ. Und es war denn auch genau das, was die Familie im Sinn hatte. Der alte Meyer hatte sich damit zufriedengegeben, daß seine Söhne alle Minen und Hüttenwerke auf dem nordamerikanischen Kontinent kontrollieren sollten. Sohn Dan ging ein paar Schritte weiter: Er wollte die Minen und Hüttenwerke auf dem Rest des Planeten ebenfalls in die Hand bekommen.

Darin lag einer der großen amerikanischen Widersprüche. Das amerikanische Volk beteuerte über seine gewählten Vertreter der Welt in allen Reden feierlich, Amerika wolle niemandem Land wegnehmen und habe keine imperialistischen Ziele. Und während dieser ganzen Zeit baute sich Amerika über die Unternehmungen von Leuten wie den Guggenheims nach und nach das größte kommerzielle Imperium der Welt auf. Amerika begehrt kein Land, aber Sherwin-Williams Farben «bedecken die Erde»: Man zeigt uns die Inserate, auf denen die dicken Farben über Südamerika und Afrika hinunterlaufen. Amerika ist auf kein Territorium aus, aber die Coca-Colanisierung der Welt mußte sich bis auf die Osterinsel, die Seychellen und Tasmanien erstrecken. Vielleicht ist das nicht der Wille des amerikanischen Volkes, bestimmt aber der Wille der Geschäftsleitung von Sherwin-Williams und Coca-Cola.

So entspricht das amerikanische Imperium, das umfassendste und mächtigste kommerzielle und militärische Imperium in der Weltgeschichte, nicht der Absicht des amerikanischen Volkes oder seiner gewählten Vertreter — von denen manche sogar die Existenz dieses Imperiums leugnen würden —, sondern den Wünschen einer Handvoll entschlossener, begabter, emsiger, gewinnsüchtiger Leute wie den Guggenheims. Es würde langweilig, bei jedem Stein des großen Guggenheimschen Industriemonuments zu verweilen. Wir können nur im Vorübergehen ein paar erwähnen und uns etwas ausführlicher auf einige der größeren Klötze und glitzernden Edelsteine konzentrieren.

Wir haben noch nichts vom Bau der Perth-Amboy-Hütte im Jahr 1894 erzählt, der von Ben überwacht und von billigen importierten Arbeitskräften ausgeführt wurde, «Hunkies» und «Japs», wie man sie nannte. Die Hütte speit noch immer Rauch über die Wiesen von Jersey, Rauch, den man an klaren Tagen von den Büros der Guggenheim Brothers im 35. Stock am Broadway 120 in New York aus sehen kann.

Wir haben noch nichts von der neuen Bleihütte in Salt Lake City gesagt, die ihren Rauch nach wie vor über den Großen Salzsee speit. Wir haben nur kurz das Hüttenwerk in Tacoma erwähnt, das die Aufgabe hatte, das Erz von der Kennecott-Bonanza zu veredeln (für die Vermittlung des Kaufs dieses Schmelzwerks strich Bernard Baruch eine Gebühr von einer Million Dollar ein). Unerwähnt blieben bisher alle neuen Minen und Hütten, die in Mexiko errichtet wurden, z. B. in San Luis Potosi und Veracruz. Unerwähnt blieb die sagenhafte «Esperanza», die reichste Goldmine von ganz Mexiko — die Mine, von der Cortez und seine Konquistadoren geträumt, die sie aber nie gefunden hatten, die von den Guggenheims ungefähr zur Zeit von Meyers Tod erworben wurde und ihnen ihre Investition tausendfach zurückzahlte.

John Hays Hammond war emsig damit beschäftigt, in Mexiko Minen für die Guggenheims zu finden. Er versuchte — erfolglos — die außerordentlich reiche Palmilla Gold- und Silbermine in Chihuahua zu erwerben. Das Land, auf dem sich die Mine befand, hatte ein Pedro Alverado von seinem Vater geerbt, der ein Peón, ein Bergbautagelöhner, gewesen war und nichts vom Reichtum unter seinem Boden geahnt hatte. Es erwies sich buchstäblich als eine Goldgrube: Alverado brachte seine erste Million damit durch, daß er in dem kleinen Dorf neben seiner Mine einen mexikanischen Palast bauen ließ und mit Pariser Möbeln ausstattete. Ein Badezimmer hätte sein Haus zu etwas Einmaligem im Dorf gemacht und seinen Bedürfnissen bestimmt genügt. In seinem Drang, alle Welt zu beeindrucken, ließ er zwölf Badezimmer einrichten. Der Besitz eines Klaviers war ein sicheres Zeichen von Reichtum, also bestellte er nicht eins, sondern fünfzehn... Später anerbot er sich, die mexikanischen Staatsschulden zu bezahlen, aber man ignorierte ihn. Da wandte er sich der anderen Seite zu und verfaßte ein neues Testament, in dem er für die Bezahlung der amerikanischen Staatsschulden sorgte. Nachdem er, wie er glaubte, durch die exorbitanten Löhne der amerikanischen Installateure seiner zwölf Badezimmer übers Ohr gehauen worden war, schmiß er die Vereinigten Staaten wieder aus seinem Testament hinaus.

Wie es scheint, strich er wegen der habgierigen Installateure auch die Guggenheims aus seinen Plänen. Die Brüder konnten ihm für die Palmilla soviel Geld anbieten, wie sie wollten, er weigerte sich, zu verkaufen. Also weiter zu anderen Minen, anderen Gesteinen. Während die Guggenmorgans der Bonanza Lode über dem Kennecott Creek zu Leibe rückten, führte eine andere Kombination, die Guggenryans, ein Unternehmen im Kongo und in Angola durch, das ebenso lukrativ sein und bleiben sollte.

Kurz zusammengefaßt, verlief die Geschichte so: Leopold II., König der Belgier, wollte eine Gesellschaft zur Erschließung der Naturschätze im Kongo, den man damals — zu Beginn des 20. Jahrhunderts — Leopolds persönliches Sklavenlager nannte, organisieren. Der König war vollauf damit beschäftigt, seine Mätressen bei Laune zu halten, und ersuchte den amerikanischen Großkapitalisten Thomas Fortune Ryan, sich um dieses Projekt zu kümmern.

Thomas Fortune Ryan war ein baumlanger, rotbackiger, bulliger Amerikaner irischer Herkunft, der mit verschiedenen Spekulationen (Tabak, Kautschuk usw.) Millionen verdient hatte und in einem riesigen Palast an der Fifth Avenue wohnte, wo es nebst anderen Extravaganzen einen Palmenhof mit Springbrunnen und eine katholische Privatkapelle gab. Als König Leopold ihm vorschlug, bei dem Kongo-Vorhaben zu helfen, kam die Rede auch auf Metalle, und da Ryan sich mehr auf Sachwerte verstand, regte er an, diesen Zweig den Guggenheims anzuvertrauen. Der König, der sehr wohl wußte, wer die Guggenheims waren, stimmte sofort zu.

Nach Amerika zurückgekehrt, bat Thomas Fortune Ryan Dan Guggenheim in sein Haus. Als Dan den Palmenhof betrat, so wird erzählt, geriet er für Augenblicke aus der Fassung: Er wähnte sich in Ryans Kapelle und wußte nicht, ob man hier das Knie beugen, sich bekreuzigen oder Gesicht voran zu Boden werfen mußte. So stand er still und neigte das Haupt, als wäre er im Tempel Emanu-El. Der Hühne Ryan spürte die plötzliche Unsicherheit des kurzgewachsenen Metallmagnaten, nahm ihn beim Arm und führte ihn in die leichter zu erkennende Bibliothek, wo er gleich zur Sache kam. Ryan mochte Dan auf Anhieb und machte ihm später ein öffentliches Kompliment: «Dan ist ein großer Mann. Der arbeitet mit einem ganz großen Bohrer!»

Resultat der Besprechung war die Gründung der Société Internationale Forestière et Minière du Congo, meist kurz «Forminière» genannt. König Leopold behielt 25 Prozent der Anteile für sich, 25 Prozent gehörten dem Königreich Belgien, und die restlichen 50 Prozent bekamen Ryan und die Guggenheims je zur Hälfte. Das endgültige Abkommen sicherte den Guggenheims und Ryan die Exklusivrechte der Mineralschürfung in einem Gebiet, das rund fünfundvierzigmal so groß wie Belgien war, mit der Klausel, daß die gefundenen und erschlossenen Minen 99 Jahre lang von Ryans und Guggenheims abgebaut werden durften.

In der Folge gründeten die Guggenryans zwei Gesellschaften: die American Congo Company, welche die Mineralien, und die Intercontinental Rubber Company, welche die Landschätze ausbeuten sollte. Dan und seine Brüder leiteten die erste, Ryan die zweite. Es gab, wie gewöhnlich, Probleme mit den Arbeitskräften. Die Eingeborenen arbeiteten, genau wie die Mexikaner in Monterrey und Aguascalientes, nicht besonders gern, schon gar nicht in Bergwerken, egal, wieviel man ihnen dafür bot. Die Belgier hatten versucht, sie mit Gewehren und mit der Drohung von Zwangslagern zur Arbeit zu zwingen, aber obwohl das «funktionierte», hatte es viel zuviel öffentlichen Zorn erregt, als daß die Guggenryans zu ähnlichen Maßnahmen Zuflucht nehmen mochten. Schließlich bauten sie ganze Eingeborenendörfer für ihre Arbeiter, legten rundherum Farmen an mit Tausenden von Rindern und errichteten firmeneigene Kaufläden mit sehr, sehr niedrigen Preisen. Bei diesen Sozialleistungen akzeptierten die einheimischen Arbeiter Monatslöhne von 1—2 Dollar plus Gratissalz, Gratiskattun und billigen Schmuck.

Bald fanden und nutzten die Guggenryans einiges Gold, später aber Diamanten im Wert von Millionen über Millionen Dollars. Die Diamantenfelder quollen über auf Portugiesisch-Angola, und die Guggenryans erhielten ohne weiteres auch dort eine Konzession. Heute bauen die Guggenryans im Kongo keine Diamanten mehr ab, aber aus Angola holen sie, trotz Bürgerkrieg, noch immer welche heraus. Das Solomon-R.-Guggenheim-Museum in New York besitzt 12 342 Aktien von Diamang, der angolanischen Diamantengesellschaft. Nach dem Ausbruch des Bürgerkrieges fielen die Aktien von 110 Dollar auf 10, was für das Museum einen Nettoverlust von 1 234 200 Dollar bedeutete.

Die Brüder Guggenheim hatten immer gern möglichst verschiedene Metalle aus möglichst vielen verschiedenen Gebieten im Ofen. Wenn der eine Teig nicht profitabel aufging, dann eben ein anderer. Während so die großen Alaska- und Kongo-Einsätze riskiert wurden, auf Gewinn oder Verlust, starteten die Brüder eine weitere gigantische Operation, diesmal im Klondyke, um den goldhaltigen Sand im legendären Bonanza-Creek des Yukon River auszubaggern. Gold im Wert von 100 Millionen Dollar war diesem Sand schon abgesiebt und abgesogen worden, und Hammond der Allwissende schätzte, daß mindestens nochmals 100 Millionen zu holen waren.

Die Guggenheims begannen nach Hammonds Schätzung Hunderte von Arbeitern und tonnenweise schwere Maschinen in eine weitere riesige, menschenleere Wildnis zu schaffen. Bald waren mehrere gewaltige Flußbagger — die größten je gebauten — an Ort, erstellt aus Material, das in Hunderten von Holzkisten 8000 Kilometer weit transportiert worden war. Ein 2000-kW-Wasserkraftwerk wurde gebaut, und Wohnbaracken, Lagerhäuser, Laboratorien, Schuppen und Büros schossen hundert Kilometer weit neben Kanal, Graben und Pipeline dem Yukon River entlang aus dem Boden. Eine Zeitlang lohnte sich das Unternehmen. Bis 1916 hatte die Yukon Gold Company an die Guggenheims und andere Aktionäre 7 583 000 Dollar Dividenden ausgeschüttet, aber zuletzt wurden die Kosten für Löhne und Entwicklung so hoch, daß der Profit gleich Null war und das Unternehmen eingestellt werden mußte. Die Bagger wurden dann auf die Malaiischen Inseln verschifft, um statt Gold Zinn zu schaufeln. Dort baggern sie noch immer, im heutigen Malaysia, unter der Flagge der Guggenheim-kontrollierten, an der New Yorker Börse zugelassenen Pacific Tin.

Die Yukon Gold Company war der erste Teilerfolg der Guggenheims. Bis dahin war alles, was sie anfaßten, wie beim sagenhaften König Midas zu Gold geworden. Von da an sollte es einige Mißerfolge geben, Nipissing war die erste Schlappe, das erste Metall, das nicht nur im Ofen nicht warm wurde, sondern gar nicht erst hineingelangte. Nipissing war eine Ader von fast hundertprozentig reinem Silber in der Nähe der Hudson Bay. Nachdem die Guggenheimbrüder zuverlässige Berichte darüber gehört hatten, gründeten sie 1906 eine Gesellschaft, verkauften Aktien an rund zweihundert Anleger, butterten selbst rund 10 Millionen Dollar in das Unternehmen und schickten dann, zum erstenmal *post factum,* Hammond hinauf, der sich die Sache persönlich ansehen sollte. Hammond legte einen Teil der Reise in seinem privaten Bahnwagen zurück, begleitet von Kammerdiener, Kellermeister und Koch, den Rest zu Pferd oder mit dem Schlitten. Als er den glitzernden Streifen blanken Silbers betrachtete, lächelte er vor sich hin, lächelte seine Führer, Träger und Hunde an und kehrte, noch immer lächelnd, in den Partners' Room von M. Guggenheim's Sons zurück. Schnell sprach es sich an der Wall Street herum, daß Hammond lächelte. Die Nipissing-Aktien schossen in die Höhe: von 3.24 Dollar auf 25, auf 34.73.

Wenn damals bekannt wurde, daß die Guggenheims und Hammond es auf ein Unternehmen abgesehen hatten, sausten die Aktien des Unternehmens über Nacht raketengleich in die Höhe. Kurz nach dem Boom der Nipissing-Aktien gingen einige von Hammonds Untergebenen die Silberader inspizieren und fanden heraus, daß sie zwar reich war, aber in sechs Meter Tiefe schon aufhörte. Sobald die Guggenheims das erfuhren, verschleuderten sie ihre Aktien, und Nipissing fiel ins Bodenlose. Hammond der Unfehlbare nahm unter viel unrühmlicher Publicity seinen «Rücktritt», und Isaac, der älteste der Guggenheims und nie ein besonders heller Kopf, erlitt einen Nervenzusammenbruch und mußte in eine Heilanstalt in der heimatlichen Schweiz abgeschoben werden.

Es kam, wie zu erwarten war, zu einem öffentlichen Aufruhr. Von der feindseligen Reaktion ins Wanken gebracht, zahlten die Guggenheims an rund 150 Investoren fast anderthalb Millionen Dollar für ihre Nipissing-Verluste zurück und nahmen viele Millionen Verlust auf die eigene Rechnung. Glücklicherweise, oder besser dank ihrer Strategie, kochten aber andere Metalle nach wie vor in den Guggenheimschen Öfen. Da war zum Beispiel das Bingham-Canyon-Kupfer in Utah.

Was die Guggenheims in Bingham Canyon betrieben, sollte das größte Kupferunternehmen der Welt werden. Es war für sie etwas Neues, denn das Utah-Kupfer lag nicht in Adern, sondern steckte im Porphyr und mußte im Tagebau gefördert werden. Hammond hatte geschätzt, daß 5—10 Millionen Tonnen Kupferporphyr an den Seitenwänden des Bingham Canyon lägen, die wirklich gewinnbringend abgebaut werden könnten. In der Folge bauten die Guggenheims zusätzlich zu den Bergbauanlagen die riesige Magma-Hütte, die zum größten Hüttenwerk Amerikas wurde, mit 575 Flotationstanks, in denen das Kupfer von den übrigen Materialien im Porphyr getrennt wird. Noch heute stößt es Wolken von Gas und Rauch über den Großen Salzsee. Und sie bauten auch hier Bahnlinien und Arbeitersiedlungen.

Als das Werk 1910 in vollem Gang war, besuchte es John D. Rockefeller junior. Beim Betrachten der großen Dampflöffelbagger an den vierundzwanzig Terrassen, die den Porphyrberg vom Grund der Schlucht bis ganz oben säumten, rief er aus: «Das ist der großartigste industrielle Anblick der ganzen Welt!»

Ein halbes Jahrhundert zuvor hatten Brigham Young und seine Heiligen der Letzten Tage die Kupferschlucht verachtet, wie Young überhaupt den Bergbau verachtete. «Die wahre Verwendung von Gold», sagte er zu seinen Mormonen, «liegt in der Herstellung kulinarischen Geschirrs.» Als ihn während des kalifornischen Goldrausches einige Anhänger um Erlaubnis baten, zu den Goldminen gehen zu dürfen, antwortete er: «Wenn ihr gehen wollt, so geht, und seid verflucht!»

Für den Abbau des Bingham-Kupfers importierten die Guggenheims billige ausländische Arbeitskräfte, hauptsächlich japanische, ungarische und griechische Bergleute, die weder lesen noch schreiben konnten und kein Englisch verstanden. Simon in Washington sorgte dafür, daß sie schnell an den Einwanderungsbehörden vorbeigeschafft wurden. Dan Jackling, der Guggenheim-Manager und Oberaufseher, leitete das Bingham-Bergwerk wie ein Sklavenlager, unterstützt von der Miliz des Staates Utah.

«Bringt mir eure müden, eure armen, eure zusammengedrängten Massen, die sich darnach sehnen, frei zu atmen», hatte Emma Lazarus als Inschrift auf den Sockel der Freiheitsstatue gesetzt, die Frankreich den Vereinigten Staaten 1876 schenkte. Im Bingham Canyon war es eher so: «Bringt mir eure müden, eure armen, eure zusammengedrängten Massen, die sich darnach sehnen, frei zu atmen... damit wir sie als billige Arbeitskräfte ausbeuten können.»

Die zusammengedrängten Massen im Bingham Canyon aber merkten bald einmal, was man mit ihnen machte, und drückten ihren glühenden Wunsch aus, frei zu sein von dem Sklavenstand, in den die Guggenheims und ihre Gehilfen sie versetzt hatten. Es gelang ihnen unter anderem, den Utah-Milizen lange genug zu entwischen, um mit dem Ruf «Müssen wir die Freiheit in Rußland suchen?» durch die Straßen von Salt Lake City zu ziehen. Sie führten eine Art Guerillakrieg gegen ihre Aufseher im Bergwerk. Später, 1912, bemächtigten sich sechstausend dieser «Japs» und «Hunkies» der Mine, bewaffnet mit Gewehren und Nitroglycerin, und fochten einen richtigen Krieg mit den Staatsmilizen und den Guggenheimschen Sicherheitskräften aus. Es gab viele Tote.

Inzwischen waren die Minen und Hüttenwerke Amerikas zu mörderischen Betrieben geworden. Die Arbeiter wurden nicht nur schlecht bezahlt, sie mußten auch zerschmetterte Glieder, Erkrankungen der Atemwege und chronische Rückenleiden in Kauf nehmen. Im Jahr des Aufstandes der «Japs» und «Hunkies» litt jeder vierte Mann der American Smelting and Refining an einer Krankheit, die ihn arbeitsunfähig machte. Die Rebellion brachte den Guggenheims wenigstens dies zur Kenntnis, und es wurden endlich Reformen eingeführt. Mittlerweile überstiegen die Gewinne aus dem Bingham-Kupfer selbst die tollkühnen Voraussagen Hammonds. Allein 1910 machten die Dividenden 4 648 000 Dollar aus. Selbst wer vor 1910 Höchstpreise für Utah-Kupfer-Papiere bezahlt hatte, machte 500 bis 1000 Prozent Gewinn mit seiner Investition. 1912 war der Anteil der Guggenheims an der Mine mehr als 30 Millionen wert. 1935 waren bereits rund 175 Millionen Kubikmeter Erz und Abraum aus dem Bingham Canyon ausgehoben — ungefähr gleichviel Schutt, wie beim Bau des Panamakanals ausgebaggert worden war —, und die Mine hatte runde 200 Millionen Dollar Dividenden hergegeben.

Aber Bingham-Canyon-Kupfer und Kennecott-Kupfer waren noch nicht genug Kupfer für die Guggenheims. Der Familie war klargeworden, daß bei wachsendem Bedarf an elektrischen Kabeln Kupfer zu einem der gesuchtesten Metalle der Welt werden mußte. Und die Familie machte nie etwas halb, nicht mit Dan an der Spitze. Wenn sie konnten, wollten sie alles Kupfer der Erde aufkaufen. Und so hatten sie 1907, im Jahr eines schweren Börsenkrachs («Immer groß einsteigen, wenn das Geschäftsbarometer tief steht»), hohe Anteile an der Braden-Mine in Chile erworben, und 1910 hatten sie für 25 Millionen Dollar die große Chuquicamata-Kupfermine, fast 3000 m hoch in den chilenischen Anden gelegen, gekauft.

Wieder müssen wir in Superlativen schwelgen: Chuquicamata, wo im 15. Jahrhundert schon die Inkas Bergbau getrieben hatten, erwies sich als die gewaltigste Kupfermine unseres Planeten, größer und reicher noch als Kennecott oder Bingham Canyon. Natürlich wußten die Guggenheims schon beim Kauf, daß sie da einen Schatz geborgen hatten, aber von den ungeheuerlichen Dimensionen des Kupfervorkommens hatten sie keine wirkliche Vorstellung, bis sie mit dem Abbau begannen. Wie sich herausstellte, lagen auf dem Berg Chuquicamata nicht weniger als 300 Millionen Tonnen hochgradiges Porphyrerz dicht unter der Erdoberfläche.

Wieder einmal war den Guggenheims ihr außerordentliches Glück treu geblieben. Dreißig Jahre, nachdem sie mit der «A. Y.» und der «Minnie» auf eine Bonanza, eine Goldgrube, gestoßen waren, stießen sie wieder auf eine, und dies war die größte von allen. Wieder standen sie bei der Ausbeutung vor überwältigenden Problemen. Chile war ein armes, unentwickeltes Land, in dessen Innern es weder Straßen noch Bahnen gab, keine Elektrizität, außer in den größeren Küstenstädten, und sehr wenig Wasser. Chuquicamata lag mehr als 70 km von der nächsten Wasserquellen und 90 km von der nächsten Stromquelle entfernt. Es war einer der dürrsten, trostlosesten Orte Südamerikas, ein riesiges Ödland von Sand und Felsen, sogar von den Vögeln gemieden.

Aber auch diesmal waren die Guggenheims der Herausforderung gewachsen. Sie bauten eine moderne Hafenanlage und ein Dreieinhalb-Millionen-

Dollar-Kraftwerk in Tocopilla, 145 km von Chuquicamata entfernt, und brachten damit Chile die erste großindustrielle Entwicklung in der Geschichte des Landes. Sie bauten Leitungen, um den Strom zur Mine zu führen. Sie bauten einen 90 km langen Aquädukt über Berg und Tal, um sich mit Wasser zu versorgen. Sie bauten eine Straße von der Mine zum Meer, eine ganze Stadt am Fuße des Berges Chuquicamata. Die Guggenheims erfanden buchstäblich eine neue Technologie — einen um vieles verbesserten Schmelzvorgang (wenn es um Technologie oder Kunst ging, waren die Brüder immer bei der Avantgarde) — und überwanden schließlich alle Schwierigkeiten, genau wie in Colorado, in Mexiko, in Alaska, im Kongo, in Angola und Utah, und sie machten Chuquicamata zur produktivsten und einträglichsten Kupfermine der Welt.

Beim ersten Grollen des Weltkrieges 1914/18 beherrschten die Guggenheims 75—80 Prozent des Silbers, Kupfers und Bleis der Welt und konnten buchstäblich die Preise dieser wichtigen Metalle diktieren. Bei der unbegrenzten Nachfrage, die der totale Krieg mit sich brachte, stand die Familie nun auf der Schwelle eines Reichtums, den man sich nicht mehr vorstellen konnte, nicht einmal mit der überhitzten Phantasie eines Meyer Guggenheim. Es dauerte nicht mehr lange, und die Guggenheims konnten ihren Thron an der Seite der anderen regierenden Fürsten Amerikas besteigen — der Rockefellers, Mellons, Vanderbilts und Fords —, als eine der fünf reichsten Familien in den Vereinigten Staaten.

Kapitel

4

Kriegsgewinne

Daniel Guggenheim hatte gewußt, daß sich ein Krieg zusammenbraute, und hatte sich gut in Stellung gebracht, um aus dieser Umwälzung das Maximum an Erlös für das Haus Guggenheim herauszuholen.

Als die Feindseligkeiten tatsächlich ausbrachen, befand er sich gerade in Karlsbad, seinem deutschen Lieblingskurort. Eiligst kehrte er in die Staaten zurück und teilte der Presse atemlos mit: «Zum ersten Mal liegen uns die Weltmärkte unbestritten zu Füßen. Unsere europäischen Konkurrenten sind hoffnungslos gelähmt, und es ist an uns, die Gewinne zu ernten.»

Das übrige Amerika, immer ein wenig langsam im Begreifen dessen, was ein Krieg so mit sich bringt, war noch nicht bereit, die Gewinne zu ernten, aber zumindest Dan war es. Kennecott lief bereits auf voller Produktion. Die riesigen offenen Gruben von Bingham Canyon gaben zwischen vereinzelten Guerillakämpfen von Minenarbeitern gegen Milizen ebenfalls alles her. Die kleineren Minen in Nevada, New Mexico und Chile wurden mit Höchstgeschwindigkeit abgebaut. Und Dan bereitete mit unablässigem Antreiben Chuquicamata auf dessen Rolle als größter Produzent von allen vor.

Manche Geschäftsleute hatten geglaubt, die Guggenheims würden mit der Entwicklung so vieler Kupferlager ihren eigenen Selbstmord einleiten. Zu viele Eier in einem Korb. Ein weltweites Sinken der Kupfernachfrage konnte sie über Nacht vernichten. Doch Dan wußte es besser. Schon 1912 hatte er Freunden und Partnern anvertraut, daß es in Europa bald knallen müsse und daß die Kriegführenden dann soviele Elektrokabel und damit soviel Kupfer benötigen würden, wie sie nur kriegen konnten.

Dan wußte auch, daß der Erste Weltkrieg den wirtschaftlichen Aufschwung der Vereinigten Staaten über Europa zur Folge haben würde. Daher überzeugte er die Regierung (er stand sowohl mit Taft, wie auch mit Wilson auf freundschaftlichem Fuße) unverzüglich, die großen Unternehmen nicht länger einzuengen, sondern es ihnen zu ermöglichen, aus der Behinderung ihrer Konkurrenten den vollen Nutzen zu ziehen.

Man hörte inzwischen in allen Machtzentren der westlichen Welt auf Daniel Guggenheim. Seine Geschäftspolitik konnte das Geschick ganzer Staaten beeinflussen, und es hieß, er vermöge mit einem Telegramm eine Regierung zu «machen» oder zu stürzen.

Napoleon hatte einmal erklärt, die drei wichtigsten Dinge im Krieg seien Geld, Geld und nochmals Geld. Die Guggenheims waren ebenfalls gerüstet mit Geld. Die Firma M. Guggenheim's Sons war eine der ersten Körperschaften in Amerika, die J. P. Morgans englisch-französische Kriegsanleihe von 1915 über 500 Millionen Dollar mitzeichneten. Die Deutschen hatten keine Ahnung, was für einen Feind sie in Guggenmorgan hatten. Und Dans Frau Florence ging los und verkaufte persönlich für 4 Millionen Dollar Kriegsschuldverschreibungen.

Zur Zeit des Darlehens kamen die ersten neuen Großbestellungen aus Großbritannien und Frankreich für Guggenheim herein. Die Guggenheims waren keine Schlafmützen. Am 1. März 1915 nahm Chuquicamata die volle Produktion auf. Braden Copper, das kleinere Familienunternehmen in Rancagua, Chile, produzierte bereits. In Alaska brachte der sagenhafte Bonanza-Erzgang von Kennecott das reinste Kupfer, das die Welt je gesehen hatte, in Rekordmengen hervor. Bald verschifften die Guggenheims Kupfer im Wert von Millionen von Dollars nach England und Frankreich.

Inzwischen erwiesen sich die Entwicklungskosten in Alaska — die 25-Millionen-Dollar-Eisenbahn, unter anderem — als dermaßen belastend, daß die Guggenheims Kennecott Mountain vergesellschaften und der Öffentlichkeit erstmals Aktien der «Wunder-Ader» anbieten mußten. Damit wurden zusätzliche Millionen für die Bonanza-Mine aufgebracht. Die Kriegsnachfrage nach Kennecott-Kupfer wurde so groß, daß Cordova in Alaska rasch zum größten Kupferhafen der Welt wurde. Es dauerte nicht lang, da verließ jede Woche Kupfer für eine Million Dollar Cordova. Die Tacoma-Hütte mit ihren rund um die Uhr glühenden Öfen war völlig überlastet. In dem Jahr, als Kennecott eine Gesellschaft wurde, betrug der Reingewinn 22 460 000 Dollar, 5.10 Dollar pro Aktie.

Die beispiellose Kriegsnachfrage nach Guggenheim-Kupfer zog unter anderem die Notwendigkeit einer Umorganisation von M. Guggenheim's Sons nach sich. So wurden am 7. März 1916 die alte Firma und Guggenex aufgelöst und eine neue Partnerschaft gebildet, die sich «Guggenheim Brothers» nannte. Teilhaber waren Daniel, Solomon, Murry, Simon und Isaac, dazu ein Schuß frisches neues Blut: Dans sechsundzwanzigjähriger Sohn Harry und Murrys Sohn Edward, achtundzwanzig, sowie als Außenseiter William C. Potter, ein früherer Vizepräsident von Morgan Guaranty, der in Alaska mit den Guggenheims zusammengearbeitet hatte. Die Organisation der von den Guggenheims beherrschten American Smelting and Refining blieb mehr oder weniger gleich.

Inzwischen wurden die Guggenheims ein bißchen nervös, daß Amerika in diesem Krieg bloß Hilfestellung leistete und nicht aktiv in den Konflikt eingriff. Nervös deshalb, weil die Guggenheim-Brüder zwar von deutscher Kultur durchdrungen waren, Deutsch sprachen, ihre Ferien in Deutschland verbrachten und sich in Frankfurt oder Zürich stets mehr zu Hause fühlten als in Boston oder Chicago, ein deutscher Sieg sie jedoch hart treffen, sie vielleicht sogar in den finanziellen Ruin stürzen würde.

Am 16. April 1917 erklärten Präsident Wilson und der Kongreß den Zentralmächten den Krieg, und die Guggenheims atmeten erleichtert auf. Wenn Amerika sich am Krieg beteiligte, würden die Verbündeten und sämtliche finanziellen Kriegsbabys der Guggenheims sicher sein.

Isaac der Schüchterne, der mit dem Nervenzusammenbruch wegen Nipissing, wurde so kühn, daß er der Presse gegenüber frohlockte: «Ich sage, je länger der Krieg in Europa weitergeht, desto besser für uns. In kurzer Zeit wird das Durcheinander drüben die Vereinigten Staaten zum Geldzentrum der Welt machen, und wir werden mit Sicherheit eine Gläubiger- und nicht eine Schuldnernation werden.“

Isaac hatte es sich klugerweise versagt, in seinen Voraussagen die Guggenheims zu erwähnen. Aber natürlich war ihm durchaus bewußt, daß es, wenn der Krieg in Europa weiterging, nicht nur für die Vereinigten Staaten, sondern auch für das Haus Guggenheim umso besser sein würde.

So kam es auch. Jetzt endlich wurde die große, volle Ernte von der Familie eingebracht. Jetzt endlich wurden all die Kämpfe der vergangenen siebzig Jahre belohnt. In den Jahren 1915—1918 waren die Guggenheimschen Minen und Schmelzhütten Tag und Nacht mit Spitzenleistung in Betrieb. Allein 1916 verkaufte American Smelting and Refining für 234 Millionen Dollar Metall an Großbritannien und Frankreich. Am Ende des Krieges hatten die Guggenheim-Kupfer — vom Guggenheim-Blei und -Silber gar nicht zu reden — mehr als 210 Millionen Dollar, also jährlich 52 Millionen, an Dividenden ausbezahlt.

Auf dem Höhepunkt des Krieges wurden die Guggenheims in der Presse und in den Hallen des Kongresses als Kriegsgewinnler hart kritisiert. Die Kritik weitete sich aus und traf die Juden allgemein, weil die Guggenheims inzwischen Amerikas wohl prominenteste Judenfamilie geworden waren.

Es herrschte auch der verbreitete Argwohn, daß die deutsch-jüdische Plutokratie — der deutschen Kultur doch so verbunden — insgeheim Deutschland im Krieg begünstigte und außerdem den Bolschewiken half, den Zar zu entthronen.

Als Folge dieser Vorwürfe und Verdachte fegte eine Welle von Antisemitismus über Amerika hinweg, die viele der gesellschaftlichen Fortschritte, welche die Juden seit der Jahrhundertwende erreicht hatten, zunichte zu machen drohte. Vor kurzem noch war beispielsweise der jüdische Bankier und Kunstmäzen Otto Kahn überall willkommen gewesen. Jetzt fanden er und die übrigen reichen deutsch-jüdischen Familien sich auf einmal aus der Gesellschaft ausgeschlossen, und es wurde für einen Juden schwieriger als je, in die richtige Bank, die richtige Universität, den richtigen Club aufgenommen zu werden.

Die Guggenheims, die sich nie besonders viel aus der «Gesellschaft» gemacht hatten, waren indessen bestürzt, daß man sie als Profiteure anprangerte. Sie selbst sahen sich als Patrioten und wollten von der Öffentlichkeit als solche betrachtet werden. Belieferten sie denn nicht die Vereinigten Staaten und deren Verbündete mit wichtigstem Kriegsmaterial, ohne das der Krieg nicht erfolgreich fortgeführt werden konnte? Zeichneten sie nicht riesige Kriegsanleihen zur Unterstützung der Alliierten und verkauften außerdem Kriegsschuldverschreibungen ans Volk? Und zogen ihre Söhne nicht in den Krieg, Harry als Navy-Pilot, einer der ersten dieser Truppe, und sein Bruder Robert und Vetter Edmond als Armeeoffiziere?

Trotzdem verlangten die Presse, der Kongreß, das Volk und schließlich Präsident Wilson persönlich, daß sie ihre Preise senkten. Flink waren die Guggenheims mit dem Argument bei der Hand, das Gesetz von Angebot und Nachfrage gelte auch in Kriegszeiten. Erst als der wütende Wilson mit Verstaatlichung der Metallindustrien drohte, ließen sich die Guggenheims herbei, den Kupferpreis, der ohne weiteres auf über 30 Cents pro Pfund hätte steigen können, auf 23.5 Cents zu senken. Der Vorkriegspreis hatte bei 12—14 Cents gelegen.

Neben ihren Schwierigkeiten mit der Regierung hatten die Guggenheims mit Arbeiterproblemen zu kämpfen. 1916 schüttete Kennecott über 15 Millionen Dollar Dividenden aus, während die Löhne der Bergleute unter einer Million Dollar blieben. Was war doch diese «Wondrous Lode» für eine Mine! Sie vermochte ein Pfund Kupfer für nur 5.1 Cents zu erzeugen und war damit die kostengünstigste Kupfermine der Welt. Als die ausgehungerten, halberfrorenen Minenarbeiter schließlich streikten, weigerten sich die Guggenheims, mit der Gewerkschaft zu verhandeln, und ließen die Arbeiter aus ihren Baracken ausweisen. Bei einer Temperatur von minus 30 Grad zogen die Männer dann den Copper River hinunter bis zum ersten Stück Land, das nicht den Guggenheims gehörte, und errichteten Streikhauptquartiere und Unterkünfte. Sofort setzten die Guggenheims das Gerücht in Umlauf, die Deutschen hätten den Streik angezettelt, und brachten die US-Regierung dazu, bewaffnete Streikbrecher herbeizuschaffen. Nach ein paar Wochen wurde eine Einigung erzielt. Die Löhne wurden um 25 Cents im Tag angehoben und neue, wärmere Baracken gebaut. Doch der Kennecott-Streik war nur eine unerhebliche Episode der Arbeiterunrast. Zu Unruhen kam es während des Krieges überall in den Vereinigten Staaten. Es brodelte dermaßen, daß Präsident Wilson gezwungen war, ein Treffen zwischen den Herren des Kapitals und den Herren der Arbeitskraft im Ratssaal des Gebäudes der American Federation of Labor in Washington auf den 15. Mai 1917 anzusetzen, worauf eine Zeit lang Arbeitsfrieden einkehrte.

Am Ende galt es den Tatsachen ins Auge zu blicken. In der großen Zeit der Guggenheimschen Geschäfts-Expansion, wie in der großen Zeit der Geschäfts-Expansion der Vanderbilts, Morgans, Harrimans, Rockefellers funktionierte alles auf der Basis von enormen Dividenden und Hungerlöhnen. Außerdem waren die Guggenheims, trotz Dans verbaler Anerkennung der Gewerkschaften, eisern gegen Gewerkschaftsaktivitäten in ihren Betrieben. Sogenannte «Yellow-Dog-Verträge», in denen sich die Arbeitnehmer verpflichteten, keiner Gewerkschaft beizutreten, waren an der Tagesordnung. Bei den Guggenheims indessen kann man zumindest sagen, daß nichts, was sie je taten oder provozierten, kleinkariert gewesen wäre. Viele Historiker sind sich darüber einig, daß unter den zahlreichen Guggenheimschen Errungenschaften ihre harte Arbeiterpolitik in den amerikanischen und mexikanischen Minen und Hüttenwerken eine der Ursachen sowohl der Entstehung der International Workers of the World (IWW) als auch der endlosen mexikanischen Revolution von 1910—1930 war.

Als der Pulverdampf des Ersten Weltkrieges sich von den Schlachtfeldern, Ratssälen, Minen, Schmelzhütten und Fabriken verzogen hatte, tauchten die Guggenheims, obzwar von manchen Schlachten — militärischen, wirtschaftlichen, politischen — angeschrammt, enorm, ja unvorstellbar reich daraus hervor.

Wie reich? Schwer zu sagen. Es ist nicht einfach, Minen, die sehr viel schneller an Wert verlieren als andere Güter, genau einzuschätzen. Errechnet man den Durchschnitt der Schätzungen und Beurteilungen verschiedener Historiker und Wirtschaftswissenschafter und wägt die vorhandenen Belege so sorgfältig als möglich ab, so kann man den Nettowert der Familie am Ende des Krieges auf etwa 250—300 Millionen Dollar oder in heutigem Geld 850 Millionen bis eine Milliarde Dollar ansetzen, jedenfalls genug, daß sie unter den jüdischen Familien nur gerade hinter den Rothschilds zurückstanden.

Dieser gewaltige wirtschaftliche Sprung nach vorne machte die Familie natürlich äußerst verletzbar. Obwohl sich die Guggenheims für Patrioten hielten, die die Alliierten mit wichtigen Rohstoffen versorgten, ohne die sie möglicherweise den Krieg nicht hätten gewinnen können, betrachteten andere sie als gnadenlose Shylocks, die sich für ihre Metalle jedes Pfund Menschenfleisch unter den Nagel rissen.

Der hervorstechendste unter diesen Anklägern war Henry Ford, ein erklärter Antisemit. Kurz nach Kriegsende veröffentlichte Ford — der die unsterbliche Äußerung «Geschichte ist Quatsch» von sich gab — die gefälschten, skurrilen «Protokolle der Weisen von Zion» erstmals in Amerika in seiner ihm privat gehörenden Zeitung *Dearborn Independent*. Die «Protokolle» sind im wesentlichen eine verbogene Übersicht der jüdischen Geschichte, die den Juden den diabolischen Ehrgeiz unterschob, die Welt beherrschen zu wollen.

Mehr oder weniger im selben Atemzug — zumindest im gleichen Blatt — behauptete Ford, Männer wie er, die Fabriken bauten, besäßen diese wirklich, während die Ausbeuter von Minen und anderen natürlichen Schätzen sich an Eigentum bereicherten, das in Wirklichkeit allen gehöre. In Fords eigenen Worten: «Warum sollen Männer wie die Guggenheims für Erz im Naturzustand bezahlt werden?»

Die Guggenheims steckten diesen Hieb ein, wie sie unzählige andere eingesteckt hatten, seit sie aus Guggenheimb in Deutschland und Lengnau in der Schweiz verjagt worden und gezwungen gewesen waren, nach Philadelphia auszuwandern. Nach ihrer Sicht hatten sie einen Löwenanteil daran geleistet, «die Welt für die Demokratie sicher zu machen», und besaßen ihren Gewinn zu Recht.

Daß sie bei der Unterstützung der Kriegsanstrengungen den Löwenanteil geleistet hatten, wollte ja auch niemand in Zweifel ziehen. Was die Menschen nach dem Krieg in Zweifel zu ziehen begannen, war nicht so sehr der Wert der Beitragsleistungen der Protagonisten und ihrer Günstlinge, als vielmehr, worum es in dem Krieg überhaupt gegangen war. War es bei so vielen schwankenden Demokratien, aufkommenden Gewaltherrschaften und immer reicher werdenden Millionären ein Krieg gewesen, um «die Welt für die Demokratie sicher zu machen», oder bloß einer, um die Welt für Leute wie die Guggenheims sicherer zu machen?

Kapitel

5

Der große Bruderzwist

Meyer Guggenheim hatte seinen sieben Söhnen stets eingebleut, «wie ein einziger» aufzutreten. «Gemeinsam», hatte er noch und noch das Gleichnis mit dem Liktorenbündel strapaziert, «werdet ihr unbesiegbar sein. Einzeln kann man jeden von euch unschwer brechen. Die Welt ist ein gefährlicher Ort», fuhr er manchmal fort, «voller Schlingen und Tücken. Bleibt zusammen, meine Söhne, und die Welt gehört euch. Wenn ihr auseinanderfällt, werdet ihr alles verlieren.»

Es dauerte viele Jahre, bis die Guggenheims den Sinn dieser väterlichen Ermahnung voll erfaßten. Als sie endlich begriffen, war es zu spät. Die Stäbe lösten sich voneinander, einige zerbrachen, und sie ließen sich nie wieder zusammenbinden.

Die erste Trennung — als Will und Ben sich 1901 von der aktiven Teilhaberschaft an M. Guggenheim's Sons abwandten — traf die Familie zum damaligen Zeitpunkt nicht sehr hart. Sie sollte jedoch schwerwiegende Folgen haben. Angeblich zogen die beiden sich zurück, weil sie dagegen waren, daß die Familie Außenstehende als Partner aufnahm. Obwohl aber keine schriftlichen Beweise dafür vorliegen, spricht sehr vieles dafür, daß in Wirklichkeit die älteren, praktisch denkenden Brüder die College-gebildeten Nachzügler aus der aktiven Mitarbeit hinausdrängten (finanziell blieben Ben und Will noch einigermaßen beteiligt), damit sie das Managementkonzept nicht länger störten und, was noch wichtiger war, von den Gewinnen zukünftiger Unternehmungen ausgeschlossen werden konnten. Jedenfalls erlitt die Firma durch den Austritt von Ben und Will keine unmittelbare Einbuße, weder an Profiten noch an Publicity.

Erst als Will die nichtjüdische, geschiedene Grace Herbert heiratete und Dan die Frau mit einer Abfindung von 150 000 Dollar zur Scheidung zwang, begann das Image der Guggenheims in der Presse Schaden zu nehmen. Und was das Stabbündel anbelangt — wer weiß, ob nicht gerade Wills Trennung von der Firma ihn veranlaßt hatte, die inakzeptable Grace Herbert zu heiraten, ob er diese undenkbare Ehe auch geschlossen hätte, wäre er am Tag seiner Verlobung noch aktiver Partner gewesen.

Aber erst als Will seine Brüder 1916 wegen des Chile-Kupfers um 10 Millionen Dollar verklagte, bekam das Schild des Hauses Guggenheim die ersten Flecken, und die Öffentlichkeit erlebte die Brüder zum erstenmal als Gegner. Das kam so: William Guggenheim war nach zehnjähriger Tätigkeit, größtenteils als Pionier in Mexiko, mit einunddreißig Jahren und einem Einkommen von 250 000 Dollar jährlich als aktiver Teilhaber «zurückgetreten», um sich nach seinen eigenen Worten «der Philanthropie und guten Werken» zu widmen. Nach den Partnerschaftsvereinbarungen von 1893 blieb er an den Gewinnen aller von der Firma bis zu seinem Rücktritt betriebenen Unternehmungen beteiligt und hatte die Möglichkeit, sich finanziell an späteren Vorhaben zu beteiligen, wenn er das wünschte.

Ab und zu hatten er und Bruder Ben Papiere unterzeichnet, um auf ihre Teilnahme an diesem oder jenem Unternehmen zu verzichten. Eine dieser Verzichterklärungen betraf die Gründung der Chile Copper Company zur Ausbeutung des Chuquicamata Mountain. Ben und Will unterschrieben sie am 4. Januar 1912. Dreieinhalb Monate später ertrank der sorglose, vergnügungssüchtige Ben beim Untergang der *Titanic*, hinterließ drei Töchter, Hazel, Benita und Peggy, und fiel damit für alle zukünftigen Beteiligungen aus. Vier Jahre nach diesem Unglück nahm Chuquicamata die Produktion schwungvoll auf und wurde von der Presse als größte und reichste Kupfermine der Welt gerühmt. Die unglaublichen Guggenheims, titelte das *Wall Street Journal*, waren auf ihre fünfte Bonanza gestoßen.

Inzwischen — 1916 — war Wills Jahreseinkommen auf etwas weniger als die einstige Viertelmillion geschrumpft. Erstaunt über den sagenhaften Reichtum von Chuquicamata, ging er zu Bruder Dan und bat, ins Geschäft einsteigen zu dürfen. Er wollte seine Verzichterklärung widerrufen. Dan lehnte ab. Am Nerv getroffen und angestachelt von den Berichten über den unerhörten Schatz von Chuquicamata, suchte Will seine Anwälte auf und verklagte seine Brüder wegen betrügerischer Verheimlichung um 10 Millionen Dollar. Als er seinerzeit über Chuquicamata informiert worden sei, hätte man die Mine als kleine Nebensache hingestellt, und nur deshalb seien er und Ben bereit gewesen, auf eine Beteiligung an dem Unternehmen zu verzichten. Dabei hätten die Brüder, behauptet er, von Anfang an gewußt, wie reich die Mine sei. Sie hätten es ihm und Ben nur verheimlicht, um selber einen größeren Gewinn einstreichen zu können.

Und so standen die Guggenheim-Brüder plötzlich vor Gericht, unter den Augen der gesamten Presse. Auf der einen Seite des Saales saßen die untersetzten Gestalten Isaac, Daniel, Murry, Solomon und Simon. Auf der an-

andern Seite saß der weltgewandte, schlanke Will, kochend vor Groll, mit seiner zweiten Frau an der Seite. Dazwischen prangte das Aufgebot der teuersten und besten Anwälte New Yorks. Wiederholt bemerkten die Zeitungen des Tages, William wirke mit seiner «blauen Flanellhose und dem hohen weichen Kragen wie ein Künstler» gegenüber seinen Brüdern, «die wie typische amerikanische Geschäftsleute aussehen».

Der Fall drehte sich voll und ganz um die Verzichterklärungen, die Will und Ben am 4. Januar 1912 unterschrieben und die es den älteren Brüdern erlaubt hatten, die Chile Copper Company zur Ausbeutung von Chuquicamata zu bilden und die Gewinne unter sich aufzuteilen. Die Anwälte der fünf Älteren wiesen darauf hin, daß Will schon wiederholt Erklärungen unterzeichnet hatte, mit denen er auf eine Beteiligung an neuen Wagnissen verzichtete, und daß er selbstverständlich vor dem Verzicht auf Chile Copper vollumfänglich von den Fakten unterrichtet worden sei.

Wills Anwälte legten das Partnerschaftsabkommen von 1893 vor, das es jedem der Brüder untersagte, einzeln in irgendein Minengeschäft einzusteigen. Wills Rücktritt von 1901, behaupteten sie, sei nur vorübergehender Natur gewesen. 1911 sei er für kurze Zeit — und das stimmte — als Verwaltungsrat der International Steam Pump Company, einer von Bruder Bens wenig erfolgreichen Unternehmungen, wieder aktiver Teilhaber gewesen. Und sie brachten Zeugenaussagen bei, daß Will über den künftigen Wert von Chuquicamata nicht richtig in Kenntnis gesetzt worden war.

Die erste Woche der Gerichtsverhandlungen brachte die Gesichter der «Kupfer-Könige» überall in Europa und Amerika in die Zeitungen. Die zweite Woche versprach, der Welt die finanziellen Geheimnisse der bis anhin mysteriösen M. Guggenheim's Sons und der neugegründeten Guggenheim Brothers zu enthüllen. Daß ihre Gesichter die Zeitungen zierten, störte Dan, Murry, Sol, Isaac und Simon nicht besonders. Daß aber die finanziellen Daten der äußerst diskreten M. Guggenheim's Sons und Guggenheim Brothers ans Licht gezerrt werden sollten, war mehr, als sie ertragen konnten. Will hatte seine Trumpfkarte ausgespielt: Die Brüder entschlossen sich zu einem außergerichtlichen Vergleich.

Man munkelte, Will habe 5 Millionen herausgeholt; die genaue Summe wollte keine Seite der Presse verraten. Es ist bis heute unmöglich, mit Sicherheit festzustellen, wieviel Will bekam. Das einzige, was man weiß, ist, daß mehrere Jahre nach dem Vergleich Simon, der Will näher stand als die andern Brüder, für Will und seine Frau einen nicht beleihbaren Treuhandfonds von einer Million Dollar erstellte. Die heutigen Guggenheims vermuten, daß der verschwenderische Will die 5-Millionen-Abfindung bald durchgebracht hatte, von den Brüdern noch mehr wollte und daraufhin den unangreifbaren Fonds bekam, damit er still und, wie man hoffte, solvent blieb.

Nachdem Wills Klage erledigt war, kehrten die Brüder zu ihren Geschäften zurück, die damals, wie erwähnt, hauptsächlich darin bestanden, die Alliierten während des Ersten Weltkrieges mit Kupfer zu beliefern. Zwar gab es in dieser Zeit noch mehr negative Publizität über die Guggenheims — sie wurden als Kriegsgewinnler verschrien —, aber das hatte nichts mit der Einigkeit oder Uneinigkeit der Brüder zu tun.

Erst 1922 erlitten die Guggenheims die nächste große Demütigung. Auch sie hatte nichts zu tun mit der Einigkeit oder Uneinigkeit der Brüder, war aber trotzdem ein Vorspiel der kommenden Spaltung. Wie man sich erinnern wird, standen die Guggenheims zwei Organisationen vor. Die eine war die familieneigene Guggenheim Brothers, eine Art Holding-Gesellschaft, die andere der Gigant, die an der New Yorker Börse eingetragene American Smelting and Refining Company. Zwischen den beiden Konzernen herrschte eine sonderbare Beziehung. Daniel war Vorsitzender und Präsident der American Smelting and Refining und außerdem Hauptgeschäftsführer von Guggenheim Brothers. Die immer noch existierende Geheimtreppe verband Dans Büro in der American Smelting mit dem ein Stockwerk höher gelegenen Partners' Room der Guggenheim Brothers. Die obere Tür war hinter der mit Bildern behangenen Holztäfelung verborgen. Offensichtlich eilte Dan ständig über diese Treppe zwischen seinen beiden Büros auf und ab, ohne je das Haupttreppenhaus mit den Personenaufzügen zu benutzen.

Diese Tatsache erhält erst dann Bedeutung, wenn man weiß, daß 1922 die Geschäftsleitung der American Smelting and Refining die Guggenheims beschuldigte, die Gesellschaft still und heimlich zu melken, und anläßlich einer Aktionärsversammlung dafür sorgte, daß der Familie die Aktienmehrheit durch Abstimmung entrissen wurde. Die Anklage lautete, Guggenheim Brothers hätten die American Smelting and Refining Kosten und gewaltige Risiken bei der Entdeckung und Ausbeutung von Naturschätzen tragen lassen, um dann selbst beim Erfolg kräftig abzusahnen.

Gewiß, einige Guggenheims verblieben im Verwaltungsrat, aber sie und ihre Verbündeten hatten nicht mehr die Aktienmehrheit. Schon bald nach diesen unangenehmen Ereignissen trat Daniel Guggenheim von seinem hohen Posten in der Gesellschaft zurück, und Bruder Simon wurde Präsident der American Smelting and Refining, unterstützt von Dans Schwiegersohn Roger W. Straus. Die Angelegenheit schlug Wellen in der Presse. Die Guggenheims, hieß es, spielten zwar noch eine wichtige Rolle in der American Smelting, aber das einzige, was sie tatsächlich noch kontrollierten, sei Guggenheim Brothers.

Immerhin war Guggenheim Brothers nach wie vor eine machtvolle Einrichtung. Die Partner besaßen, neben weniger bedeutenden Gütern, Zehntausende von Aktien der Kennecott Copper Corporation, Utah Copper Corporation (Bingham Canyon), Diamang (Diamanten in Angola), fast das ganze riesige, scheinbar unerschöpfliche Chuquicamata und einen tüchtigen

Brocken der American Smelting and Refining. 1923 setzte sich die Teilhaberschaft aus Daniel, Murry, Solomon, Simon Guggenheim und William C. Potter von der alten Garde sowie Harry und Edmond als Vertreter der neuen Generation zusammen. Isaac war ein Jahr zuvor mit achtundsechzig Jahren gestorben.

Die älteren Brüder, denen die verlorene Herrschaft über die American Smelting and Refining schmerzlich zusetzte, spielten mit dem Gedanken, ihre Gewinne zu kassieren, solange sie noch rüstig waren, sich zur Ruhe oder wenigstens halb zur Ruhe zu setzen und die Hauptarbeit dem jungen Blut, Harry und Edmond, zu überlassen.

Just zu diesem Zeitpunkt rückte die Anaconda Copper Corporation mit dem Angebot heraus, 2 Millionen der 3,8 Millionen Aktien von Chile Copper für 70 Millionen Dollar in bar zu kaufen. 70 Millionen Dollar auf den Tisch zu bekommen und trotzdem noch 1,8 Millionen Aktien zu behalten, das war höchst verlockend, besonders für die älteren Guggenheims. Dan, Sol, Murry und Simon hatten Kriege miterlebt und hätten sich gern eines Tages auf etwas mehr als nur Papier zur Ruhe gesetzt. So ließ Dan ein Memorandum unter den Partnern zirkulieren, in dem er positives Interesse an der Anaconda-Offerte bekundete und eine Zusammenkunft zu deren Erörterung einberief.

Die Besprechung fand rund um den langen Mahagonitisch im Partners' Room im 35. Stock des Equitable Building statt, dem gleichen Tisch, um den gute vierzig Jahre zuvor Meyer seine sieben Jungen versammelt hatte, um von Stäben und Bündeln von Stäben zu reden. Es sollte die heftigste, folgenschwerste Partnerversammlung in der Geschichte von Guggenheim Brothers werden.

Die Stellungen waren schnell bezogen. Für den Verkauf: die Alten, also Dan, Murry, Simon und William C. Potter. Für das Behalten: die Jungen, nämlich Dans Sohn Harry und Murrys Sohn Edmond. Sol, der mit den Jungen sympathisierte und überhaupt nie gern etwas verkaufte, neigte zu Beginn der Diskussion eher zum Behalten. Die Sitzung dauerte stunden- und stundenlang. Dan als Kopf der alten Garde setzte sich leidenschaftlich ein: Man solle nicht um des «Top-Dollars» willen ausharren, sondern einen gesunden Profit einstecken und weg. Hatten denn die Jüngeren eine Ahnung, welche Risiken ihre Väter eingegangen waren, als sie 3000 Meter hoch in den chilenischen Anden eine Mine übernahmen, ohne Wasser und Strom, ohne Straßen, ohne gelernte Arbeitskräfte? Daß sie jetzt 70 Millionen Dollar in bar für diesen gigantischen Einsatz einheimsen könnten, sei zu schön, um wahr zu sein, auf jeden Fall zu schön, um ausgeschlagen zu werden.

Die Jungen dagegen fanden es hellen Wahnsinn, die reichste Kupfermine auf Erden zu verkaufen, egal um welchen Preis. Unerschütterlich widersetzten sie sich, unterstützt von Sol. Wenn Chuquicamata verkauft würde, wandten sie ein, wozu sollten sie dann weiter Partner von Guggenheim Brothers sein? Was würde ihnen noch bleiben?

Diskussionen, Streit... der Partnersaal von Guggenheim Brothers erbebte an jenem Tag ob dem Konflikt zwischen Alt und Jung: der kleine Dan, der die Faust auf den Tisch hieb, aufsprang, durch den Raum stürmte; sein Sohn Harry, groß und blauäugig, der seinen Vater niederzuschreien versuchte. Der ruhige Murry, der Dans Partei ergriff. Edmond, der Harry sekundierte. Der kurze, dunkle Simon, der immer wieder sagte: «Es gibt nichts als Verkaufen, es gibt nichts als Verkaufen.» Der nette, gutmütige Sol, der beide Seiten zu beschwichtigen bemüht war.

Zuletzt waren die Alten stärker. Dan, Murry, Simon und William C. Potter zogen Sol auf ihre Seite hinüber, die Jungen wurden fünf zu zwei überstimmt. Nach den Statuten der Partnerschaft genügte eine Zweidrittelmehrheit. Die riesige, über alle Maßen reiche Chuquicamata wurde also am 1. März 1923 an Anaconda Copper verkauft. (Und Anaconda betrieb sie höchst profitabel, bis Salvador Allende sie 1970 verstaatlichte. Unter der nachfolgenden Militärdiktatur bekam die Gesellschaft die Mine nicht zurück, wurde jedoch einigermaßen entschädigt.)

Ein paar Tage später machten Harry und Edmond ihre Drohung wahr und traten aus der Firma Guggenheim Brothers aus. Ihre Väter und Onkel hatten ihren Willen durchgesetzt, damit aber die Geschäftsloyalität ihrer Söhne verspielt. Die Auflösung dieses Bündnisses bedeutete das Ende von Guggenheim Brothers, nur war sich dessen damals noch niemand in der Familie bewußt.

Der Verkauf von Chuquicamata war der größte Privatverkauf eines Bergwerks, den es in der Weltgeschichte je gegeben hatte, und das genügte, um Dan, Murry, Simon, William C. Potter und, wenn auch etwas widerstrebend, Sol zufriedenzustellen. In heutige Werte umgerechnet, hatten die Guggenheims bei der Transaktion einen Reingewinn von gut 160 Millionen Dollar erzielt. Jetzt waren sie anerkanntermaßen die Besitzer eines der größten je von einer jüdischen Familie in Amerika angehäuften Vermögens, und die Presse vermerkte, sie hätten vermutlich in kürzerer Zeit mehr Geld verdient als je eine Familie in der Geschichte der Vereinigten Staaten, mit Ausnahme ihrer Erzfeinde, der Fords.

Zur Zeit des «Großen Verkaufs» war Dan siebenundsechzig, Murry fünfundsechzig, Sol zweiundsechzig, Simon sechsundfünfzig. Jeder war rund 50 Millionen Dollar schwer. Der dreiunddreißigjährige Harry und der fünfunddreißigjährige Edmond lebten von Mitteln, die ihnen ihre Väter gaben. Nicht lange nach dem Verkauf kehrte Dan sprunghaft aus seinem «Ruhestand» zurück und erklärte, die Chuquicamata-Gewinne würden nicht auf Eis gelegt, sondern auf einem neuen Betätigungsfeld eingesetzt: Nitrate. «Chilenische Nitrate», schwärmte er, «werden uns reicher machen, als sich ein Geizkragen träumen kann!»

Hier irrte Dan. Als die Familie von Metallen abschweifte und in die Chemie einstieg, kam ihr der Midas-Zauber plötzlich abhanden: Die Nitrate verwandelten sich nicht in Gold.

Die Familie war jetzt geteilt. Im Bündel steckten nur noch vier Stäbe, Dan, Murry, Sol und Simon. Isaac und Ben waren tot. Will war ihnen schon lange völlig entfremdet. Sol konnte sich nicht mehr für das Big Business begeistern wie früher; er wandte sich bald darauf der Kunst zu. Und Harry und Edmond, die fürs erste von den Älteren die Nase voll hatten, gingen jeder seine eigenen Wege.

Nie mehr sollten die Guggenheims «wie ein einziger» sein. Obwohl sie noch mehr und immer Blendenderes erreichten, gab es fortan unter ihnen Rivalitäten, Neid, Scheidungen, Zusammenbrüche, Fehden, völlige Abwendungen, Selbstmorde. Von nun an sollten sich die Guggenheims, eher einzeln vorgehend denn als Familie, mehr dem Geldausgeben als dem Einnehmen widmen. Sie hatten eine Menge Geld, das sie ausgeben konnten, und mit Ausnahme einiger unvermeidlicher Playboys gaben sie es noch großartiger und mutiger aus, gewiß aber edler, als sie es eingenommen hatten.

III. Teil

Sieben Brüder und zweihundertfünfzig Millionen (1918—1959) Über die Verwendung von Reichtum

Wenn dein Bruder verarmt, und neben dir abnimmt, so sollst du ihn aufnehmen als einen Fremdling oder Gast, daß er lebe neben dir.

3. Mose 25; 36

Geld ist wie Mist: erst von Gutem, wenn es ausgestreut wird.
Francis Bacon

Exegi momentum aere perennius.
Ich habe mir ein Denkmal gebaut, das dauerhafter ist als Bronze.
Horaz

GENEALOGIETAFEL DER FAMILIE GUGGENHEIM

(zu Teil III)

MEYER GUGGENHEIM (1828—1905)
ꝏ BARBARA MEYER (1834—1900)

- ISAAC (1854—1922) ꝏ CARRIE SONNEBORN
  - BEULAH (geb. 1877)
  - EDYTH (geb. 1880)
  - HELENE (geb. 1886)
- DANIEL (1856—1930) ꝏ FLORENCE SHLOSS
  - M. ROBERT (geb. 1885)
  - HARRY FRANK (geb. 1890)
  - GLADYS (geb. 1895)
- MURRY (1858—1939) ꝏ LEONIE BERNHEIM
  - EDMOND (geb. 1888)
  - LUCILLE (geb. 1894)
- SOLOMON R. (1861—1949) ꝏ IRENE ROTHSCHILD
  - ELEANOR (geb. 1896)
  - GERTRUDE (geb. 1898)
  - BARBARA (geb. 1904)
- JEANNETTE (1863—1889) ꝏ ALBERT GERSTLE
  - NETTIE (geb. 1889)
- BENJAMIN (1865—1912) ꝏ FLORETTE SELIGMAN
  - BENITA (geb. 1895)
  - MARGUERITE (PEGGY) (geb. 1898)
  - HAZEL (geb. 1903)
- ROBERT (1867—1876) — SIMON (1867—1941) ꝏ OLGA HIRSCH
  - JOHN SIMON (1905—1922)
  - GEORGE DENVER (1907—1939)
- WILLIAM (1868—1941) ꝏ (1) GRACE B. HERBERT ꝏ (2) AIMEE L. STEINBERGER
  - WILLIAM JR. (geb. 1907)
- ROSE (1871—1945) ꝏ ALBERT LOEB
  - HAROLD (geb. 1891)
  - EDWIN (geb. 1894)
  - WILLARD (geb. 1896)
- CORA (1873—1956) ꝏ LOUIS F. ROTHSCHILD
  - LOUIS F. JR. (geb. 1900)
  - MURIEL B. (geb. 1903)
  - GWENDOLYN (geb. 1906)

Vollständige Genealogietafeln siehe S. 399

Kapitel

1

Viel Geld zu verschenken

Die mollige Dame mittleren Alters geht in den Korsettladen und fragt nach «einer dieser Guggenheim-Stiftungen*». Die schlanke junge Frau mit ihrem Neugeborenen im Arm geht ins Büro der Stiftung und wird begrüßt mit: «Offen gestanden, Miss Ellis, hatte die Guggenheim-Stiftung eigentlich einen Band Gedichte erwartet.»

Die Karikaturen, die Mitte der dreißiger Jahre erschienen, standen, soweit es die Guggenheims betraf, in angenehmem Gegensatz zu jenen, die vor und während dem Ersten Weltkrieg erschienen waren und die Familie als Geier dargestellt hatten, die am Kadaver Mexikos herumrissen, oder als Monster-Eisbären im Begriff waren, ganz Alaska zu verschlingen. Sie spiegelten den großen Wandel wider, der sich im Guggenheimschen Stil und Ethos vollzogen hatte, seit die Familie ihren Platz an der kapitalistischen Sonne erworben hatte. Jetzt waren die Guggenheims keine herzlosen Ausbeuter von Mensch und Natur mehr, sondern angesehene Wohltäter der Menschheit oder, wie im Falle von Ben und Will, harmlose Verschwender, die man kritisieren konnte und trotzdem leiden mochte.

Die große Metamorphose, ein schrittweiser Vorgang, hatte in den Jahren unmittelbar nach dem Ersten Weltkrieg und insbesondere nach dem Verkauf von Chile Copper an Anaconda begonnen und war zeitlich mit der überaus abgestimmten Periode des monumentalen Kaufens und Bauens der Guggenheims zusammengefallen.

Kaum hatten die Guggenheims ihre immense Ernte aus dem Ersten Weltkrieg eingebracht und waren in den Himmel der amerikanischen Superreichen aufgestiegen, fingen sie an, von der Jersey-Küste an die nördlichen Gestade von Long Island, von Elberon, dem jüdischen Newport, ins feinere

* Ein nicht übersetzbares Wortspiel. Im Englischen heißt *foundation* (Stiftung) auch «Stützmieder».

Sands Point bei Port Washington umzuziehen, das den Leuten wie Goulds, Whitneys, Pratts, Astors, Woolworths als Reservat diente... und die Szene von Fitzgeralds *The Great Gatsby* abgab.

William, der das Fitzgeraldische Pseudonym Gatenby Williams annehmen sollte, war der Erste, der umzog, gefolgt von Isaac, Daniel, Solomon und, viel später, Simon.

Als der Krieg sich dem Ende näherte, kaufte Will ein 25 Hektar großes Grundstück am Sund — ein weitläufiges weißes Kolonialhaus mit Farm — und begann dort sogleich kolossale Rasenpartys im Gatsby-Stil unter gestreiften Zelten zu veranstalten. Dann holte Isaac ihn ein, indem er auf einem Hügel über Hempstead Harbor, unmittelbar neben dem Woolworth-Besitz, 1918/19 einen riesigen, reichverzierten italienischen Zweimillionen-Dollar-Renaissancepalast mit vierzig Zimmern baute. Er umgab seinen Palast mit Marmorbrunnen und -statuen, sorgfältig manikürten italienischen Gärten, einem Golfplatz mit neun Löchern und weiteren fünfzig Hektar Tannen-und Eichenwäldern. Er nannte ihn Villa Carola. Später sollte Solomon, der den Sommer gern in England verbrachte und dafür jedes Jahr ein anderes Schloß mietete, die Liegenschaft aus Isaacs Nachlass für 610 000 Dollar in bar erwerben und in Trillora Court umtaufen. In der Zwischenzeit übertrumpfte Daniel alle, indem er dem Financier Howard Gould das königliche, unvollendete Castlegould abkaufte. Das Haupthaus — es gab mehrere Häuser auf dem Besitz —, ein kolossales Steinbauwerk in einer Mischung von Stilen aus der Zeit Jakobs I. und der Gotik, enthielt siebzig Zimmer, war von einem Wassergraben umzogen und über eine Zugbrücke zu betreten und lag inmitten von 160 Hektar Farm- und Waldland, die ans Harriman-Grundstück angrenzten und, wie die Villa Carola, den Blick über Hampstead Harbor freigaben.

Behaglich eingenistet in diesen Monumenten ihrer Macht und ihres Ansehens, mitten unter den Bastionen einiger der großartigsten Namen der amerikanischen Geld-Aristokratie, mit riesigen Profiten, die unablässig aus aller Welt auf ihre Konten flossen, konnten die Guggenheims sich endlich zurücklehnen und den erhabenen Status genießen, den sie unter den amerikanischen Kapitalisten erworben hatten.

Kaum aber hatten sie mit dem Zurücklehnen und Geldausgeben und Genießen angefangen, da bemerkten sie eine gewisse moralische Hohlheit in ihrem Leben, eine moralische Hohlheit, die allerdings nicht nur im Zentrum ihres Lebens, sondern im Zentrum der ganzen amerikanischen Businesskultur lag.

Sie hatten eine Menge Geld verdient — und zwar ehrlich, gemäß den Regeln ihrer Zeit —, aber was waren sie letztlich weiter, als sechs mehr oder weniger durchschnittliche Männer unter vielen, vollgestopft mit Geld und Besitz — viel mehr, als sie je brauchen konnten, es wäre denn, um eine tiefsitzende Unsicherheit zu beschwichtigen —, die ein ziemlich schales, spießiges Leben führten?

Sie hatten eine Menge Geld verdient, aber was waren sie letztlich anderes als ein Clan von gerissenen, praktischen, räuberischen Männern, die unheimlich viel verbrauchten, jedoch nichts von bleibendem Wert hervorbrachten, die nichts taten als das, was alle übrigen auch taten, nur in großartigerem Ausmaß?

Sie hatten eine Menge Geld verdient, aber einen Großteil davon auf Kosten unseres Planeten, oft unter Zerstörung ganzer riesiger Gebiete. Berge von Trümmern und zerborstenen Felsen, Haufen von Schlacken sind alles, was von früheren Guggenheimunternehmungen in Colorado übriggeblieben ist. Bingham Canyon, Utah, wo die Guggenheims die erste Über-Tag-Kupfermine der Welt schufen, ist heute eine weithin verwüstete Gegend, die Erde so ausgemeißelt und zerrissen, daß sie wie der Schauplatz einer kosmischen Katastrophe aussieht. Kennecott: Ein ganzer Berg in Alaska zerstört. Chuquicamata: Ein ganzer Berg in Chile zerstört. Flüsse überall verseucht vom Schutt der Guggenheimschen Minen und Hüttenwerke. Ja, die Guggenheims hatten eine Menge Geld verdient, aber welche Achtung hatten sie in ihrer unbarmherzigen Jagd nach Reichtum vor den Rechten von Bergen und Flüssen gehabt und vor den Rechten von Menschen, sich ihrer zu erfreuen?

Sie hatten eine Menge Geld verdient, aber was hatten sie für Schönheit, Gerechtigkeit, Wahrheit getan? Was hatten sie getan, um ihres Mitmenschen Freuden zu vermehren oder Leiden zu lindern?

Nicht eben viel. Tatsächlich hätte man mit Fug und Recht sagen können — und manche Journalisten und Biographen sagten es auch —, daß ein Großteil des gewaltigen Vermögens der Guggenheims auf Kosten schlimmen menschlichen Leidens eingebracht worden war. Außerdem — hatten ihre ausbeuterischen Unternehmungen die Erde und ihr Leben verbessert, oder hatten sie im Gegenteil «die linden Lüfte und frischen Moose grünender Täler» in Rauch, Schutt und Schmutz verwandelt?

Solche Gedanken gingen den Guggenheims wohl nicht durch den Kopf, wenn sie in der Sonne ihres phänomenalen finanziellen Erfolges badeten, wurden ihnen jedoch mit Sicherheit durch die damalige Presse nahegebracht. Die Familie spürte nur allzu deutlich, daß sie für die breite Öffentlichkeit immer noch die monströsen Guggenmorgans waren, die versuchten, Alaska in den Bärengriff zu bekommen, und/oder die nicht minder monströsen, an den Leichen Mexikos und Chiles reißenden Geier.

Gewiß, sie waren bereits in gewissem Umfang wohltätig gewesen. Mutter Barbara hatte sich Mühe gegeben, ihren Kindern von Anfang an den Geist der Nächstenliebe einzuflößen, und sie hatten darauf reagiert, indem sie zuerst Barbara und Meyer Denkmäler setzten und dann zu deren Gedenken dem Mount Sinai Hospital in New York, dem Schweizerischen Israelitischen Altersheim im heimatlichen Lengnau ihrer Vorfahren und anderen Wohlfahrtseinrichtungen große Summen stifteten. Doch das waren kleine Fische im Vergleich zu dem, was ihre Mittel, gut angewendet, zu vollbringen imstande waren, und das wußten sie.

Es war jetzt wirklich an der Zeit, mit ihrem Geld etwas anderes anzufangen, als es einfach noch mehr Geld verdienen zu lassen. Nachdem sie mehr als vierzig Jahre lang der Erde ihre Schätze entrissen hatten, war es da nicht angebracht, einiges von dem Reichtum wieder hineinzustecken?

Genau das war es, und wiederum wiesen die vier Konsuln des Guggenheim-Reiches — Dan, Sol, Murry und Simon — den Weg. Isaac und William erwiesen sich als ebenso zaghaft im Ausgeben, ausgenommen, wenn es, wie bei William, ums Ausgeben für Frauen ging, wie früher im Verdienen. Ben, der mit der *Titanic* untergegangen war, kam nicht dazu, zu zeigen, welchen konstruktiven Gebrauch er von *seinem* Geld gemacht hätte. (Zum Zeitpunkt seines Todes wies alles darauf hin, daß er dem Beispiel seines Bruders Will zu folgen gedachte.)

Es heißt, was das Guggenheim-Vermögen von allen anderen amerikanischen Vermögen unterscheide, sei die Schnelligkeit, mit der es aufgehäuft, und die Kühnheit, mit der es ausgegeben wurde. Genauso wie sie im Geschäftsleben Pioniere gewesen waren, immer ins Unbekannte vorstoßend, ständig mit der neuesten Technologie Bodenschätze entdeckend, sollten Dan, Sol, Murry und Simon, jeder auf seine Weise, auch Pioniere in der Philanthropie werden (in einer Zeit, in der Einkommens- und Vermögenssteuern bei weitem nicht ruinös waren). Jeder fand, zur eigenen Überraschung, für sich eine zweite Karriere, ebenso lustvoll wie die erste. Die vier machten sich auf den Weg in so unerforschte Meere wie Luftschiffahrt, Raketenbau, Unterstützung individueller wissenschaftlicher und künstlerischer Tätigkeit, sowie ungegenständlicher Kunst — Meere, auf denen noch keine anderen amerikanischen Millionäre gesegelt waren.

Mit solchem Eifer und Vergnügen zahlten die Guggenheim-Brüder Geld zurück und versuchten dabei, wie zuvor beim Bau ihrer Sommerhäuser, sich gegenseitig zu übertrumpfen, daß 1975, fünfzig Jahre, nachdem sie begonnen hatten, sich ihres Geldüberflusses zu entledigen, die von Dan und Harry ins Leben gerufenen Stiftungen je vier- oder fünfmal reicher waren als irgendeiner ihrer Nachkommen; die Stiftung, die Murry gegründet hatte, war sechs- bis siebenmal kapitalkräftiger als irgendeiner seiner Nachkommen, und die von Solomon und Simon gegründeten, besaßen gar fünfzehn- bis zwanzigmal soviel wie alle ihre Nachkommen zusammen.

Am Ende war es das Geben und nicht das Einnehmen, was die Guggenheims ihr Image und ihren Ruf neu gewinnen und einen Ehrenplatz in der Geschichte ihres Landes verdienen ließ.

Die Laboratorien, Universitätsinstitute, Museen, Spitäler und Stiftungen der Guggenheims wurden tatsächlich derart berühmt und einflußreich, daß ihre frühere Geschäftskarriere ein halbes Jahrhundert später fast völlig in Vergessenheit geraten war, und auch die Tausende von Menschen, denen die Guggenheimsche Spendefreude zugute kam, hatten wenig bis gar keine Ahnung, woher das Geld ursprünglich stammte.

Kapitel

2

Isaac: Töchter, Töchter...

Von den sieben Guggenheim-Brüdern war Isaac derjenige, der im Geben am nachdrücklichsten *nicht* voranging.

Man hatte von Isaac, Meyers Erstgeborenem, erwartet, daß er der Familie und dem Familiengeschäft vorstehen und den Familiennamen verewigen würde. Er vollbrachte nichts von alledem. Sein Leben war in gewissem Sinne ein dreifacher Fehlschlag, wenn auch nur deshalb, weil die Hoffnungen auf ihn so hochgeschraubt gewesen waren, ein langes, sich still entfaltendes Drama von nie überwundenen Unsicherheiten, von nie erfüllten Erwartungen. Infolgedessen fand Isaac, obwohl er im Schlepptau seiner unternehmungslustigen Brüder sehr reich wurde, in sich selber nie genügend Sicherheit, um mit seinem Geld irgend etwas wirklich Bedeutendes anzufangen. Er blieb im Geben hinter seinen vier mittleren Brüdern weit zurück; einen Großteil seines Vermögens gab er dafür aus, sein Selbstwertgefühl zu stützen, indem er seinen 2-Millionen-Dollar-Palast und Besitz in Sands Point baute, ausstattete und unterhielt und einen Taugenichts von Enkel unterstützte, von dem er vergeblich hoffte, er würde das Familiengeschäft und vor allem den Familiennamen weitergeben.

Wenn, wie die Psychologen gerne ausführen, jede Familie ihre Sieger, Überlebenskünstler und Opfer hat, dann muß Isaac als etwas zwischen Überlebenskünstler und Opfer eingestuft werden, wenn auch zugegebenermaßen nicht so sehr Opfer wie seine jüngsten Brüder Ben und Will.

Zuerst war Isaac das Opfer seines Vaters, dann seines Bruders Dan, dann seiner Frau, dann der Natur, dann der WASPs* von Sands Point und schließlich, nach seinem Tode, noch seines Enkels.

* WASP ist die Abkürzung für White-Anglo-Saxon-Protestant (Amerikaner protestantisch-britischer Abkunft, die sich ethnischen, rassischen und religiösen Minderheiten gegenüber überlegen fühlen).

Zum Opfer gemacht von seinem Vater. Geboren und aufgewachsen, als Meyer noch lange kein reicher Mann war, hatte Isaac die Bürde der hohen Erwartungen seines Vaters zu tragen und daher immer wieder unter dessen häufigen Enttäuschungen zu leiden, wenn er ihnen nicht gerecht wurde. Als Kind bekam Isaac die Peitsche, den Lederriemen und die Haarbürste öfter zu spüren als seine jüngeren Brüder. Das geringfügigste Vergehen, der leichteste Hinweis, daß er seiner Rolle als künftiger Bannerträger der Familie nicht gewachsen sein könnte, die leiseste Andeutung, er bilde sich ein, die gebratenen Tauben *würden* ihm ins Maul fliegen, und schon lag er mit heruntergelassener Hose über Meyers Knie und bekam den Hintern voll.

Trotz der häufigen Strafen aber, die er wegen seiner Übertretungen und vor allem wegen seiner Mängel erleiden mußte, wurde er bis in seine späte Jugend hinein im Glauben gelassen, er würde eines Tages seinen rechtmäßigen Platz als Oberhaupt der Familie einnehmen. Bis Meyer innewurde, aus was für Holz Dan geschnitzt war...

Von da an ging's für Isaac bergab. Sobald Dan erwachsen war, ersetzte er seinen älteren Bruder als Familienführer und behielt diese Stellung unangefochten bis zu seinem Tode.

Doch Dan war nur einer der Usurpatoren, mit denen Isaac es aufnehmen mußte. Nach Dan kamen fünf weitere. Murry, Sol und Simon erwiesen sich ebenfalls als harte Konkurrenz. Und als er dann ein Mann geworden war, mußte seine geliebte Mutter ihre ganze Aufmerksamkeit den beiden Nachzüglern Benjamin und William zuwenden. Von den drei Mädchen ganz zu schweigen.

Das alles war zuviel für den armen Isaac. Seine Unsicherheit wurde unvermeidlich stärker als er. Deshalb wehrte er sich heftig dagegen, daß die jüngeren Brüder zu gleichen Bedigungen ins Geschäft aufgenommen werden sollten wie die älteren, sehr zum Ärger seines Vaters. Und deshalb stemmte er sich dagegen, als seine Brüder die Kontrolle über American Smelting and Refining übernehmen wollten — er fürchtete sich vor der Partnerschaft mit Außenstehenden.

Vom Vater wie von Bruder Dan drangsaliert, wenn auch unabsichtlich, wurde Isaac sehr still und verschlossen, sehr konservativ in Geschmack, Anschauungen und Verhalten, unfähig zu schnellen Freundschaften, unfähig, den Druck von geschäftlichen Risiken mit Anstand zu ertragen.

Anders als seine nächstfolgenden Brüder, die stets in die Zukunft blickten — Metalle —, blickte er gewöhnlich in die Vergangenheit — Spitzen und Stickereien — und gab nur höchst ungern den alten Geschäftszweig auf, um seine Pflichten als Geldverwalter des neuen aufzunehmen, eine Position, deren Verantwortung er damals vielleicht allzu ernst nahm. Da ihm der Mut der anderen abging, bekam er es immer mit der Angst zu tun, wenn seine Brüder sich auf die Äste hinausließen, was sie häufig taten, und wäre lieber zum

Stamm zurückgekrochen. Als sich Nipissing-Silber an der Hudson-Bay als Fehlschlag erwies und die Guggenheims gezwungen waren, den Investoren 1,45 Millionen Dollar zurückzuzahlen, schrieben seine Brüder die ganze Geschichte einfach ab und wandten sich etwas anderem zu, Isaac aber erlitt einen Nervenzusammenbruch und mußte in die Schweiz in eine Klinik gebracht werden.

Nachdem er sich erholt hatte, fing er an, seine Unsicherheit zu «füttern», und wurde gegen Ende seiner mittleren Jahre recht beleibt. Groß, schwer, mit dicken Backen und einem gezwirbelten Schnurrbart, hätte man ihn ohne weiteres für einen wohlhabenden, etwas traurig dreinblickenden Wirt halten können.

In seinen Erinnerungen an die Brüder Guggenheim, mit denen er manch lukratives Geschäft abgeschlossen hatte, beschrieb Bernard Baruch Isaac als «größer als die anderen, vielleicht der bestaussehende, aber als Geschäftsmann den anderen unterlegen... Er war ein guter Mensch, Isaac, aber übertrieben konservativ, und ich bezweifle, daß er es allein sehr weit gebracht hätte.»

Als die starke Persönlichkeit in Isaac Guggenheims Zweig der Familie sollte sich seine Frau erweisen. Carrie Sonneborn, die Tochter eines erfolgreichen Kaufmanns aus Philadelphia, war eine dynamische kleine Rothaarige mit viel überschüssiger Energie und einer scharfen Zunge. Sie hatte ein schnelleres Tempo als Isaac, war auch dickhäutiger als er und begann ihn schon bald nach der Hochzeit herumzukommandieren. Im Lauf der Jahre setzte sie eine Menge Gewicht an, und mit der Autorität dieser geballten Masse kommandierte sie erst recht. Schließlich drangsalierte sie ihn dermaßen, daß Isaac häufig «Geschäftsreisen» unternehmen mußte, um sein Gleichgewicht und seine Selbstachtung einigermaßen zu wahren. So unglücklich er jedoch war, er verließ seine Frau nie. Im Gegensatz zu seinen Brüdern tröstete er sich auch nicht mit anderen Frauen. Puritanisch bis ins Mark, vielleicht auch ein bißchen masochistisch, ertrug er die Opferrolle in seiner Ehe mit erhobenem Haupt, wie früher die im elterlichen Nest.

Wenn nur Carrie, oder Gott, oder die Natur ihm einen Sohn geschenkt hätte! Das wäre eine Entschädigung für manches gewesen. Isaac hatte den verzweifelten Wunsch, einen männlichen Erben hervorzubringen, einen starken, tüchtigen Sohn, der den Namen Guggenheim weitergegeben und eines Tages das Guggenheim-Reich übernommen hätte. Sein Vater hatte das erwartet; auch er selbst hatte es erwartet, aber wieder einmal wurden die Erwartungen betrogen, diesmal von der Natur. Soviel Mühe sie sich auch gaben, er und Carrie brachten nichts weiter zustande als drei Töchter. Gesunde, kräftige Töchter, aber eben bloß Töchter. Sie hießen Beulah, Edyth und Helene. Isaac liebte sie, kam jedoch nie über die Enttäuschung hinweg, daß nicht wenigstens eine von ihnen ein Junge war. Daß er, der älteste Sohn des

Hauses Guggenheim, Erbe des größten privaten Bergwerksvermögens der Welt, selber keinen männlichen Erben hatte, war nichts geringeres als eine kosmische Ungerechtigkeit.

Zum Glück verheirateten sich seine drei Töchter gut, so daß er seine dynastischen Ambitionen auf seine Schwiegersöhne und zuletzt auf eines seiner Enkelkinder ausrichten konnte. Beulah ehelichte einen New Yorker Geschäftsmann namens William I. Spiegelberg und hatte, Jehova sei gelobt, einen *Sohn*, William I. Spiegelberg junior. Edyth heiratete den reichen Bankier und späteren Marineoffizier Louis M. Josephthal, Gründer der Investmentbank Josephthal & Co., der schließlich Admiral Josephthal wurde, und Helene wurde, nach einer Ehe mit und Scheidung von Edmund Haas, die Frau von Lord Melvill Ward aus Großbritannien.

Als William I. Spiegelberg junior zum Mann heranwuchs, beschwatzte Isaac ihn und seine Eltern mit rührender Beharrlichkeit, seinen Namen in Isaac Guggenheim II umzuändern. Es brauchte ziemliche Überredungskunst. Zuerst lehnte Spiegelberg senior glatt ab, und sein Sohn wollte auch nicht. Aber Isaac hatte eine Trumpfkarte in der Hand: Geld und Erbschaft. Änderte Spiegelberg junior seinen Namen in Isaac Guggenheim II, würde er aus Isaacs Vermögen ein ordentliches Vermächtnis bekommen, ungefähr 5 Millionen Dollar. Andernfalls wenig oder gar nichts. Das zog. Die notwendigen Dokumente wurden aufgesetzt, der junge Mann bekam das Testament zu sehen, William Spiegelberg junior akzeptierte die Bestechung und hieß fortan Isaac Guggenheim II.

So war dieses hochwichtige Stück Dynastiegeschäft erledigt, und Isaac wandte seine restlichen Energien dem zu, was seine bleibendste Leistung sein sollte: Er begann unmittelbar nach dem Krieg mit dem Bau seines fürstlichen 100 Hektar-Besitzes Villa Carola in Sands Point; ein Bau, der 2 Millionen Dollar verschlang, heute aber mindestens das vier- oder fünffache kosten würde, wenn nicht mehr.

Ja, jetzt wollte er ein Monument errichten, das der Welt die Macht und Pracht des Hauses Guggenheim angemessen verkündete. Nachdem er sich das majestätische Grundstück zuoberst auf dem Hügel gesichert hatte, berief er die bedeutendsten Architekten und Innenarchitekten jener Tage und erstellte Pläne. Es wurde beschlossen, einen großartigen italienischen Landpalast der Hochrenaissance zu kopieren, mit einigen Varianten. Die Außenmauern sollten aus Terrakotta sein, das Dach aus roten Ziegeln, ein Ausguckturm durfte ebensowenig fehlen wie ein Kutschentor. Innen sollten lange Gewölbegalerien, auf Marmorsäulen mit reichverzierten Kapitellen ruhend, einen gepflasterten Innenhof mit einem Brunnen umschließen. Die großen Gesellschafts- und Empfangsräume, das Musik- und das Billardzimmer, Isaacs Studio und die hohe gotische Bibliothek würden sich von diesen Galerien aus öffnen. Wände und Decken der meisten dieser Räume sollten mit indischem Teakholz getäfelt und mit seltenen antiken Damaststoffen ausgeschlagen sein. Eine große Orgel würde hinter feingeschnitzten Spindelsäulchen im Hauptsalon installiert. Der nach Südwesten ausgerichtete Speisesaal war ganz in Louis XVI gedacht. Oben würden zehn Schlafzimmer sein, ebenfalls teakgetäfelt, mit anschließenden Badezimmern, ein Frühstückszimmer, drei Wohnräume, mehrere Vorratskammern, eine Wäschekammer und die Dienstbotenzimmer. Alles in allem sollte das Haus vierzig Zimmer enthalten und von geometrisch angelegten italienischen Gärten mit bildhauerisch gestutzten Hecken, Renaissance- und Frühbarockmarmorstatuen, Brunnen und dichten Kiefern- und Eichenhainen umgeben sein. Rund um den Besitz, zu dem auch zwei Pförtnerhäuser, ein Strandhaus, ein Jachtanlegeplatz, Stallungen für bis zu zwanzig Pferde, zwei Garagen, zwei Gewächshäuser, zwei Scheunen und weitere Nebengebäude als Unterkünfte für Diener und Gärtner gehören würden, sollten sich steinerne Mauern und hohe Eisenzäune ziehen.

Während die Arbeiten im Gange waren, zog Isaac diskret Erkundigungen über die Mitgliedschaft im exklusiven *Sands Point Bath and Golf Club* ein, weil er sehr gern Golf spielte. Zutiefst schockiert und bestürzt mußte er vernehmen, daß er gar nicht aufgenommen würde, weil er Jude sei.

Wieder war er das Opfer, diesmal seiner WASP-Nachbarn — die Woolworths und die Astors besaßen Liegenschaften, die an seine angrenzten, und waren Mitglieder des Clubs. Damit verloren Isaacs grandiose Pläne für Villa Carola und das glänzende Leben, das er dort zu führen gedachte, plötzlich ihre Verheißung.

Immerhin, Isaacs Mumm war noch nicht ganz aufgebraucht. Er schluckte die unsägliche Demütigung und reagierte, indem er seine landschaftsgestalterischen Pläne umwarf und auf seinem Grund und Boden seinen *eigenen* privaten Golfplatz mit neun Löchern anlegen ließ. Und zwar engagierte er den besten Golfplatzdesigner des Landes und hieß ihn diejenigen Bahnen kopieren, die als die schönsten der Vereinigten Staaten galten.

Es war Isaac nicht bestimmt, sich seines Besitzes lange zu erfreuen. Er starb auf einer Reise nach England im Herbst 1922, mit 68 Jahren, nur drei Jahre nach Vollendung seines Baudenkmals, und hinterließ seinen Erben 18 Millionen Dollar in Sicherheiten plus Villa Carola.

Von Isaac Guggenheim II wurde erwartet, daß er in die Firma Guggenheim Brothers eintreten und daß er als einer der Hauptaktionäre von Caracoles Tin in dieser Gesellschaft eine führende Managerposition übernehmen würde. Wie sich jedoch zeigte, war er weder an Guggenheim Brothers, noch an Caracoles Tin, noch auch nur an der Beibehaltung des Namens Guggenheim interessiert. Fünf Jahre nach dem Tod von Isaac senior verkaufte er seine Aktien von Caracoles Tin für ungefähr 4 Millionen Dollar, nahm wieder den Namen William I. Spiegelberg junior an und wurde für immer aus den Herzen, Gedanken und Urkunden der Familie Guggenheim verbannt.

Es dauerte nach diesem Verrat, nach dieser letzten Schmach Jahre, bis sich die Linie von Isaac Guggenheim wieder Geltung verschaffte. Generationen später kam schließlich eine Urenkelin Isaacs namens Iris Love daher, die mit der Ermutigung und finanziellen Hilfe ihrer Großmutter Edyth zu einer der kühnsten und hervorragendsten Archäologinnen Amerikas wurde. Sie entdeckte, unter vielen anderen antiken Überresten, den Aphrodite-Tempel auf Knidos, und sie identifizierte den bis dahin unidentifizierten Kopf der Aphrodite im Britischen Museum.

Bald nachdem Isaacs Nachlaß geregelt war, wurden viele der Gemälde und Einrichtungsgegenstände aus der Villa Carola auf einer Auktion veräußert, und Bruder Solomon ersteigerte die Villa samt Umschwung und Golfplatz für 610 000 Dollar in bar. In der Zeit, in der Solomon moderne Kunst zu sammeln begann und sein Museum plante, wohnten er und seine Familie in der Villa, bis zu seinem Tod im Jahre 1949.

Nach Solomons Tod war eine Gruppe von Grundstücksmaklern im Begriff, Villa Carola — jetzt Trillora Court genannt — aufzukaufen und in Bauzonen von je 1 Acre (0,4 Hektaren) aufzuteilen, als IBM-Präsident Thomas Watson Jr. das Anwesen entdeckte und sofort für seine Firma erwarb.

Heute dient Villa Carola einerseits als Management-Ausbildungszentrum der IBM, andererseits als Country Club für die Angestellten des Unternehmens im Staat New York. (Der Manager des Zentrums betont allerdings sogleich, daß *jeder* Angestellte Zutritt zum Club bekommen kann, und das sind immerhin 160 000 in Amerika und 130 000 im Ausland.)

Im Management Training Center werden für ausgewählte («für den Erfolg auserlesene») höhere Angestellte Kurse in «zwischenmenschlichen Beziehungen», «Lebensplanung», «Management-Stil», Auslandsangelegenheiten und fortgeschrittener Computer-Programmierung durchgeführt.

Ein passendes Ende für Villa Carola und Isaacs Traum von einem bleibenden Monument des Hauses Guggenheim? In gewissem Sinne ja, denn es ließe sich überzeugend darlegen, daß Guggenheim Brothers mit ihren weltweiten Pionierunternehmungen eine der ersten multinationalen Gesellschaften des amerikanischen Imperiums war und IBM daher ein logischer Nachfahre ist. Und warum sollten nicht 290 000 der neuen Privilegierten, statt einer bloßen Handvoll der ehemaligen, Zutritt zum Golfplatz, zu den Tennisplätzen, dem Strandhaus, dem Jachtanlegeplatz haben?

Trotzdem, es liegt etwas merkwürdig Stilwidriges über den Szenen, die sich heute in Villa Carola täglich abspielen. Wir wollen nicht bei den Gruppen von Aufsteigern im grauen Anzug verweilen, die man den anderthalb Kilometer langen, ulmengesäumten «Contemplation Walk» entlang schlendern sieht, oder von den Imbißbars reden, die jetzt die Golfbahnen schmücken, sondern eine Weile dem sorgfältig ausgewählten jungen IBM-Angestellten zuschauen, der inmitten von venezianischen Spiegeln, Savonarola-Sesseln und einer hinter feingeschnitzten Spindelsäulen versteckten Orgel sitzt und an einem IBM-Computer-Terminal fingert. Tap-tap-tap. Klick-klick-klick. Tap-tap-tap. Klick-klick-klick. Nun, wenn nicht Isaac, so hätte das den andern — besonders Dan und Sol — gefallen. Doch, Dan und Sol hätten die größte Freude daran gehabt.

Simon Meyer Guggenheim,
geb.1792 in Lengnau (Schweiz),
gest.1869 in Philadelphia.
(Nassau County Museum)

Meyer Guggenheim geb. 1828
in Lengnau, gest.1905 in New York
(Mrs. Harold A. Loeb)

Barbara Meyer Guggenheim,
geb. 1834 in Lengnau,
gest.1900 in New York
(Mrs. Harold A. Loeb)

Meyer Guggenheim und seine Familie im Jahre 1889. Die Männer (links nach rechts): William (stehend), Simon, Isaac, Meyer, Solomon, Murry, Daniel, Benjamin.

Die Frauen (links nach rechts): Cora (vorn, sitzend), Carrie (Mrs. Isaac G.), Leonie (Mrs. Murry G., stehend), Barbara, Jeanette (vorn, sitzend), Florence (Mrs. Daniel G.) und Rose. *(Nassau County Museum)*

Guggenheim Brothers

BENJAMIN

Tochter
Peggy

ART OF THIS CENTURY GALLERY, NEW YORK

THE PEGGY GUGGENHEIM FOUNDATION
PALAZZO VENIER DEI LEONI, VENICE

MURRY
⚭ Leonie Bernheim

MURRY AND LEONIE GUGGENHEIM FOUNDATION (ZAHNKLINIK)

GUGGENHEIM PAVILION AND ENDOWMENT FUND MOUNT SINAI HOSPITAL

GUGGENHEIM PAVILION MAYO CLINIK

MURRY AND LEONIE GUGGENHEIM BUILDING NEW YORK HOSPITAL

ISAAC

Großenkelin
Iris Love

IRIS LOVE, DIRECTOR
LONG ISLAND UNIVERSITY ARCHAEOLOGICAL EXPEDITION TO KNIDOS

MEYE

DANIEL
Florence Shloss

SOLOMON R.

SIMON
⚭ Olga Hirsch

WILLIAM

DANIEL GUGGENHEIM FUND FOR THE PROMOTION OF AERONAUTICS (1926—30)

DANIEL AND FLORENCE GUGGENHEIM FOUNDATION

JOHN SIMON GUGGENHEIM MEMORIAL FOUNDATION
(The Guggenheim Fellowships)

MRS. SIMON GUGGENHEIM FUND
(Museum of Modern Art, N.Y.)

SOLOMON R. GUGGENHEIM FOUNDATION
(Solomon R. Guggenheim Museum, N.Y.)

SIMON GUGGENHEIM MEMORIAL COLLECTION
DENVER ART MUSEUM

Sohn
y F. Guggenheim

HARRY FRANK GUGGENHEIM FOUNDATION
(Man's Relation to Man)

Enkel
Roger W. Straus, Jr.

FARRAR, STRAUS & GIROUX

Daniel Guggenheim
(1856 — 1930).
Haupt der Guggenheim-Familie von 1905 bis 1930. Generaldirektor der American Smelting and Refining Co. (ASARCO), 1901 — 1919. Förderer der amerikanischen Luftfahrt und Raketentechnik.
(Guggenheim Brothers)

Florence Shloss Guggenheim
(1863 — 1944), Daniels Gattin.
Mitbegründerin und nach Daniels Tod Präsidentin der Daniel and Florence Guggenheim Foundation.
(Guggenheim Brothers)

Hempstead House, das frühere Castlegould, Daniel Guggenheims Residenz in Sands Point auf Long Island.
(Nassau County Museum)

Die Stallungen von Hempstead House, ein Teil der insgesamt vierzehn Gebäude auf Daniel Guggenheims Besitz in Sands Point. Im Jahre 1929 beschäftigte er über zweihundert Bedienstete auf seinem herrschaftlichen Gut.
(Nassau County Museum)

„Ein weiterer Triumph im hohen Norden: Der Große amerikanische Trust entdeckt Alaska.“
(The Minneapolis Tribune)

„Wie absurd! Er will sein eigenes Land.“
(Art Young, 1936, Vanguard Press Inc.)

Kapitel

3

Daniel und Florence: Ein erster Schritt in den Weltraum

Als die Saturn V sich langsam von der Startrampe löste und himmelwärts strebte, um später die Raumkapsel abzuwerfen, die den ersten Menschen auf den Mond brachte, da war nur wenigen Leuten bewußt, daß um die zweihundert Patente an dem Raketensystem von Saturn einst zum Teil einer Stiftung gehörten, die 1924 von Daniel Guggenheim ins Leben gerufen worden war. So riesig war der Wortschwall über das 30-Milliarden-Dollar-Ereignis, daß die Ursprünge des Ereignisses fast völlig in Vergessenheit gerieten.

Viele dieser Patente waren während des beschleunigten bemannten Raketen- und Weltraumprogramms in den vierziger Jahren durch die Regierung der USA verletzt worden. 1951 erhoben Mrs. Esther C. Goddard, die Witwe des Raketenpioniers Robert H. Goddard, und die Daniel-und-Florence-Guggenheim-Foundation, die Goddard finanziert hatte, gemeinsam Klage gegen die Regierung. Zehn Jahre später endete der komplizierte Rechtsstreit mit einer Entschädigung von einer Million Dollar an Mrs. Goddard und die Guggenheim-Stiftung — die größte Ausgleichszahlung der Regierung in der Geschichte der US-Patente.

Der langwierige Prozeß stellte die ausschlaggebende Bedeutung von Goddards Arbeit für die Raumfahrt eindeutig klar und rechtfertigte Daniel Guggenheims Vertrauen in die Zukunft des Raketenwesens ein für allemal. Zweiunddreißig Jahre vor der Beilegung des Patentverletzungsprozesses hatte Dan seinen Ruf und sein Geld aufs Spiel gesetzt, als er den unbekannten und häufig belächelten Raketenpionier finanzierte, zu einer Zeit, da sonst niemand in Amerika, am allerwenigsten in der Regierung, weitsichtig und mutig genug war, ihn zu unterstützen.

Es war typisch für Dan, sein Geld vorwiegend für fortgeschrittene technologische Forschung auszugeben. Was für zwei seiner Brüder das Richtige sein sollte, die Subventionierung so ungreifbarer Tätigkeitsgebiete wie ungegenständliche Kunst und Avantgarde-Lyrik, war nichts für Dan. Nein, Dan hatte ein Menschenalter damit zugebracht, veraltete technologische Verfahren aufzugeben und neue zu suchen und anzuwenden. Die neuen Schmelzverfahren, die er in Bingham Canyon und Chuquicamata einführte, hatten die Kupferindustrie revolutioniert. Selbst in seinen fieberhaftesten Begeisterungsausbrüchen aber hätte er sich nie träumen lassen, daß das Geld, das er 1929 in Raketen steckte, eines Tages dazu führen würde, einen Menschen auf dem Mond landen zu lassen.

In der Hochblüte der Guggenheims war es ein Lieblingsscherz der Wall Street, die Brüder als Abbild der Zahl 1 000 000 zu schildern: eine Eins, gefolgt von sechs Nullen. Das war natürlich unfair gegenüber der vielköpfigen Intelligenz, die die Brüder in Wirklichkeit verkörperten, unfair auf jeden Fall dem gerissenen, genialen Solomon und, in geringerem Maße, auch unfair dem ruhigen, finanziell scharfsinnigen Murry und dem immer wieder einfallsreichen Simon gegenüber; auf die letzten drei Nullen — Isaac, Ben und Will — traf es wenigstens in bezug auf die spätere Entwicklung des Geschäfts zu, und völlig stimmte es hinsichtlich der Zahl Eins, des unbezähmbaren, des unermüdlichen «Mr. Dan».

Hätten die Guggenheimbrüder die Streitmacht der Rockefellers zweimal besiegt, darunter einmal, indem sie dem Schmelzwerk-Trust die Herrschaft über die American Smelting and Refining entwanden, hätten sie den antisemitischen J. P. Morgan für ihre Sache gewonnen, so atemberaubende Wagnisse unternommen wie den Bau einer 25-Millionen-Dollar-Eisenbahnlinie über wandernde Gletscher, um einen vereisten Kupferberg in Alaska abzubauen, oder die Investition von 25 Millionen in einen weiteren Kupferberg 3000 m hoch in den chilenischen Anden — ohne Daniel? Sicher nicht. Isaac, Ben und Will hatten sich Daniels Expansionspolitik regelmäßig widersetzt, und Solomon, Murry und Simon taten nie den ersten Schritt; sie folgten nur den Wegen, die Dan bahnte. Es war immer Dan, der vorausging, immer Dan, der bereit war, dem Unmöglichen eine Chance einzuräumen; Dan holte die Konzessionen beim Präsidenten von Mexiko; Dan nahm es zweimal mit dem Rockefeller-Drachen auf und bezwang ihn zweimal; Dan vermochte J. P. Morgans Interesse für die Entwicklung von Alaska zu gewinnen; Dan schloß den Kongo- und den Angola-Handel mit Thomas Fortune Ryan ab; Dan traf die Entscheidung, das Geschäft nach Bolivien und Chile auszuweiten.

«Mr. Dan», wie man ihn im unteren Manhattan und in den Kreisen der Berg- und Hüttenwerke nannte, war einer der Glücklichen, die es fertigbringen, alles zu erfüllen, was ihr Zeitalter von ihnen erwartet. In den heroischen Jahren von Dans Laufbahn, 1890—1923, hatte der ideale Amerikaner ein

Geschäftsmann zu sein (Freiberufliche, Künstler und Akademiker waren nicht sehr hoch angesehen), und zwar fleißig, individualistisch, findig, «progressiv» (geschäftlich, nicht politisch), expansionistisch, «moralisch» (in sexueller Beziehung) und auf Erwerb ausgerichtet.

Viel Teamgeist wurde nicht von ihm erwartet. Er sollte sich freiweg ins Kampfgetümmel stürzen und erwischen, was er konnte, nicht ausschließlich für sich, natürlich, aber für sich und seine Familie. Dan paßte in jeder Hinsicht in dieses Idealbild. Er war ein unermüdlicher Schufter, oft arbeitete er sechzehn Stunden am Tag. Er war sehr unabhängig, sehr autokratisch, wollte stets alles nach seinem Willen haben und setzte ihn meist auch durch. Er war dynamisch und vorausblickend: Erbarmungslos merzte er altmodische Methoden und Mitarbeiter aus. Er war politisch konservativ, geschäftlich jedoch abenteuerlustig. Er glaubte an den Fortschritt mit großen F, hielt ihn für gottgegeben und immerwährend und wäre bestimmt außer sich gewesen, hätte jemand ihm beibringen wollen, das Wort sei eine Beschönigung für Habgier.

Er war ein guter, aufrechter Familienvater, sogar ein puritanischer: Er verschwendete seine Zeit, Energie und Brieftasche nicht mit Mätressen. Er war überhaupt nicht frivol: Das Treiben der «Gesellschaft» mitzumachen, interessierte ihn nicht. Dem Glaubensbekenntnis des industriellen Imperialismus der Vereinigten Staaten hing er tausendprozentig an. Wie Calvin Coolidge war er überzeugt, daß «Geschäft das Geschäft Amerikas» sei. Er wünschte soviel von den Gütern der Welt zu besitzen, wie er nur konnte. Er war sehr spießig, sehr eingleisig, oft ein wenig fad. Auf die vom *Forbes*-Magazin gestellte Frage nach dem Geheimnis seines geschäftlichen Erfolges antwortete er: «Eine Kombination von Zähigkeit und Takt.» Dann fügte er, um die Zähigkeit zu erläutern, die er mit Aggressivität gleichzusetzen schien, hinzu: «Wissen Sie, die gebratenen Tauben fliegen einem nicht ins Maul.»

Mit siebzehn hatte er die Schule verlassen, die er nicht ausstehen konnte, war als Volontär in die Stickereifabrik der Familie in St. Gallen eingetreten und in Werkstatt und Büro, in deutschem Geschäftsdenken und -handeln ausgebildet worden. Von seinem siebzehnten bis zwanzigsten Altersjahr lebte, lernte und arbeitete er in der Deutschschweiz sowie in Deutschland und nahm so traditionelle Tugenden wie Fleiß, Selbstsicherheit und strenge persönliche Disziplin in sich auf, Eigenschaften, die ihm sein Leben lang anhafteten. Seine Bildung war in mancher Hinsicht mehr deutsch als amerikanisch oder jüdisch, was man übrigens von der ganzen Familie Guggenheim sagen konnte. Er sprach fließend Deutsch, fühlte sich in Frankfurt, Hamburg und Zürich sehr zu Hause, bewunderte die deutsche Wissenschaft und Industrie, schätzte deutsche Weine, liebte deutsche Musik, vor allem Beethoven und Wagner, und seine liebsten Ferienziele waren die Kurorte Karlsbad und Baden-Baden.

Einen Charakterzug besaß er, den man nicht unbedingt mit Deutschen oder Schweizern in Verbindung bringt: Großzügigkeit. Nein, mehr als Großzügigkeit: Großmut. Es gab allerdings einen Punkt, wo er alles andere als großzügig war: Kommunismus. Er erkannte im Bolschewismus schon bald eine Macht, die seinesgleichen an der bloßen Existenz hindern wollte, und nach ihrem Triumph in Rußland bekämpfte er die Ideologie, wo immer er sie zu entdecken vermeinte.

In seinem riesigen Castlegould, das er in Hempstead House umtaufte, lebte Daniel Guggenheim wie ein Reichsfürst, der er ja auch war. Das mächtige Steinhaus mit seinem Mittelturm, den türmchenbesetzten Mauern und Zinnen thronte auf einem Landvorsprung von Sands Point über dem Sund von Long Island, unweit der Villa Carola und genau an jenem Stück Küstenstreifen, wo F. Scott Fitzgerald einen großen Teil der Handlung seines «Great Gatsby» ansiedelte.

Dan liebte diesen Ort. Er war das passende, schon fixfertig verpackte Denkmal seiner grandiosen Pläne und weltweiten Errungenschaften. Die große Eingangshalle mit dem steinernen gotischen Deckengewölbe und der riesigen Orgel mit Silberpfeifen wäre jedem Monarchen in Europa gut angestanden, ebenso der weite Palmengarten mit Springbrunnen im Erdgeschoß, den Dan mit über 150 seltenen Pflanzen und Orchideen füllte, die kostbaren flämischen Tapisserien aus dem 16. Jahrhundert, die Gemälde — Rembrandts «Porträt einer alten Frau», Van Dycks «Porträt eines Edelmannes», zwei riesengroße Ölbilder von Rubens —, ebenso die Gästehäuser, die Vergnügungspavillons, die mächtigen, aus Stein gebauten Scheunen, Ställe und Lagergebäude. Ja, das alles wäre jedes europäischen Monarchen würdig gewesen, gar nicht zu reden vom Landvogt von Baden.

Sobald er im Besitz dieser Liegenschaften war, machte sich Dan daran, für sich und seine Familie eine autarke, in sich geschlossene feudale Domäne zu schaffen, mit allem erdenklichen Luxus und Komfort. Damit verwirklichte er einen der liebsten Träume des amerikanischen Herzens im frühen 20. Jahrhundert: sich den ganzen Prunk und Staat der europäischen Aristokratie anzueignen.

Er ließ einen Neun-Löcher-Golfplatz samt Klubhaus anlegen (ohne auch nur einen Versuch zu unternehmen, dem lokalen Country Club beizutreten). Er baute Tennisplätze. Er baute eine Bowlingbahn. Er baute ein Strandhaus, rustikal geschindelt, in dem er ein Schwimmbad installieren ließ. Er baute eine zusätzliche Steinscheune, die mit ausgestopften Elchköpfen geschmückt war und in der sein Sohn eine brillant gemalte sizilianische Landkarte anbrachte; darauf waren die Triumphe eines anderen Monarchen eingezeichnet: Karls V., König von Spanien, Italien und der Niederlande und Kaiser der Neuen Welt. Er richtete das Casino aufs feinste her, die Schweineställe, die Hühner- und die Pfauenhäuser, die Fasanerie, und baute einen Vergnügungspavillon, den er Tally-Ho nannte. Und auf seinen 140 Hektar Land züchtete er Vollblut-Pferde, betrieb eine Meierei, schlachtete sein eigenes Vieh, dörrte sein eigenes Rindfleisch, räucherte seine eigenen Schinken, Würste und Speckseiten, zog seine eigenen Früchte und Gemüse, machte seine eigenen Konserven ein, tötete und verzehrte seine eigenen Hühner und Fasane. Siebzehn Dienstboten und zweihundert Bauern und Platzbetreuer halfen ihm bei diesen Bemühungen. Außerdem wohnten ständig ein Golf-Profi, ein Tennis-Profi und ein Reitlehrer unter einem Dach.

In der Erkenntnis, daß Harry und nicht Robert derjenige war, der nach seinem Tode die Führung des Hauses Guggenheim übernehmen würde, gab Daniel 1923 Harry und seiner Frau 35 von seinen 140 Hektar Land, dazu eine Viertelmillion, um ein eigenes Haus zu bauen und einzurichten. Das Ergebnis war die prachtvolle Nachahmung der Normannenburg Falaise hoch oben auf einer Klippe über dem Sund — sie sollte eine entscheidende Rolle im kommenden Guggenheim-Drama spielen.

Nachdem dieser Teil des Dynastiegeschäfts erledigt war, wandte Dan zum erstenmal im Leben seine Aufmerksamkeit dem Weggeben eines Stücks Vermögen zu.

Jahrelang hatten er und seine Frau Florence Geldbeträge, bald große, bald kleine, an Wohltätigkeitsorganisationen verschenkt, die ihrem Herzen nahestanden, vor allem Florences Herzen. 1924 beschlossen sie, diese Schenkungen durch die Errichtung der «Daniel-und-Florence-Guggenheim-Stiftung» für die «Förderung der Wohlfahrt der Menschen in der ganzen Welt durch barmherzige und wohltätige Werke» zu institutionalisieren. Die ursprüngliche Stiftungsurkunde trug fünf Unterschriften: die von Mr. und Mrs. Dan und ihren drei Kindern.

Ein paar Jahre vor der Stiftungsgründung hatte Dan seine Geldphilosophie in einem Brief an Harry umrissen:

«Geld hat für mich in bezug auf den Luxus, den es mir gewährt, sehr wenig Wert. Aber Geld ist Macht, und die Macht ist etwas, das man brauchen, nicht mißbrauchen soll. Mit Geld, oder mit Macht, kannst Du auf der Welt eine Menge für Dich und die Welt vollbringen. Für Dich wegen der Befriedigung, die Dir das für die Welt Vollbrachte schenkt.»

Denkt man an den pharaonischen Luxus, in dem Daniel und Florence Guggenheim sowohl in Hempstead House, als in ihrer Zehn-Zimmer-Suite im Hotel St. Regis in New York lebten, mit der ganzen Dienerschaft, die auf jeden Wink zur Verfügung stand, gerät man beim ersten Teil von Daniels Erklärung unwillkürlich ins Zwinkern. Wenn man aber um das Behagen weiß, mit dem er sein Vermögen ausgab, dann muß man den zweiten Teil unangefochten bejahen.

Es stellte sich aber heraus, daß Dans eigentliche, herzhafte Tat des Geldausgebens nicht so sehr die Daniel-und-Florence-Stiftung mit ihrer doch eher konventionellen Agenda der Vermächtnisse war, als vielmehr die 1926 erfolgte Stiftung des Daniel-Guggenheim-Fonds für die Förderung der Luftfahrt.

Es heißt, nichts sei so schüchtern wie eine große Summe Geld. Vor die Aufgabe gestellt, ihr Vermögen auszugeben, neigten die meisten amerikanischen Millionäre vor Daniel Guggenheim zu sicheren Dingen und schütteten ihren Segen über Bereiche wie Bildung, öffentliche Bibliotheken, Medizin oder Gesundheitswesen aus. Dan dagegen wollte mit riskanten Karten spielen und ein Tätigkeitsfeld unterstützen, dem sehr wenig öffentliches oder staatliches Interesse zuteil wurde, das man bestenfalls für nicht viel mehr als einen Ausdruck des technologischen Exhibitionismus hielt.

Sein Sohn Harry war es, der Dan erstmals ins unerforschte Gebiet des Luftwesens einführte. Und für Dan wurde es bald mindestens so aufregend wie Kupferschürfen in Alaska.

In seinem missionarischen Eifer, etwas zur Förderung der Luftfahrt zu tun, dachte der junge Harry an die Schaffung einer Aeronautikschule an der New Yorker Universität, welche die erste ihrer Art sein würde. Zuletzt entschloß er sich, ein Rundschreiben über dieses Thema an einige der reichsten Bankiers und Industriellen in Amerika zu senden und sie um Unterstützung des Projekts zu bitten.

Harry wohnte damals bei seinem Vater in Hempstead House, während an sein eigenes «Falaise» letzte Hand gelegt wurde. Als er den Brief geschrieben hatte, zeigte er ihn Dan und fragte, was er dazu meine. Dan sah den Brief an, als prüfe er ein Stück Erz, sagte, er wolle darüber schlafen, und ging zu Bett. Er werde die Sache beim Frühstück mit Harry besprechen. In dieser Nacht wurde in Hempstead House die moderne amerikanische Luftfahrt, vielleicht sogar die moderne amerikanische Raumfahrt ausgebrütet und geboren.

Daniel stand am Morgen auf, gesellte sich in dem elisabethianischen, nußbaumgetäfelten Frühstückszimmer mit den farbigen Fenstern zu seinem Sohn, und über Rühreiern, Speck, Toast und Kaffee, serviert von einem livrierten, weiß behandschuhten Diener, sagte er zu Harry, er brauche das Rundschreiben gar nicht abzuschicken, er selbst werde das Geld beibringen, alles, was nötig sei.

Am 15. Juni 1925 wurde Daniels Spende von 500 000 Dollar an die New Yorker Universität verkündet, und Amerikas erste Luftfahrtschule entstand. Ermutigt von der guten Aufnahme seiner Schenkung — die Presse rühmte sie von Küste zu Küste —, tat Dan einen noch kühneren Schritt und bot der US-Regierung die Errichtung eines Fonds von 2,5 Millionen Dollar für die Förderung des Luftwesens an.

Zu jener Zeit war Calvin Coolidge Präsident, und als Harry Guggenheim mit seiner Idee bei ihm um offizielle staatliche Genehmigung und moralische

Unterstützung nachsuchte, war dieser vorerst nicht sonderlich beeindruckt. Auf Harrys leidenschaftliches Lob des Flugzeugs und seiner Fähigkeit, Leute schneller als jedes andere Transportmittel von einem Ort zum andern zu bringen, antwortete der Philosoph Coolidge: «Was nützt es, schneller hinzukommen, wenn man dort auch nichts Besseres zu sagen hat?»

Zuletzt aber gab der Präsident, wenn auch halbherzig, seinen Segen, und am 16. Januar 1926 wurde der Daniel-Guggenheim-Fonds zur Förderung der Luftfahrt mit einer Anfangssumme von 500 000 Dollar eröffnet. Später kamen weitere 2 Millionen dazu und nach einiger Zeit nochmals 475 000. Zweck des Fonds war, «dem Flugwesen in einer kritischen Anfangsperiode rasche, praktische und substantielle Hilfe bei seinen kommerziellen, industriellen und wissenschaftlichen Aspekten zu gewährleisten».

Harry machte sich ohne Zeitverlust ans Werk. Er eröffnete an der Madison Avenue ein Büro, engagierte den Public-Relations-Zauberer Ivy Lee, der schon beim Aufpolieren des Rockefeller-Images großartige Arbeit geleistet hatte, und schon Ende 1926 finanzierte und propagierte der Fonds seine ersten Projekte. Nur wenige Leute, die mit dem Fonds zu tun hatten, waren sich damals der ungeheuren Bedeutung dessen, was sie taten, wirklich bewußt.

Am 1. Februar 1930, im vierundsiebzigsten und letzten Lebensjahr Daniel Guggenheims, hatte der Fonds seine Ziele erreicht und wurde liquidiert. Die amerikanische Luftfahrt stand auf festen Füßen, die Einstellung der Öffentlichkeit hatte sich von Gleichgültigkeit zu begeisterter Befürwortung gewandelt, und Harry durfte sich freuen, daß er und sein Vater für diese Leistungen weitgehend verantwortlich waren.

Der Guggenheimsche Einsatz für das Flugwesen war damit freilich noch lange nicht beendet. Während der Daniel-Guggenheim-Fonds zur Förderung der Luftfahrt abgewickelt wurde, unternahm die Daniel-und-Florence-Guggenheim-Stiftung den kühnsten aller Schritte und zahlte einen Studienbeitrag an einen unbekannten Physikprofessor in Massachusetts, der mit Raketen experimentierte, von denen er hoffte, sie würden eines Tages einen Mann auf dem Mond landen lassen.

Der Professor, Robert H. Goddard von der Clark-Universität, war ein zarter, in sich gekehrter, vorzeitig kahl gewordener, genialer Mann, der von Jugend an davon geträumt hatte, der Menschheit den Weg in ein Zeitalter der Reisen außerhalb der Erde zu bahnen. Zuerst bewies er durch ein raffiniertes Experiment mit einem vakuumverschlossenen Tunnel, daß Raketen sich im luftleeren Raum, also auch im Weltraum, vorwärts bewegen können. Dann, im Juli 1929, schleppte er ein seltsam aussehendes Ding namens Nell auf das Kohlfeld seiner Tante Effie in Auburn, Massachusetts, und jagte unter heulenden Flammen die erste Flüssigtreibstoffrakete der Welt in die Luft. Dem Ereignis folgte die Ankunft von Polizeiwagen, Feuerwehrautos und

Ambulanzen auf dem Fuß. Tante Effies Nachbarn hatten wegen der fürchterlichen Explosion reklamiert. Eine alte Dame sagte, «Wellen» von Goddards Rakete hätten «die Spitze ihres Herzens durchbohrt». Eine Bostoner Zeitung titelte: MONDRAKETE VERFEHLT ZIEL UM 238 799 MEILEN. Als die Rauchwolken sich verzogen hatten, erklärte Goddard der Presse: «Wenn wir eine Million Dollar hätten, könnten wir eine Rakete zum Mond schicken, aber wo sollten wir eine Million Dollar herbekommen?»

Als Lindbergh von Goddards Experiment und Kommentar Wind bekam, wußte er, an wen man sich wenden mußte. Daniel Guggenheim empfing ihn in der Bibliothek von Hempstead House. Dort, am Kaminfeuer in dem hohen Raum mit den gotischen, bleigefaßten Fenstern und endlosen Regalen voller Bücher, erzählte Lindbergh dem alternden Kapitalisten von Goddards Experimenten, Plänen und Bedürfnissen.

Dan vertraute Lindbergh stillschweigend und faßte einen raschen Entschluß. Er wolle 50 000 Dollar «Saatgeld», wie er es nannte, für die ersten zwei Jahre geben und 50 000 für die folgenden zwei, wenn Lindbergh und Harry und ihr Beratungsausschuß nach Einsicht in Goddards Arbeit dann immer noch einverstanden seien. Lindbergh teilte Goddard die Neuigkeit gleich telefonisch mit. Es war das erste Mal, daß der Professor eine bedeutende Unterstützung bekam, und er war so überglücklich, daß er seine Frau zu einem chinesischen Essen ausführte. Die bescheidenen Goddards gingen sonst kaum je in ein Restaurant.

Kurz danach wurde der Daniel-Guggenheim-Fonds für die Messung und Erforschung großer Lufthöhen mit Geldern aus der Daniel-und-Florence-Guggenheim-Stiftung angelegt, und Goddard zog nach Roswell in New Mexico, wo für Raketenabschüsse bessere Bedingungen herrschten als auf Tante Effies Kohlfeld. In Roswell mietete Goddard ein Bauernhaus im Pueblostil mit einem «netten kleinen Feld» — ungefähr 16 000 Morgen. Auf diesem ersten Raketenversuchsgelände Amerikas führte er in den folgenden elf Jahren mit Unterstützung der Daniel-und-Florence-Guggenheim-Stiftung seine Experimente durch, aus denen sowohl die Bazooka als auch die Mehrstufenrakete hervorgingen.

Bald nachdem Dan den wichtigen Entschluß gefaßt hatte, Goddard zu finanzieren, kam es zum Börsenkrach, und J. P. Morgan junior bat die Guggenheims, an einen 250-Millionen-Dollar-Pool zur Stützung des Marktes beizutragen. Guggenheim Brothers, jetzt unter der Leitung von Murry, da Dan und Sol sich zur Ruhe gesetzt hatten, war das einzige Nicht-Bank-Unternehmen, das zur Teilnahme aufgefordert wurde, was eine große Ehre war. Es leistete seinen Beitrag im Vertrauen darauf, daß der Markt sich schnell erholen werde. Als das nicht eintraf, lief ein Schauder durch die ganze Familie, denn wieder einmal hatte sie sich auf die Äste hinausgewagt.

Der Börsenkrach war schlimm genug — wie sich herausstellte, erlitten die

Guggenheims schwere Papierverluste mit ihren wichtigen Gesellschaften Braden, Kennecott und Anaconda — was sie jedoch 1929 am meisten schmerzte, war, daß in diesem selben Jahr ein deutscher Wissenschafter entdeckte, wie man synthetisches Nitrat billig herstellen kann.

Man wird sich erinnern, daß die Guggenheims, nachdem sie ihre beherrschenden Anteile an Chile Copper gegen die Einwände Harrys und Edmonds 1923 an Anaconda verkauft hatten, ins Nitratgeschäft einstiegen.

Dan schloß einen 373-Millionen-Dollar-Handel mt der chilenischen Regierung ab, um den gesamten privaten Nitratertrag des Landes zu kontrollieren. Nitrat, eine Hauptgrundlage für Dünger, war auch bei der Munitionsherstellung wichtig, und angesichts der angeborenen Streitlust von Menschen und Nationen dachte Dan, es würde eine unbegrenzte Zukunft haben. Es dauerte nicht lange, da besaß Guggenheim Brothers 98 Prozent des chilenischen Nitrats und kontrollierte 85 Prozent der Weltproduktion.

Eine Zeitlang sah es so aus, als hätten die Guggenheims damit einen weiteren Naturschatz völlig in der Hand, doch nach der Entdeckung des synthetischen Herstellungsverfahrens war ihr Monopol durchbrochen, und bald überschwemmte billiges Nitrat die Welt. Infolgedessen verloren die Guggenheims einen Großteil ihres Marktes... und ihrer Investitionen. Und Harry, der ungläubig feststellte, daß Dan endlich seinen Midaszauber verloren hatte, bekam die Gelegenheit, seinem Vater gegenüber zu bemerken: «Ich hab's dir ja gesagt.»

Mitte 1930 war sich Daniel Guggenheim, der schon seit ein paar Jahren gelegentlich an Herzbeschwerden und inneren Geschwüren gelitten hatte, darüber klargeworden, daß er nicht ewig leben würde und daß er, obwohl noch immer sehr begütert, keinesfalls werden konnte, was er einmal selbst «reicher als alle Träume eines Geizigen» genannt hatte. Die Börsenkurse waren nicht, wie er geglaubt hatte, wieder hochgeschnellt, und er mußte der rauhen Wahrheit ins Gesicht blicken, daß das chilenische Nitrat der erste von den Guggenheims berührte Bodenschatz war, der sich nicht unmittelbar in Gold verwandelte. Die Erkenntnis tat weder seinen Geschwüren noch seinem Herzen gut.

So ziemlich die einzige gute Nachricht, die Dan zur Zeit des Börsenkrachs erhielt, war die Ernennung seines Sohnes Harry zum Botschafter der Vereinigten Staten in Kuba durch Präsident Hoover. Dan hatte den Wahlkampf seines Freundes Hoover kräftig unterstützt und war nun befriedigt, daß diese Investition sich auszahlte. Es tröstete ihn auch einigermaßen über seinen Zank mit Harry wegen Chile Copper und das anschließende Nitratfiasko hinweg. Um die Ernennung zu feiern, gab Dan in Hempstead House ein luxuriöses, auf goldenen Tellern serviertes Dinner für fünfzig Personen, und dann wurde der gutaussehende junge Botschafter auf den Weg nach Havanna geschickt.

Während die Wolken der Wirtschaftsdepression und des Fehlschlages des Nitrat-Abenteuers die weiten Säle von Hempstead House mehr und mehr zu verdüstern begannen, verschlechterte sich Dans Gesundheitszustand. Im August 1930 fuhr er zu einer Kur nach Karlsbad und kehrte im September zurück. Wenige Tage vor seinem Tod sprach er mit seiner Tochter Gladys Straus über Goddard und sagte «Ich werde es nicht mehr erleben, aber du wirst dabeisein, wenn die Post nach Europa geschossen wird.» Die Bemerkung war typisch für Dans kindlichen Glauben an die Wunder der Technologie. Was dieser Glaube nicht voraussehen konnte, war, daß Goddards Raketen, ehe sie die Post nach Europa schossen, deutsche V2 zur Zerstörung Londons schleudern würden, weil die Deutschen Goddards veröffentlichte Patente für den Bau ihrer Raketen benützten.

Sein Leben lang war Dan unfähig zu sehen, daß eine rein mechanische Erfindung wie ein Flugzeug oder eine Rakete nicht nur die Macht des Guten, sondern auch die des Bösen vergrößern kann.

Es blieb nachfolgenden Generationen von Guggenheims vorbehalten, sich zu fragen, ob die Guggenheimsche Luftfahrt und Weltraum-Gönnerschaft Leben, Schönheit, Wahrheit und Gerechtigkeit mehr gefördert hatte, oder ob sie nicht eher half, ungeahnte Zerstörungskräfte zu entfesseln. Als die dritte, vierte und fünfte Generation die totale Zerstörung von Dresden, Hiroshima, Nagasaki und Berlin, die Zerstörung eines großen Teils von London und die Entlaubung Südvietnams aus der Luft miterlebte, kamen einige nicht um die Schlußfolgerung herum, Dans erhabener Glaube an die Luftfahrt sei vielleicht doch nicht gerechtfertigt gewesen. Andererseits, war es nicht diesem Glauben zu danken, daß die abscheulichen Tyranneien Nazideutschlands und Japans bezwungen wurden?

Und angenommen, wir wären nicht imstande, die drei größten Probleme zu lösen, die die Menschheit bedrohen — Verbreitung von Nuklearwaffen, Überbevölkerung und Umweltverschmutzung —, könnten dann nicht die Raumfahrt und letztlich die Kolonisierung künstlicher Satelliten die einzige Möglichkeit für die Menschen sein, der zerstörten Erde zu entfliehen?

Aber wer wußte denn damals, welch furchtbare Tyrannei die Weltraumrakete und ihr potentieller Abkömmling, der bemannte und mit unverwundbaren Kernwaffensystemen ausgerüstete künstliche Satellit, dem Menschen einmal aufzwingen würde?

1930 jedenfalls waren Flugzeug und Rakete noch im Zustand der Unschuld, und niemand, am wenigsten die Journalisten, erwartete, daß sie uns irgendetwas anderes als grenzenlosen Nutzen bescheren würden. Und so feierten die Zeitungen Daniel Guggenheim nicht nur als «Ziehvater der US-Luftfahrt», sondern rühmten ihn auch als jemanden, der «ein neues Zeitalter des Fortschritts für die Menschheit eingeleitet» habe.

Die Reputation Daniel Guggenheims hatte sich gewaltig gewandelt seit damals, als man ihn und seine Brüder wiederholt als abscheuliche Ausbeuter dessen, was das gemeinsame Gut aller Menschen sein sollte, dargestellt hatte. Dank Dans Philanthropie hatten sich die bösen Eisbären Guggenmorgan und Morganheim in zwei Prachtvögel verwandelt, Guggenlindbergh und Goddardheim.

Die *New York Times* druckte Dans Nachruf auf der Titelseite in der ersten Spalte links und pries ihn ebenfalls als Ziehvater der amerikanischen Luftfahrt. Daß Dan auch der Ziehvater der amerikanischen Multis und einer der Gründerväter des amerikanischen Imperiums gewesen war, wurde völlig übergangen, außer von Chile. Die chilenischen Zeitungen rühmten ihn, weil er als erster die erste Großindustrie nach Lateinamerika gebracht hatte, und erwähnten dafür seine Förderung des Flug- und Raketenwesens nicht.

Sobald Dans Tod in den Zeitungen bekanntgegeben wurde, strömten Hosiannarufe aus ganz Amerika nach Hempstead House und aus den Zeitungsspalten. Dr. Carl T. Compton, der MIT-Präsident, nannte Dan den «herausragenden Schirmherrn der Luftfahrt in Amerika». Bernard Baruch lobte ihn als «eine noble, schlichte, liebe, prächtige Seele». Adolph Ochs, Herausgeber der *New York Times*, schrieb an Florence: «Ich wußte um die tiefe Zuneigung und Bewunderung, die Ihr füreinander hattet, Euer Einverständnis in allen Dingen, Ihr paßtet ideal zusammen.» Und Francis H. Brownell, Verwaltungsratsvorsitzender von American Smelting and Refining, schrieb:

«Wann immer es sich herumsprach, daß ‹Mr. Dan› dies beschlossen hatte oder jenes wünschte, gab es keine Fragen, nur völligen Gehorsam gegenüber den Anforderungen eines Kopfes, der von allen als so überlegen anerkannt wurde, daß man alles stillschweigend befolgte, und dies umso bereitwilliger, als er allgemein ebenso geliebt wie bewundert wurde.»

Unter den Sargträgern bei der Trauerfeier im gedrängt vollen Emanu-El-Tempel waren Dwight W. Morrow, Bernard Baruch, John Hays Hammond, Elihu Root junior und Charles Lindbergh. Präsident Hoover, der mit der sich verschlimmernden Depression rang, hatte es aufgegeben, an Millionärsbegräbnissen teilzunehmen und schickte sein Beileid und Bedauern per Telegramm.

Die Erwerbsgesellschaft feiert den Erwerbsmenschen. Nicht lange nach dem Titelseitennachruf erschienen die ausführlichen, manchmal ganzseitigen Reportagen über Daniels Testament.

‹Mr. Dans› Reinvermögen hatte im letzten Jahrzehnt seines Lebens zwischen 20 und 50 Millionen Dollar geschwankt, je nach Marktlage, aber als er elf Monate nach dem Börsenkrach starb, war sein Besitz nahezu insolvent. Er hatte in seinem Leben um die zehn Millionen Dollar weggeschenkt... an Familienangehörige und an seine Stiftungen. Jetzt standen die Aktien tief, und das chilenische Nitratunternehmen, in das Dan etliche Millionen eigenes Kapital gesteckt hatte, war so gut wie gestorben. Es dauerte fast zehn Jahre, bis das Vermögen «zurückkam», und als es soweit war, belief es sich auf rund 25 Millionen Dollar, was nach heutiger Kaufkraft an die 100 Millionen ausmachen würde.

Dans Vermächtnisse waren: 2 Millionen direkt an den vertrauenswürdigen Sohn Harry; 2 Millionen direkt an die vertrauenswürdige Tochter Gladys; 2 Millionen, treuhänderisch verwaltet, für den verschwenderischen Sohn M. Robert; 1,5 Millionen an die Daniel-und-Florence-Guggenheim-Stiftung, und 475 000 Dollar an den Daniel-Guggenheim-Fonds zur Förderung der Luftfahrt. Unter den kleineren Vermächtnissen: 250 000 Dollar an seine Schwester Cora Rothschild, der eine namhafte Erbschaft von ihrem Vater entgangen war; 250 000 an Nettie Knox, eine Nichte; 200 000 in bar an seine Frau Florence. An Erbschaftssteuern gingen zuletzt rund 4 Millionen Dollar ab (der Nachlaß wurde erst 1940 endgültig geregelt). Und was übrigblieb, um die 6,95 Millionen an Besitz, einschließlich Hempstead House samt allen Gemälden und Ausstattungsgegenständen, bekam Florence.

Zwei Monate nach Dans Tod schleppte ein schwarzer Ford-Lastwagen, «The Hearse» (der Katafalk) genannt, eine mit flüssigem Sauerstoff angetriebene Rakete namens «Nell» auf die Abschußrampe des ersten amerikanischen Raketenversuchszentrums in Roswell, New Mexico. Nell war die modernste Rakete, die die Welt je gesehen hatte, und sie war dank Guggenheim-Geld zusammengebaut worden. Jetzt stieg sie, dank Guggenheim-Geld, in die noch nie dagewesene Höhe von 660 Metern und erreichte eine Maximalgeschwindigkeit von 800 Stundenkilometern — mehr als jeder bis dahin von Menschenhand gebaute Apparat.

Kapitel

4

Murry und Leonie: Chilenische Nitrate und die Kinder New Yorks

Murry Guggenheim, der dritte Sohn von Meyer und Barbara, ging gewöhnlich auf Sicherheit aus. Im Geschäft übte er die nicht beneidenswerte Funktion aus, der Abseitsstehende einer unglaublich dynamischen Organisation, die Bremse am ungestümen Motor Dan zu sein. Selten, wenn überhaupt, setzte er eine eigene Idee, ein eigenes Projekt in die Tat um. Auch gefühlsmäßig waren ihm Abenteuer fremd. Im Gegensatz zu seinen vier jüngeren Brüdern, die alle ein abwechslungsreiches Liebesleben genossen, kannte und liebte er zeit seines Lebens nur eine einzige Frau, und das war seine elsässische Gattin Leonie. So sehr hing er an der großen, statuenhaften Leonie Bernheim, der er als junger Mann an den Gestaden des Luganersees den Hof gemacht hatte, daß er nach den Worten eines Neffen «nie eine andere Frau auch nur flüchtig anschaute». Gesellschaftlich war er ebenfalls sehr konservativ. Er schloß nicht leicht Bekanntschaften und hegte nicht den leisesten Wunsch, der Gesellschaft anzugehören, sei es der jüdischen oder der nichtjüdischen (man ist versucht zu sagen, er hätte wohl weder hier noch dort eine flotte Figur gemacht). Für 98 Prozent seiner Zeit war ihm die alleinige Gesellschaft seiner Frau am liebsten. Wenn es darum ging, Geld auszugeben, sei es sein eigenes — das sich auf ein ansehnliches Vermögen belief —, sei es das seiner Firma, war er, wie nicht anders zu erwarten, ein ziemlicher Geizkragen. Zwar waren seine Spenden großzügig, aber er trennte sich nicht leicht von seinem Geld. Er verschenkte es erst, nachdem seine Brüder mit dem Beispiel vorangegangen waren... und die Vermögenssteuern stiegen.

Murrys Stärke war der Umgang mit Zahlen. Er hatte Sinn für Mathematik, liebte Statistiken, gehörte zu denen, die eine Menge schriftlicher Arbeit im Kopf ausführen. Er war einer der hervorragendsten Kupferhandelsexperten des Landes, mit einem besonderen Sinn für den richtigen, flüchtigen Moment, in dem es Kupfer zu verkaufen galt. Er war nicht nur Vorsitzender des Finanzausschusses von American Smelting and Refining und Teilhaber von Guggenheim Brothers, sondern sowohl Direktor als auch Agent von Kennecott Copper (und natürlich einer ihrer Hauptaktionäre).

Bernard Baruch schilderte Murry als «außerordentlich — das ganz eindeutig — aber still, sehr still». Andere urteilten weniger schmeichelhaft. Einer seiner früheren Partner bezeichnete ihn als «ein verdrießlicher Mensch, ein Pessimist». Sohn Edmond erinnerte sich: «Dan besaß Wagemut, aber durch ein warnendes Wort meines Vaters zur rechten Zeit wurde manche Schwierigkeit vermieden... Auch der schneidigste Wagen der Welt braucht eine Bremse.» Nach außen der geradlinigste Mensch, hatte Murry einige merkwürdige Eigenheiten. Er war stur und präzise in allem, mit Ausnahme seines Namens, den er zu verschiedenen Zeiten Murry, Murray, Morris und Morry schrieb. (War dieser dritte Sohn, eingeklemmt zwischen dem mächtigen Dan und dem genialen Solomon, vielleicht ein bißchen unsicher, wer genau er sei?) Nüchtern, schnörkellos im Geschäft, hatte er daneben eine Schwäche für Schönheit, liebte Blumen und unterstützte den New Yorker Botanischen Garten. Frühere Mitarbeiter erinnern sich, wie er mit seinem steifen runden Hut auf dem Kopf im Sitzungszimmer saß, ein Blumenbouquet vor sich auf dem Tisch. Während der Diskussionen hob er oft die Blumen ans schnurrbärtige, kartoffelnasige Gesicht, schloß die Augen... und sagte dann gewöhnlich nein oder «noch nicht» zu jedwedem Vorschlag, der gerade gemacht wurde.

Angesichts seiner ziemlich verkrampften Persönlichkeit war nicht anzunehmen, daß Murry sein Geld waghalsig ausgeben würde, und das tat er auch nicht. Wofür er es schließlich ausgab, war höchst lobenswert, aber im Gegensatz zu Dans blindem Sprung in den Weltraum auch höchst sicher und annehmbar: Er richtete eine Gratiszahnklinik für die armen Kinder New Yorks ein.

«Deine Zähne können dein Leben ruinieren», heißt es. Es gibt eine direkte Verbindung zwischen dem Gebiß und dem zentralen Nervensystem. Schlechte Zähne können einen Menschen nicht nur körperlich, sondern auch seelisch zerstören. Murry, der selber Zahnprobleme gehabt hatte, war daraufgekommen, daß Zehntausende von New Yorker Kindern ohne die elementarste Zahnpflege aufwuchsen. Die Rückständigkeit des Gesundheitswesens in den Vereinigten Staaten war damals so arg, daß die Hälfte aller Schulkinder New Yorks mit acht Jahren an unbehandelter Karies litten*. Die Zahnpflege,

* Etwa 600 000 von ihnen kamen aus Familien, deren finanzielle Verhältnisse eine private Behandlung nicht zuließen.

schloß Murry aus seinen Nachforschungen, war «der allgemein am meisten vernachlässigte Aspekt der pädiatrischen Medizin der USA.»

Die Murry-und-Leonie-Guggenheim-Zahnklinik sollte diese schlimme Lücke im Gesundheitswesen schließen helfen. Sie war die erste ihrer Art in New York und wurde die größte der Vereinigten Staaten. Zu Beginn war die Klinik mit 67 Angestellten und 25 Zahnärzten, sowie 78 Behandlungsstühlen ausgestattet. Bald stellten sich täglich um dreihundert arme New Yorker Schulkinder zur kostenlosen Behandlung ein.

Für die *New York Times* war Murrys Klinik nicht weniger kühn als Dans Finanzierung von Mondraketen. «Die Guggenheims», rühmte einer ihrer Journalisten vielleicht nicht zu Unrecht, «führen etwas humanitär so Zukunftsweisendes ein, daß es für jemanden, der die Geschichte des Kindes im menschlichen Fortschritt studiert hat, fast wie ein Traum anmutet.»

Murry war Präsident seiner eigenen Stiftung, und je mehr Geld er hineinsteckte, desto mehr seiner Aufmerksamkeit, Energie und Zeit beanspruchte die Klinik. Das heißt nicht, daß er die Angelegenheiten von Guggenheim Brothers vernachlässigte. Im Gegenteil, nach Dans Tod 1930 mußte er dort härter denn je arbeiten, denn wie wir wissen, war es Murry, der «Nein-Sagers», dem die volle Last des großen Nitratglücksspiels zufiel.

So kam es, daß sich Murry Guggenheim während der ganzen Zeit der Großen Depression jeweils von halb neun Uhr morgens bis halb sechs Uhr abends am Broadway 120 mit Nitraten und dann von sechs bis acht Uhr an der East Seventy-second Street mit den Zähnen armer Kinder abplagte. Während Sohn Edmond, sein Treuhandvermögen genießend, Golf spielte und seine Tochter Lucille, in dem ihren schwelgend, ihren diversen ehelichen Abenteuern nachjagte.

Daniel Guggenheim, der Urheber der Guggenheimschen Umschaltung von Metallen auf Chemikalien, verlor seinen Glauben an Nitrate nie, nicht einmal dann, als mit der ersten synthetischen Herstellung durch die Deutschen der Markt ins Bodenlose abzusacken begann. Manche Leute glaubten indessen, die Guggenheims legten mit dem Verkauf von Chile Copper an Anaconda und mit dem Einstieg ins Nitratbusiness das Fundament zu ihrer eigenen Auflösung. Diese Zweifel plagten den unbezähmbaren, ewig optimistischen Daniel nicht besonders. In den letzten anderthalb Jahren seines Lebens beteuerte er vor der Presse ständig, die Naturnitratindustrie werde überleben und dank der «Verbesserung der Produktionsmethoden» das synthetische Nitrat sogar überholen. Dan war stets der Meinung, die Technologie vermöge alles zu lösen. Die Zeit bewies, daß er unrecht hatte.

Im Glauben an die Vorhersagen seines verstorbenen Bruders Dan (denen er sein Leben lang erfolgreich gefolgt war) — und ermutigt durch die Tatsache, daß viele Farmer nach wie vor natürliche Nitratdünger den synthetischen vorzogen —, bewog Murry 1931 seine Brüder Solomon und Simon zur Bildung eines großen Trusts, um alles Nitrat in Chile zu monopolisieren. Der Name des Trusts war Compañia de Salitre de Chile — kurz Cosach —, und er wurde bald zum umfangreichsten Unternehmen in ganz Südamerika und zum größten Glücksspiel der Guggenheims, noch größer als Kennecott und Chuquicamata. Das Direktorium bestand aus vier chilenischen Regierungsbeamten, fünf Bankiers, einem deutschen Nitratexperten, einem Vertreter der unabhängigen chilenischen Produzenten sowie Cappelen Smith, einem Metallurgen im Dienste von Guggenheim Brothers. Um das Unterfangen zu finanzieren, stellten die chilenischen Bankiers eine Bürgschaft von 40 Millionen Dollar, die Guggenheims brachten zehn Millionen in bar auf, und ein US-Bankenkonsortium investierte neun Millionen.

(An diesem Punkt ist zu erwähnen, daß die Guggenheims dank umfangreicher Darlehen von Lehman Brothers und L. F. Rothschild & Co. bereits die Anglo-Chilean Nitrate Company und die Lautaro Nitrate Company beherrschten und sich auf einen verzweifelten Versuch eingelassen hatten, durch neue, kostspielige Verfahren natürliches Nitrat gewinnbringend vermarktbar zu machen. Ihre Gesamtinvestition in diese Unternehmungen, einschließlich des geliehenen Geldes, belief sich auf an die 80 Millionen.)

Bald brauchte Cosach noch mehr Geld, und dank weiteren Darlehen (die Familie war nach wie vor kreditwürdig) hatten die Guggenheims im Herbst 1933 bereits 48 Millionen in den Trust gesteckt.

Zu diesem Zeitpunkt war das Verfahren zur Gewinnung von Nitrat aus Salpeter endlich vervollkommnet und drohte gleich Tausende chilenischer Arbeiter um die Arbeit zu bringen.

Jetzt war es Cosach klar, daß sie ohne die Guggenheim-kontrollierten Nitratfirmen und das Guggenheimsche Nitratverfahren nirgendwo hingelangte. Sie schloß mit Murry einen Handel ab, der auf den ersten Blick wie der größte Coup in der Geschäftsgeschichte der Guggenheims aussah.

Cosach hatte sich zu hochgestochenen 375 Millionen Dollar kapitalisiert. Für einen 50 Prozent-Anteil an den Guggenheim-kontrollierten Gesellschaften bot sie 8 Millionen Cosach-Aktien und für das Guggenheim-Nitratverfahren glatte 30 Millionen Dollar.

Kaum war der Vertrag abgeschlossen, mußte Murry aus ganz Chile Vorwürfe einstecken, erstens, weil er für die Nitratgesellschaften so viele Aktien verlangte, und zweitens, weil durch das neue Verfahren so viele Chilenen arbeitslos zu werden drohten. Plötzlich wurde aus Murry, dem Stillen Murry, der Übeltäter. Es war eine Rolle, die er nicht gewohnt war, die er angesichts seiner bisherigen Wohltaten sehr übelnahm.

Eine Zeitlang sah Cosach wie das lukrativste Geschäft aus, das die Guggenheims je gemacht hatten: 30 Millionen Dollar für ein 100 000 Dollar-

Verfahren und 175 Millionen Dollar für eine ursprüngliche Investition von 128 Millionen. Dann aber, 1934, holte die Depression plötzlich auch die chilenische Nitratindustrie ein — das synthetische Produkt konkurrenzierte das natürliche stärker denn je, die weltweite Nachfrage war nicht gestiegen —, und die 8 Millionen Cosach-Aktien waren auf einmal kaum das Papier wert, auf das sie gedruckt waren.

Bald begann die Nachfrage vollends auszutrocknen; die größte Industrie Chiles war praktisch am Ende. Tausende waren wegen der Anwendung des arbeitsparenden Guggenheim-Verfahrens bereits arbeitslos geworden, jetzt verloren weitere Tausende ihren Job.

Bald darauf brach die Revolution aus. Die neue chilenische Regierung widerrief Gründungsurkunde und Satzungen von Cosach, womit deren Aktien mit einem Schlag wertlos wurden.

Bis 1936 hatten die Guggenheims mehr als 60 Millionen Dollar ihrer Investition verloren — ihr weitaus größter Verlust aus einem einzelnen Unternehmen. Im Gegensatz zu diesem Debakel gedieh Anaconda Copper gut: Von ihrem Nettoertrag von 16 Millionen Dollar des Jahres 1936 stammte ein Viertel von der früher im Guggenheimschen Besitz gewesenen Chile Copper Corporation.

Der Zusammenbruch des Nitratabenteuers in Chile versetzte der Familie einen beinahe tödlichen Schlag. Beinahe, aber nicht ganz. Denn die Guggenheims waren immer noch die Haupteigentümer von Kennecott Copper, die 1937 ein 335-Millionen-Dollar-Unternehmen war, und von American Smelting and Refining, eine 161-Millionen-Gesellschaft in jenem selben Jahr. Außerdem besaßen sie gewichtige Aktienanteile an Anaconda, an United States Rubber und an der angolanischen Diamanten-Unternehmung Diamang.

Immerhin war die Familie 1939, Murrys Todesjahr, nicht annährend so reich und marktbeherrschend wie sie in den zwanziger Jahren gewesen war. Ironischerweise war es Dans Wagemut gewesen, der sowohl das Riesenvermögen der Familie aufgetürmt, als auch den Weg zu dessen Verfall gebahnt hatte. Wenn nur Murrys ursprüngliches Nein zum Nitrat beachtet worden wäre! Aber, wiederum ironischerweise, als Murry selbst die ganze Macht besaß, war es gerade sein Ja, das dann zum Beinah-Ruin führte.

Es brauchte den Zweiten Weltkrieg, um die Guggenheims finanziell wieder ungefähr dahin zu bringen, wo sie nach dem Ersten Weltkrieg gestanden hatten. Nitrate, wir erwähnten es bereits, waren ein wichtiges Rohmaterial für Munition. Als der Zweite Weltkrieg ausbrach, war die Nachfrage nach Nitrat so groß, daß das synthetische Produkt ihr nicht genügen konnte (die meisten Fabriken waren in Deutschland) und das natürliche Nitrat plötzlich zu neuem Leben erwachte. Die Guggenheims besaßen noch immer namhafte Anteile an Anglo-Chilean und Lautaro-Nitrat. Cosach wurde in aller Eile neu belebt, wenn auch nicht im selben Format wie früher. Bald vermochten Chile und die Guggenheims nicht einmal der verstärkten Nachfrage zu genügen. Auch beim Kupfer überstieg die Nachfrage bei weitem die Liefermöglichkeiten von Kennecott und Anaconda. Was andere Metalle anging — Zink, Zinn, Silber, Blei —, so standen die Schmelzöfen von American Smelting and Refining wiederum rund um die Uhr in Weißglut, um die neuen Kriegsbedürfnisse zu befriedigen.

So waren die Guggenheims noch einmal ein Spiegel der Wirtschaft der Vereinigten Staaten als Ganzes. Ohne Hitlers Krieg hätte sich die amerikanische Wirtschaft vielleicht nie von der langen Depression der dreißiger Jahre erholt. Ohne Hitlers Krieg hätten die Guggenheims das große Nitratdebakel der dreißiger Jahre vielleicht gar nicht überlebt und wären nie die fabelhafte kulturelle Macht geworden, die sie in den Nachkriegsjahren wurden.

Murry Guggenheim starb 1939 mit einundachtzig. In seinen letzten, recht verbitterten Jahren war die Murry-und-Leonie-Guggenheim-Zahnklinik zur beherrschenden Leidenschaft seines Lebens geworden, einer überaus tröstlichen Kompensation für das Nitratunheil. Murry liebte es, in die Klinik zu gehen und zuzusehen, wie die Busse der New Yorker Schulbehörde nach der Schule die Kinder entluden — zumeist Schwarze, Puertorikaner, Italiener und russische Juden aus der Lower Eastside. Er stand dann in der Eingangshalle, mit dem steifen Hut auf dem Kopf und einer duftenden Blume im Knopfloch, beobachtete die Kinder auf ihrem Weg zu den Behandlungsstühlen und verspürte die Befriedigung, die das Nitrat ihm versagt hatte. 30 200 arme Kinder hatten bis zu seinem Todesjahr dank seiner Freigebigkeit unentgeltliche Zahnbehandlungen bekommen. Er bedauerte lediglich, daß er wegen der schweren Verluste in Chile nicht in der Lage war, seiner Klinik auch nur annähernd soviel Geld zuzuwenden, wie er gewollt hätte. Die Depression über dem chilenischen Nitrat wirkte sich auf diese Weise auf die Zähne der armen Kinder New Yorks aus.

Kapitel

5

Solomons zweiter Frühling

Seht Solomon R. Guggenheim in all seiner Pracht

Da sitzt er, der eleganteste der Brüder, makellos ausstaffiert im grauen Nadelstreifenanzug mit Weste von der Savile Row, mit weißem, hohem gestärktem Kragen, grauem Seidenschlips mit Perlnadel, im Salon seiner riesigen Achtzimmer-Suite im Plaza, der Fürstensuite, die über den Balkonen und Fahnen des Haupteingangs liegt, die Räume vollgehängt mit kostbaren alten Meistern, der ganze Mitarbeiterstab des Hotels auf Wink oder Knopfdruck zu seiner Verfügung. Da ist er, wie er ein, zwei Wochen im Januar an seinem «Winterplätzchen», der hübschen griechischen Neuschöpfung von 1828 auf der East Battery in Charleston, im Staat South Carolina, verbringt. Da ist er, wie er auf seiner privaten Anlage Golf spielt, auf seinem 100 Hektar-Anwesen Trillora Court in Sands Point, der früheren Villa Carola seines Bruders Isaac, und den Ball an bemoosten Barockstatuen und Brunnen, abgezirkelten italienischen Gärten, Kiefern-, Eichen- und Birkenhainen vorbeifliegen läßt. Da ist er im Frühherbst, wie er in seinem Jagdhaus und Gehege auf dem Glenkinde Moor in Schottland Moorhühner schießt. Da ist er, ungefähr einen Monat später, wieder auf der Jagd, diesmal auf Wildgänse, Enten und Steppenhühner auf seiner riesigen 3000 Hektar-Viehranch mit Jagdreservat am Snake River in Island Park, Idaho. Da ist er und schießt Rotwild und Enten auf seiner 500 Hektar-Plantage Big Survey in den moosigen Wäldern von Yemasee, South Carolina. Da ist er auf seiner 32 Meter langen Yacht *Trillora*, einem umgebauten Zerstörer aus dem Ersten Weltkrieg, der schnellsten Jacht der Welt, auf der er in nur vierzig Minuten von Sands Point zu seinem Büro in Lower Manhattan jagen kann. Da ist er mit seiner hübschen Frau Irene und seinen drei Töchtern, von denen eine mit einem britischen Grafen verheiratet ist, zu Gast auf dem vierhundertjährigen Ahnensitz des Schwiegersohnes in Ulster. Da sitzt er an seinem Schreibtisch im großen holzgetäfelten Partner's Room von Guggenheim Brothers, inmitten goldgerahmter Porträts seiner Brüder, seines Vaters und Großvaters und seiner selbst, und bespricht mit den Brüdern Murry und Simon ein 50-Millionen-Dollar-Geschäft mit Nitrat in Chile, die letzten Finanzberichte aus ihren Diamantminen im Kongo und in Angola, ihren Zinnminen in Bolivien und Malaya, ihren Gummiplantagen im Kongo, ihren riesigen Beteiligungen an Kennecott und Anaconda Copper.

Da ist er, einer der großen Fürsten des amerikanischen Imperiums, gesegnet mit allem, was seine Landsleute sich je zu besitzen erträumten; da ist er, nur eine Generation weit dem europäischen Ghetto entrückt, hält die Welt in seinen Händen... und langweilt sich.

Da kommt eine sechsunddreißig Jahre alte, blauäugige, rothaarige deutsche Baronesse und Malerin daher. Kommt daher wie ein Wirbelsturm, fegt mit einem großen reinigenden Windstoß alle Müdigkeit, alle Verzweiflung, allen Lebensüberdruß hinweg. Kommt daher, nimmt Besitz und gibt dafür dem alternden König Energie, Hoffnung, Enthusiasmus; schenkt dem alten Seeräuber einen neuen Frühling.

Solomon Guggenheim lernte die Baronesse Hilla Rebay von Ehrenwiesen 1927 in New York kennen. Sie war mit einem Empfehlungsschreiben von Irenes Schwester Gertrude de Paats aus Paris gekommen, wo sie ihre Werke ausgestellt hatte. Solomon war von ihr sofort beeindruckt und bat sie, ihn zu porträtieren. Sie lehnte ab, weil sie die realistische Porträtmalerei nicht mehr möge; sie habe diese Mode hinter sich gelassen und male jetzt nur noch ungegenständlich. Worauf Sol, der gern ein bißchen stichelte und scherzte, ironisch bemerkte: «Nein, nein, es ist sicher nur, weil Sie nicht mehr wissen, wie man ein Porträt macht.» Sie biß an, man sprach über das Honorar, er gab ihr viel mehr, als sie verlangte — 9000 Dollar —, und sie porträtierte ihn und ließ ihn dabei viel jünger aussehen als seine fünfundsechzig Jahre. Das Gemälde wurde später von Solomons Erben vernichtet.

Während sie ihn malte (an Wochenenden auf Trillora Court), redeten sie über Kunst. Solomon, der stilsicherste aller Guggenheim-Brüder, liebte Gemälde, verstand aber nicht viel davon. Irene wußte mehr, und besonders die alten Meister waren nach ihrem Geschmack. So hatte Sol alte Meister gekauft, einige Werke aus dem Spätmittelalter und der frühen italienischen Renaissance, einige flämische Holztafeln, einige Bilder aus der Barbizon-Schule, einen Joos van Cleve, ein paar Audubon-Stiche und orientalische Kolorierungen... und einige Watteaus, soviele Watteaus, wie er zu fassen bekam.

Die Baronesse zögerte keine Sekunde, ihm zu sagen, was er gesammelt habe, sei ganz falsch für einen Mann von seinem Weitblick und seinen Mitteln. Nein, ein Mann mit so immensem Reichtum und Pioniergeist wie er müßte *zeitgenössischen* Künstlern helfen, den Künstlern der Zukunft.

Die Betonung auf «Pionier» traf ins Schwarze. Während die Wochen vergingen und ihr Bildnis des Großen Alten Mannes sich der Vollendung näherte, setzte sie ihm ihre selbstentwickelten «revolutionären» Ideen über ungegenständliche Kunst mit der Leidenschaft eines Evangelisten auseinander und bekehrte ihn schließlich. Ja, bei Jehova, wenn er im Bergbau und in der Metallurgie sein Leben lang bahnbrechend gewesen war, warum sollte er nicht auch in der Kunst ein Pionier sein?

Bald führte ihn Hilla in die Abstraktionen des Polen Rudolf Bauer, des Russen Wassily Kandinsky und des Ungarn Laszlo Moholy-Nagy ein, die alle außerhalb ihrer Heimat lebten. Solomon war tief beeindruckt von einem abstrakten Aquarell von Bauer und legte später den Augenblick seiner Bekehrung zur ungegenständlichen Kunst auf den ersten Anblick dieses Werkes fest. (Die Zeit sollte beweisen, daß er bei der Beurteilung anderer Kunstwerke sehr viel sachverständiger war.) Eines fügte sich zum anderen, und 1929 weilte Solomon mit Irene und der Baronesse in Deutschland und besuchte den «Vater der abstrakten Kunst», Wassily Kandinsky, der am Bauhaus in Dessau unterrichtete. Bei diesem Zusammentreffen, das für alle Anwesenden und für die ganze moderne Kunst gewichtige Folgen haben sollte, nahm Solomon Kandinsky bei der Hand und hielt eine förmliche kleine Rede: «Herr Kandinsky, Sie und ich haben etwas gemeinsam. Sie führten eine Revolution in der Kunst durch, meine Brüder und ich haben dadurch, daß wir die Entwicklung neuer Bergbaumethoden finanzierten, in dieser Industrie eine Revolution durchgeführt.» Dann kaufte er Kandinskys «Komposition 8» und zwei weitere Bilder und legte damit den Grundstock für eine Sammlung von Kandinskys, die sich heute im Solomon-R.-Guggenheim-Museum befindet und die größte der Welt geworden ist.

Die Baronesse bemächtigte sich nun praktisch des Lebens von Solomon, sowie seines Geldes; sie hetzte ihn dahin und dorthin, brachte ihn mit allen Aufsteigern der ungegenständlichen Kunst in persönliche Verbindung, eröffnete ihm beglückende neue Welten, denen er nie zuvor in die Nähe gekommen war, und ermunterte ihn ständig, zu kaufen, kaufen, kaufen. Dabei sammelte sie von den Malern nahrhafte Kommissionen ein, der erste Geldstrom eines ansehnlichen Vermögens, das sie mit der Zeit an Solomon verdiente. Sols jüngste Tochter Barbara, die für die Baronesse nichts übrig hatte, sagte Jahre später: «Na ja, sie ist herübergekommen, um einen reichen Amerikaner zu finden, *und sie hat einen gefunden!*»

Es wäre jedoch unfair, Hilla Rebay als habgierig zu bezeichnen. Natürlich brauchte sie Geld, wie alle andern auch, und erspähte in Solomon einen nie versiegenden Goldtopf, aber noch mehr trifft zu, daß sie eine überaus, ja fanatisch hingebungsvolle Streiterin für die Kunst war. Kunst war ihr Leben, ihre Religion. Sie verschwendete kaum einen Gedanken an irgendetwas anderes. Jeder, der mit ihr in Berührung kam, war von ihrem Eifer überwältigt. Sie war ein Apostel der abstrakten Malerei. Manche Leute waren überzeugt, daß sie ein bißchen verückt sei. Was sie schrieb, erschien oft äußert undurchdringlich. Wie auch immer, es brauchte schon eine Persönlichkeit ihres manischen, ungestümen Temperaments, um Solomon und sein Vermögen aufzurütteln und in bestimmte Bahnen zu lenken. Bevor Sol Hilla kennenlernte, wußte er nicht, was er mit seinem Geld und mit dem Rest seines Lebens anfangen sollte. Zweiunddreißig Jahre nach seinem Zusammentreffen mit ihr hatte sein Geld die umfassendste Privatsammlung moderner Kunst angelegt, die es gab, und das kühnste Kunstmuseum der Welt errichtet.

Hilla Rebay besaß ohne Zweifel ein gewisses Genie. Sie hatte einen unstillbaren Hunger nach Leben und Kunst, eine Art vulkanische Begeisterung, und sehr wenig Hemmungen. Sie war äußerst gesprächig und sagte ihre Meinung ohne Zugeständnisse an die Diplomatie geradeheraus, mit kräftigem deutschem Akzent und Dutzenden charmanten Fehlern. Wenn sie über etwas sprach, das sie mächtig interessierte, geriet sie oft in Erregung, und die Worte sprudelten in wahren Sturzbächen aus ihr heraus. Wußte sie den richtigen englischen Ausdruck nicht, dann schob sie deutsche und französische Wörter ein, ohne sich mit Erklärungen aufzuhalten. Im Gespräch wechselte ihre Stimmung zuweilen abrupt. Es kam vor, daß sie sich wild enthusiastisch über einen Maler ausließ, mit leuchtenden Augen und ekstatischem Gesichtsausdruck, sich dann plötzlich an irgendeine vergangene Kränkung oder Beleidigung erinnerte, worauf ihre Laune in heftige Wut umschlug. Nun peitschten ihre Worte durch den Raum, ihre Augen quollen vor, ihr Gesicht rötete sich, und der einstige Beleidiger wurde von einer Lawine von Schmähungen zermalmt. Wie so manche deutsche Frauen lag sie jemandem entweder zu Füßen oder sprang ihm an die Gurgel. Solange sie jemanden bewunderte, tat sie alles für ihn, doch wenn man ihre Pläne nur ein einziges Mal blockierte, war sie bereit, einen zu vernichten. Wenn sie jemanden zum erstenmal traf, besonders jemand Reichen oder Berühmten, dann leuchtete die von Natur aus Gesellige und Überschwengliche auf und ihre Begrüßung war überwältigend. Betrat sie einen Raum voller Menschen, so beherrschte sie in Kürze die Gesellschaft und zog die ganze Aufmerksamkeit auf sich. Sie fand sich selber grandios: Es war ihre Mission, und nur ihre, die ungegenständliche Kunst der Welt nahezubringen.

Körperlich sah Hilla aus wie eine Ringkämpferin — kurz, stämmig, dick —, aber sie hatte ein sensibles, äußerst ausdrucksvolles Gesicht. Jedermann bemerkte die Tiefe und das Leben in ihren Augen, und sie hatte ein breites, glückliches Lächeln. Ihre Kleidung war «Große Oper». Ständig trug sie einen Seidenschal um den Hals und liebte ausgefallene Hüte mit Straußenfedern. Ihr Rechtsanwalt schilderte ihr Hauskleid als «halb Schlafzimmer, halb

Wohnzimmer». Es konnte vorkommen, daß sie einen in Bademantel, Hut und hochhackigen Schuhen an der Tür empfing.

Vom Verstand her war sie dogmatisch, autoritär und irgendwie bigott: Sie hatte ihre Vorurteile und Überzeugungen und wich weder von ihnen ab, noch ertrug sie Widerspruch. Obwohl ihre engsten Freunde und Partner Juden waren, äußerte sie sich häufig antisemitisch. Sie liebte es, das Gespräch zu beherrschen, und sie liebte es, Befehle zu erteilen. Nur wenige konnten ihr widerstehen, am allerwenigsten Solomon Guggenheim. Wenn sie etwas von ihm wollte, bekam sie es. Am Ende bekam sie Hunderte von Bildern, Millionen von Dollar und ein Museum. Sie war ein weiblicher Richard Wagner und Solomon ihr König Ludwig. Der Vergleich ist gar nicht so weit hergeholt: Sie wie Wagner brauchten reiche Gönner und fanden sie. Beide träumten davon, der Kunst — wenn auch nicht der gleichen — einen Tempel zu errichten, und beide errichteten ihn.

1890 in Straßburg im Elsaß geboren, als Tochter des preußischen Barons Franz Joseph Rebay von Ehrenwiesen, eines Generals der deutschen Armee, studierte sie gegen den Wunsch ihres Vaters in Düsseldorf und Paris Kunst und stellte ihre Werke in Paris, München, Bern, Zürich und Berlin aus, bevor sie nach Amerika kam. Ihre wichtigsten Ausstellungen hatte sie bei der Gruppe «Sezession» in München und in der Galerie «Der Sturm» in Berlin. Dort lernte sie die ersten großen Abstrakten kennen: Delaunay, Gleizes, Léger, Chagall, Kandinsky und Bauer.

Obwohl sie eine professionelle Malerin war und bereits Karriere gemacht hatte, wurde ihr, als sie Solomon Guggenheim kennengelernt und seine Aufmerksamkeit und sein Vertrauen gewonnen hatte, immer deutlicher bewußt, daß ihre Lebensaufgabe nicht länger darin bestand, einfach zu malen (sie tat es zwar weiterhin... nicht übertrieben gut), sondern mit Solomons Geld die abstrakte Kunst — und sich selbst — zu fördern.

Hilla merkte bald, als sie Sol näher kannte, wie freigebig er mit seinem Vermögen umging. Er fühlte keinerlei falsche Bescheidenheit oder gar Scham wegen seines großen Reichtums. Er genoß es, reich zu sein, genoß es, mit Geld um sich zu werfen, und behauptete nie, etwas anderes zu sein als ein sehr privilegierter, sehr wohlhabender Kapitalist. Er genierte sich durchaus nicht, sich solche Extravaganzen zu leisten wie zum Beispiel dem Plaza-Portier Tausenddollar-Trinkgelder zuzustecken, damit sein Pierce Arrow ständig neben dem Haupteingang geparkt bleiben durfte. Einmal, bei einem Familienausflug von Southampton nach Cherbourg, vertrödelte seine Tochter Eleanor die Zeit mit einem Freund und versäumte die Abfahrt. Da telegrafierte sie ihrem Vater auf das Schiff, und Sol gab dem Kapitän prompt 10 000 Dollar, damit er mit dem Dampfer umkehre (mitten im Kanal), um sie an Bord zu holen, zum großen Ärger der andern Passagiere, von denen die meisten in Cherbourg einen Anschlußzug nach Paris erreichen sollten. Dann gab es noch die Geschichte, wie Sol einmal einen ganzen See in New Jersey mit Schleppnetzen nach der verlorenen Zehndollarbrille einer Nichte absuchen ließ. Ja, die Baronesse sah bald, daß Solomon kein Knauser war. Jetzt lag es an ihr, seiner Verschwendung Sinn und Richtung zu geben.

Zum Glück für ihre Pläne verliebte sich Solomon Guggenheim mit seinen sechsundsechzig Jahren wahnsinnig in sie. Sie war so anders als die Leute, mit denen er normalerweise in Berührung kam, so anders als die gesetzte Irene. In seinem ganzen Leben, mit Ausnahme des mexikanischen Abenteuers, hatte er mit verhältnismäßig nüchternen, vernünftig denkenden Geschäftsleuten zu tun gehabt, Leuten, die ihre Gefühle streng unter Kontrolle hielten. Jetzt hatte er dieses wilde, instinktive, halb animalische, halb engelhafte Wesen an seiner Seite, ein Wesen, das leidenschaftlich auf alles reagierte, und das erfrischte ihn unendlich.

Bald schrieb er ihr Briefe, mit der Anrede «Liebstes Hillachen» und dem Schluß «mit viel Liebe, Sol». Bald unternahmen sie gemeinsame Streifzüge mit seiner Jacht. Bald besuchte sie ihn, allein, auf Big Survey, in der Zurückgezogenheit der Tannenwälder in Yemasee, South Carolina.

Ob sie miteinander geschlafen haben, bleibt eine offene, vielleicht auch irrelevante Frage. Hilla, die zornig auf den unvermeidlichen Klatsch reagierte, verneinte es mit Nachdruck. Wenn man jedoch an Solomons lebenslange Neigung zum wohlgeformten Bein, zum vollen Busen, zum ... denkt, möchte man eher annehmen, daß sie es taten. Es war kein Geheimnis, daß Sol sich während seiner Ehe vieler Affären erfreute. Er erzählte seiner Frau lange nicht, daß er die Jacht gekauft hatte, weil er seine Freundinnen gerne darauf einlud. Eine seiner bevorzugten Geliebten, jene, mit der er sich unmittelbar vor Hilla vergnügte, war die Erzieherin der Kinder seiner Tochter Eleanor. Sols Nichte Gladys Straus erinnert sich heute noch, daß seine Freundinnen die schönsten Frauen waren, die sie je gesehen hatte. Oft ließ sich Sol bei seinen Neffen Harry Guggenheim und Harold Loeb über Pflege und Fütterung von Mätressen aus. «Liebt nie eine Frau vor dem Frühstück», riet er ihnen, «ihr könntet schon vor dem Mittagessen ein besseres Angebot bekommen.» Und, betonte er, wenn es Zeit wird, sich zu trennen, ist es immer äußerst wichtig, großzügig zu sein, sehr großzügig. «Ihr müßt den Schock immer abpolstern.»

Wie auch immer — Sex oder nicht Sex —, in Solomons Brust entfaltete sich eine zärtliche Liebe zu Hilla. Seine Briefe an sie, von denen Hunderte in den Archiven der Hilla-Rebay-Stiftung aufbewahrt werden, bezeugen, daß er ihr echte Hingabe, Hochachtung und warme Zuneigung entgegenbrachte. Um diese Zuneigung mit etwas Konkretem zu untermauern, mietete er für sie in New York eine Wohnung, richtete ihr ein Monatsgehalt aus, schenkte ihr Dutzende wertvoller Bilder, baute ihr ein prachtvolles Anwesen in Connecticut und vermachte ihr in seinem Testament eine Million Dollar.

Gewappnet mit ihrer «Philosophie», ihrem angeborenen Dogmatismus, ihrer Energie und Sols Geld, stürmte die Baronesse Hilla mit Sol im Schlepptau in die Welt der Kunst der dreißiger Jahre und kaufte jeden Abstrakten auf, der etwas zu werden versprach. Bis 1939 hatte sie Solomon dazu gebracht, fünfzig Kandinskys, fünfzehn Gleizes', sechs Légers, fünf Moholy-Nagys, drei Chagalls, vier Delauneys, zwei Feiningers und jedes Werk, Dutzende und Aberdutzende, das jemals von der Staffelei Rudolf Bauers kam, zu kaufen.

Zuerst wurden die Bilder in Sols Suite im Plaza aufgehängt (die «alten Meister» wurden in Irenes Zimmer verbannt, während die neuen überall sonst hingen), bald aber waren die Wände außerhalb von Irenes Zimmer überfüllt, und es wurde notwendig, dafür in einigen Büros in der Carnegie Hall Platz zu mieten. Als die Sammlung wuchs und wuchs, dachte Sol über deren Zukunft nach, und 1937 wurde daraus die Solomon-R.-Guggenheim-Stiftung «zur Förderung und Unterstützung von Kunst und Kunsterziehung». 1939 schließlich wurden an der 24 East Fifty-fourth Street weitläufige Räume gemietet, die ganze Sammlung wurde dorthin verbracht und am 1. Juni «Die Solomon-R.-Guggenheim-Sammlung ungegenständlicher Malerei» unter der Obhut von Baronesse Hilla Rebay von Ehrenwiesen eröffnet.

Ungefähr um diese Zeit wurde Sols gesamte Kollektion alter Meister für 341 000 Dollar versteigert.

Irene war, wie nicht anders zu erwarten, höchst ungehalten. So, wie sie schon die ganze Zeit über Sols verrückte Vernarrtheit in die Baronesse und sein ebenso verrücktes Abenteuer in abstrakter Kunst ungehalten war. Wie hatte sie sich geärgert damals im Plaza, als Hilla schamlos ihre antike silberne Teekanne ergriff und ihren — Irenes — Gästen am oberen Ende *ihres* Tisches Tee einschenkte, während sie, Irene, dumm und stumm zusehen mußte! Einmal versuchte Solomon, ihr alles zu erklären. Er sei als Pionier in Mexiko gewesen, habe nach Minen gebohrt. Er sei als Pionier in Alaska, in Chile gewesen, immer auf der Suche nach vielversprechenden anderen Bodenschätzen. Jetzt sei er ein Pionier und Schatzsucher in der Kunst. Er spüre neue Künstler auf, vielversprechende Minen der Kunst. Manchmal erschöpfe sich eine Mine, und man müsse nach etwas anderem Ausschau halten.

Irene nahm das Ganze persönlich. Sie und ihre alten Meister waren also «erschöpft»! Und Hilla und ihre Ungegenständlichen mußten noch erforscht werden. «Aber ich sage dir, Solomon» — in ihren Briefen nannte sie ihn gewöhnlich ihre «schlechtere Hälfte» —, «du wirst nie so reiche Minen finden wie Watteau und mich». Und standhaft schweigend ertrug sie Hilla samt Moholy-Nagy.

Arme Irene. Da genoß Sol seinen zweiten und dritten Frühling, und sie mußte das alles als Zuschauerin miterleben, und zwar allein, ohne den Trost ihrer alten Meister. Allerdings war er stets nett zu ihr und großzügig, und das war ein Trost im Winter ihres Lebens, ohne die geringste Chance, daß die Jahreszeiten noch einmal wechseln würden. Jahre später verteidigte Gladys Straus ihren Onkel: «Sol wurde alt und müde und ohne Lebensziel. Tante Irene war so schwerfällig. Hilla schenkte Onkel Sol ein ganzes neues Dasein, und das tat ihm so gut! Wir alle sahen, wie sehr er auflebte, als Hilla die Szene betreten hatte.»

Es tat ihm gut in mehr als einer Hinsicht. Denn Hilla gab Solomon nicht nur seine Jugend wieder, sie schenkte ihm auch etwas fast ebenso Wichtiges, etwas, das ihm bisher versagt geblieben war: Ruhm.

Solomon Guggenheim war ein fähiger Geschäftsmann gewesen, aber kein großer, und wie wir wissen, hatte er durchwegs im Schatten seines Bruders Dan gestanden. Wenn die *New York Times* oder das *Forbes*-Magazin oder *Barron* eine Erklärung zur Wirtschaftslage von den Guggenheims wollten, was häufig der Fall war, dann war es fast immer Dans Äußerung, die veröffentlich wurde. Als Dan dann die Luftfahrt und den Raketenbau zu subventionieren begann, wurde er von der Presse erst recht beachtet. Jetzt aber, da die Kunststiftung und das Museum für ungegenständliche Kunst Solomon R. Guggenheims feste Einrichtungen waren und die Baronesse Ausstellungen der Solomon-R.-Guggenheim-Sammlung in Sols Heimatstadt Philadelphia (1937), in seinem Winterferienort Charleston, South Carolina (1938) und in der Wahlstadt seiner Tochter Barbara, Baltimore (1939) veranstaltete, stand sein Name plötzlich im Scheinwerferlicht. Die Presse feierte ihn für seine Pioniertaten in moderner Kunst, für seine erste Gegenüberstellung des amerikanischen Publikums mit zeitgenössischer europäischer abstrakter Malerei. In der Kunst gelangte Sol endlich zu der Berühmtheit, die ihm im Geschäftsleben vorenthalten geblieben war.

Es dauerte allerdings nicht lange, bis Solomons neugewonnener Ruhm seine Kehrseiten zeigte, wie das oft geschieht, und zwar hauptsächlich dank der schlecht angebrachten Begeisterungsausbrüche und der mystischen, doppelzüngigen Reden der Schöpferin seines Ruhmes, der unbezähmbaren Hilla, und der wachsenden Präsenz von Hillas bevorzugtem Maler und bevorzugtem Liebhaber Rudolf Bauer in seiner Sammlung.

Als er seine Kunststiftung schuf, erklärte Solomon, er habe es getan, «damit dieses Land eines der großen Kunstzentren der Welt werde und sich der Prozeß beschleunigen möge, daß es seine eigenen großartigen Kunstwerke entwickelt, wie es die älteren Nationen getan haben.»

Diese noble, wenn auch einigermaßen chauvinistische Absicht wurde leider nicht ganz verwirklicht. Die Kunstschiedsrichter in New York hatten Mühe, die Baronesse, ihre Kataloge und ihren Lieblingsmaler ernstzunehmen. Wenn sie in einem Katalog munter behauptete, «die drei hauptsächlichen ungegenständlichen Gegenstände — der Kreis, konzentrierte Kontinuität an sich, das Quadrat, eine geistigere Form im Verhältnis zum Raum, und das vielleicht weniger geistige Dreieck — waren alle vervollkommnete absolute Formen der Reinheit und Schönheit», dann sträubten sich den Kritikern die Haare.

Der Kritiker der *New York Times*, Edward Alden Jewell, schrieb, ihr Katalog der Moholy-Nagy-Ausstellung sei ein «Totalausfall». Ein anderer nannte einen von Hillas heißgeliebten Bauers «eine Kreuzung zwischen einem College-Wimpel, einem Billardtisch, der (einstürzenden) London Bridge und dreizehn Mikroben unter einem Mikroskop.»

Als 1942 die Kunsthändlerin Edith G. Halpert sich beklagte, die Solomon-R.-Guggenheim-Stiftung befasse sich nicht mit amerikanischen Künstlern, schrieb ihr die Baronesse einen wütenden Brief, sie stelle doch Moholy-Nagy aus, «der seinen Wohnsitz 1937 in die Vereinigten Staaten verlegt hat», und sie verwende ein «amerikanisches Instrument», das sie «Mr. Dockum» nannte, «um Dias von Gemälden auf eine Leinwand zu projizieren.»

Gelegentlich passierten auch Pannen. Hilla ließ gerne Plattenmusik durch die Galerien klingen, vorwiegend Bach. Gelegentlich blieb das im Keller untergebrachte und von Hilla bediente Grammophon stecken, während Hilla abwesend war, und dann mußten die Besucher versuchen, sich zu einem endlos wiederholten Es-Dur-Akkord auf die (einstürzende) London Bridge und dreizehn Mikroben unterm Mikroskop zu konzentrieren, die wie alle übrigen Gemälde auf Kniehöhe ausgestellt waren. Eine Zeitlang im ersten Jahr des Museums war das Dach undicht, und so bewegten sich an Regentagen festlich aufgetakelte Damen vor den Rebays, den Kandinskys, den Bauers um Pfützen herum oder patschten gelegentlich in sie hinein.

Die Rebays und die Bauers. Daß Hilla viele ihrer eigenen Werke zur Schau gestellt hatte, zusammen mit Dutzenden von Bauers, veranlaßte Aline Saarinen zum Kommentar, die Ausstellungsstücke des Museums würden «in ziemlich unbescheidener Weise von Bildern der Museumsdirektorin selbst ... und von denen ihres einst engen Freundes Rudolf Bauer dominiert. Obwohl die ihren geistvoll und die seinen offensichtlich gekonnt sind, stimmen die meisten qualifizierten Kritiker darin überein, daß das Werk beider in keinem anderen Museum besonders hervorgehoben würde.»

Die Rebays und Bauers waren tatsächlich ein Problem, besonders die Bauers. Hilla bewunderte, ja vergötterte Bauers Werk nicht nur, sie war auch eine Zeitlang fürchterlich in ihn verliebt.

Rudolf Bauer war ein skrupelloser polnischer Jude mit wilden Augen und wilden Gefühlen, der geometrische Abstraktionen und «kosmische» Bilder malte, etwas in der Art von Kandinskys «Kreis»-Malereien. Hilla lernte ihn kennen, als sie beide im Berliner «Sturm» ausstellten, und war sogleich in ihn und in seine Bilder verschossen. Bauer steckte zu jener Zeit finanziell in der Klemme, und Hilla gelobte, der Verbesserung seiner Verhältnisse ihr Leben zu widmen.

Hilla hielt sich nicht nur für eine Künstlerin ersten Ranges, sondern auch für eine große Schutzherrin der Kunst. In einem ihrer vielen Briefe an Solomon behauptete sie, «als erste den Wert von Van Gogh, Rousseau, Gauguin, Cézanne, Lembruck erkannt» zu haben, «1910, 1911 fast unbekannt, als ich ihre Werke kaufte.» Ein Artikel über sie in *Palm Beach Life* vom Januar 1963 hob diese Rolle, die sie sich selbst verliehen hatte, hervor:

«Hilla Rebay beschloß als junges Mädchen, wenn sie je den Weg eines Genies kreuzen sollte, würde sie persönlich dafür sorgen, daß es nicht das Schicksal eines im Armenhaus endenden Rembrandt und eines im Armengrab beigesetzten Mozart erleide. Sie würde sich dafür einsetzen, daß es bequem und sorgenfrei leben könne. (...) Dieses Gelübde erfüllte sie an Rudolf Bauer, dem Maler, dessen Geschick durch den Aufstieg Hitlers zur Macht in Deutschland untergraben wurde. Sie war es, die seine Freilassung aus einem deutschen Gefängnis zustandebrachte. Sie war es, die ihn, wenn auch gesundheitlich stark angeschlagen, nach Amerika holte. Es heißt, sie habe es sogar durchgesetzt, daß man Bauer die beiden Düsenbergs schenkte, die er verdiene.»

Hilla war überzeugt, daß Bauer ein Jahrtausendgenie sei, wie Wagner, und hielt in ihrem Essay «New Age» fest:

«Bauer plante die Schaffung eines neuen Kunsttempels in Deutschland, eine Art Bayreuth, zu dem die Menschen mit der Absicht pilgern würden, sich des Besten an spiritueller Kunst, Musik, Malerei, Poesie, Philosophie und abstraktem Ausdruck zu erfreuen.»

In ihrer unnachahmlichen Prosa verteidigte Hilla in «New Age» ihr oft unverstandenes Idol:

«Es dauerte zweihundert Jahre menschlicher Unfähigkeit, bis der taube Durchschnitt imstande und begierig war, Bachs majestätische Botschafen so oft zu hören wie heute. Was konnte also ein Bauer vom Durchschnitt erwarten, der so lange unfähig war, Freude an großartiger Musik zu empfinden, die doch nur das primitive Ohr betraf, ein Organ, das an Fähigkeit so weit hinter dem komplizierten Auge als Informations-Agens, klug und sogar Botschaften-Sender, zurücksteht.»

Jahre später äußerte Wassily Kandinskys Frau, daß Hilla das Guggenheim-Museum erstens als Verwirklichung von Bauers Traum eines neuen Bayreuth und zweitens als einen Ausstellungsraum für Bauers Werk gedacht hatte.

Bauer und Kandinsky kannten sich aus den Tagen des «Sturm». Zuerst waren sie gute Freunde, aber auf Grund von Bauers abscheulichem Verhalten Kandinsky gegenüber haßte ihn dieser allmählich.

Zum ersten kopierte Bauer Kandinsky schamlos und gab seinen kandinskyesken Stil als ganz und gar eigenen aus. Als er zum zweiten von Hilla vernahm, daß der sagenhaft reiche Solomon R. Guggenheim am Ankauf von

Kandinskys interessiert war, ging er zu Kandinsky, stellte sich als «nur ein armer Künstler» hin, der dessen Werk bewundere und studieren wolle, luchste ihm so ein paar Bilder billig ab, drehte sich um und verkaufte diese mit gewaltigem Profit an Solomon. Nachdem er sich drittens gänzlich in Hillas Herz und Sinn und in Solomon Guggenheims Sinn und Sammlung eingeschlichen hatte, versuchte er dafür zu sorgen, daß Solomon aufhörte, Kandinskys zu erwerben, und nur noch Bauers kaufte.

Nach einer Weile kaufte Sol auf Hillas Betreiben die gesamte Produktion Bauers. 1939 hatte er nicht weniger als achtundfünfzig Bauers in seiner Sammlung, und 1942 konnte es sich Max Ernst, der damals mit Sols Nichte Peggy zusammenlebte, nicht verkneifen, das Museum für ungegenständliche Kunst «das Bauerhaus» zu titulieren.

Mit den Einnahmen aus diesen Verkäufen und aus dem Weiterverkauf billig erworbener Kandinskys baute sich Bauer eine Prachtvilla im Berliner Westend und ließ über dem Eingang die Inschrift anbringen: «Heim des Geistigen in der Kunst» — auch das ein Plagiat, denn Kandinsky hatte 1912 ein Buch mit dem Titel «Über das Geistige in der Kunst» geschrieben. Dann füllte der überschwengliche, verschwenderische Bauer das «Haus, das Sol gebaut» mit extravaganten Möbeln — großen vergoldeten Barocksesseln mit roten Samtpolstern, kunstvoll geschnitzten Großvateruhren, die nicht liefen, mächtigen blau-weißen bayerischen Kachelöfen —, stellte zwei kolossale Doppelbetten in sein Schlafzimmer, engagierte ein Dienstmädchen und einen Küchenchef und hielt einen riesigen schwarzen Neufundländer, um die Leute zu erschrecken, denn er war nach Ansicht von Madame Kandinsky «ein Sadist», stopfte die Wände voll mit seinen eigenen Bildern, auf purpurnem Samt und mit prunkvoll geschnitzen Goldrahmen, und schickte Kandinsky eine Nachricht: «Von nun an müssen Sie alle Ihre Bilder in meinem Haus ausstellen.» Als Kandinsky erwiderte, er wolle lieber in Museen hängen, wo alle Leute sein Werk sehen könnten, vor allem junge Leute, blaffte Bauer zurück: «Zum Teufel mit den jungen Leuten, die können sich ja keine Bilder leisten.»

Dann kam Hitler und der Krieg, und Bauer geriet prompt in Schwierigkeiten mit den Nazis. Er begann illegal mit Marks und Dollars zu spekulieren. Beunruhigt durch die Haltung der Nazis gegenüber den Juden, hängte er eine amerikanische Flagge aus seinem Fenster, als eine Militärparade vorbeimarschierte. Bald steckte er in einem Konzentrationslager, verrichtete Zwangsarbeit und wartete auf die Gaskammer.

Worauf die loyale Hilla in Aktion trat. Inzwischen — 1941 — war Hillas Bruder Baron Franz Hugo Rebay von Ehrenwiesen Offizier im Nazi-Innenministerium. Hilla setzte sich mit ihm in Verbindung und sagte ihm, sie und Solomon Guggenheim wollten Bauer «um jeden Preis» aus dem Lager und in Amerika haben. Franz Hugo antwortete, der Preis könnte möglicherweise sein Kopf sein, aber er wolle es versuchen. Er sympathisierte ohnehin nicht besonders mit Hitler, und für die Einstellung des Führers zu den Juden hatte er gar nichts übrig. Briefe, persönlich überbrachte Nachrichten, Pakete mit amerikanischen Dollars darin überquerten den Atlantik. Franz Hugo hielt tatsächlich den Kopf hin (er wurde später selbst in ein Konzentrationslager geworfen), Solomon opferte einen Teil seines Bankkontos, irgendein Judenmörder hoch oben in der SS steckte sich die sehr beträchtliche Summe in die Tasche — wenn man einen Juden für gutes Geld verkaufen konnte, wozu sich die Mühe nehmen, ihn zu vergasen? —, und wie durch ein Wunder landete Rudolf Bauer einige Monate später in Hillas Armen.

(Mit Sols unerschöpflichen Mitteln behauptete Hilla auch die Flucht Marc Chagalls aus dem besetzten Paris und Klees und Légers Flucht vor den Nazis finanziert zu haben.)

Natürlich gab es gewisse Schwierigkeiten zu überwinden, ehe Bauer sich niederlassen konnte. Er hatte eine ganze Anzahl pornographischer Gemälde mitgebracht, die der amerikanische Zoll nicht hereinlassen wollte; er war in Ellis Island festgehalten worden, und es hatte einen Streit über die fragwürdigen Bilder abgesetzt, den Bauer verlor; erst dann wurde er freigelassen.

Als er aber einmal durch den Zoll war, überredete Hilla Solomon, ihm ein «nettes Haus» an der Küste von New Jersey zu kaufen, «um ihn für das an die Nazis verlorene zu entschädigen». Da Bauer im Konzentrationslager so schrecklich gelitten hatte, überzeugte sie Sol ferner, ihm «die beiden Düsenbergs zu kaufen, die er verdiente». Und dann beschwatzte sie ihn auch noch, dem Genie ein monatliches Gehalt auszurichten, als Gegenleistung für seine Produktion, und zwar soviel, daß er sich eine Haushälterin leisten konnte.

Da saß nun also Rudolf Bauer in einem großen Haus bei Elberon, unweit von Sols viktorianischem Herrschaftshaus «The Towers», mit einem stattlichen Einkommen und umsorgt von einer hübschen Haushälterin.

Hilla war vor Freude außer sich. Jedes Wochenende, wenn ihre Pflichten im Museum beendet waren, eilte sie zu ihrem geliebten Rudolf nach New Jersey, ungeduldig, seine Werke zu inspizieren und womöglich einiges davon triumphierend zu Sol zurückzubringen, ungeduldig auch, sich in seine verletzten Arme zu schmiegen.

Nichts war ihr zuviel, ihren genialen Liebhaber zu trösten. Einmal bat sie Sol am Ende eines langen, schmeichelnden Briefes, in dem sie ihn als einen Fürsten der Kunst pries — «Du bist Dein Leben lang so konstruktiv gewesen, so visionär, so klug und rücksichtsvoll, so hoffnungsfroh» —, Bauer umgehend 5000 Dollar zu schicken, «damit er wohlgemut ist».

Eine Zeitlang lief alles bestens, dann begann aus geheimnisvollen Gründen Bauers «Produktion» zu versiegen und, was viel schlimmer war, seine Begeisterung über Hillas Besuche zu schwinden. Ursache dieser überraschenden Wende — nachdem man so viele Gefahren auf sich genommen und so viel

Geld ausgegeben hatte, um den Künstler vor der Gaskammer zu retten —, war, daß Bauer sich in seine gewandte Haushälterin aus der New Yorker Provinz verliebt hatte. Nicht nur verliebt — er beging sogar die Ungeheuerlichkeit, sie zu heiraten.

Als Hilla gebeten wurde, sich in das Unannehmbare zu schicken, zog sie in den Krieg. Sie schrieb einen Brief an Solomon, in dem sie ihren Ex-Geliebten «diesen dreckigen Narren» nannte, «der zu jedem läuft, weil er nicht urteilen kann, sogar zu seinen schlimmsten Feinden, wie Deiner Nichte Peggy Guggenheim, die sich über ihn lustig macht, ohne daß er das weiß», und ihn bat, Bauers monatliches Gehalt zu streichen, was er tat. Sie schärfte ihm auch ein, nie wieder einen Bauer zu kaufen. Und Rudolf schrieb sie einen Brief, in dem sie seine Provinz-Haushälterin-Gemahlin eine Schlampe, eine Hure schimpfte.

Im Gegenangriff verklagte Mrs. Bauer Hilla wegen Verleumdung und Verunglimpfung. Hilla ersuchte Sol um juristischen Beistand. Um unliebsames Aufsehen und Klatsch zu vermeiden, überging er seine eigenen Anwälte und betraute einen obskuren Rechtsanwalt aus New Jersey mit dem Fall. Nachdem 11 000 Dollar ausgegeben waren, gewann Hilla den Prozeß.

Natürlich amüsierte die ganze Episode den einundachtzigjährigen Solomon ungeheuer. Ha, die Tage der Abenteuer und Kämpfe waren noch nicht vorüber!

Noch lange nicht. Gleich nach der Niederlage seiner Frau ging Bauer selbst gegen Hilla vor, um sich zu rächen. Er denunzierte sie, eine deutsche Ausländerin, beim FBI als Nazi-Spionin, und bald saß Hilla im Gefängnis.

Die Geschichte verlief folgendermaßen: Hilla war inzwischen vom großzügigen Solomon auf einem wunderschönen Landgut in Greens Farms (bei Westport), Connecticut, untergebracht worden, das er voll bezahlt und sie «Franton Court» benannt hatte. Das Hauptgebäude enthielt achtzehn Zimmer und achtundzwanzig Bauers.

Als Bauer Hilla denunzierte, schlichen FBI-Beamte in ihr Anwesen, kletterten mit Feldstechern und Fernrohren in ihre Linden und überwachten sie rund um die Uhr. Hilla war eine Vogelbeobachterin; sie führte Buch über ihre Beobachtungen in Franton Court und bemerkte in einem Brief an Solomon, sie glaube, es hätten sich «ein paar riesige Kraniche» in ihren Lindenbäumen eingenistet. (Sie war ein klein wenig kurzsichtig.)

Es war die Zeit der Unterseebootpanik. Vor kurzem erst war ein deutsches U-Boot gesichtet und eindeutig identifiziert worden — im nahen Long-Island-Sund! Hilla hatte ein paar schrullige Gewohnheiten. So pflegte sie nachts in Franton Court durch die Zimmer zu wandern, sie drehte das Licht an, sah sich um, verweilte mit einer Träne ins Auge oder einem zornigen Brummen vor einem Bauer-Bild, löschte das Licht und ging weiter. Die FBI-Agenten in Hillas Bäumen faßten dieses Ein und Aus der Lampen als Signale an die

Nazi-U-Boote auf. Eines Nachts, nachdem Hilla ein Dutzend Lichter angezündet und wieder gelöscht hatte, drangen sie mit gezogenen Schußwaffen und geifernden Bluthunden ins Haus und verhafteten die lausige Nazi-U-Boot-Blinkerin.

Im Zuge der Festnahme entdeckten sie in einem Speicher über der Garage 1400 Pfund Zucker, 500 Pfund Kaffee und drei riesige Kisten Tee — die Hauptbestandteile ihrer vegetarischen Kost, die Grundnahrungsmittel, ohne die sie absolut nicht leben konnte, und tags darauf stempelten die Zeitungen die Kuratorin des Solomon-R.-Guggenheim-Museums zur Hamsterin.

Hilla wurde nach Boston gebracht und ohne Prozeß als feindliche Ausländerin in einem Bundesgefängnis eingekerkert. Feindliche Ausländerin! Wo sie doch, protestierte sie und verfiel vor Erregung ins Speien und Stottern, wo sie doch die amerikanische Staatsbürgerschaft beantragt hatte, Direktorin eines amerikanischen Museums für moderne Kunst und ein eingeschworener Feind Hitlers und seiner Handlanger war. *Mein Gott!* explodierte sie empört, Angehörige ihrer Familie in Deutschland hatten ihr Leben aufs Spiel gesetzt, um jüdische Künstler aus Hitlers Klauen zu retten!

Solomon Guggenheim liebte Hilla Rebay; loyal bis zuletzt, setzte er sich für sie ein. Er schrieb einen energischen Brief an Justizminister Francis Biddle. Als nichts Befriedigendes dabei herausschaute, ging er bis hinauf zu Präsident Franklin D. Roosevelt und vertrat seinen Fall. Solomon Guggenheim war ein konservativer Republikaner, aber er brachte Roosevelt zur Kenntnis, daß er und seine Familie und seine Millionen dem Präsidenten und seiner Administration recht freundlich gesinnt seien. Nicht lange nach dem Besuch wurde Hilla freigelassen.

Vorübergehend enttäuscht, aber nach wie vor sehr intakt, voller Idealismus und Ehrgeiz und mehr denn je voller Ergebenheit und Dankbarkeit für Sol kam Hilla aus der ganzen Sache heraus. Ja, Sol hatte sie nie im Stich gelassen, und sie wußte jetzt, daß er sie nie, nie im Stich lassen würde. Nach einer Atempause in Franton Court war sie bereit für ihr nächstes Projekt, das grandioseste von allen.

Was Bauer anbelangt, so nahmen sich die Götter der Rache an. Seine Frau verließ ihn, und kurz danach wurde er geisteskrank und mußte in eine Irrenanstalt eingewiesen werden.

Dreißig Jahre später sagte Thomas Messer, Direktor des Solomon-R.-Guggenheim-Museums unter der Präsidentschaft von Sols Enkel, zusammenfassend: «Bauer wurde von Rebay stark überbewertet, weil sie ihn liebte, danach wurde er stark unterbewertet.»

Jemand, der Bauer nie überbewertete, war Aline Saarinen von der *New York Times*. Nach einer einzigen, von Bauer beherrschten Ausstellung hatte sie genug gehabt und in einem Artikel angeregt: «Das Museum für ungegenständliche Malerei sollte seine Sammlung und seine Gelder, einschließlich der für die Errichtung seiner bleibenden Stätte beiseite gelegten, einem der etablierten New Yorker Museen, die sich auf moderne Kunst spezialisieren, übergeben.»

Hilla war wütend über diese Bemerkungen, aber nicht entmutigt. Solomon fühlte sich verletzt und beleidigt. Jetzt brachte ihm also seine Schirmherrschaft für abstrakte Kunst mehr schlechte als gute Publicity ein, mehr Spott als Lob. Die späteren Zeitungsberichte über die Festnahme und Einkerkerung seiner Direktorin wegen Kollaboration mit den Nazis und über die Entdeckung ihrer Hamstervorräte an Zucker, Kaffee und Tee machten die Sache nicht besser, schon gar nicht für ein Mitglied einer der führenden jüdischen Familien New Yorks.

In sehr taktvollen, diplomatischen Briefen legte Solomon Hilla den Rücktritt nahe. Er wolle sie weiterhin unterstützen und beschützen und als seine «künstlerische Beraterin» einsetzen, nur solle sie ihren Posten am Museum aufgeben. Hilla jedoch hatte durchaus nicht im Sinn, zurückzutreten. Weit davon entfernt: Sie wollte, daß Sol ein größeres, permanentes Museum für seine Sammlung baue, wollte, daß er den größten Architekten der Welt mit dem Bau beauftrage und daß er, wenn es fertig sei, ihr die Leitung voll übergebe.

In einem Brief vom 10. März 1945 hatte Hilla auf eine von Sols Rücktrittsandeutungen hin geklagt: «Meine Interessen haben Dich nie so sehr bewegt wie die Deinen mich, für die ich sogar Schlaf und Essen und Ruhe und Vergnügungen und Reisen und Besuche und Gesundheit und Privatleben aufgegeben habe, meine eigene Kunst, meine Musik, meine Bücher, meinen Sport und viele andere Interessen, nur um die Stiftung aufzubauen.» Das war zuviel für Sol. Er behielt sie. Und nun, da ihre Meinungsverschiedenheiten vorübergehend beigelegt waren, richteten sie ihren Sinn auf die Planung dessen, was das umstrittenste Kunstmuseum der Welt werden sollte.

Die erhabene Idee. Wer hatte sie? Heutige Guggenheim-Familienmitglieder behaupten entschieden, es sei Irenes Idee gewesen, Frank Lloyd Wright zu holen, um sein ungewöhnliches Denkmal für Solomon zu bauen. Angesichts von Irenes Abneigung gegen abstrakte Kunst und ihrer Eifersucht auf die Baronesse ist das allerdings unwahrscheinlich. Außerdem gibt es eine Menge indirekter Hinweise darauf, daß das Museum ganz und gar die Idee der Baronesse war.

Erstens ist bekannt und festgehalten, daß Hilla und Bauer schon immer im Sinn hatten, einen Tempel der Kunst zu errichten, so etwas nach dem Muster von Wagners Festspielhaus in Bayreuth. Zweitens hatte Hilla bereits ein kreisrundes Treppenhaus für die Zurschaustellung abstrakter Gemälde bei der Weltausstellung von 1939 in New York erfunden und ausführen lassen. Und ferner liegen viele schriftliche und mündliche Zeugnisse vor. Albert

Thiele, Teilhaber von Guggenheim Brothers und ein guter Freund Solomons, hat erklärt: «Es war Hilla, die Solomon Wright empfahl.» In einem Papier an den Treuhänderausschuß der Solomon-R.-Guggenheim-Stiftung schrieb Sols Neffe Harry Guggenheim, der in der Zwischenzeit Präsident der Stiftung und des Museum geworden war: «Den ersten Entwurf zu den Plänen dieses Museums steuerte Miss Rebay bei; sie dachte an ein Gebäude ohne sichtbaren Eingang, ohne Treppenhäuser, dafür mit einer langsam ansteigenden Rampe, um Bilder ohne jeden Unterbruch der Gedanken oder Gefühle durch Etagentreppen zeigen zu können. Sie hat in den letzten acht Jahren mit Mr. Wright an den wesentlichen Eigenheiten dieses Museums zusammengearbeitet.»

Und Thomas Messer, der heutige Direktor des Museums, erklärt: «Die schöpferische Initiative von S. G.s Leben kam von Miss Rebay. Sie war eine Kunstmissionarin, eine Fanatikerin, und was sie Herrn Guggenheim vorschlug, das tat er.»

Zu der Zeit — in den frühen vierziger Jahren —, als Solomon Guggenheim erstmals mit Wright über den Bau eines ständigen Museums für seine Sammlung in Kontakt kam, genoß dieser den Ruf des «größten Architekten der Welt». Er selbst, der nie zur Unterschätzung seiner Fähigkeiten neigte, pflegte noch ein bißchen weiter zu gehen und zu verstehen zu geben, daß er der größte Architekt aller Zeiten sei.

Schon bei ihrem ersten Zusammentreffen verstanden sich Solomon Guggenheim und Frank Lloyd Wright ausgezeichnet. Jeder hatte große Achtung vor dem andern, was ihnen bei den endlosen Schwierigkeiten, die ihnen bevorstanden, sehr zustatten kam.

Solomon schöpfte etwas frische Bergluft in Peckett's Hotel in Franconia Notch, New Hampshire, als Wright ihm die ersten Pläne brachte. Wright schilderte: «Als der Große Alte Mann die ersten Skizzen sah, die ich gemacht hatte, sah er sie mehrere Male durch, ohne ein Wort zu sagen oder aufzuschauen. Als er dann aufblickte, standen Tränen in seinen Augen. ‹Mr. Wright›, sagte er, ‹ich wußte, daß Sie es schaffen würden: das ist es.›»

Solomon akzeptierte die Pläne formell in einem Brief von 1944. Das Museum wurde erst sechzehn Jahre später vollendet.

Inzwischen waren Stil- und Standortfragen zu klären. Die Baronesse äußerte ihre Meinung zum Stil in einem Brief an Wright vom 5. September 1946 auf ihre eigene, unnachahmliche Weise: «... Große Gemälde sind nicht ein materialistischer Verweis auf Gottes Schöpfung von endlos wechselnden Illusionen, genannt «irdische Dinge», sondern ... unmittelbare expressive Zeichen von Gottes Geist selbst. (Man muß daher achtgeben), daß das Museumsgebäude nicht die ganze Aufmerksamkeit verschlingt. Maler zählen nicht, Architekten zählen nicht, das Gebäude zählt als Rahmen, aber nur wie ein Leuchter für das Licht... Gott braucht Ihren Verstand nicht (da Seiner weit überlegen ist); er braucht Ihre Liebe.»

Was den Standort anging, so hatte der «Parks Commissioner» von New York, Robert Moses, seine festen Vorstellungen, die er gleich öffentlich äußerte: Er bevorzugte ein etwa dreißig Hektar großes Hügelgrundstück in Spuyten Duyvil am westlichsten Rande der Bronx, mit Blick auf den Hudson River. Das Museum würde zuoberst auf dem Hügel stehen, eine wahrhaft spektakuläre Lage, und die Stiftung würde sowohl das Gebäude, als auch das ganze bewaldete Grundstück darum herum unterhalten.

Nach einiger Überlegung sprach Sol sich gegen diese Idee aus: der Standort sei für die meisten New Yorker zu abgelegen. 1944 wählte und kaufte er einen Bauplatz an der Fifth Avenue/Eighty-ninth Street (in der Folge noch zwei angrenzende Parzellen). Nachdem der Platz entschieden war, erstellte Frank Lloyd Wright das verkleinerte Modell des Museums. Er wurde bei einem Mittagessen im Plaza enthüllt, und ein Foto zeigt Wright, Hilla und Solomon strahlend über der revolutionären Konstruktion. Es gleicht einer Szene aus der italienischen Renaissance: Julius II. prüft Michelangelos Modell von Sankt Peter, und Vittoria Colonna schaut zu.

Bald danach bekam Solomon auf einmal kalte Füße. «Wir müssen warten, bis die Baukosten heruntergehen», schrieb er an Hilla, «bevor wir mit dem Bau beginnen können.» Eine Weile später schrieb er dasselbe an Wright und legte einen Check über tausend Dollar bei, als Vorschuß und «Beweis des guten Willens».

Zwei Jahre vergingen, und Solomon hatte noch immer kalte Füße. Am 5. Juli schrieb er an Wright: «Ich habe große Angst, daß wenn wir in diesem Land nicht besser achtgeben, die Politiker die Vereinigten Staaten in die gleiche kritische Lage wie Deutschland und Frankreich bringen werden. Ich habe zwar großzügig für den Bau des Museums wie für dessen Dotierung vorgesorgt, aber es könnte sein, daß, wenn die Zeit für die Verwirklichung unserer Pläne kommt, das Geld in diesem Land viel weniger wert ist als heute.»

Solomon hatte bis dahin 3 Millionen Dollar für seine Stiftung und das Museum aufgewendet und weitere 5 Millionen dafür in seinem Testament bestimmt. Da Solomons Gesundheit nachzulassen begann — er litt an Prostatakrebs —, wollte Hilla nichts riskieren und fragte ihn rundheraus, wieviel er dem Museum und ihr in seinem Testament vermacht habe. Er sagte es ihr. Mit ihrem Erbteil war sie zufrieden, nicht aber mit dem, was er für Stiftung und Museum ausgesetzt hatte. Auf ihr Insistieren hin erhöhte er den Betrag auf 8 Millionen.

Drei Monate nach der Testamentsänderung, am 3. November 1949, starb Solomon auf Trillora Court im Alter von achtundachtzig Jahren.

Solomon Guggenheim wurde von seiner Familie, seinen Geschäftspartnern und Freunden sehr betrauert. Er war nicht nur der vielseitigste, sondern auch der liebenswürdigste und beliebteste der sieben Söhne von Meyer und Barbara gewesen. Seine Töchter und Enkel sprechen noch heute voll herzlicher Zuneigung von ihrem lieben Vater und Großvater. Zu seinen ergebensten Freunden gehörten Averell Harriman, der sowohl auf Long Island wie in Idaho sein Nachbar war, Dwight Morrow, Thomas Cochran — ein Morgan-Teilhaber — und Albert Thiele, sein langjähriger erster Mitarbeiter bei Guggenheim Brothers. Sie alle hielten nach seinem Tod lobende Nachrufe.

Albert Thiele, der heute als hoher Achtziger in einem großen Haus auf den Dünen in East Hampton, Long Island, lebt, betont vier der herausragendsten Eigenschaften Solomons: Optimismus, Integrität, Großmut und Loyalität.

Optimismus. Wenn die Lage düster aussah, sagte Sol immer, die Zeiten würden sich zum Besseren wenden. Er war stets ein Käufer, nur selten ein Verkäufer — er hatte sich zuerst an der Seite der Jungen gegen den Verkauf von Chile Copper gewandt — und glaubte fest daran, daß, wie er einmal in einem Brief an Hilla erklärte, «die meisten Menschen vertrauenswürdig sind».

Integrität. Niemand, der mit Solomon Geschäfte machte — und diese Leute verteilten sich über den ganzen Globus —, hatte jemals Anlaß, seine Ehrlichkeit oder seinen Goodwill in Zweifel zu ziehen. Auf sein Wort konnte man sich jederzeit verlassen. Er zog nie ein Versprechen zurück. Was er sagte, das meinte er auch. Sein Verhalten während des langen chilenischen Nitrat-Übelstandes war dermaßen korrekt, daß die chilenische Regierung ihm 1945 ihren höchsten zivilen Orden verlieh.

Großmut. Er schenkte von allen Brüdern am spontansten, sich selbst und sein Geld. Seine Kinder, Nichten, Neffen, seine Geschäftspartner bekamen von Sol immer einen warmen, herzlichen Gruß. Und er unterstützte mit nie nachlassender Freigiebigkeit seine Frau, seine drei Töchter, seine Schwiegersöhne (die alle kein Geld hatten, auch der englische Graf nicht), seine sechs Enkel, Hilla, seine Stiftung und sein Museum, sowie über fünfzig seiner Dienstboten und Angestellten.

Loyalität. Diese Tugend konnte, allen voran, Hilla bezeugen. Sols Frau war gegen sie. Seine Töchter waren gegen sie. Sein Neffe Harry konnte sie nicht ausstehen. Keiner seiner Geschäftspartner mochte sie. Sie hatte ihn häufig der Lächerlichkeit preisgegeben und ihn ausgenutzt. Dennoch hielt er bis zuletzt zu ihr, verteidigte sie immer wieder und hinterließ ihr sogar auf Kosten seiner legitimen Erben ein ansehnliches Vermächtnis.

Eine weitere Eigenschaft, die Thiele nicht erwähnte, von der aber fast jeder andere sprach, der mit Solomon zu tun hatte, war Mut. Es brauchte sehr viel Mut, das Guggenheim-Imperium aufzubauen, und Solomon hatte einen beträchtlichen Teil davon aufgebracht. Nicht weniger Mut bewies er, als er in die unerforschten, möglicherweise teuflischen Gefilde der modernen Kunst eintauchte.

Der lange, zweispaltige Nachruf in der *New York Times* enthielt alles, nur nicht den stärksten Einfluß auf Sols Leben. Er erwähnte, daß er 1940 162 000 Anteilscheine der Kennecott Copper Corporation besaß, die ihm allein in jenem Jahr 562 922 Dollar Dividenden einbrachten. Er erzählte, daß er der «Wetterhahn» von Guggenheim Brothers gewesen war, der «die Äußerungen von öffentlichen Leuten, Wahlergebnissen, Trends der öffentlichen Meinung studierte» und «Zukunftsprognosen» stellte. Er erwähnte, daß er sechsundzwanzig Jahre lang Schatzmeister der New York Public School Athletic League gewesen war. Aber im Abschnitt über sein Interesse an abstrakter Kunst, dem vergleichsweise wenig Platz eingeräumt wurde, war die Baronesse Hilla Rebay von Ehrenwiesen mit keinem Wort erwähnt. Dafür hatte Irene gesorgt: Sie war es, die den Nachruf an die *Times* geschickt hatte.

Es gab viele Huldigungen. Die höchste Anerkennung von allen aber zollte ihm, mehrere Jahre später, Frank Lloyd Wright. «Solomon Guggenheim», sagte Wright, «war der einzige amerikanische Millionär, den ich je getroffen habe, der mit dem Blick in die Zukunft gestorben ist. Alle anderen kuschelten sich in die Vergangenheit.»

Kapitel

6

König Solomons Museum

Harry Guggenheim, Sols Neffe, wurde nach dessen Tod Präsident der Solomon-R.-Guggenheim-Stiftung und sah sich sogleich im Clinch mit dem Museumsdirektor, der Baronesse Hilla Rebay. Die Verwirklichung von Solomons Plänen für ein permanentes Museum lag also in den Händen zweier natürlicher Feinde.

Harry und Hilla waren temperamentsmäßig und intellektuell Lichtjahre voneinander entfernt. Harry war ein tüchtiger Geschäftsmann und ein Mensch von beachtlicher Energie, verstand jedoch sehr wenig von Kunst, am allerwenigsten von abstrakter, und hatte nicht viel für künstlerisches Temperament übrig. Da er selber dogmatisch und etwas diktatorisch war, war es nur natürlich, daß er mit seiner übermäßig dogmatischen und diktatorischen Museumsdirektorin zusammenprallte.

Die Hilla-Harry-Schlacht zog sich über fünfzehn Jahre hin. Zum Glück für die Nachwelt ist sie im Archiv der Hilla-von-Rebay-Stiftung in New York vollständig erhalten geblieben. Ein paar Müsterchen:

HARRY: ... ständige Wiederholung Ihrer Ansichten über die Politik und Administration des Museums, die in direktem Gegensatz zu denen des Stiftungspräsidenten, aller Vorstandsmitglieder und aller übrigen Treuhänder der Stiftung stehen. (...) Ihre Ansichten werden oft in beleidigendem und pöbelhaftem Ton geäußert.

HILLA: ... Wenn ich je beleidigend gewesen bin, dann war es sicherlich eine Retourkutsche, und es ist keine Frage, was mehr gentleman- oder ladylike ist: eine Dame zu attackieren, ohne die Richtigkeit einer Information, die von einem erwiesenen Lügner, Intriganten oder anderen der gleichen Sorte stammt, zu überprüfen, oder in Briefen vertraulich eine große Sache zu verteidigen, wenn auch, leider, notgedrungen aggressiv...

HARRY: ... Es scheint vollauf klar, daß Sie in Ihrer gegenwärtigen Beziehung zur Stiftung und wie deren Angelegenheiten durchgeführt werden, nicht glücklich sind. Das tut mir leid, aber ich sehe keine Aussichten auf eine Veränderung der Umstände...
... Wir wünschen alle sehr, Ihnen das Unglücklichsein zu ersparen ... und mir scheint, die Möglichkeit dazu wäre, daß Sie Ihre Verpflichtungen und Verantwortungen als Kuratorin der Stiftung aufgeben...

HILLA: (Telegramm) ... Ich wurde in neun Monaten zu keiner Vollversammlung des Kuratoriums geladen. Wird interessant sein zu erfahren, wie Protokolle meine Abwesenheit erklärten, und *für die Geschichte,* wie Hilla Rebay behandelt wurde.

HARRY: ... wir streichen Ihre monatliche Zahlung von $ 575 für Sekretariats- und andere Spesen ... Wir widerrufen und streichen alle Emeritus-Ansprüche, einschließlich des Ihren als Direktor Emeritus.

HILLA: (am Ende) ... Ich war nahezu schutzlos exponiert, als die Stiftung mir aufgezwungen wurde und mit Feinden der Arbeit der Stiftung, die man heimlich in unseren eigenen Reihen ermutigte, bis mein Lungen- und Herzzustand im Sommer 1951 durch Überarbeitung so erstickend wurde, daß ich hoffnungslos krank war und nach Ansicht von fünf Ärzten und Spezialisten nur noch zwei bis vier Wochen zu leben hatte, und jetzt staune ich, wie ich imstande war, dank tibetanischem Training den Tod zu überwinden. Aber die Bürden der Verantwortung, die ich dem internationalen Ansehen und der Verpflichtung gegenüber meinem verstorbenen großen Mitarbeiter S. R. G. schulde, bin ich noch nicht los.

Auf dem Höhepunkt des Kampfes schleuderte Hilla ihre wütendsten antisemitischen Schmähungen gegen Harry, bedachte ihn mit jedem Schimpfwort, mit dem je ein Jude bezeichnet wurde, und verschonte auch die übrigen Treuhänder nicht, besonders Albert Thiele, den sie verachtungsvoll einen «Teppichkrämer» nannte.

Das Ergebnis all dessen war, daß Hilla zuerst ihren Job als Museumsdirektor, dann ihre Stellung im Ausschuß und schließlich ihre sämtlichen Ruhestandsansprüche verlor. Zur Vergeltung behielt sie um die vierhundert Bilder, Skulpturen und andere Kunstwerke, die Solomon ihr geliehen hatte, darunter einige seiner schönsten Kandinskys, in Franton Court, was eine krasse Verletzung eines Abkommens bedeutete, das Sol vor seinem Tod mit ihr getroffen hatte: Im Austausch gegen die Sicherheiten im Wert von ungefähr einer Million Dollar, die er ihr in seinem Testament hinterließ, sollte sie alle Bilder, die er ihr während ihrer dreiundzwanzigjährigen Zusammenarbeit geliehen hatte, zurückgeben.

Harry berief James Johnson Sweeney, einen Kurator am Museum für Moderne Kunst, zum Nachfolger Hillas als Direktor, und unter ihm gewann das Guggenheim-Museum neues Ansehen und Professionalität. Sweeney verbannte die Rebays und die Bauers in den Keller und fügte der Sammlung dafür rund 250 neue Bilder bei, darunter ein paar herrliche Picassos und Cézannes.

In der Zwischenzeit blieb das große Projekt des von Frank Lloyd Wright entworfenen Museums stecken. Erstens wurde Sols Nachlaß erst 1952 geregelt, also konnte erst dann das Geld an die Stiftung überwiesen werden. Zweitens wurde das unmittelbar nach der Überweisung eingereichte Baubewilligungsgesuch vom Bau- und Wohnungsdepartement New Yorks schnell abgewiesen mit der Begründung, Wrights Pläne würden die Baugesetze in nicht weniger als zweiunddreißig Punkten übertreten.

Als Frank Lloyd Wright diese Nachricht vernahm, geriet er in Rage. Harry gegenüber explodierte er: «Architektur, bitte schön, ist das Zusammenschweißen von Vorstellungskraft und gesundem Menschenverstand zur Einschränkung von Spezialisten, Gesetzbüchern und Narren.» Und er drängte ihn, etwas gegen die Spezialisten, Gesetzbücher und Narren der Regierung von New York City zu unternehmen. Er solle sich wieder an die Arbeit machen, sagte Harry.

Das tat er. An den Frank Lloyd Wright-Architekturschulen in Taliesin in Wisconsin und Taliesin-West in Arizona machten die Assistenten des Meisters Überstunden, um die Pläne neu zu überarbeiten.

Die Genehmigungsabklärungen schleppten sich vier Jahre lang hin. Es sah fast so aus, als *wollten* die Bürokraten von New York City das Werk eines Genies verhindern. Wright äußerte sich in jener Zeit nicht eben schmeichelhaft über New York. «Es taugt nur für Küchenschaben», erklärte er, «es wird auch nur von Küchenschaben bewohnt, und es ist dabei, so vollgestopft zu werden, daß die Küchenschaben bald auf den Taxidächern laufen müssen.» Sein Rezept, New York zu verbessern? «Bomben.»

Endlich, am 13. März 1956, rückten die Bürokraten von New York City mit der Genehmigung heraus. Aber dann, just als alle Probleme gelöst zu sein schienen, begannen Wright und Sweeney sich zu zanken. Wright wollte ein architektonisches Meisterwerk schaffen, das die Namen Frank Lloyd Wright, Architekt, und Solomon R. Guggenheim, Stifter, durch Jahrhunderte leuchten lassen würde. Der Museumsmensch Sweeney war an nichts anderem interessiert, als an «genügend Raum, in dem man Bilder ausstellen... und auch Bilder einlagern... und Museumsangelegenheiten verwalten konnte.»

Sweeney gefielen Wrights gebogene Wände und freitragende Rampe nicht. Er glaubte nicht daran, daß diese architektonischen Neuerungen, so kühn sie auch sein mochten, Bilder am vorteilhaftesten zur Geltung bringen würden.

Wright erwiderte, *nur* auf diese Weise könne man eine große Sammlung von Gemälden «ohne alle störenden Unterbrechungen» wie Türen, Personenaufzüge, Pfeiler, Treppenhäuser, Korridore usw. zur Schau stellen, und es sei bestimmt erholsamer für den Körper und die Füße, sie auf diese Weise zu betrachten, «wobei die Schwerkraft einen Teil der Arbeit leistet». Am Ende setzte sich Wright beim Kuratorium durch, und Sweeney wurde vor das *fait accompli* gestellt: Die Rampe und die schiefen Wände blieben.

Sweeney wollte viel Platz haben für Schreiner- und Fotoarbeiten, Lagerung und Restaurationswerkstätten. All das, entgegnete Wright, könne in einem anderen, konventionelleren Gebäude in der Nähe untergebracht werden. Sweeney wollte künstliche Beleuchtung, damit man die Bilder mühelos zu jeder Tages- und Nachtzeit betrachten konnte. Wright, der stets bestrebt war, «echt und naturnah» zu sein, wollte natürliches Licht, was Sweeney als «völlig unrealistisch» abtat. «Was ist an bewölkten Tagen?» rief er aus. Sweeney bekam sein Kunstlicht. Sweeney wollte die Ausstellungswände weiß. Wright fand, damit sähen sie aus «wie die Toiletten des Racquet Club», und schlug stattdessen einen bräunlichen Ton vor. Zuletzt wurden sie weiß gestrichen... nach Wrights Tod.

Sweeney wollte, daß das Museum «ein Instrument der Belehrung» sei. Wright wünschte es als einen Schaukasten und, vor allem, als einen Schau-Platz. Sweeney war an Funktion interessiert, Wright am ästhetischen Eindruck.

Als der Bau sich der Vollendung näherte, begann Wright Sweeney genau vorzuschreiben, wie die Bilder aufzuhängen seien. Der wütende Sweeney brachte das Kuratorium dazu, einem Wettbewerb zuzustimmen. Sweeney behängte zwei Abschnitte, Wright behängte zwei Abschnitte. Die Treuhänder entschieden sich für Sweeneys Methode. Nicht lange danach erkrankte Frank Lloyd Wright in Taliesin-West schwer und starb am 9. April 1959 in einem Spital in Phoenix.

Jetzt stand Sweeney auf eigenen Füßen und war sehr froh darüber. Doch der große Friede dauerte nicht allzu lange. Ein Jahr nach der Eröffnung des Museums gerieten Sweeney und Harry — der in dem langen Wright-Sweeney-Zank geduldig vermittelt hatte — in einen heftigen Streit über den fundamentalen Zweck des Museums. Sweeney hielt halsstarrig daran fest, daß Museen «Instrumente der Belehrung» seien, «Hilfen zum Kunstverständnis», und behauptete, Harry und der Ausschuß seien «viel mehr daran interessiert, dem Publikum zu gefallen und es zu unterhalten». «Museen», sagte er, «sollen nie versuchen, das Publikum dadurch anzuziehen, daß sie gefallen, sondern dadurch, daß sie erziehen.» Harry und der Ausschuß hörten sich das an, waren völlig anderer Meinung (Harry wollte den Namen Guggenheim verewigen und wünschte sich daher so viele Museumsbesucher wie möglich), und Sweeney sah sich zum Rücktritt gezwungen.

Die Galaeröffnung, der eine Vorbesichtigung und ein Empfang vorausgegangen war, fand am 21. Oktober 1959 statt. Es wurden die üblichen Reden gehalten. Abwesend waren die drei Menschen, die letztlich für das Museum verantwortlich waren: der Stifter, der Architekt und die Inspiratorin.

Dafür war Frau Wright anwesend, und sie erzählte den Reportern, daß ihr Mann, wenn er noch lebte, lieber weggeblieben wäre, als sich die gegen seinen Willen von Direktor Sweeney ausgeführten Veränderungen im Inneren ansehen zu müssen.

Und Hilla... Sie verfolgte die Vorgänge von Franton Court aus mit tiefster Verachtung. Als die Stiftung sie später bat, wenigstens einige der Werke, die Solomon ihr geliehen hatte, zurückzugeben, erwiderte sie: «Warum sollte ich die kostbaren Bilder von den Wänden meines Hauses herunternehmen, um sie einem Schweinestall zu geben?»

Das Solomon R. Guggenheim Memorial Museum — so umbenannt von Harry, der den Namen Museum für Ungegenständliche Kunst ablehnte — wurde und blieb eines der umstrittensten Gebäude, die je in den Vereinigten Staaten errichtet worden sind. Es wurde verschiedentlich mit einer Schnecke, einer weißen Rübe, einem Zementmischer, einer Kindersandburg, einem Atomkraftwerk, einer umgekehrten Tasse mit Unterteller, einem Vogelhaus für Geier auf dem Mars verglichen.

Nach der Eröffnung strömten Kommentare von überall aus den Vereinigten Staaten und aus der ganzen Welt herein.

Sols Nichte Peggy Guggenheim mochte den Bau nicht besonders. «Das Museum gleicht einer riesigen Garage», schrieb sie. «Es steht an einem Platz, der seiner Größe nicht angemessen ist, sieht sehr beengt aus und leidet unter der Nähe der Nachbargebäude. Es hätte auf einen Hügel im (Central) Park gestellt werden sollen (...) die ansteigende Rampe, Wrights berühmte Erfindung, windet sich wie eine Schlange. Die Wände neigen sich rückwärts, und eine Zementplattform hält einen auf respektvoller Distanz zu den Bildern. Nichts könnte schwieriger sein, als sie aus diesem Winkel zu besichtigen.»

Emily Genauer, Kunstkritikerin der *New York Herald Tribune,* nannte das Museum «das schönste Gebäude in Amerika». In der Londoner *Art News and Review* stand: «Es ist faszinierend im hellen Tageslicht, und nachts bringen die Lichtströme zwischen der geschwungenen Dunkelheit der spiralförmigen Rampen ein surrealistisches Element ins Spiel.» Die Belgrader *Politika* schwärmte: «Es erobert die Seele durch seinen Anblick und Stolz.» Philip C. Johnson, einer der beiden Architekten des Seagram Building und Leiter der Abteilung Architektur und Design am Museum of Modern Art, bezeichnete das Innere als «einen der großartigsten Räume, die im zwanzigsten Jahrhundert geschaffen wurden.» Die Moskauer *Iswestija* triefte vor Hohn: «Die Kunst der Fetten ... beschmutzt mit Strichen und Klecksen, die nichts ausdrücken.»

Was immer seine Vorzüge und Nachteile sein mögen — und es sind sicherlich von beiden viele vorhanden —, fest steht, daß Sammlung und Museum Solomon R. Guggenheim eine enorme Wirkung, im Guten wie im Schlechten, auf den Kunstgeschmack der Amerikaner der Mitte des zwanzigsten Jahrhunderts ausgeübt haben, eine stärkere vielleicht als jede andere Einzelinstitution dieser Art. «Im Guten» machten sie die amerikanischen Künstler und die amerikanische Öffentlichkeit mit den keimtragenden Werken von Meistern des zwanzigsten Jahrhunderts wie Kandinsky (170 Gemälde in der Sammlung), Klee (140), Léger, Mondrian, Moholy-Nagy bekannt, erstmals in so bedeutendem Umfang, und trugen damit zu einer willkommenen Geschmacksrevolution gegenüber dem vorangegangenen Eklektizismus bei. «Im Schlechten» haben sie, besonders in den späteren Jahren, Tendenzen begünstigt, die man nur als negativ, destruktiv, unkünstlerisch, kunstfeindlich, lebensfeindlich bezeichnen kann. Das Guggenheim-Museum läßt das Gute, Wahre, Gerechte, Schöne, Disziplinierte, Ausgewogene, Gesunde in der Rumpelkammer der Vergangenheit zurück und beschenkt uns heute mit Werken wie Kenneth Nolands «April Tune» (1964), das aus einer riesigen, langweiligen, einfarbig blanken Fläche besteht, am oberen und unteren Rand von dünnen Streifen begrenzt, eine fast völlig leere Leinwand. Da bleibt nur zu sagen, daß weder die Baronesse Rebay bei all ihren deplazierten Schwärmereien, noch Solomon R. Guggenheim bei all seinem Mangel an künstlerischer Ausbildung den Einbezug eines solchen Affronts gegen Kunst und Leben in ihr Museum gutgeheißen hätten...

Nicht lange vor ihrem Tod gründete Hilla ihre eigene Kunstinstitution, die Hilla von Rebay-Stiftung «zur Förderung von ungegenständlicher Kunst und Stipendien», mit Sitz in Franton Court. Dieser Stiftung, deren Hauptanliegen es war, jungen, sich durchringenden Künstlern zu helfen, vermachte sie damals einen großen Teil ihrer Habe, vor allem Bilder im Wert von zwei Millionen Dollar, dann Franton Court mit seinem großen Umschwung an Gärten, Naturreservat und Vogelschutzgebiet und eine Million Dollar in bar und Sicherheiten. Der Rest des Vermögens ging an Steuern, verschiedene Freunde und Angestellte, sowie großenteils an ihren Bruder Franz Hugo in Deutschland, der ihr, wie man sich erinnern wird, als Nazi-Funktionär während Hitlers Krieg so viele Künstler aus Europa hinausschmuggeln geholfen hatte, ihren Neffen Roland, einen Architekten, der bei Wright studiert und für ihn am Museum gearbeitet hatte, und ihre Nichte Maria Teresa. Damit landete ein Stück des Guggenheimvermögens im kleinen bayrischen Dorf Wessling am See. Roland Rebay hat seither Dutzende von Frank Lloyd Wright-inspirierten Häusern im südlichen Bayern erbaut.

Die Solomon R. Guggenheim Memorial Foundation und das Museum leitet heute als Präsident einer von Solomons Enkeln, Peter O. Lawson-Johnston, der auch dem vorsteht, was von Guggenheim Brothers noch übrig ist; auf seinen Schultern und denen seines Museumsdirektors Thomas Messer ruht nun die Zukunft des Museums. Wie auch diese Zukunft sein mag — glanzvoll, neutral, destruktiv —, das Gebäude wird, wenn es nicht zerbombt oder niedergerissen wird, als das letzte Denkmal der Guggenheim-Familie und des Genies von Frank Lloyd Wright stehen bleiben. Der Bau ist nämlich inzwischen so berühmt geworden, daß er auserwählt wurde, die Briefmarke zu schmücken, die an das Lebenswerk des größten Architekten Amerikas erinnert.

Das letzte Denkmal der Guggenheims. Da steht es, ein einsames Testament der schöpferischen Initiative und originellen Inspiration, eine Erscheinung von morgen inmitten der endlosen Parade gestandener Imitationen aus dem 19. Jahrhundert der Fifth Avenue, der Blocks um Blocks aufgeblasener Pseudorenaissance, Pseudogotik, Pseudoromanik, des Pseudojakobinischen, Pseudogeorgianischen, Pseudoklassischen, Pseudovenezianischen, der Blocks um Blocks von frühem, mittlerem und spätem Metro-Goldwyn-Mayer-Stil und von Qualitätsstahl-und-Ziegelbauten der East-Bronx-Slums.

Dort steht das Guggenheim-Museum und verkündet, daß einst eine halsstarrige, rücksichtlos einer Sache verschriebene Frau eine Idee, eine energische, individualistische amerikanische Familie das Geld und den Mut, die Idee aufzunehmen und zu finanzieren, und ein großer amerikanischer Künstler das Genie hatte, die Idee und das Geld in ein bleibendes Kunstwerk umzusetzen.

Kapitel

7

Benjamin: Vom Aussteigen, 1. Teil

Das Porträt Benjamin Guggenheims im Partners' Room von Guggenheim Brothers ist das kleinste in diesem Zimmer. Es zeigt ein hübsches, wenn auch etwas weiches junges Gesicht über hohem weißem Hemdkragen und hängt in einem schlichten ovalen Rahmen ohne jede Spur von Gold über einer Tür, die zum Saal der Minerale führt. Schon das kärgliche Flächenmaß des Porträts stellt den Abgebildeten an Bedeutung weit hinter Isaac, Daniel, Murry, Solomon und Simon, wenngleich nicht ganz an den letzten Platz: William ist an diesen Wänden überhaupt nicht vertreten.

Obwohl unter den Brüdern klar an sechster Stelle, hatte Ben doch eine Reihe von «Erstplazierungen» inne, die ihm einen besonderen Anspruch auf Aufmerksamkeit verleihen. Er war der erste der sieben Brüder, der das College besuchte, der erste, der ins Minengeschäft ein- und der erste, der aus dem Familiengeschäft ausstieg, der erste, der ein mehr auf Vergnügen als auf Arbeit ausgerichtetes Leben führte, der erste, der Bilder sammelte, der erste, der ein Kind mit herausragenden Fähigkeiten hervorbrachte, der erste, der im Ausland lebte.

Meyer Guggenheim besaß keine eigentliche Schulbildung, war sich dieses Mangels stets bewußt und daher sehr darauf aus, daß seine jüngeren Söhne das ihm Entgangene durch eine College-Ausbildung wettmachten. Dementsprechend wurde Ben 1882 nach Columbia verfrachtet und wurde der erste Guggenheim, der eine höhere Lehranstalt besuchte.

Ben war vom College nicht angetan. Er fand die meisten Fächer uninteressant, verlor die Geduld und gab nach dem zweiten Jahr auf. Da bot ihm Meyer, arg enttäuscht, einen Posten in den New Yorker Büros von M. Guggenheim's Sons an, aber für Ben waren Spitzen und Stickereien langweilig, die Büros düster und das Wall-Street-Viertel «bedrückend».

Es gab nur eins, was man mit ihm anfangen konnte: ihn in die Minen in Leadville, Colorado, zu schicken. Da seine Brüder noch hauptsächlich mit Spitzen und Stickereien beschäftigt waren, wurde also Ben der erste Guggenheim, der unmittelbar im Minensektor arbeitete.

Wie sich herausstellte, fühlte sich Ben in der «Cloud City» richtig wohl. Er war als Buchhalter der A. Y.-Mine zugeteilt, ein recht ordentlicher Job: vier Hektar Land, drei Schächte und hundert Mann. Da saß er also in einer Bretterbude neben Schacht Drei mit einem Revolver am Gürtel, schrieb Einnahmen und Ausgaben der Mine auf, errechnete und führte die Lohnliste. Abends ging er zur Tiger Alley hinunter ins «The Row» und tanzte mit Prostituierten zu fünfzig Cents pro Tanz oder spielte Karten mit Kumpels und Maultiertreibern bei «Crazy Jim» oder trank Mais-Whisky im «Comique Saloon» für zwanzig Cents das Glas.

Etwas später wurde Ben zum Manager des Hüttenwerks der Familie in Pueblo befördert (das er auch bauen half), eine wichtige Funktion und ein ausschlaggebender Schritt bei der Bildung des Guggenheim-Imperiums. In dieser Stellung machte er seine Sache recht gut; er erwies sich als scharfsinniger Menschenkenner (er engagierte einen ausgezeichneten Inspektor) und als respektierte Führernatur. Er erwies sich außerdem als ausgesprochener Frauenkenner in den Rocky Mountains und wurde mit Bruder Will zusammen ein Liebling der glutäugigen, üppigen Schönen in «Peppersauce Bottoms».

Im Beurteilen von Erzlagern war er allerdings weniger gut. 1900 wurde ihm ein Stück von Bingham Canyon angeboten. Als man ihm bei der Frage nach dem Kupfergehalt sagte, es seien bloß zwei Prozent, verlor er gleich das Interesse daran. Es blieb Dan vorbehalten, die Mine — zu jener Zeit die größte der Welt — ein paar Jahre später zum dreißigfachen Preis zu kaufen.

Schließlich wurde Ben aus Colorado zurückgeholt und in die neue Guggenheim-Metallraffinerie in Perth Amboy, New Jersey, gesteckt, womit er auch in Reichweite von New York war. Gutaussehend und reich, mit einer scheinbar glänzenden Zukunft vor sich, hatte der junge Ben Guggenheim keine Mühe, bei den reichsten und schönsten jüdischen Mädchen in Manhattan Hahn im Korb zu sein.

Nachdem er eine Saison oder zwei herumgeschäkert hatte, entschied er sich für die finanziell vielversprechende, wenn auch ganz und gar nicht schöne Florette Seligman, die Tochter von James Seligman, Bruder des großen Joseph von J. W. Seligman & Company, die damals die reichsten jüdischen Bankiers Amerikas waren.

Sechs Jahre nach der 1901 geschlossenen Ehe, auf dem Höhepunkt von Dans großem Feldzug, William Rockefeller die Kontrolle der American Smelting and Refining zu entwinden, trat Ben, der Dans grandiosen Expansionsplänen mißtraute, den es verstimmte, mit Außenstehenden eine Partnerschaft eingehen zu sollen, der sich durch das nach seiner Meinung absichtliche Bemühen Dans, den jüngeren Brüdern größere Mitverantwortung an zukünftigen Vorhaben zu verwehren, vor den Kopf gestoßen fühlte und den Wunsch hatte, die Vergnügungen Europas zu kosten, als aktiver Teilhaber von M. Guggenheim's Sons zurück und mit sechsunddreißig Jahren in den Ruhestand, bei einem Einkommen von rund 250 000 Dollar im Jahr aus seinen Mineninvestitionen.

Es war ein schicksalsschwerer Entschluß, denn durch sein so frühes Ausscheiden verpaßten Ben und seine Erben die großartige Aera der Guggenheimschen Geschäftsexpansion vollständig — verpaßten Kennecott, Bingham Canyon, den Kongo, Angola, Bolivien und Chile Copper —, und Florette und ihre Töchter sollten später die finanziellen Folgen zu spüren bekommen.

Nach einer Europareise zur Feier der neuen Freiheit von seinen Brüdern ließ sich Ben mit seiner Familie in einem luxuriösen fünfstöckigen Stadthaus an der Ecke Seventy-second Street/Fifth Avenue in New York nieder. Als Nachbarn hatten sie dort Leute wie die James Stillmans, die William Rockefellers und die Witwe von Präsident Grant.

Benjamins neues Heim war eine Stätte der Pracht und Herrlichkeit — da und dort ein bißchen dick aufgetragen — typisch Guggenheim.

In diesem Haus zogen Ben und Florette drei Töchter auf, Benita (nach Ben benannt), Marguerite (bekannt als Peggy) und Barbara Hazel (genannt Hazel), die den ständig wachsenden Vorrat der Guggenheims an weiblichen Nachkommen vergrößerten. In diesem Haus auch gab Florette endlos lange und (laut Peggy) unausstehlich langweilige Tee- und Bridgegesellschaften für die Damen der deutsch-jüdischen *haute bourgeoisie* New Yorks, und Ben brachte eine schlanke, rothaarige, ausgebildete Krankenschwester in einem eigenen Zimmer unter, die seinen chronisch neuralgischen Kopf zu massieren und für jene anderen Bedürfnisse zu sorgen hatte, zu deren Erfüllung Florette entweder nicht gewillt oder nicht erfahren genug oder gar nicht gefragt war.

In bezug auf Bens Schwäche für die Krankenschwester und für andere, die ihr nachfolgten, hat Harold Loeb, ein Neffe, einmal bemerkt: «Von allen Guggenheims war Ben in seinen amourösen Abschweifungen der extravaganteste, er führte die Damen sogar in sein eigenes Haus ein. (...) Frauen fühlten sich zu ihm hingezogen, zum Teil wegen seines warmen Lächelns, hauptsächlich aber, vermute ich, weil er Frauen wirklich gern hatte und sie das fühlten, und Frauen haben es gern, wenn man sie gern hat.»

Da Bens Ehe mit Florette im Grunde eine Verbindung zweier Familienvermögen war und nie etwas anderes zu sein vorgab, lassen sich Bens «Abschweifungen» leicht entschuldigen. Außerdem waren Florette anscheinend etliche nicht eben ansprechende Züge eigen. Einer davon war — eigenartig für ein reiches Mädchen — ein übermäßiger Hang, Geld zu horten. Sie liebte es,

Geld zu bekommen, war aber sehr geizig im Ausgeben. Ihre elf Dienstboten waren gewöhnlich unterbezahlt, Kellner und Hotelportiers erhielten kaum Trinkgelder. In Frankreich wurden die Portiers schlau und kennzeichneten ihre Koffer mit einem X, worauf im nächsten Hotel das Gepäck geheimnisvollerweise nicht in ihrem Zimmer eintraf. Die Verehrer ihrer Töchter beurteilte sie ausschließlich nach ihren finanziellen Mitteln. Ein junger Besucher konnte in jeder Hinsicht — Familie, Beruf, Gehalt — noch so annehmbar sein, wenn er kein Geld hatte, kein *Kapital* — das Gehalt, egal wie hoch, bedeutete ihr wenig —, dann wurde er als «N. G.», No Good, abgestempelt und gebeten, nicht mehr zu erscheinen. Ein gutes Leben für eine Frau war für Florette, von einem ansehnlichen, *nicht erarbeiteten* Einkommen zu leben, und «leben» hieß vor allem lange Bridgepartien in ihrem Louis-Seize-Salon, mit ebenso langen Tee- und Klatschpausen.

Im Vergleich zu einigen anderen Seligmans war Florette allerdings geradezu normal. Gewisse Mitglieder der Familie waren in nur drei Generationen in die Dekadenz abgerutscht, wahrscheinlich wegen Florettes Mutter. Diese seltsame Dame — eine Folter für James Seligman sein Leben lang — hatte die Angewohnheit, reihum die Ladeninhaber der Nachbarschaft aufzusuchen und sie tagein, tagaus zu fragen: «Was glauben Sie, wann mein Mann das letztemal mit mir geschlafen hat? Antworten Sie: Wann glauben Sie, daß es das letztemal war?» Ihre Schwester war eine hochstrebende Sopranistin und sang ihre Tonleitern, während sie an Bushaltestellen wartete oder die Fifth Avenue entlangspazierte. Der Gatte dieser Schwester versuchte, nachdem er mehr als dreißig Jahre lang mit ihr gestritten hatte, sie und einen ihrer Söhne umzubringen, indem er ihre Köpfe mit einem Golfschläger traktierte. Als sie nicht sterben wollten, rannte er zum Reservoir im Central Park, band sich schwere Gewichte an die Füße, sprang ins Wasser und ertränkte sich. Dann war da noch Florettes ewig arbeitsloser Bruder, der fast nichts anderes als Holzkohle aß und infolgedessen kohlschwarze Zähne und eine schwarze Zunge hatte. Er soff ausschließlich Whisky vor dem Holzkohlefrühstück und lutschte tagsüber Eis, das er in einer zinkgefütterten Jackentasche bei sich trug. Er war ein unheilbarer Spieler und drohte immer wieder, sich das Leben zu nehmen, wenn Florettes Vater seine Verluste nicht bezahle. Schließlich erschoß er sich, nachdem er eine Summe verspielt hatte, die James Seligman ihm als ausreichend für den Rest seines Lebens gab. Bens Töchtern und Enkelkindern war es bestimmt, periodisch unter ihrem genetischen Erbe zu leiden.

Bens Reaktion auf Florette und ihre Verwandtschaft waren Liebschaften und Reisen, oft beides miteinander. Ben hatte eine Vorliebe für Paris entwickelt, wo er auch eine Wohnung und ein Geschäft unterhielt, und dort spielten sich seine bekanntesten Affären ab. Eine davon mit einer gewissen Marquise de Cerruti, die Peggy als «weder hübsch, noch jung... aber sie hatte die gleiche angenehme Eigenschaft (vielleicht sinnlich) wie die gelernte Krankenschwester» geschildert hat. Florette war nicht so freundlich. Sie bezeichnete sie meist als «Affe» und bemerkte wiederholt, sie habe «schwarze Zähne».

Ben war in seinen frühen Vierzigern zu einem sehr gutaussehenden Mann voller Pep und Fröhlichkeit erblüht. Tochter Hazel beschreibt ihn heute als «feingliedrig, hellhäutig, grauhaarig, mit hellen Augen... Alle übrigen Guggenheimbrüder waren dunkel und sahen nicht annährend so arisch aus wie mein Vater.»

In seinen teuren Anzügen von englischen Schneidern, hohen Kragen, Foulardschlipsen mit Krawattennadel, Knopflochblumen, Gamaschen und Lackschuhen war er eine kuriose Mischung, ein amerikanisch-jüdischer Edwardianischer Stutzer.

Es spricht für Bens Ehrlichkeit, wenn auch nicht für seinen praktischen Verstand, daß er seine Amouren nicht vor der Familie versteckte. Florette und die drei Mädchen wußten sehr wohl, wer die Marquise de Cerruti war, wie sie gewußt hatten, wer die Krankenschwester war und welche Rolle die beiden in Bens Leben spielten.

Peggy erinnerte sich, wie sie als Zwölfjährige überall in Paris auf *la marquise* traf, beim Eiscremeschlecken bei Rumpelmayer, beim Kleiderprobieren mit ihrer Mutter bei Lanvin, beim Sonntagsfamilienspaziergang im Bois.

Eines Sonntagmorgens bummelten Ben, Florette und die drei Mädchen durch die Avenue des Acacias im Bois, als sie zufällig auf die Marquise stießen, die ein ganz aus Babylamm geschneidertes Kostüm trug. Kaum war die Marquise vorbei, schalt Florette Ben wütend aus, weil er so extravagant sei. Um sie zu beschwichtigen, gab Ben ihr das Geld für ein ebensolches Kostüm. Als praktische Person steckte Geschäftsfrau Florette die Summe sogleich in Aktien und Obligationen.

Nach der Marquise de Cerruti kam eine «junge blonde Sängerin». Eine Zeitlang dachte Florette ernsthaft daran, sich von Ben scheiden zu lassen, aber die andern Guggenheims drangen, wie es in Krisenzeiten bei ihnen üblich war, in geballter Masse auf sie ein und redeten ihr das aus, weil es «so schlecht für das Geschäft» und infolgedessen auch für *ihr* Bankkonto wäre. Florette war also gezwungen, die Liebschaften ihres Mannes hinzunehmen. Sie wurde, nach Peggys Aussage, eine schrecklich unglückliche Frau.

Benjamin Guggenheim hatte das typische Playboy-Syndrom. Seine älteren Brüder wuchsen nicht als Söhne eines Reichen auf, wohl aber er. Er wußte daher nichts davon, wie hart sein Vater sich hatte durchbeißen müssen, um sein Vermögen zu verdienen. Für ihn war alles leicht. Außerdem wurde er als Spätgeborener von allen verwöhnt, besonders von Mutter Barbara, deren unerschöpfliche Liebe und tiefes Mitgefühl zu jener Zeit nicht immer von

Meyers Strenge aufgewogen wurde, wie es bei den älteren Kindern gewesen war. Schon früh gewöhnte sich Ben an ein Leben der Nachgiebigkeit gegen sich selbst. Als er 1901 vor der Wahl stand, die Guggenheim-Firma mit einem Profitanteil zu verlassen, der dem bisher für das Geschäft Geleisteten entsprach, oder zu bleiben und ebenso zu schuften wie die Brüder, da entschied er sich für den leichteren Weg. Zwar würde er so weniger Geld haben, dafür mehr Freiheit genießen und alles auf die leichte Schulter nehmen können.

Das heißt allerdings nicht, daß Ben seine Zeit nur mit Bummeln und Flirten verbrachte. Er pflegte auch eigene Geschäftsinteressen. In Paris, wo es ihm besser gefiel als in New York, hatte er die International Steam Pump Company gegründet, eine Organisation, die, neben vielen anderen Tätigkeiten, zum Beispiel die Personenaufzüge für den Eiffelturm herstellte. Trotzdem muß sein leichtfertiges Leben der Firma ernstlich geschadet haben, denn schon bald nach ihrer Gründung begann die International Steam Pump zu schwanken, und Ben mußte immer mehr von seinem Kapital in ein Faß ohne Boden stopfen.

Im Frühling 1912 entschloß sich Benjamin, der acht Monate lang von Frau und Kindern fern gewesen war, um angeblich bei International Steam Pump in Paris nach dem Rechten zu sehen, zur Feier des neunten Geburtstags seiner Tochter Hazel nach New York zurückzukehren. Er buchte eine Passage von Le Havre nach New York. Wegen eines wilden Streiks der Heizer mußte er in letzter Minute das Schiff wechseln und bekam einen Platz, besser gesagt, drei Plätze, einen für sich, die beiden anderen für seinen Kammerdiener Victor Giglio und die junge blonde Sängerin, auf der *Titanic* der White Star-Linie.

Es war die Jungfernfahrt der *Titanic*, und die White Star-Linie hatte sie als das sicherste Schiff auf See angekündigt. Auf der Liste der prominenten Passagiere standen Isidor Straus, der Mitbesitzer von R. H. Macy's und Onkel von Gladys Guggenheims Gatte Roger, Bruce Ismay, der Präsident der White Star-Linie, und John Jacob Astor IV.

Der Kapitän des Dampfers war entschlossen, einen neuen Weltrekord für die Atlantiküberquerung aufzustellen. Mit allen Maschinen auf «volle Kraft voraus» brauste er durch den Nordatlantik, nicht im geringsten bekümmert über die gigantischen Eisberge, die zu dieser Jahreszeit aus der auftauenden Arktis heruntertrieben.

In der Nacht des 14. April riß eines dieser stummen Meeresungeheuer, das einen kleinen, unbedrohlichen, durch den Nebel kaum sichtbaren Kopf aus dem Wasser streckte, mit seinem gewaltigen Unterwasserleib den Boden der *Titanic* auf; ein paar Minuten später hatte das Schiff soviel Wasser geschluckt und solche Schlagseite nach Steuerbord, daß dem Kapitän und jedermann völlig klar war, daß sie sinken würde.

In den darauffolgenden hektischen Minuten zeigte Ben Guggenheim die andere Seite seines Charakters — die Züge, die während seiner kurzen Minenlaufbahn in Colorado und Mexiko oftmals zutage getreten waren — und wurde buchstäblich über Nacht für seine Familie zum Helden.

Die Ereignisse überstürzten sich. Rasch stellte sich heraus, daß nicht genug Schwimmwesten da waren und daß die Plätze in den Rettungsbooten für höchstens 600 der 2100 Passagiere reichten.

Benjamin Guggenheim und sein Kammerdiener schliefen, als die *Titanic* mit dem scharfkantigen Eisberg zusammenstieß. Kurz nach der fast geräuschlosen Kollision weckte Bens Kabinensteward John Johnson Ben und Giglio, teilte ihnen mit, was geschehen war, und drängte sie, sich anzukleiden.

Dann händigte er ihnen die Rettungswesten aus, die sie sich umbanden. Ben reklamierte, das Ding drücke am Rücken, und zog es wieder aus. Als Johnson mahnte, es sei höchste Zeit zu gehen, sagte Ben, er wolle noch ein paar kostbare Sachen zusammensuchen und treffe ihn dann auf dem Deck.

Inzwischen hatten Ben und Giglio sich entschieden, wie sie ihrem Schicksal entgegentreten wollten. Beide hatten ihre Schwimmwesten abgelegt, sich gekämmt, mit etwas Kölnischwasser betupft; im Abendanzug gingen sie auf Deck, gaben ihre Westen zwei Frauen und sagten Johnson, sie würden «wie Gentlemen» mit dem Schiff untergehen.

Kurz danach sah Johnson Ben flink durch die Menge gehen und Frauen in die Rettungsboote helfen. «Frauen und Kinder zuerst! Frauen und Kinder zuerst!» rief er immer wieder, während andere Männer im verzeifelten Sturm auf einen Platz für sich selbst die Frauen beiseite stießen.

Schließlich befahl ein Offizier Johnson an eines der Ruder, und Ben ging zu ihm hin und trug ihm eine Nachricht für Florette auf: «Sagen Sie ihr, daß ich bis zum Ende bei der Stange geblieben bin und daß keine Frau an Bord zurückbleiben mußte, weil Ben Guggenheim ein Feigling war.»

Wenige Minuten später begannen die Wellen über die Decks zu krachen, und innerhalb einer Stunde nach dem Zusammenstoß ertranken 1517 Menschen in den eiskalten Fluten, während die *Titanic* neben ihnen unterging.

Die Guggenheims wußten nur, daß sich Ben auf der *Titanic* befand. Florette, Benita, Peggy und Hazel bogen auf dem Nachhauseweg von James Seligmans Geburtstagsparty von den West Seventies in die East Seventy-second Street ein, als sie an einem Zeitungsjungen vorbeikamen, der «Extrablatt! Extrablatt!» rief. Hazel erzählte später: «Meine schöne Schwester Benita, die eine Art sechsten Sinn gehabt haben muß, bat meine Mutter, stehenzubleiben und das Extrablatt zu kaufen. «Papas Schiff muß etwas Schreckliches zugestoßen sein», sagte sie. Meine Mutter versicherte ihr, der *Titanic* könne nichts passieren, die sei todsicher. Das geschah acht Stunden bevor die *Titanic* mit dem Eisberg zusammenstieß.»

Als die Nachricht vom Untergang New York erreichte, telegrafierte Daniel Guggenheim an die *Carpathia*, die viele Überlebende aufgenommen hatte, ob Benjamin Guggenheim an Bord sei. Nein, war die Antwort. Das wurde Bens Töchtern berichtet, aber Florette noch nicht.

Ein Kontingent von Guggenheims, die nicht glauben wollten, daß Ben mit dem Schiff untergegangen war, nämlich Dans Sohn M. Robert, Roses Sohn Harold und Murrys Sohn Edmond, begab sich zur Landung der *Carpathia,* in der Hoffnung, Ben doch unter den Überlebenden zu finden. Leider war er nicht dabei, doch es war nicht alles verloren gegangen: Eine junge Blondine, von einem Offizier als «Mrs. Benjamin Guggenheim» vorgestellt, kam die Laufplanke herunter und verkündete, Ben habe sein Leben geopfert, um das ihre zu retten.

Später wurde dies, in leicht abgeänderter Form, durch Steward John Johnson in der Daniel Guggenheims Suite im St. Regis-Hotel bestätigt. Florette war anwesend, und als Johnson ihr Bens Abschiedsworte ausrichtete, ließ er es dabei bewenden und erwähnte die junge blonde Sängerin mit keinem Wort.

Bens Tod mit siebenundvierzig Jahren war eine Katastrophe für seine Familie. Peggy und Hazel wurden plötzlich sehr religiös und begannen erstmals regelmäßig an den Gottesdiensten im Emanu-El-Tempel teilzunehmen. Beide bekannten später, daß sie das Unheil nie völlig überwanden und ständig auf der Suche nach einem Vater waren. Hazel, jetzt 81-jährig, hat noch immer *Titanic*-Alpträume, und Peggy sagte einst, sie denke an jedem Tag ihres Lebens an den schrecklichen Tod ihres Vaters.

Katastrophe in mehr als einer Hinsicht. Gleich nach Bens Tod erwies sich, daß seine Geschäftsangelegenheiten beinahe in totaler Unordnung waren. Nicht nur hatte er sich um das gebracht, was ein kolossales Vermögen geworden wäre, wenn er das Familiengeschäft nicht verlassen hätte; er hatte auch den größten Teil des in International Steam Pump gesteckten Geldes verloren. Die relativ kleine Summe, die übrig blieb, lag in spekulativen Aktien fest, die so tief standen, daß sie nicht verkauft werden konnten.

Davon sagte man der geldgierigen Florette nichts, und so lebte sie in der gleichen luxuriösen Weise weiter wie bisher. Inzwischen machten sich die Brüder an die Arbeit, zu retten, was zu retten war. Selbst Will, der selber in International Steam Pump investiert hatte, wurde in den Dienst der Sache gezwungen, so verzweifelt war die Situation.

Ohne Florette wissen zu lassen, woher das Geld kam, zweigten Daniel, Murry, Solomon und Simon Mittel von ihren eigenen Konten ab, um für ihre beträchtlichen laufenden Unkosten aufzukommen. Als Florette aber davon Wind bekam, flammte ihr Seligman-Stolz auf: Seligmans nahmen von niemandem Almosen an. Sie verbat sich weitere Spenden von den Guggenheim-

Brüdern und schränkte ihre Lebenshaltung drastisch ein. Sie verließ das große Haus an der Seventy-second Street und zog mit ihren Töchtern in eine kleine Wohnung. Sie entließ die meisten ihrer Dienstboten, verkaufte viele Bilder, Wandteppiche und Juwelen und begann, ihre persönlichen Mittel anzuzapfen.

In dieser schwierigen Zeit entwickelte Peggy «einen Komplex, keine richtige Guggenheim mehr zu sein». «Ich kam mir wie eine arme Verwandte vor», schrieb sie später, «und es demütigte mich schwer, daran zu denken, wie unterlegen ich dem Rest der Familie war.»

Es dauerte sieben Jahre, bis Bens sechs Brüder und deren Anwälte den Knäuel seines schuldenbelasteten Nachlasses entwirrt hatten. Solomon und William trugen die Hauptlast der Arbeit. Als die Papiere endlich von ihren Tischen waren, blieben gerade noch 1,85 Millionen Dollar zur Verteilung an Bens Erben. Benita, Peggy und Hazel bekamen je 450 000 Dollar, treuhänderisch verwaltet, und Florette 500 000. Sol und Will schätzten, daß Ben gegen 8 Millionen verloren hatte.

Ihre vergleichsweise mageren Erbschaften (man erinnere sich, Dans Kinder sollten je 2 Millionen und die von Murry je weit über 8 Millionen erhalten) und ihre Nichtbeteiligung an künftigen Guggenheim-Bonanzas wie Chile-Copper sorgten dafür, daß Peggy, Hazel und Benita zu den ärmsten Guggenheims ihrer Generation gehörten. Florette erleichterte ihre mißliche finanzielle Lage allerdings ein wenig, indem sie jeder von ihnen 500 000 Dollar Treuhandvermögen hinterließ, so daß am Ende jede der Töchter 950 000 Dollar zur Verfügung hatte. Was Peggy in der Folge aus ihrem Geld machte, war nichts Geringeres als ein Wunder. Sie bewies sich selbst, daß sie eben doch eine *echte* Guggenheim war. Ungefähr eine Viertelmillion Einkommen aus ihrer Erbschaft (das Kapital konnte sie ja nicht anrühren) baute sie zu einer Sammlung moderner Kunst im Wert von 30 Millionen Dollar aus. Und noch später, als Tüpfelchen auf dem i — bei Gott, sie würde der Welt zeigen, wer ein *echter* Guggenheim war —, gründete sie ihre eigene Stiftung, die Peggy Guggenheim Foundation, und vermachte ihr testamentarisch ihre ganze Sammlung sowie ihre Galerien in Venedig.

Benjamin Guggenheim hatte bis 1912, als er mit der *Titanic* unterging, nicht viel mit seinem Geld angefangen, außer den Großteil davon zu verlieren. Aber vor 1912 hatte auch keiner seiner Brüder etwas wirklich Nennenswertes mit seinem Geld angefangen. Hätte Ben die späteren zwanziger Jahre erlebt, so wäre vielleicht auch ihm eine konstruktive Verwendungsart für sein Vermögen eingefallen; (wir wollen ihm die Möglichkeit zugutehalten). So blieb es Peggy überlassen, die das gefeiertste Mitglied der vierten Generation werden sollte, nachzuholen, was das *Titanic*-Unglück verhindert hatte.

Kapitel

8

Senator Simon oder Demokratie in Amerika

Die silbernen Punschbowlen im Brown Palace zu Denver waren so groß wie Waschzuber, am Abend des 15. Januar 1907, und auf den großen Silbertabletts lagen Tausende von Zigarren. Die Männer, in hohen gestärkten Kragen, Schwalbenschwänzen und Pfeffer-und-Salz-Beinkleidern, ergingen sich mit gefüllten Gläsern zwischen den Topfpalmen und klopften einander auf die Schultern, während die Damen in langen, enggeschnürten Abendkleidern und Straußenfederboas in Grüppchen herumstanden und gegenseitig Juwelen, Frisuren, Toiletten bewunderten und kritisierten. Auf dem Höhepunkt des Festes, als noch mehr große Schüsseln Punsch mit noch mehr Tabletts voller Zigarren hereingetragen wurden, erklangen auf dem Flügel ein paar Akkorde, und dann stimmten die triumphierenden Wahlkampfmanager des Kandidaten das von der Menge aufgenommene Lied nach der Melodie von «Die gute alte Sommerzeit» an:

Der gute alte Guggenheim,
Der gute alte Guggenheim,
Er wird der Fürst der Senatoren sein,
Simon Guggenheim.
Seht seinen Rauch, den vielen Rauch,
Der muß ein gutes Zeichen sein,
Heißt, daß er stets die Dinge packt,
Der Simon Guggenheim.

Als Alexis de Tocqueville etwa fünfundsiebzig Jahre vor der Wahl Simon Guggenheims in den Senat den Kongreß der Vereinigten Staaten besuchte, notierte er: «Wenn man das Abgeordnetenhaus betritt, (...) fällt einem das vulgäre Benehmen dieser großen Versammlung auf», während im Senat «kaum ein Mann zu sehen ist, dessen Name nicht an einen aus neuer Zeit stammenden Anspruch auf Ruhm gemahnt. (...) Jedes Wort, das in dieser Versammlung geäußert wird, würde den größten parlamentarischen Debatten in Europa zur Ehre gereichen.»

«Was ist der Grund für diesen bizarren Gegensatz?» fragte er sich. «Warum ist die Elite der Nation im einen Saal und nicht im anderen? Warum zieht die erstere Versammlung so vulgäre Elemente an, während die letztere ein Monopol auf Talente und Aufgeklärtheit innehat?»

De Tocqueville beantwortet seine Frage in seinem Werk *Die Demokratie in Amerika* selbst: «Ich sehe nur eine Tatsache, die es erklären kann: Die Wahl ins Abgeordnetenhaus ist direkt, während der Senat zwei Wahlen unterworfen ist. (...) Zuerst wählen die Bürger eines Staates ihre staatlichen Parlamentarier, dann wählen diese als Delegierte einen Mann in den Senat.»

Was de Tocqueville hinzuzufügen unterließ, obwohl seine Bemerkungen es andeuten, ist, daß es für einen berühmten und reichen Mann viel leichter ist, ein paar Dutzend Delegierte eines Staates zu schmieren als die Bevölkerung eines ganzen Staates. Deshalb werden die politischen Arbeitsgäule — und die Demagogen, Schmeichler, Scharlatane — ins Abgeordnetenhaus gewählt, während die hervorragenden Millionäre oder Leute, die die finanzielle Unterstützung von hervorragenden Millionären genießen, in den Senat gelangen.

Daher rührt der Ruf des Senats als «exklusivster Millionärs-Club in Amerika», ein Ruf, der sich trotz der Verfassungsänderung, welche die Direktwahl von Senatoren einführte, mit voller Berechtigung bis auf den heutigen Tag gehalten hat.

Das alles und mehr hatte der sechste Sohn von Meyer Guggenheim klar erkannt, der scharfsinnige, schnelle, geistreiche und ausnehmend großherzige Simon, der 1907—13 Senator der Vereinigten Staaten und durch eine tragische Schicksalswende einer der weitblickendsten Wohltäter der Künste und Wissenschaften in der amerikanischen Geschichte war.

Zu Ehren der Guggenheims muß hervorgehoben werden, daß sie im Gegensatz zu vielen ihrer nichtjüdischen Landsleute nie irgendwelche verschwommenen Illusionen über Amerika und sein politisches und wirtschaftliches System hegten.

Wenn man, wie sie, aus der Knechtschaft und Beengtheit eines jüdischen Ghettos stammte, dann wußte man von Anfang an, daß im Gegensatz zu den Worten der Unabhängigkeitserklärung alle Menschen versklavt und ungleich erschaffen sind, und daß es die Aufgabe jedes Einzelnen ist, seiner angeborenen Knechtschaft und Ungleichheit durch Einsatz seines Verstandes, seiner Energie und seines Mutes zu entfliehen. Zweitens wußten sie, daß Freiheit in Amerika vor allem die Freiheit bedeutet, zu Geld zu kommen, und daß es der innigste Traum des Amerikaners ist, so reich — also so ungleich — wie nur möglich zu werden. Und drittens wußten sie, daß es in Amerika in Wirklichkeit nur *eine* Partei gab, auch wenn deren Mitglieder sowohl bei den Demokraten als auch bei den Republikanern zu finden waren, und zwar die Partei der Besitzenden... und daß infolgedessen die gesetzgebenden Körperschaften nicht die Bevölkerung als Ganzes vertraten, sondern die wenigen Reichen, die es sich leisten konnten, Kongreßwahlkämpfe zu bezahlen.

Simon Guggenheims Wahlkampf für den Senat war so ungeniert korrupt (wenn man davon ausgeht, daß Wahlen eigentlich den Willen des Volkes repräsentieren sollten), daß er etwas beinahe Erfrischendes hatte. Er versuchte gar nicht, jemanden hinters Licht zu führen. «Ich habe eine Liste aufbewahrt, auf der der Name jedes Einzelnen steht, dem ich einen Dollar bezahlt habe, und wofür ich ihn bezahlt habe», zitierte die *Denver Post* aus einer seiner Reden. «Wenn ich nicht nominiert werde, veröffentliche ich die Liste. Und Sie sollen wissen, daß ich, wenn Sie einen anderen nominieren, 300 000 Dollar ausgeben werde, um ihn zu schlagen.»

Wozu das? ist man versucht zu fragen. Warum nahm Simon Guggenheim all die Mühen und Unkosten einer Kandidatur für den US-Senat auf sich, da er doch bereits soviel Geld und Prestige besaß, wie er nur brauchen konnte? Die Antwort ist, daß er wohl das Geld, nicht aber das Prestige hatte, das er brauchte, und dieses zusätzliche Ansehen wünschte er sich verbissen. Als einer der jüngeren Brüder hatte er sein Leben lang darum kämpfen müssen, in den Augen seiner Brüder als vollwertig dazustehen, sicherzustellen, daß sie ihn nicht im selben Atemzug mit dem frivolen Ben und dem verschwenderischen Will nannten. Es war ein mühsamer Kampf, und schließlich wurde ihm klar, daß er ihn nicht einfach dadurch gewinnen konnte, daß er der Vizekönig seiner älteren Brüder im Westen war. Erzlager aufzuspüren und zu kaufen, den Betrieb der Minen und Schmelzhütten im Westen und in Mexiko zu überwachen war nicht genug. Simon brauchte etwas darüber hinaus, etwas, das seine älteren Brüder nicht hatten, und das war die Wahl in ein öffentliches Amt.

Angesichts seiner starken Position in Colorado — die Guggenheims kontrollierten buchstäblich den Wohlstand der Rocky Mountains-Staaten — und des Einflusses von Geld in der amerikanischen Politik war das Erringen eines hohen öffentlichen Amtes für Simon kein unrealistischer Ehrgeiz. Besonders, da das größte politische Thema jener Zeit Silber hieß und Colorado ein Silberstaat war und Simon Guggenheims Familie die auserlesensten Silberminen in Colorado besaß.

Simons Methode war einfach. Er finanzierte persönlich die Kampagne jedes Colorado-Parlamentariers für die Wiederwahl und verlangte dafür dessen Stimme, und wenn er, Simon, dann gewählt würde, wollte er seinen Wählern und deren Familie beistehen, wo immer er konnte. Ein verwirrter

Senator von Colorado, ein Farmer namens Morton Alexander, war so naiv, daß er nicht gleich begriff, wie die Sache funktionierte, und auf die Frage an Guggenheims Wahlkampfmanager: «Ja, und das Volk?» bekam er die Antwort: «Zum Teufel mit dem Volk.» Als er dann protestierte, er habe fast keine eigenen Mittel, um ohne breite Unterstützung aus dem Volk einen weiteren Wahlkampf führen zu können, sagte man ihm: «Machen Sie sich keine Sorgen, die Guggenheims kümmern sich um alles.»

In der Folge drückte sich Alexander davor, Guggenheim zu unterstützen — und wunderte sich, als er eines Tages auf seine Farm zurückkehrte und seine Zäune niedergerissen und seinen Rasen zertrampelt vorfand.

Umgänglichere Delegierte wurden später auf einmal Besitzer von Aktien Guggenheim-kontrollierter Firmen, die damals alle glänzend gediehen.

Diese Glücklichen wählten dann schließlich Simon Guggenheim mit achtundsechzig zu siebenundzwanzig Stimmen zum US-Senator aus Colorado. Manche Leute waren entrüstet über die Wahl.

So nahm denn Simon Guggenheim seinen Platz im Senat der Vereinigten Staaten ein, zusammen mit achtzehn anderen Multimillionären, darunter Nelson W. Aldrich aus Rhode Island, Schwiegervater von John D. Rockefeller jr., Henry Du Pont aus Delaware, Henry Cabot Lodge aus Massachusetts und, zwei Jahre später, Elihu Root aus New York. Diese achtzehn Millionär-Senatoren leiteten die Ausschüsse, die sich mit Bundesfinanzen, Steuern und Zolltarifen befaßten. Jetzt hatten sie in Simon — dessen Familienvermögen größer war als das aller anderen — einen mächtigen neuen Verbündeten. Sechsundneunzigmal stimmte Simon für die ultrakonservativen Bestimmungen des Payne-Aldrich-Tarifs. Seine Reden zu diesen Themen waren in der Regel sehr direkt und sehr kurz. «Es ist von Wichtigkeit», erklärte er in einer seiner kürzesten Ansprachen einmal, «das billige spanische Blei und auch das australische Blei draußen zu halten.»

Nicht lange nachdem sie nach Washington umgezogen waren, erwarben sich Simon und Olga Guggenheim einen Ruf als Gastgeber großen Stils. Kein anderer Politiker in Washington, nicht einmal der Präsident, verfügte über so gewaltige Mittel für Einladungen. Wenn der «Silberfürst» eine große Party gab, war dies stets *das* gesellschaftliche Ereignis der Saison.

Simon war zu jener Zeit eine kurzgewachsene, dunkle, stämmige Erscheinung mit schwarzem Schnurrbart, starkem Kinn und, natürlich, der fast unvermeidlichen Guggenheimschen Kartoffelnase. Äußerlich der semitischste aller Brüder, war er daneben einer der sinnlichsten in Geschmack und Gewohnheiten. Er liebte feinschmeckerisches Essen, erstklassige Importweine, Havannazigarren und schöne Frauen. In Spanien — wohin der weitblickende Meyer ihn für zwei Jahre geschickt hatte, um die Sprache zu erlernen, die südlich des Rio Grande gesprochen wurde — hatte er sich eine südeuropäische Lebensweise angewöhnt. Er nahm sich Zeit für Tafelfreuden und sah nichts Unrechtes darin, sich eine *amante* zu halten. Die Leute fanden ihn ruhig, elegant, höflich, wenn er auch gleichzeitig etwas von einem Rohdiamanten an sich hatte. Er rauchte zu viele Zigarren und hatte zu sehr ein Auge auf Damen. Die «alten» Familien des Denver-Clubs hatten ihn nie akzeptiert, und obwohl er in Washington so glanzvolle Einladungen gab, wurde er seinerseits nie in gewisse WASP-Hochburgen eingeladen. Seine hochgewachsene, langhalsige, stattliche Gemahlin Olga war eine perfekte Sprachenkennerin, sehr kunstverständig, eine superbe Gastgeberin, eine gute Amateurmusikerin und, zum Glück für Simon, selber südeuropäisch genug in ihren Anschauungen, um seine vielen Mätressen zu ertragen, von denen es einige an Herrlichkeit sogar mit denen von Bruder Solomon aufnehmen konnten. Olga schenkte Simon zwei Söhne: John Simon und George Denver.

Wie von manchen vorausgesagt, leistete Senator Simon Guggenheim während seiner einen Amtszeit nicht besonders viel für sein Vaterland. Er ergriff selten das Wort, und wenn, dann gewöhnlich sehr kurz. Er trat für kein bedeutungsvolles Gesetz ein. Seine vielleicht größte Anstrengung bestand darin, daß er einen erfolglosen Filibuster gegen den Gesetzesentwurf anführte, mit dem das Arbeitsministerium eingesetzt wurde. (Nicht umsonst nannte man ihn «den konservativsten Mann im Senat.») Aber er schaffte es, eine Menge Bauprojekte des Bundes für seinen Staat zu ergattern, sich um die finanziellen Bedürfnisse der Gesetzgeber des Staates Colorado zu kümmern, auf die Probleme seiner Colorado-Wähler zu achten und die Beschäftigungsquote in den Minen und Hüttenwerken Colorados hoch zu halten.

Und natürlich versäumte er es nie, die weltweiten Interessen des Hauses Guggenheim zu schützen, was ihm seine älteren Brüder ewig dankten. In seiner Amtszeit kaufte die amerikanische Regierung Unmengen von Silber, ließ zu, daß die Kupfer- und Bleipreise in die Höhe schnellten, schlug hohe Zölle auf alle ausländischen Metalle und ließ, nach einigem Gezänk mit dem Naturschutz, Guggenmorgan und Morganheim die uneingeschränkte Ausbeutung der Bodenschätze Alaskas durchgehen.

Simon Guggenheim stellte sich 1912 nicht zur Wiederwahl, sondern gab seinen Sitz im Senat auf den 1. März 1913 auf. Sein Ziel war erreicht: Seine älteren Brüder hatten ihn endlich akzeptiert. Um ihren hervorragenden jüngeren Bruder zu ehren, schufen Daniel, Murry und Solomon die neuen Stellen eines Präsidenten des Verwaltungsrats der American Smelting and Refining, der American Smelters Securities und der Guggenheim Exploration Company und setzten Simon in allen drei Positionen ein. So konnte sich Simon wieder dem viel seriöseren Geschäft des Geldscheffelns widmen. Und erst noch mit einer neuen Feder am Hut: Von nun an wurde er ausschließlich als «der Senator» erwähnt, ein Titel, den er bis zu seinem Tode behielt.

Mit so vielen Ehren, Titeln und Ernennungen überhäuft, schien Simon Guggenheim mit siebenundvierzig Jahren den Gipfel seines Lebens und seiner Karriere erreicht zu haben. Doch ein ganz anderer, unendlich edlerer Höhepunkt erwartete ihn elf Jahre später, einer, der seine Laufbahnen als Senator und als Geschäftsmann in Vergessenheit geraten lassen und ihm einen bleibenden Platz in der Geschichte seines Landes eintragen sollte.

Kapitel

9

Alle Söhne Simons

> ... die Förderung und Verbreitung von Wissen und Verständnis und Würdigung der Schönheit durch Hilfe, ohne Ansehen von Rasse, Hautfarbe oder Religion, an Studenten, Wissenschafter und Künstler beiderlei Geschlechts bei der Durchführung ihrer Arbeiten.
>
> — Aus der Zweckbestimmung, Stiftungsurkunde
> JOHN SIMON GUGGENHEIM MEMORIAL FOUNDATION

An einem Frühlingstag 1922 starb John Simon Guggenheim, der siebzehnjährige Sohn von Senator Simon Guggenheim, ganz plötzlich an Lungenentzündung und Mastoiditis an der Phillips Exeter-Akademie in New Hampshire. Er war dort ein guter, aussichtsreicher Schüler gewesen und für das folgende Jahr bereits an der Harvard-Universität zugelassen.

Siebzehn Jahre später betrat George Denver Guggenheim, der zweiunddreißigjährige Sohn von Senator Simon Guggenheim und Erbe eines der größten Vermögen Amerikas, an einem Novembermorgen das Jagdartikelgeschäft Abercrombie & Fitch in New York, kaufte ein Großwild-Jagdgewehr, nahm sich ein Zimmer im Paramount Hotel; einige Stunden später setzte er sich den Gewehrlauf an den Kopf und drückte ab. Er war eine Zeitlang von einem Krankenpfleger überwacht worden.

Olga Guggenheim hatte fast zehn Jahre warten müssen, bis sie ihr erstes Kind zur Welt brachte. In dieser Zeit, als jedes Jahr eine neue Enttäuschung brachte, hatte sie die berühmtesten Gynäkologen in Amerika aufgesucht. Als die Jungen endlich — 1905 und 1907 — geboren wurden, waren sie und Simon überglücklich gewesen. Simon hatte sich so sehr Söhne gewünscht. Er hatte miterlebt, wie seine Brüder Isaac, Solomon und Ben zusammen neun Töchter hervorbrachten. Von keinem der beiden Söhne Dans hielt er viel, und Murrys Sohn Edmond fand er nicht besonders brillant. Wer sollte das Haus Guggenheim in den künftigen Jahren leiten? Als John Simon 1905 geboren wurde, war Simon so glücklich, daß er das Ereignis mit einer Schenkung von 80 000 Dollar an die Colorado School of Mines feierte.

In der Folge machte er seinen beiden Jungen klar, daß er von ihnen Überdurchschnittliches erwartete. Der Tag werde kommen, wiederholte er unermüdlich, da sie berufen sein würden, das größte Minen- und Schmelzhütten-Imperium der Welt führen zu helfen.

John wurde den Ansprüchen gerecht, auf seine Weise. Obwohl er kaum ein großer Industrieboß zu werden versprach — dafür war er viel zu sensibel —, war er ein ausgezeichneter Schüler und hatte bewiesen, daß er fähig war, hart zu arbeiten.

George Denver war ein ganz anderer Typ. Launenhaft, rebellisch und überempfindlich, hatte er oft den Zorn seines Vaters erregt, wenn er eine allzu starke Neigung zum Spielen statt zum Arbeiten an den Tag legte. In Harvard, wo er dem Jahrgang 1929 angehörte, konnte man ihn gut leiden, aber er war ein gleichgültiger, zielloser Student. Ein Klassenkamerad beschrieb ihn als «ständig ausgehbereit, ohne irgendwohin zu gehen.»

Als George Denver sein Studium in Harvard abgeschlossen hatte, nahm Simon ihn zur Ausbildung in die Guggenheim Exploration Company und schickte ihn dann auf die Nitratfelder in Chile. Es dauerte nicht lange, bis der feine, vergnügungssüchtige, an die Annehmlichkeiten von Cambridge und New York gewöhnte George von den Härten der öden, ausgedörrten, ofenheißen Nitratwüsten Chiles genug hatte. Bald klagte er über Unwohlsein und war wieder in New York, wo er herumtrödelte. Nein, sagte er seinem Vater, der jetzt als Dans Nachfolger Präsident der American Smelting and Refining war, er gehe *nicht* in die düsteren Büros von Guggenheim Exploration zurück.

Da ging Simon hart mit ihm ins Gericht. Wenn er einmal streng war, dann konnte er sehr, sehr streng sein. Er erinnerte seinen Sohn daran, daß es der Guggenheim-Familie in seiner Generation an männlichen Nachkommen mangelte und daß, seit John Simon gestorben sei, er, George Denver, als Einziger übrigblieb, um Simons Linie weiterzuführen. Er erinnerte ihn ferner daran, daß er ihm bereits einen Trustfonds von einer Million Dollar gegeben und ihm testamentarisch 10 Millionen vermacht hatte, damit er die nötigen Mittel habe, um seine Verantwortungen wahrzunehmen und seinen Namen als Sohn des Hauses Guggenheim hochzuhalten. Und er erinnerte ihn zum hundertsten Male daran, daß von ihm erwartet wurde, daß er seinen rechtmäßigen Platz im *Familiengeschäft* einnehme.

Es war für George Denver eine alte Litanei. Eine lästige Litanei. Doch er konnte nicht viel anderes tun, als nachzugeben. Widerstrebend kehrte er an die Arbeit für Papa zurück. Obschon George sehr wenig leistete, machte ihn Simon doch zum Mitglied des Verwaltungsrats der American Smelting and Refining — das sah gut aus im Druckvermerk — und zum Direktor einer Tochtergesellschaft, der General Cable Corporation.

Georges wahre Interessen lagen indes anderswo. Sein Millionen-Trustfonds erlaubte ihm ein vergnügtes Leben in Manhattan, und er fing an, bis tief in die Nacht hinein die Runde durch New Yorks Nachtlokale und Flüsterkneipen zu machen. Er wurde häufig in Gesellschaft zweifelhafter Leute gesehen: Callgirls, Schiebern und vor allem Homosexuellen. Er begann zu trinken und nahm Drogen. Bald setzte der Verfall seiner — ohnehin nie besonders stabilen — Persönlichkeit ein, und er wurde manisch-depressiv. Ärzte wurden konsultiert, man behandelte ihn mit Insulin-Schocks, was seinen Zustand noch verschlimmerte. Er wurde akut paranoid, mißtrauisch gegen jedermann. Nach mehreren Selbstmordversuchen engagierte man einen Krankenpfleger, der ihn unter ständiger Aufsicht zu halten hatte. Irgendwie entwischte er dem Pfleger an jenem kühlen Novembermorgen 1939, als es ihm gelang, bei Abercrombie & Fitch seinen tödlichen Kauf zu tätigen und sich im Paramount Hotel unter dem Namen Herbert Hildebrand aus San Francisco, 143 Sutter Street, einzutragen.

Es war der Managerassistent des Hotels, der die Leiche entdeckte. Guggenheim hatte das Hotel nicht informiert, wann er abreisen würde, und als er auf wiederholte Anrufe nicht reagierte, öffnete der Assistent die Tür mit einem Nachschlüssel... und fand den völlig angekleideten Leichnam von George Denver auf dem Boden liegend, ein 300er Magnum-Jagdgewehr unter sich und die Originalverpackung des Geschäfts ganz in der Nähe.

In Georges Taschen befanden sich seine Visitenkarten, sein Führerschein und 325 Dollar Bargeld. Obwohl in seinem Führerschein die Wohnung seiner Eltern an der Park Avenue 630 als Adresse angegeben war, fand man heraus, daß er in Wirklichkeit am Central Park West Nr. 146 gewohnt und die Wohnung mit einem Mann geteilt hatte.

Der Tod ihrer beiden Söhne war für Simon und Olga ein doppelter Schicksalsschlag, der ihr Leben leicht hätte ruinieren können. Es ehrt beide, daß sie es fertigbrachten, die zweifache Tragödie in eines der wichtigsten Wohltätigkeitswerke der amerikanischen Geschichte umzuwandeln.

Wenig oder nichts in Simon Guggenheims Laufbahn hatte auch nur angedeutet, daß er eines Tages etwas so Edles wie die John Simon Guggenheim Memorial Foundation ins Leben rufen würde.

Als Jüngling hatte Simon gegen die Wünsche seines Vaters, ihn ins College zu schicken, aufbegehrt. Er «habe keinen Kopf fürs Bücherwissen», hatte er beteuert. Während seiner ganzen Karriere in Colorado und Washington hatte er nie ernsthaftes Interesse für etwas anderes als Politik und Bergbau an den Tag gelegt. Als sein Neffe Harold Loeb, ein kultivierter Schriftsteller und Freund von F. Scott Fitzgerald und Ernest Hemingway, ihn um Hilfe bei der Finanzierung seiner literarischen Zeitschrift *Broom* ersuchte — die heute als beste literarische Zeitschrift aus der Zeit unmittelbar nach dem Ersten Weltkrieg gilt —, lehnte Simon mit den Worten ab: «Wir haben das Gefühl, *Broom* sei im Grunde ein Magazin für einen reichen Mann mit einem Hobby. (...) Es tut mir leid, daß du nicht in einem Unternehmen bist, das schneller Profit abwirft.» Und 1910 schrieb Thomas S. Martin, der langjährige Senator aus Virginia, einem Wähler, der ihn gebeten hatte, Senator Simon Guggenheim um Hilfe für ein College in Virginia anzugehen: «Herr Guggenheim hat, soviel ich beobachten konnte, keine weitherzigen Ansichten über schulische oder andere öffentliche Interessen. (...) Ich glaube nicht, daß es möglich sein wird, von den Guggenheims irgendeine großzügige Spende für die Sache der Bildung zu bekommen.»

Worauf läßt sich dann Simons Bekehrung vom eigennützigen Politiker und hartgesottenen Industriellen zu einem der weitblickendsten Wohltäter der Künste und Wissenschaften der neueren Zeit (und zwar, als Einkommens- und Vermögenssteuern noch keineswegs dazu veranlaßten) zurückführen? Zweifellos auf den Tod seines älteren und, in kleinerem, aber ebenfalls bedeutendem Maße, auf den tragischen Verfall seines jüngeren Sohnes... und auf den Einfluß seiner Berater.

Für den dynastiebewußten Simon war der Untergang seiner Söhne eine Katastrophe gewaltigen Ausmaßes. Wozu sein immenser Reichtum, wenn nicht für seine Söhne? Wozu sein Abrackern bei Guggenheim Brothers und American Smelting and Refining, wenn nicht als Vehikel für den Aufstieg seiner Söhne? Doch diese Überlegungen waren gewissermaßen nur am Rande von Bedeutung. Simon hatte sehnsüchtig fast zehn Jahre lang auf einen Sohn gewartet, und er liebte ihn sehr. Nach Johns Tod begann sich Simon in seinem brennenden Schmerz über den Verlust in sich selbst zurückzuziehen und Fragen über sich und seinen Schöpfer zu stellen, für die er sich nie zuvor die Zeit genommen hatte. Auch wandte er seine Aufmerksamkeit und seine Hoffnungen George Denver zu und mußte zu seinem zusätzlichen Kummer, wie auch zu Georges Frustration, feststellen, daß auf den armen Jungen, der ohnehin nervös und überempfindlich war und unbestimmte sexuelle Neigungen zeigte, nicht zu zählen war.

Nach und nach keimte in Simon die Vorstellung, eine bleibende Erinnerung an seinen verstorbenen ersten Sohn zu schaffen, und er fing an, sich mit seinen engsten Freunden und Partnern zu beraten, welche Form dieses Denkmal annehmen sollte.

Einer dieser Geschäftspartner war Carroll Atwood Wilson, der allgemeine Rechtsbeistand sowohl bei American Smelting and Refining, als auch bei

Guggenheim Brothers. Wilson, ein hochgewachsener Mann von gewinnendem Wesen und umfassender humanistischer Bildung, war ein Rhodes-Schüler gewesen und betrieb in seiner Freizeit eingehende Studien in amerikanischer Literatur. Man weiß nicht bestimmt und wird es wohl nie mit Sicherheit wissen, aber es scheint ziemlich sicher, daß die ursprüngliche Idee für die John Simon Guggenheim Memorial Foundation mindestens teilweise von Carroll Wilson stammte, so wie Hilla Rebay die ursprüngliche Idee für die Solomon R. Guggenheim Foundation und deren Museum entwickelt hatte. Was konnte es für John Simon, der ein vielversprechender Student gewesen war, für ein passenderes Denkmal geben als eine Stiftung zur Unterstützung von Studenten, Wissenschaftern und Künstlern? Und was konnte es für ein besseres Modell einer solchen Stiftung geben als den Trust, den jener andere Bergbaumagnat, Cecil John Rhodes, in Großbritannien für Englischsprachige errichtet und von dem auch Carroll Wilson profitiert hatte?

Wie auch immer, *eines* weiß man: daß Carroll Wilson Simon vorschlug, sich mit zwei anderen Rhodes-Schülern zu beraten, um definitive Pläne für die neue Stiftung auszuarbeiten. Es waren dies Frank Aydelotte, Sekretär des Rhodes-Stipendientrusts für die Vereinigten Staaten, Präsident des Swarthmore College und künftiger Leiter des Institute for Advanced Study in Princeton, und Henry Allen Moe, ein Mann mit vielen Facetten: Mathematiker, Marineoffizier, Jurist und Journalist. Nach mehreren Monaten des Reifungsprozesses einigte man sich auf ein Format für die Stiftung, und am 16. März 1925, dem Tag der Inkorporation, dotierte Simon sie mit einer ersten Schenkung von 3 Millionen Dollar in Sicherheiten — eine Summe, die sich vervierzigfachen sollte.

Die John Simon Guggenheim Memorial Foundation ist, nach den Worten ihres gegenwärtigen Generalsekretärs Gordon Ray, «die einzige Institution in den Vereinigten Staaten mit einer ausschließlichen und permanenten Verpflichtung an das Prinzip der Unterstützung von vorzüglichen Studenten, Wissenschaftern und Künstlern.» Als solche spielt sie in der höheren amerikanischen Zivilisation eine einzigartige, lebenswichtige Rolle.

Bis Ende 1983 hatten 54 Guggenheim-Stipendiaten einen Nobelpreis und 131 den Pulitzerpreis bekommen. Von den 83 bis 1983 verliehenen National Book Awards sind 44 an Guggenheim-Stipendiaten gegangen. Und von den 1472 Mitgliedern der National Academy of Arts and Sciences waren 515 Guggenheim-Stipendiaten. Im Lichte dieser Zahlen versteht man, weshalb ein Guggenheim-Stipendium in den Vereinigten Staaten schon lange nicht mehr bloß als finanzielle Hilfe, sondern praktisch als eine Art intellektuelle Ritterschaft gilt.

Aaron Copland war einer der Auserwählten des ersten Jahres. Er war damals nur seinen Lehrern bekannt. Stephen Vincent Benét gehörte zur Selektion des zweiten Jahres. Sein Stipendium ermöglichte es ihm, *John Brown's Body* zu schreiben. Norbert Wiener, der Mathematiker und Vater der Kybernetik, gehörte ebenfalls der Auswahl des zweiten Jahres an, wie auch Linus Pauling, der spätere Nobelpreisträger, und beide waren zu jener Zeit praktisch unbekannt. Thomas Wolfe, James T. Farrell und Edmund Wilson waren weitere frühe Stipendiaten. Später bekamen James A. Van Allen, Harvey E. White, Vladimir Nabokow, W. H. Auden, Gian Carlo Menotti, Hart Crane, Robert Penn Warren, John Kenneth Galbraith und Alfred Kazin Stipendien. Robert Penn Warren schrieb *All the King's Men,* W. H. Auden *The Age of Anxiety,* John Kenneth Galbraith *The Affluent Society.* Paul A. Samuelson, Nobelpreisträger für Wirtschaftswissenschaft, war ein «Guggenheimer». James D. Watson, Nobelpreisträger für Medizin und Physiologie, schrieb *The Double Helix,* einen Bericht über seine Entdeckung der Struktur von DNA. Henry Kissinger, ein weiterer Nobelpreisträger, schrieb eines seiner ersten Bücher mit Hilfe eines Guggenheim-Stipendiums.

Und die Guggenheim-Stiftung gewährte den Pulitzerpreisgewinnern Conrad Aiken, Samuel Barber, John Berryman, Elliott Carter, Leon Edel, Paul Horgan, Allan Nevins, Katharine Anne Porter, Arthur M. Schlesinger jr., Virgil Thomson, Peter Viereck, Marianne Moore, Eudora Welty entscheidende finanzielle Hilfe.

Man kann sich schwer vorstellen, wie das kulturelle Leben Amerikas in den vergangenen fünfzig Jahren ausgesehen hätte, wäre die John Simon Guggenheim Memorial Foundation nicht gewesen. Die Regierung der Vereinigten Staaten unternahm in dieser Zeit jedenfalls herzlich wenig zur Förderung individuellen wissenschaftlichen und künstlerischen Schaffens, außer, daß sie Stiftungen Steuerfreiheit gewährte (eine Ausnahme ist das Fulbright-Programm, das der Guggenheim-Stiftung nachgebildet wurde und das man jetzt sterben läßt). Und die übrigen Stiftungen waren im großen Ganzen gegenüber Institutionen großzügiger als gegenüber Einzelnen.

Und was ist aus dem Stifter geworden? Und aus dessen Frau?

Es ging ihnen gut. Simon Guggenheim stürzte sich lustvoll in die Arbeit seiner Stiftung und seiner Ämter als Vorsitzender verschiedener Guggenheim-Unternehmungen. Nach 1929 ging es, wie wir wissen, mit dem Minen- und Hüttengeschäft etwas bergab, aber die dreißiger Jahre waren eine fruchtbare, anregende Zeit für Kunst und Wissenschaft. So wandelte sich Simon mühelos und freudig vom Förderer von Bodenschätzen zum Förderer menschlicher Schätze, vom Entdecker von Erzlagern zum Entdecker menschlicher Talente.

Für Simon war die Haupttätigkeit seiner Stiftung nicht sehr verschieden von der Haupttätigkeit im Minengeschäft seiner Familie. Sie bestand, kurz gesagt, im Finanzieren von Schürfungen, im Eingehen eines Risikos. «Er pflegte zu sagen», erinnert sich Henry Allen Moe, «wenn man eine Schürfung veranlaßt, nimmt man eine Möglichkeit wahr. Man richtet sich nach den besten Befunden, die man bekommen hat, aber es gilt dennoch ein Risiko auf sich zu nehmen, denn sicher ist am Ende nichts.»

Simon liebte es, etwas zu wagen. Ein Kupferberg in Alaska, ein Kupferberg in den chilenischen Anden? Wagen wir's. Und jetzt ein unerprobter fünfundzwanzigjähriger Komponist aus Tennessee? Ein junger Dichter und Romancier aus North Carolina? Wagen wir's.

Schon bald nach ihrer Gründung wurde die John Simon Guggenheim Memorial Foundation zur beherrschenden Leidenschaft im Leben des Stifters. Als das Nitratgeschäft der Familie in Chile zu verfallen begann und Sohn George Denver in New York zu verfallen begann, war sie das einzige verheißungsvolle Unternehmen in Simons Hand.

Nach einiger Zeit führte Simon ein Programm von südamerikanischen Austauschstipendien ein und spendete dafür eine weitere Million Dollar. In seinem Schenkungsbrief schrieb er:

«Meine Brüder und ich befassen uns schon lange mit dem Handel mit vielen der Republiken südlich der Vereinigten Staaten, und wir wissen, daß es keine wichtigen Faktoren wirtschaftlicher Isolierung mehr gibt, die uns trennen. Aber ein ebensolcher Handel in Dingen des Denkens, in geistigen Werten bleibt noch einzuleiten. (...)

Es ist unsere Überzeugung, daß dies am besten dadurch geschieht, daß man Gelehrten und Künstlern aus anderen Ländern hilft. Solche Unterstützung soll unter den freiestmöglichen Bedingungen Männern und Frauen gewährt werden, die sich der Wissenschaft und fortschrittlichen Studien widmen, großen Lehrern, Schöpfern des Schönen, und ganz allgemein denen, die sich Betätigungen widmen, welche der Menschheit Würde und Adel verleihen und Freude bereiten.»

Auf diese Weise konnte Simon etwas von dem Geld, das er und seine Brüder aus dem mittel- und südamerikanischen Boden gezogen hatten, zurückgeben. Die ersten Studiengelder gingen an Bürger von Mexiko, Argentinien, Chile und Kuba, von Ländern also, in denen die Guggenheims beträchtliche Geschäftsinteressen besaßen. Später kamen Puerto Rico, Brasilien, Peru und Uruguay dazu. 1950 wurden Studierenden und Künstlern aller lateinamerikanischen Länder Stipendien verliehen.

Während sich die Stiftung weiterentwickelte und die ersten Erfolge zutage traten — Stephen Vincent Benéts Pulitzer; Harold L. Davis' Pulitzer (für *Honey in the Horn)*; Arthur Comptons Nobelpreis für Physik —, setzte der erbarmungslose Niedergang seines Sohnes George Denver Simon hart zu. Der junge Mann lebte manchmal zu Hause, manchmal in einer Wohnung, die er sich am Central Park West hielt. Häufig geriet er mit der Polizei in Konflikt, aber auch mit seinen «Freunden», die in ihm die ideale Zielscheibe für Erpressungen sahen. Vergeblich suchte Simon ihn am Familiengeschäft und an seiner neuen Stiftung zu interessieren. George Denver konnte mit beidem nichts anfangen. Sich selbst und seinen Eltern eine ständige Plage, wurde er immer kranker im Geist und immer selbstzerstörerischer.

Der sich verschlimmernde Zustand seines Sohnes fordete seinen Tribut von Simon, so zäh dieser auch war. Für jeden Erfolg im Geschäft — und während der Depressionsjahre waren es nicht viele — oder bei der Stiftung — und hier waren es viele — mußte er sich, wenn er aus dem Büro nach Hause kam, mit einem neuen Versagen seines Sohnes auseinandersetzen. Es kam vor, daß am Vormittag Henry Allen Moe zu Simon ins Büro kam und ihm erzählte, Arthur Compton, ein «Guggenheimer» von 1926, habe eben einen Nobelpreis für Physik bekommen, und daß ihm am Nachmittag der Arzt am Telefon sagte, George habe wieder versucht, sich umzubringen, und brauche eine neue Insulinschockbehandlung. Als Folge dieses täglichen Kummers bekam Simon in seinen Sechzigern einen traurigen, verwundeten Ausdruck um die Augen, und ein paar wenigen vertrauten Menschen gegenüber bekannte er, die Tragödie seines Sohnes vergifte ihm das Leben. Er war imstande gewesen, seinem ersten Sohn ein Denkmal zu bauen. Was konnte er für seinen zweiten tun?

Um sich zu trösten, wandten sich Simon und Olga anderen Interessen zu. Sie reisten viel und weit. Simon pflegte Mätressen. Olga pflegte die schönen Künste.

Einer von Simons Großneffen erinnert sich, daß Simon «immer von schönen Frauen umgeben» war. Seine Nichte Gladys Straus berichtete, daß er eine französische Geliebte von seltener Schönheit hatte. Ungeniert buchte er für seine jeweilige Freundin eine Schiffspassage auf demselben Transatlantikdampfer, mit dem er und Olga nach Europa reisten. Manchmal saß sie sogar am gleichen Tisch, und Olga wußte nicht, wer sie wirklich war. Nach dem Abendessen wunderte sich Olga dann über den merkwürdigen Zufall, daß die Frau, die neben Simon gesessen hatte, genau denselben Schmuck trug wie sie.

Inzwischen errichtete Olga, die nicht nur eigenes Geld besaß, sondern von ihrem Mann ein beträchtliches Treugut bekommen hatte, einen Fonds von mehreren Millionen, um dem New Yorker Museum of Modern Art den Erwerb von «Werken höchster Güte» zu ermöglichen. «Ein Glücksspieler in der Familie ist genug», sagte sie, denn anstatt sich auf spekulative «Schürfungen» einzulassen, setzte sie auf das Erprobte und Echte. Ihr Fonds sollte, nach den Worten von Alfred H. Barr jr., dem Direktor der Sammlungen des Museums, «nur solchen Werken gewidmet sein, von denen sie annahm, daß sie von bleibendem Wert und daher für das Museum unerläßlich waren.»

Das Ergebnis war eine herrliche Sammlung, eine der großartigsten, die je von einem einzelnen Stifter in New York zusammengestellt wurde. Nach zwanzigjährigen sorgfältigen Einkäufen umfaßte die Mrs. Simon Guggenheim Fund's Collection im Museum der Modernen Kunst vierundvierzig bedeutende Werke. Dazu gehörten acht Picassos, fünf Matisses, vier Légers, ein Braque, ein Chagall, ein Gauguin, ein Hopper, ein Miró, zwei Modiglianis, Rousseaus «Eingeschlafene Zigeunerin», Peter Blumes «Ewige Stadt» (mit einem Guggenheim-Stipendium gemalt), sowie Skulpturen von Brancusi, Maillol und Rodin.

Olga Guggenheim bereicherte auch das Kunstmuseum Denver mit vielen Gemälden, Skulpturen und anderen Kunstwerken, zusätzlich zu denen, die sie und Simon diesem Institut schon früher geschenkt hatten. 1952 eröffnete sie die Simon Guggenheim Memorial Collection mit der Spende eines ganzen englischen Tudor-Zimmers aus dem frühen 17. Jahrhundert. Sie ergänzte die Sammlung jedes Jahr, bis zu ihrem Tod 1970, als das Museum aus ihrem Nachlaß fünfundzwanzig Gemälde erhielt, darunter ein Rubens und ein Tintoretto.

Olga Guggenheim war zur Episkopalkirche übergetreten, und sie und Simon, der der jüdischen Religion nie besonders angehangen hatte, wurden Mitglieder der feinen St. Thomas Episcopal Church Ecke Fifth Avenue/Fifty-third Street. Hier mischten sich die Guggenheims unter eine nichtjüdische Gesellschaft, hauptsächlich der Oberschicht, und unter diesen Leuten, nicht im deutschjüdischen «Haufen», fanden Olga und Simon ihre engsten Freunde.

1952 zeichnete das National Institute of Arts and Letters Olga mit dem jährlichen Preis für besondere Verdienste um die Kunst aus. Bei der Feier wurde erwähnt, daß Olga einen zehntklassigen Wandteppich, einen absolut grausigen Kitsch, an der Wand über dem Eingang ihrer luxuriösen Wohnung an der Fifth Avenue 1040 (im selben Gebäude, wo heute Gladys Guggenheim Straus und Jackie Onassis wohnen) hängen ließ, um sie «ständig an ihre Fehler zu erinnern.»

Simon Guggenheim starb 1941 mit dreiundsiebzig Jahren an Lungenentzündung, und die *New York Times* würdigte ihn mit einem seitenlangen, zweispaltigen Nachruf. Zu jenem Zeitpunkt besaß seine Stiftung ein Vermögen von 8 Millionen Dollar. In seinem Testament hatte Simon die Stiftung als Erbin des Reinnachlasses seines auf rund 50 Millionen geschätzten Besitzes eingesetzt, des größten der sieben Brüder, so daß die «John Simon» nach Simons Tod weitere 20 Millionen einheimste. Zehn davon waren für George Denver bestimmt gewesen, der sich zwei Jahre zuvor erschossen hatte. (Es hätte noch mehr für die Stiftung herausgeschaut, aber wir wissen ja, was die chilenischen Nitrate den Vermögen der Guggenheims angetan hatten.) In den darauffolgenden Jahren starben Simons Mätressen nach und nach weg, und die Trustfonds, die er für sie errichtet hatte, fielen ebenfalls an die Stiftung.

Als 1970 schließlich Olga mit dreiundneunzig Jahren ohne direkte Erben starb, hinterließ sie die Hauptmasse ihres Vermögens, um die 40 Millionen, der Stiftung. Alle diese Mittel, zusammen rund 70 Millionen, wurden vom Schatzmeister Ernest H. Lundell jr. so geschickt angelegt, daß das Reinvermögen der Stiftung 1972 gegen 120 Millionen Dollar betrug. Infolge des Rückgangs an der Börse sind es heute rund 100 Millionen. Aus den Erträgen dieser Summe kann die Stiftung jedes Jahr ungefähr 4,5 Millionen Stipendien verteilen.

Die großartige Idee, von der sich Simon Guggenheim, Caroll Wilson, Frank Aydelotte und Henry Allen Moe hinreißen ließen, ist ein Beispiel für das Beste an amerikanischer Zivilisation im zwanzigsten Jahrhundert.

Die anderen Guggenheim-Brüder hatten mit ihrem Geld ebenfalls einige prächtige Dinge angefangen. Doch im Vergleich zu Simons Stiftung nehmen sich Dans Flugwesen, Murrys Zahnklinik, Solomons Kunstmuseum fast mickrig aus. Denn Simon, wie Peter Lyon es einmal ausdrückte, «nahm sich die ganze Kunst und Wissenschaft als Wirkungskreis.»

Die John Simon Guggenheim Memorial Foundation bleibt bis zum heutigen Tag die glorreichste Errungenschaft der Guggenheims. Solange die amerikanische Republik besteht und das amerikanische Imperium — von dem die Stiftung in bezug auf ihre Mittel abhängt — besteht, dürften die Guggenheim-Söhne und -Töchter nicht ausgehen.

«Eine endlose Folge von Gelehrten, Wissenschaftern, Künstlern...» «Er ist ein Guggenheim... Sie ist eine Guggenheim», werden die Leute sagen, wenn sie auf diesen Schriftsteller, jene Malerin hinweisen. «Er war ein Guggenheim, wissen Sie... Wissen Sie, sie war eine Guggenheim», werden sie sagen, wenn sie von diesen Pulitzer-, jenen Nobelpreisträgern reden. «Guggenheims» wird es zu Hunderttausenden geben. Mein Gott, welch eine Familie haben Simon und Olga in die Welt gesetzt! Und doch, wie manches Mal mag Simon Guggenheim inmitten seiner enormen Pflichten innegehalten und die Augen geschlossen und vor sich und seinem Gott aufgeschrien haben: «Meine Söhne, meine Söhne, o meine Söhne meine Söhne meine Söhne!»?

Kapitel

10

William, oder Gatenby Williams: Vom Aussteigen, 2. Teil

Wenn es kein Porträt von William Guggenheim im Partners' Room von Guggenheim Brothers gab, so machte Will das wett, indem er seine eigene illustrierte Autobiographie unter dem Pseudonym Gatenby Williams schrieb, das Buch mit dem Verlagsvermerk «Lone Voice Publishing Company» selber herausbrachte und jedem seiner noch lebenden Brüder ein Exemplar mit Widmung schickte. Ob Solomon, Murry oder Simon dann eines dieser Bücher in den Partners' Room stellten, um ihre frühere Unterlassung gutzumachen, darüber darf geraten werden.

Das Porträt, das aus Gatenby Williams' Buch aufsteigt, ist das eines fröhlichen, intelligenten, ein bißchen verwöhnten, idealistischen Snobs, der etwas wirklichkeitsfremd war und keine übermäßige Freude an seinen jüdischen Vorfahren hatte.

Ziemlich am Anfang seines Buches erwähnt Will, daß alle Guggenheim-Brüder außer Benjamin und ihm dunkel waren und daß, wer seinen «hellen Teint und den Zuschnitt seiner Züge sah, seine semitische Abstammung nicht vermutet hätte.» In der Tat waren sich die meisten Beobachter darin einig, daß Will der hübscheste der Guggenheim-Jungen war, und bemerkten, sein Gesicht habe wirklich weit eher einen germanischen oder gar angelsächsischen als jüdischen Zuschnitt. Auch hatte er das Glück, daß ihm bis zu einem gewissen Grad die Guggenheimsche Kartoffelnase erspart geblieben war, obwohl kein Guggenheim eine Spur dieses charakteristischen Vorsprungs ganz vermeiden konnte.

Will nahm sein unsemitisches Aussehen ernst und bemühte sich bewußt darum, so unjüdisch wie möglich zu sein. In seinen mittleren Jahren hörte er auf, in den Emanu-El-Tempel zu gehen, hörte auf, die jüdischen Feiertage einzuhalten, und verkehrte größtenteils in der nichtjüdischen Gesellschaft. Man wundert sich, wo zum Teufel er den Namen «Gatenby» hernahm. War das Leben in einer Scott Fitzgerald-Kulisse zuviel für seine blühende Phantasie gewesen?

Wills Leben war in dreifacher Hinsicht ein Aussteigen, was man allerdings aus seiner Autobiographie niemals schließen würde. Zuerst stieg er aus dem Familiengeschäft aus, dann aus der Familie, dann aus seiner eigenen Religion und Rasse. Aber der einzige Hinweis auf diesen dreifachen Abfall in seinem Buch ist die Bemerkung: «Will war stets die Ausnahme.»

Will war einfach anders als die andern, das ist alles. Er war gelehrtenhaft und grüblerisch, während seine Brüder «keinen Kopf fürs Bücherlernen» hatten. Er bekam in der Schule viel bessere Noten als irgendeiner seiner Brüder, war fast immer Klassenerster. Er war der einzige, der das College abschloß. Nach seinem autobiographischen Eingeständnis war er «empfänglicher für das Innere der Dinge». «Wenige halten bei der Suche nach Gold um der Schönheit willen inne», schrieb er. Mehrmals erwähnt er in seinem Buch sein «grundlegend künstlerisches Temperament».

Daniel und die anderen hatten das Glück, dem Ideal des männlichen Amerikaners in ihrer Zeit entsprechen zu können, genau so sein zu können, wie ihre Gesellschaft sie erwartete und haben wollte: zähe, aggressive, hart antreibende Geschäftsleute, Männer, die in der Lage waren, den nackten Eingeweiden der Erde einen Löwenanteil am Weltreichtum abzuringen und dann diesen Anteil laufend zu vervielfachen. William befand sich in einer weit weniger vorteilhaften Position. Er war nicht der Typ des dynamischen jungen Geschäftsmannes. Er neigte mehr einem Leben der tieferen Betrachtung zu. Das Drama seines Daseins bestand darin, ein Mittel der Selbstverwirklichung in einer Gesellschaft zu suchen, in der sein Persönlichkeitstyp nicht geschätzt wurde.

Will war immer uneins mit seinen Brüdern, wurde von ihnen regelrecht überfahren. Bei seiner sensiblen Art muß es für ihn zumindest eine Plage gewesen sein, fünf aggressive Brüder zu haben, die sich immer gegen ihn zusammenrotteten. Zuerst hatte Isaac sich dagegen gewehrt, daß Will als Gleichberechtigter in die Firma aufgenommen wurde. Dann hatte Daniel die Rolle einer aufdringlichen Schwiegermutter gespielt und ihn gezwungen, sich von seiner ersten Frau scheiden zu lassen. Dann hatten Isaac, Dan, Sol, Murry und Simon ihm den wahren Wert von Chile Copper verschwiegen, um die Gewinne nicht mit ihm teilen zu müssen, so daß er gezwungen war, sie allesamt vor Gericht zu schleppen.

Inzwischen hatte er Aimee Lillian Steinberger geheiratet, eine Freundin seiner Schwestern Cora und Rose. Die beiden richteten sich in einem italianisierten Stadthaus an der Fifth Avenue 833 ein, mit einundzwanzig Dienstboten und zwei Chauffeuren, und bekamen drei Jahre später einen Sohn, William junior.

Aimee Guggenheim war eine sehr dominierende Frau, die ihre angeborene Herrschsucht gerade solange verhüllte, bis William junior zur Welt kam. Nach diesem wichtigen dynastischen Ereignis — der Name Guggenheim würde weiterleben! — begann sie Will senior herumzuschubsen. Sie hatte nicht nur die Persönlichkeit, sondern auch das äußere Format dazu. Aimee war hochgewachsen, größer und schwerer als ihr Gatte, und sie gab sich mit den breiten, mit Paradiesvogelfedern besetzten Hüten und den Straußenfederboas, die sie meistens trug, noch größer und kräftiger als sie war.

Aimee verstand sich nicht mit den anderen Guggenheim-Brüdern — das waren doch unmögliche Schwäger! — und ließ ihren Mann das auch wissen. Häufig machte sie Bemerkungen darüber, daß Will der einzige mit einem Hochschulabschluß war und die anderen — ein Bündel Ignoranten, ihrer Meinung nach — keine Achtung vor Wills Kultur hätten. Sie beklagte sich auch, daß die anderen Brüder Will verdrängten und sogar betrogen, was ja stimmte. Sie war es, die ihn in erster Linie zu seinem Prozeß um 10 Millionen Dollar gegen seine Brüder wegen Chile Copper anstachelte. Nach und nach gelang es ihr, Will den übrigen Guggenheims zu entfremden. Sie wollte ihn ganz für sich haben. So konnte *sie* ihn herumkommandieren anstelle der Brüder. Als Will junior neunzehnjährig war, hielt Will senior die Herrschsucht seiner Frau nicht mehr aus; sie trennten sich. William kaufte sich ein vierstöckiges Herrschaftshaus am Riverside Drive 3, wo er den Rest seines Lebens verbrachte.

Dieser Rest war einer kuriosen Mischung von philanthropischen, intellektuellen, künstlerischen und amourösen Betätigungen gewidmet.

Will benannte die wichtigsten Räume in seinem neuen Haus nach den wichtigsten Metallen, auf denen sein Vermögen beruhte: der *Salon d'Or,* die *Chambre de Cuivre,* die *Chambre d'Argent,* das *Bureau de Plomb.*.

In der *Chambre de Cuivre,* die er als Studio benützte, gab er sich seinen philanthropischen, intellektuellen und künstlerischen Tätigkeiten hin. Der *Salon d'Or* war für die Liebe reserviert.

Leider war die Philanthropie, die von der *Chambre de Cuivre* ausströmte, aus eher minderwertigem Metall — oder sollte man es Erz niedriger Güteklasse nennen? —, verglichen mit der seiner Brüder, deren riesige Stiftungen noch zu Wills Lebzeiten Weltruf erlangten. William war reich — er besaß vielleicht fünf Millionen, dazu einen von Simon für ihn errichteten Trustfonds von einer Million —, aber durch seinen frühen Austritt aus der Firma Guggenheim Brothers brachte er sich, wie sein Bruder Ben, um das, was ein enormes Vermögen geworden wäre. Seine größten Schenkungen waren daher Kleingeld, gemessen an den bedeutenden von Dan, Solomon, Murry und Simon. Sie bestanden in 50 000 Dollar an die United Hebrew Charities, zum

Gedenken an seine Mutter, und 50 000 an das Mount Sinai Hospital, zum Gedenken an seine Eltern. Seine übrigen «philanthropischen Aktivitäten» beschränkten sich auf bescheidene Beiträge an verschiedene Wohltätigkeitsvereine und die Übernahme der Defizite verschiedener Organisationen, denen er angehörte.

Will liebte das Theater und wurde in seinen späteren Jahren einer von dessen freigebigsten Schutzengeln. Ein Nebenvorteil dieser Form von Wohltätigkeit, der ihm am besten gefiel, war, daß er Showgirls in den *Salon d'Or* einladen konnte, «geschäftlich» sozusagen.

Die Stücke, die Will finanzierte, waren kommerziell nicht immer erfolgreich, und nach einer Weile begann er schwere Verluste zu erleiden. Diese, verbunden mit den großen Geschenken, die er seinen «Schützlingen» zu machen gezwungen war, griffen sein Kapital erheblich an. Als die Depression kam und nicht mehr weichen wollte und einige seiner Erwerbsquellen wie Kennecott, Anaconda und American Smelting die Dividenden zu streichen anfingen, mußte Will den Gürtel enger schnallen. Er entließ zwei Diener und einen Sekretär und behielt lediglich seinen Kammerdiener und drei Dienstmädchen. Seinen Besitz in Sands Point verkaufte er.

Mitten in diesen Sorgen jedoch geschah etwas, das Will große Freude bereitete: Sein Sohn William junior heiratete in die alte New Yorker Aristokratie ein — sie war eine Beekman —, und 1939 bekam das Paar einen Sohn, dem es den Namen William Guggenheim III. gab.

Wie erwähnt, waren Isaac, Solomon und Benjamin nur Töchter beschieden. Und Simons Söhne waren beide kinderlos gestorben. Da blieben sehr wenige männliche Nachkommen übrig, den Namen Guggenheim in die vierte und fünfte Generation zu tragen. Die Geburt von Wills Enkel wurde daher von der ganzen Familie heftig beklatscht, und für eine Weile waren die trennenden Gräben zugeschüttet. Jetzt hatte die Familie einen männlichen Erben, der den Namen Guggenheim weitertragen würde. Wills Mannesehre war endlich verteidigt.

In seiner Autobiographie schildert Will sich in seinen späten Sechzigern so:

«William Guggenheim sieht, abgesehen von seinem silbernen Haar und einer etwas runderen Taille, fast gleich aus wie vor dreißig Jahren. (...) Er ist klug genug, sich durch eine gesunde und regelmäßige Lebensführung fit zu halten. (...) Er ruht auf seinen Lorbeeren aus. (...) Seine Laufbahn wird durch zwei verblüffende Gegensätze hart geteilt: die eine die eines strengen, gewagten Kampfes im rauhen Westen und unentwickelten Mexiko, die andere die eines kreativen, kosmopolitischen Klubmenschen im Herzen der Behaglichkeit und Zivilisation. (...) Es stimmt, daß er nie gegen die häßlichen Entmutigungen der Armut kämpfen mußte; es stimmt aber auch, daß Reichtum seine Wahrnehmungen nicht getrübt hat.»

Nicht lange, nachdem er seine Selbstwürdigung zu Papier gebracht hatte, begannen sich Wills Wahrnehmungen doch ein bißchen zu trüben, und er hörte auf, ein gesundes Leben zu führen. Zu Beginn seines siebzigsten Lebensjahres war er bereits vollkommen senil.

Was von seinem Vermögen übriggeblieben war, wurde von einer Reihe von Showgirl-Schützlingen abgezweigt. Wenn das Wunder aller Wunder im *Salon d'Or* zustande kam, konnte das Mädchen haben, was es nur wollte. Zur Zeit von Wills letzter Krankheit blieben ihm noch vier Wunderwirkerinnen, zwei langbeinige Revuemädchen und zwei Schönheitsköniginnen, Miss Amerika 1929 und Miss Connecticut 1930. Hingebungsvoll wechselten sie sich am Krankenbett ihres sterbenden Schutzengels ab.

Kurz nachdem Will am 27. Juni 1941 verschieden war, schickte die Associated Press an alle ihre Kundenzeitungen Photos von Will mit zweien seiner Protégées, und der Bildtext lautete:

«GUGGENHEIM MIT ZWEI IM TESTAMENT GENANNTEN MÄDCHEN. William Guggenheim, aus der berühmten Kupferfamilie, der letzten Monat mit 72 starb, hier mit zwei der früheren Showgirls, denen er sein Vermögen vermachte. (...) Das Testament wurde gestern eröffnet, aber es war nicht sicher, daß der geschätzte Nachlaßwert von $ 1 000 000 Bestand haben würde.»

Der geschätzte Millionenwert hatte keinen Bestand, zumindest nicht für die Schützlinge. Dafür sorgte Aimee Guggenheim. Sie focht das Testament gerichtlich an und bekam den Anteil, der ihr nach dem Gesetz des Staates New York zustand, und sie sorgte dafür, daß auch ihr Sohn seinen rechtmäßigen Anteil erhielt. Nachdem diese Anteile und alle Schulden und Steuern bezahlt waren, blieb für die vier Mädchen nur noch je 1305,04 Dollar übrig. Während Aimees Prozeß kam heraus, daß der siebente Sohn von Meyer Guggenheim seit seinem Rücktritt aus der Firma M. Guggenheim's Sohn im Jahre 1901 um die 8 Millionen Dollar durchgebracht hatte.

Zum Glück für Will junior und Will III. blieb der unantastbare, unbelehnbare, automatisch an die Nachkommen gehende Trustfonds von einer Million Dollar, den Simon für Will und seine Erben nach dem Chile Copper-Fall eingerichtet hatte. Er fiel in der Folge an Will junior, und heute hat Will III. die Nutznießung.

IV. Teil

Rebellen und Engel (1923—1977) Die vierte Generation

Reichtum ist für uns nicht bloß ein Gut, um zu prahlen, sondern eine Gelegenheit, etwas zu vollbringen.

Perikles

... nicht der Geiz ist ein Laster, sondern sein Gegenteil, die Verschwendung.

Arthur Schopenhauer

Das Maß einer Tat ist das Gefühl, aus dem sie hervorgeht. Die größte Tat kann leicht eine der persönlichsten Umstände sein.

Emerson

Kein Edelmann in Europa ist ausschließlicher in seinen Vergnügungen oder eifersüchtiger auf die kleinsten Vorteile bedacht, die eine privilegierte Stellung ihm sichert, als der reiche Amerikaner.

Alexis de Tocqueville

Haltet Euch von den Künsten fern — sie sind Juden.

Richard M. Nixon

GENEALOGIETAFEL DER FAMILIE GUGGENHEIM
(Zu Teil IV)

Daniel (1856—1930)

- M. ROBERT (1885—1959)
  - ꝏ (1) Grace M. Bernheimer
  - ꝏ (2) Margaret Weyler
  - ꝏ (3) Elizabeth Eaton
  - ꝏ (4) Rebecca Pollard (Polly)
  - Kinder (aus 1. Ehe):
    - Daniel II (1906—1925)
    - M. Robert Jr. (geb. 1910)
- HARRY FRANK (1890—1971)
  - ꝏ (1) Helen Rosenberg
  - ꝏ (2) Caroline Morton
  - ꝏ (3) Alicia Patterson
  - Kinder (aus 1. Ehe):
    - Joan (geb. 1913)
    - Nancy (1915—1972)
  - Kind (aus 2. Ehe):
    - Diane (geb. 1924)
- GLADYS (1895—1980)
  - ꝏ Roger W. Straus
  - Kinder:
    - Oscar Straus II (geb. 1914)
    - Roger W. Straus, Jr. (geb. 1917)
    - Florence Guggenheim Straus (geb. 1922)

Benjamin (1865—1912)

- BENITA (1895—1927)
  - ꝏ Edward B. Mayer
- MARGUERITE (PEGGY) (1898—1979)
  - ꝏ Laurence Vail
  - Kinder:
    - Sindbad (geb. 1923)
    - Pegeen (1925—1967)
- HAZEL (geb. 1903)
  - ꝏ (1) Sigmund Kempner
  - ꝏ (2) Milton S. Waldman
  - ꝏ (3) Denys King-Farlow
  - ꝏ (4) Charles McKinley
  - Kinder (aus 2. Ehe):
    - Terrence Waldman (1924—1928)
    - Benjamin Waldman (1927—1928)
  - Kinder (aus 3. Ehe):
    - John King-Farlow (geb. 1932)
    - Barbara Benita King-Farlow (geb. 1934)

Murry (1858—1939)

- EDMOND A. (1888—1972)
  - ꝏ (1) Marron Price
  - ꝏ (2) Jeanne Russell
  - ꝏ (3) Marion Kaufmann
  - Kind (aus 1. Ehe):
    - Natalie Price (geb. 1911)

William (1868—1941)

- WILLIAM JR. (1907—1947)
  - ꝏ Elisabeth Newell
  - Kind:
    - William III (geb. 1939)

Solomon (1861—1949)

- ELEANOR M. (geb. 1896)
  - ꝏ Arthur Stuart Earl of Castle Stewart
  - Kinder:
    - David Andrew Noel (1921—1941)
    - Robert Ochiltree (1923—1944)
    - Arthur Patrick Avondale (geb. 1928)
    - Simon Walter Erskine (geb. 1930)
- BARBARA (geb. 1904)
  - ꝏ (1) John R. Lawson-Johnston
  - ꝏ (2) Fred E. Wettach, Jr.
  - ꝏ (3) Henry Obre
  - Kind (aus 1. Ehe):
    - Peter O. Lawson-Johnston (geb. 1927)
  - Kind (aus 2. Ehe):
    - Michael F. Wettach (geb. 1931)

Rose (1871—1945)

- HAROLD A. (1891—1974)
  - ꝏ (1) Marjorie Content
  - ꝏ (2) Vera Currie
  - ꝏ (3) Barbara McKenzie
  - Kinder (aus 1. Ehe):
    - Harold A. Jr. (James) (1915—1970)
    - Mary Ellen (Susan) (geb. 1916)
  - Kinder (aus 2. Ehe):
    - Anah Currie (geb. 1933)
    - Harold B. (David) (1937—1965)

Vollständige Genealogietafeln siehe S. 399

Kapitel

1

Ein Imperium im Niedergang

Der Aufstieg des Hauses Guggenheim war zu einem großen Teil außergewöhnlichem Glück zuzuschreiben. Glück in wahrhaft erstaunlichem Ausmaß. Wenn je eine Familie die Redensart illustriert hat, daß Glück dem Glücklichen nachläuft, dann waren das die Guggenheims. Das reichste Silbervorkommen in Colorado, erworben für nur 5000 Dollar. Die Geburt von nicht weniger als acht Söhnen. Die große Bonanza in Alaska. Die Bonanza in Utah. Die Bonanzas in Chile. Und alle Bonanzas dazwischen.

Solange immer mehr Bonanzas und Söhne dazukamen, konnten die Guggenheims nur auf Wolken gehen, sich zu den Sternen aufschwingen. Als aber das Glück sich abwandte, als die erhoffte Bonanza sich als Fehlschlag erwies, als statt der erhofften Söhne lauter Töchter geboren wurden, da begann der Niedergang der Familie.

Der Reichtum des Hauses Guggenheim in den dreißiger Jahren stammte hauptsächlich aus Aktienkapital in fünf Industrien mit Naturschätzen: Kennecott Copper, Anaconda Copper, Diamang (der Angola-Diamantenkonzern), Chile-Nitrate und American Smelting and Refining. Davon waren die Chile-Nitrate eine Katastrophe, und Kennecott, Anaconda und Diamang waren nicht nur Schwundposten, sondern in zwei Fällen auch hoch empfindlich gegenüber politischem Aufruhr in den nicht eben stabilen Ländern Angola und Chile. Nur die American Smelting and Refining mit ihrer außerordentlichen Entwicklungs- und Ausbaufähigkeit besaß große Wachstumsmöglichkeiten.

Mitte der dreißiger Jahre war die Situation für die Guggenheims nicht allzu rosig. Das große chilenische Nitrat-Wagnis hatte nichts eingebracht. Kennecott, Anaconda und American Smelting trugen sich gerade noch. Zuweilen nicht einmal das: American Smelting schüttete nur noch ab und zu Dividenden aus. Und kein einziger Guggenheim der vierten Generation arbeitete noch im Familiengeschäft. M. Robert widmete seine Energien Hunden, Jachten und Frauen. Edmond verbrachte die meiste Zeit mit Golfspielen. Harry irrte herum und versuchte sich selbst zu finden. William junior reiste in europäische Heilbäder, um seine schwache Gesundheit zu kurieren. Der einzige männliche Guggenheim, dessen Name die Flagge eines Guggenheim-Unternehmens zierte, war Simons Sohn George Denver, der es im Kampf mit seiner immer abgründigeren Verzweiflung irgendwie doch fertigbrachte, als Mitglied der Geschäftsleitung bei der American Smelting and Refining zu wirken, ehe er sich das Leben nahm.

1939 blühten nur noch die Guggenheim-Stiftungen: Während die Geschäfte stockten oder eingingen und die Enkel kaum etwas taten, flickte die Murry-und-Leonie-Stiftungs-Zahnklinik immer mehr armen Kindern die Zähne, fand die «Daniel und Florence» immer mehr Projekte zur Finanzierung, fügte Solomon seinem Museum abstrakter Kunst immer mehr Bilder hinzu und vergab die John-Simon-Stiftung ihre Beiträge an immer mehr Wissenschaftler, Studierende und Künstler. Das war ein Vorbote künftiger Ereignisse: Der Tag sollte kommen, da von keiner Guggenheim-Familie und keinem Guggenheim-Geschäft mehr die Rede sein würde, da der Name Guggenheim nichts anderes mehr heraufbeschwor als ein Museum, einen Palazzo am Canale Grande, eine Zahnklinik an der East Seventy-second Street, einen Pavillon an der Mayoklinik, ein Orchesterkonzert im Central Park, einen jungen Mann, der das Glück hatte, ein Stipendium zu bekommen, um ein Jahr lang in Costa Rica Gedichte zu schreiben.

.ac Guggenheim (1854 — 1922). Erbauer der
.la Carola in Sands Point (Heute Ausbildungs-
ıtrum für IBM-Manager).
& A/Fortune Magazine)

Murry Guggenheim (1858 — 1939). Gründer der
Murry and Leonie Guggenheim Foundation.
(Culver Service/Fortune Magazine)

njamin Guggenheim (1865 — 1912). Eines der
ıfer der Titanic-Katastrophe von 1912.
'ank-Stoller/Fortune Magazine)

William Guggenheim (1868 — 1941).
(International/Fortune Magazine)

„Er (Simon Guggenheim) und seine Brüder sind dank einiger gekonnter, einiger gewagter und einiger gesetzloser Manöver Geschäftskönige geworden; er ist Senator der Vereinigten Staaten dank seiner Millionen — und aus keinem einzigen anderen Grund."
(Library, State Historical Society of Colorado)

John Simon Guggenheim (1905 — 1922), Simons Sohn. Starb im Alter von 17 Jahren an Mastoiditis und Lungenentzündung.
(Nassau County Museum)

George Denver Guggenheim (1907 — 1939), Simons Sohn. Verübte Selbstmord im Paramount Hotel in New York City.
(Wide World Photos)

Harry F. Guggenheim (links), Sohn von Daniel und Florence, mit Prof. Robert H. Go
dard, Raketenpionier, und dem berühmten Flieger Charles A. Lindbergh (rechts) in R
well Field, New Mexico, wo sich Goddards Raketenabschußrampe befand. Hier wur
Raumfahrtszeitalter geboren.
(Guggenheim Brothers)

William Guggenheim (1868 — 1941, Mitte), übergibt im November 1939 dem republikanischen Nationalkomitee Büsten von Hamilton, Lincoln und Franklin.
(Wide World Photos)

William Guggenheim mit zwei der früheren Showgirls, denen er beträchtliche Teile seines Vermögens hinterließ.
(Wide World Photos)

Die Baronesse Hilla Rebay von Ehrenwiesen (1890 — 1967).
(Blackstone Studios/The Hilla von Rebay Foundation)

Solomon R. Guggenheim (1861 — 1949) und Hilla Rebay.
(Familienarchiv Rebay)

(Links nach rechts): Mrs. Solomon R. Guggenheim (Irene), Wassily Kandinsky, die Baronesse Hilla Rebay und Solomon R. Guggenheim vor dem Bauhaus in Dessau, 1929.
(Guggenheim Brothers)

Solomon R. Guggenheim und Frank Lloyd Wright (rechts).
(The Hilla von Rebay Foundation)

Frank Lloyd Wright, die Baronesse Hilla Rebay und Solomon R. Guggenheim vor einem der Modelle des Guggenheim Museums.
(The Hilla von Rebay Foundation)

Harry F. Guggenheim. Botschafter der USA in Kuba (in Fliegeruniform, Mitte), mit General Gerardo Machado, Präsident der Republik Kuba (mit Hut, vorne links) und William D. Pawley, dem Präsidenten eines amerikanischen Flugzeugherstellers.
(Guggenheim Brothers)

Botschafter Harry Guggenheim während einer Rede vor dem Denkmal der *Maine* in Havanna, 1931.
(Guggenheim Brothers)

Captain Harry kurz vor einem Einsatz auf dem Flugzeugträger *USS Nehenta Bay*, in der Nähe von Okinawa, im Juni 1945.
(Guggenheim Brothers)

Kapitel

2

Oberst Bob

«Jede reiche Familie unterhält wenigstens einen Herrn Müßiggänger. Ich habe mich entschlossen, diese Stellung in der meinen einzunehmen.»

Mit diesen im frühen Mannesalter geäußerten Worten drückte M. Robert Guggenheim, der ältere Sohn von Daniel und Florence und rechtmäßige Erbe der Guggenheimdynastie, die Philosophie aus, die seine Lebensführung leiten sollte. Den meisten persönlichen Weltanschauungen wird gar nicht nachgelebt. Es spricht zumindest für M. Robert, daß er der seinen wirklich nachlebte. In grellem Kontrast zu seinem schwerarbeitenden Vater und seinen Onkeln widmete M. Robert sein Leben zielstrebig dem eigenen Vergnügen und wurde einer der spektakulärsten Taugenichtse der amerikanischen Geschichte.

Was erzählt man sich doch für Geschichten über M. Robert! Wie er sich bei seinem kurzlebigen Job im Tacoma-Hüttenwerk eine Arbeitspause nahm, um mit einem Auto von Seattle nach New York zu rasen und den transkontinentalen Geschwindigkeitsrekord zu brechen. Wie er über schwindelerregende Restaurant- und Nachtklubrechnungen mit Guggenheim Brothers in Streit geriet. Wie er katholisch wurde, um die zweite seiner vier Frauen zu heiraten, und sich kurz danach wieder scheiden ließ. Wie er fünf Hochseejachten hintereinander besaß, alle mit demselben Namen, *Firenze*. Wie er an Washingtoner Cocktailpartys alle alten Schachteln in den Hintern kniff (wofür das Magazin *Confidential* den Begriff «die amerikanische Zangenbewegung» prägte). Wie er seine restlichen Energien der Aufzucht preisgekrönter Schipperkes (holländischer Schifferspitz) und Bedlington-Terriers widmete. Wie er bei offiziellen Diners in die Dekolletés aristokratischer Damen einfiel, als er amerikanischer Botschafter in Portugal war. Wie er seine Mätressen vor den Augen seiner vierten Frau in schicke Washingtoner Restaurants ausführte.

Warum Daniels Sohn so geriet, das zu erklären bleibt am besten den psychoanalytischen Gräbern überlassen. Das Beweismaterial, das sie beiziehen müßten, ist nicht sehr umfangreich, doch das Wenige enthält zumindest ein paar erläuternde Hinweise.

Es ist nicht einfach, der erstgeborene Sohn eines berühmten, bedeutenden Vaters zu sein. Da wird viel von einem erwartet, und oft fühlt man sich von der Wichtigkeit des Vaters erdrückt. Was kann man selber tun, mit den eigenen kärglichen Gaben, um Aufmerksamkeit zu erregen? Besonders wenn man einen fähigen jüngeren Bruder hat, wie ihn M. Robert in Harry hatte?

Daher erlebte M. Robert — immer so im Schatten seines Vaters und seines Bruders — gezwungenermaßen eine Kindheit voll dummer Streiche. Schwester Gladys erinnerte sich, daß er sich ständig in Schwierigkeiten brachte. In Hempstead House ließ er Tiere aus ihren Gehegen. Bei Tisch warf er Silberzeug in die Luft. Er drang in die Dienstbotenzimmer ein. Er plagte Hunde und Katzen und seine Schwester Gladys. Er trieb Schabernack mit Gästen des Vaters.

Natürlich zog ihm all das die harte Faust väterlicher Mißbilligung zu, aber Mutter Florence, die sich durch Roberts Unartigkeiten seltsam angeregt fühlte, hatte diesen Bengel immer lieber als den jüngeren Sohn Harry. Wenn Dan nicht in der Nähe war, ließ sie ihm unverschämt viel durchgehen. Und wenn ein Stückchen Dessert übrigblieb, wurde es Robert zugesteckt, nicht Harry.

Diese Kombination von Schelte und Billigung ließ im jungen Robert, was sollte man anderes erwarten, eine Abneigung gegen den Vater und eine zügellose Liebe zur Mutter entstehen. Die Abneigung gegen den Vater äußerte sich darin, daß er gar nicht erst versuchte, in dessen Geschäft etwas zu leisten. Die Liebe zur Mutter drückte sich darin aus, daß er alle seine Häuser, Stallungen, Hundezwinger, Jachten «Firenze» taufte und daß er sie jeden Sonntag seines Lebens um ein Uhr mittags anrief, wo immer er sich gerade befand — in einem seiner «Firenzes», Haus oder Jacht, oder in einem Pariser Bordell.

Was Vater Dan M. Robert tun ließ, tat er halbherzig oder überhaupt nicht. Dan schickte ihn in die Columbia School of Mines, und obwohl er den Abschluß schaffte, war er ganz und gar kein guter Student. Nur weil er ein Guggenheim war, schlüpfte er gerade so durch. Dan steckte ihn in die Firma Guggenheim Brothers, aber er arbeitete so wurstig, daß es peinlich wurde. Dan wußte sich in seiner Verzweiflung nicht anders zu helfen, als daß er ihn ins Hüttenwerk nach Tacoma verfrachtete, wo M. Robert die Entfernung von der elterlichen Aufsicht prompt ausnutzte, um das erwähnte Autorennen quer durch die Vereinigten Staaten zu bestreiten. Als der Bericht über diese Eskapade zu Dan vordrang, wollte er den Jungen nicht mehr im Geschäft haben. Er setzte ihm einen Trustfonds von einer Million Dollar aus, damit er nicht gezwungen sei, sich an einem anderen Arbeitsplatz zu blamieren, und nahm den fröhlichen Rücktritt seines Sohnes an.

Immerhin, nicht alles ging in dieser ärgerlichen Zeit schief. M. Robert leistete nämlich doch seinen Beitrag an die Familie, indem er Grace Bernheimer von New York heiratete und zwei Söhne hervorbrachte, in einer Familie, die verzweifelt Söhne brauchte. Daniel II wurde 1906 und M. Robert junior 1910 geboren. Kaum aber war diese dynastische Tat vollbracht, machten M. Roberts schweifende Augen und Liebesgefühle seiner Ehe den Garaus, und er war gezwungen, seiner Frau beträchtliche Alimente zu zahlen und das Sorgerecht für die Söhne zu überlassen.

Seine beiden Jungen wuchsen dann außerhalb des Guggenheimschen Machtbereichs und Geistes auf, und so verlor die Dynastie in allen praktischen Belangen ihre logischen Erben der fünften Generation. Später, 1925, starb der junge Daniel II mit achtzehn Jahren an einer Herzschwäche während eines Leichtathletikwettkampfes in Exeter, der vierte Guggenheim seiner Generation, der das Zeitliche segnete, bevor er für Nachwuchs sorgen konnte.

Inzwischen war M. Robert als Leutnant im 69. Regiment in den Krieg gezogen. Nach Übersee geschickt, wurde er nach den Worten seines Kommandanten «der verdammt beste Generalsadjutant in der Armee der Vereinigten Staaten». Das Lob bezog sich hauptsächlich auf Roberts Fähigkeiten als Party-Veranstalter. Auf einer dieser Gesellschaften lernte er Leutnant Dwight Eisenhower kennen, einen Mann, der auf Roberts späteres Leben einen entscheidenden Einfluß ausüben sollte.

Bob Guggenheim entdeckte in der Armee in einem sehr realen Sinn sich selbst. Hier war etwas, das ganz ihm gehörte, das nichts mit der Familie zu tun hatte. Und Leute, die ihn damals kannten, erinnern sich heute, daß er eindeutig eine «Befehlspräsenz» besaß. Nach dem Krieg blieb er in der Reserve und stieg in den Rang eines Obersten auf. Von da an hieß er «the Colonel». 1925 schloß er das Army War College ab, und 1932—35 amtete er im Stab des Kriegsdepartements.

Mit seiner Treuhandmillion, die Dividenden und Zinsen für ihn ausschüttete, brauchte Bob nach dem Ersten Weltkrieg nicht viel anderes zu tun, als nach einer zweiten Frau Ausschau zu halten. Er fand sie in Margaret Weyher, einer Katholikin aus Scranton, Pennsylvania. Um sie heiraten zu können, legte er den jüdischen Glauben ab und wurde katholisch. Sobald dieser Übertritt bekannt wurde, bestürmten die Reporter Vater Daniel in seiner Hotelsuite im St. Regis um eine Stellungnahme, und der alte Tycoon sagte ihnen: «Ich bin entzückt. Mein Sohn war schon immer ein sehr schlechter Jude. Ich hoffe, sie machen einen guten Katholiken aus ihm.» M. Robert und Margaret ließen sich auf Roberts Farm *Firenze* neben August Belmonts Gut in Babylon, Long Island, häuslich nieder, um Pferde und Hunde zu züchten. Die Ehe dauerte nur drei Jahre.

Die Scheidung fand 1928 statt, und Bob vergeudete auf der Suche nach einem Ersatz keinen Zeit. Diesmal war es eine feurige Reiterin und etwas weniger feurige Lutheranerin, Elizabeth Eaton, und sie war mehr als entzückt, Herrin von Firenze Farms mit seinen Stallungen von zwanzig Jagd- und Springpferden zu werden.

Die neue Ehe bekam 1930 eine unverhoffte Finanzspritze nach dem Tod von Dan, der, wie wir wissen, M. Robert einen Trustfonds von 2 Millionen vermachte. Diese Zulage gewährleistete M. Robert ein unerarbeitetes Jahreseinkommen von 180 000 Dollar, nicht schlecht für den Beginn der Depression, und ermöglichte ihm den Kauf seines stolzesten Besitzes, der Leidenschaft seines Lebens, seiner von Krupp gebauten 55-Meter-Jacht, die er wie alle seine Stallungen, Hundezwinger, Häuser, prämiierten Hunde und Pferde und die vier früheren Jachten *Firenze* taufte.

Hatte sein Vater sein überschüssiges Geld ins Flug- und und Raketenwesen gesteckt und seine Onkel das ihre in Kliniken, Kunstmuseen und eine Stiftung für Stipendien an «freie Einzelne», so steckte M. Robert, was er erübrigen konnte, in seine Jacht.

Die *Firenze* war ursprünglich für Norman Woolworth gebaut worden, den «Five-and-dime»-Warenhauserben. Die Kabinen hatten holzgetäfelte Wände und waren möbliert wie die Zimmer eines luxuriösen Privathauses, mit antiken französischen und italienischen Stücken. Im Wohnzimmer brannte ein Kaminfeuer. Das Eßzimmer bot Platz für zwölf Tischgäste. M. Robert und Elizabeth liebten es, auf «dem Boot», wie sie es nannten, Gäste zu bewirten. Wer von diesen noch lebt, erinnert sich an die wunderbare Poitiers-Pastete, das schottische Moorhuhn, die frischen Honigmelonen, an das Service aus solidem Gold, die Gedecke mit fünf Gabeln und sechs Löffeln an jedem Platz, die weiß behandschuhten Kellner hinter jedem Stuhl. Die *Firenze* hatte eine Crew von achtundzwanzig Mann, von denen zwölf auch für die Bedienung bei Tisch geschult waren, und trug eine zehn Meter lange Schaluppe an Bord. Dreimal überquerten die Guggenheims auf der *Firenze* den Atlantik hin und zurück. Nachdem Mutter Florence gestorben war und ihrem Lieblingssohn einen happigen Teil ihres Besitzes hinterlassen hatte, benützte Robert die *Firenze* so intensiv, daß allein der Unterhalt der Jacht ihn jährlich eine Viertelmillion Dollar kostete.

Neben der Jacht hatten Bob und Elizabeth noch andere Spielereien und Zeitvertreibe, mit denen sie sich vergnügten. Da waren die prämiierten Hunde, die Springpferde, die Rennwagen, die Jagd, die High Society. Elizabeth Eaton Guggenheim war voller Schwung. Einmal ritt sie an einem einzigen Tag über 230 Hindernisse. Auch liebte sie es, schnelle Wagen zu fahren. Im Winter waren sie und Bob gern in der Nähe des Militärs, und einmal, als sie in irrwitzigem Tempo durch Washington raste, prallte sie in ein anderes Auto und verließ den Tatort. Hinterher wurde sie einvernommen und gefragt, warum sie nicht dageblieben sei, um dem verletzten Fahrer des anderen Wagens zu helfen. «Ich wußte nicht, ob er ein Gentleman war», gab sie zur Antwort.

Soviel Frivolität ließ sich die linke Presse natürlich nicht entgehen. Das also sei es, was mit dem Geld geschehe, das man aus der mühseligen Plackerei unterbezahlter Kumpel in Alaska, Utah, Mexiko, Chile, im Kongo, in Angola herausschlage: Es fließe in die Taschen eines Mannes ohne jedes Gefühl für soziale Verantwortung, ohne geistige Interessen, ohne Anteilnahme an dem Geschäft, das die Quelle seines Reichtums sei, ohne Interesse an den wohltätigen Werken, die ein solcher Reichtum ermögliche. All dieses Kupfer, Blei, Zink, Gold und Silber, das man unter solchen menschlichen Opfern der Erde entriß — wofür? Um M. Robert Guggenheim eine seetüchtige Jacht zu verschaffen, auf der er seinen bevorzugten Mätressen Champagner und Kaviar servieren könne. Das war der Tenor so mancher sozialistischen Attacke in den dreißiger und vierziger Jahren. M. Robert Guggenheim war zur bevozugten Zielscheibe der Feinde des Systems geworden, das ihn hervorgebracht hatte.

Ihn aber kümmerte diese «Pinko»-Kritik, wie er sie nannte, überhaupt nicht. Sicher und geborgen in seinem großen Reichtum und seiner zahlreichen Umgebung von Schmeichlern und Schmarotzern, jagte er weiter unerbittlich seinem Vergnügen nach. Als ihm die Langeweile mit Elizabeth — neben den prickelnden Abenteuern mit seinen anderen Freundinnen — unerträglich wurde, ließ er sich kurzerhand scheiden und nahm sich gleich darauf eine vierte Frau, die zu der Zeit, als er um sie warb, noch verheiratet war. Es war Mrs. William Bird van Lennep, geborene Rebecca de Loatch Pollard, eine puppenhafte Blondine aus Virginia, deren Vater einer der Pioniere bei der Erschließung von Virginia Beach gewesen und deren Mutter Mitglied der «Colonial Dames» war. Nur wenige Frauen können Hochseejachten, riesigen Landgütern, Multimillionendollarvermögen widerstehen, und so hatte Robert keine Mühe «Polly» zu überreden, sich von William Bird van Lennep scheiden zu lassen und ihn zu heiraten. Die Trauung fand an Bord der *Firenze* in Miami statt, und die langen Flitterwochen auf See umfaßten Aufenthalte in allen Ländern Mittelamerikas, einschließlich Kubas, einen Hurrikan, in dem das glückliche Hochzeitspaar beinahe unterging, und einen Ausflug nach Kalifornien und zurück.

1938 bis 1941 lebten Bob und Polly Guggenheim ausschließlich auf der *Firenze;* sie kreuzten durch die ganze Welt und kamen erst 1942 im Potomac zur Ruhe. Dann ließen sie sich in einem normannischen Palast von 36 Zimmern im Rock Creek Park in Washington nieder, das sie Firenze House nannten und in dem Polly bis 1976 lebte.

Jetzt, Mitte der vierziger Jahre, begann die letztlich katastrophale Endphase von M. Robert Guggenheims Karriere. In der Weite von Haus *Firenze* — das einen großen Ballsaal, eine holzverkleidete Bibliothek mit Stichen von Christopher Wren, einen Speisesaal für dreißig Personen, ein Billardzimmer mit vier Tischen und eine Bowlingbahn umfaßte — gaben Bob und Polly Guggenheim eine Gesellschaft nach der anderen. Zu ihren engsten Freunden und häufigsten Gästen gehörten General Dwight Eisenhower, Sprecher des Abgeordnetenhauses Joe Martin, General Curtis LeMay und Hubert Humphrey.

Zu dieser Zeit konnte Robert mit einem Einkommen von rund 800 000 Dollar jährlich rechnen. Da 250 000 für die Jacht draufgingen, blieben rund 550 000 übrig, abzüglich Steuern, mit denen er sich, Polly und seine Freunde amüsieren konnte.

Als Eisenhower zum Präsidenten gewählt wurde, war Oberst Bob Guggenheim bereits ein festes Mitglied jenes inoffiziellen Zirkels in Washington, der alles lenkt, einschließlich des Landes, und den man «den Club» nannte.

Bob und Polly hatten tüchtig für Eisenhowers Wahl gearbeitet. Polly sammelte mehr Geld für ihn als jede andere Frau in Washington, und Bob steuerte den schönen Brocken von 100 000 Dollar an den Wahlkampf bei.

Als Belohnung dafür, daß er ihm ins Weiße Haus verholfen hatte, bot Eisenhower 1953 Robert die Ernennung zum Botschafter der Vereinigten Staaten in Portugal an, und Robert akzeptierte. Es war, wenn man alles bedenkt, eine unglaublich verantwortungslose Ernennung, wie so viele von Eisenhowers diplomatischen Ernennungen. Guggenheims Reputation, Leute auf Gesellschaften zu beleidigen, war allgemein bekannt. Polly sagt heute, sie habe ständig herumgehen und Balsam auf verletzte Gefühle träufeln müssen. Robert hatte in seinem ganzen Leben noch nie beständig an etwas gearbeitet. Er hatte nie eine Organisation oder auch nur ein Büro geleitet. Er hatte nie eine diplomatische Stellung innegehabt. Die einzige Qualifikation, die er besaß, um amerikanischer Botschafter in Portugal zu werden, war sein Geld. Neben Simons Sitz im Senat und Harrys Botschafterposten in Kuba war dies das dritte öffentliche Amt, das die Guggenheims gekauft hatten.

M. Robert freute sich über die Ernennung. Das würde doch einiges von der Kritik zerstreuen, die ihm dauernd zuteil wurde. Er habe im Leben nicht viel geleistet? Also, jetzt würde er etwas leisten.

Er wollte auch etwas arg Notwendiges für seine Selbstachtung tun. Zu spät erkannte er, daß es ein Riesenfehler gewesen war, nicht im Familiengeschäft zu bleiben. Er wäre viel reicher und viel angesehener gewesen, wenn er seinen rechtmäßigen Platz bei Guggenheim Brothers eingenommen oder bei American Smelting and Refining geblieben wäre. Jetzt würde sein Amt als Botschafter den Abfall wenigstens teilweise wettmachen. Es würde die Rettung seines Prestiges sein.

Doch ach, bei allem Bemühen blieb Botschafter M. Robert Guggenheim eben doch «Colonel Bob», der liebenswerte, schwadronierende Protz und Schürzenjäger.

Schon gleich bei seiner Ankunft in Portugal trat er ins Fettnäpfchen: In seiner Antrittsrede in Lissabon teilte er dem verblüfften Publikum — einschließlich des portugiesischen Präsidenten — mit, daß er natürlich den Hof von St. James vorgezogen hätte, aber Portugal sei als zweite Wahl ja gar nicht so übel.

Diese Bemerkung ging indessen schon bald unter in den endlosen Runden von Cocktailpartys und Diners, die Botschafter und Mrs. Guggenheim in der Botschaft und in ihrer offiziellen Residenz gaben. Bob und Polly empfingen mit Stil und Geschmack, bei ihnen wurde immer das Beste vom Besten serviert. Mit Wonne tranken die Portugiesen ihren Champagner und aßen ihren Kaviar. Nach kurzer Zeit waren sie mit Bobs dröhnender Stimme, seinem Schulterklopfen, seinen abgeschmackten Scherzen, seinen Faux-pas, ja, sogar mit seinen «amerikanischen Zangenbewegungen» versöhnt.

Doch dann geschah das Unvermeidliche. Angehörige der Botschaft, denen sein oft kindisches Benehmen nicht entgangen war, hatten vorausgesagt, daß es früher oder später so kommen mußte.

Ein glanzvolles Staatsessen im portugiesischen Präsidentenpalast. Die *crème de la crème* der portugiesischen Aristokratie. Diademe und Juwelen. Schärpen und Orden. Seltene Weine. Die feinste präsidentielle Küche.

Irgendwann im Laufe des festlichen Abends wird der Botschafter der Vereinigten Staaten in Portugal, M. Robert Guggenheim, plötzlich wieder zum unartigen kleinen Jungen von Hempstead House, legt zwei Teelöffel aufeinander und katapultiert den oberen in die Luft...

... Er fällt einer der adligen Damen ins Dekolleté.

Schweigen am Tisch.

Dann, anstatt darauf zu warten, daß die adlige Dame das Löffelchen herausfischt, springt der Botschafter auf, greift ihr selber in den Ausschnitt und grapscht zwischen ihren Brüsten nach dem Eßgerät.

Was danach passierte, ist nicht überliefert. Man weiß nur, daß anderntags oder so M. Robert Guggenheim in Portugal zur *persona non grata* erklärt und vom portugiesischen Präsidenten ersucht wurde, das Land zu verlassen.

In der Folge nahm das Weiße Haus den Rücktritt des Obersten am 10. August 1954 an. In seinem Rücktrittsschreiben schrieb Oberst Guggenheim an Eisenhower, wie die *New York Times* berichtete, er «lege sein Amt aus persönlichen Gründen und wegen des Gesundheitsfaktors» nieder.

So packten Bob und Polly, ihrer Ambassadorenwürde entkleidet, ihre Koffer und huschten nach Washington zurück. Es dauerte nicht lange, bis sich im «Club», in der Washingtoner Gesellschaft und in der Familie Guggenheim herumsprach, was *wirklich* passiert war. Ach ja, Bob hatte es wieder einmal geschafft. Es sah aus, als wäre sein ganzes Leben nichts anderes als eine Reihe von Proben auf diesen einen, ungeheuerlichen Faux-pas hin gewesen.

Bob Guggenheims Reaktion auf die «Große Schande» war, daß er ganz einfach, wie sein Onkel William, verblödete. Jetzt erschien er mit seinen Mätressen in den feinsten Restaurants von Washington, spielte sich auf mit ihnen, daß alle es sehen konnten, während er sie früher verborgen gehalten hatte. «Dad, bitte, aber doch nicht in der Öffentlichkeit!» rief sein Sohn Robert junior wiederholt entsetzt aus. Und dann sagte Robert senior: «Zum Teufel, ich bin stolz drauf!» Manchmal, wenn er mit seiner Frau ausging, sorgte er im voraus dafür, daß seine Favoritin am Nebentisch saß, nur damit er sie anhimmeln und ihr von Zeit zu Zeit zublinzeln konnte.

Da es für ihn nichts anderes mehr zu erobern gab als Frauen, und da er es dauernd nötig hatte, sein Ego zu stärken, verfiel M. Robert mit der Zeit in eine Art sexuelle Raserei. Eine Frau nach der anderen. Jede mußte sein schwindendes Vertrauen in seine Männlichkeit neu bestätigen. Gegen das Ende wurde jedes Geschöpf, das jene Sorte Wunder zu vollbringen vermochte, die Onkel Wills Schützlinge in der *Chambre d'Or* für ihn vollbrachten, zur wichtigsten Person in Bobs Leben. Als ihn 1959 der Tod ereilte, bestieg M. Robert, vierundsiebzigjährig, nach dem Besuch bei einer seiner Favoritinnen gerade ein Taxi in Georgetown. Es war eine anstrengende «Sitzung» gewesen, viel zuviel für sein gealtertes Herz.

Bob Guggenheim ging zu seinen Vorfahren, ohne auch nur eine Spur von einer Stiftung oder einem «Guten Werk» zu hinterlassen. Immerhin, zwei Denkmäler seines genießerischen Lebens sind geblieben: «Firenze House» in Washington und seine Jacht, die *Firenze*.

Bobs Witwe, die wieder heiratete und Mrs. John H. Logan wurde, blieb bis 1976 Herrin von «Firenze House»; dann wurde der Palast, eine der zehn größten Privatresidenzen in Washington, für 4,5 Millionen Dollar an die nahezu bankrotte italienische Regierung verkauft, die darin ihre neue Botschaft einrichtete. Bei der Übernahme durch die Italiener waren immer noch ein paar Andenken an den Oberst vorhanden, zum Beispiel ein preisgekrönter Schipperke, ein munteres schwarzes Kerlchen, das die riesige Villa genauso eifrig trippelnd bewachte, wie seine Vettern in Rotterdam die Lastkähne, und da und dort ein paar gerahmte Fotos, auf denen die Guggenheims und die Eisenhowers einander zulächelten. Die meisten alten Aufnahmen indessen, und es waren Hunderte — M. Robert in Botschaftergala, M. Robert auf seiner Jacht, M. Robert auf einem Pony bei der Jagd —, lagen in verstaubten Haufen im Keller, neben der nicht mehr benutzten Bowlingbahn.

Und das andere *Firenze,* die Jacht, liegt heute als Nachtklub-Restaurant am Damm der Fifty-ninth Street in Miami Beach vertäut und nennt sich in greller Neonleuchtschrift «The South Seas». Wie Polly sagt, wurde sie genau so wiederhergerichtet, wie sie war, als sie und der Oberst damit herumkreuzten. Im Cheminee brennt noch immer Holz. Und im Speisezimmer — jetzt ein VIP-Raum — steht noch immer ein für zwölf Personen gedeckter Tisch.

Kapitel

3

Botschafter Harry: Guggenado und Machadoheim

«Ererbter Reichtum sollte für den Fortschritt der Menschheit verwendet werden... Leute, die aus dem Vergnügen einen Beruf machen, sind selten glücklich.» Mit diesen Worten drückte Harry Frank Guggenheim, der jüngere Sohn von Daniel und Florence, die Philosophie aus, die *sein* Leben leiten sollte. Noble Worte. Worte, denen schwer nachzuleben ist. Viel schwerer nachzuleben als Bruder Roberts Philosophie, wenn man Bobs Art der Wirklichkeitsflucht überhaupt mit diesem Ausdruck beehren will. Und doch kam Harry, wenn man alles bedenkt, der Erfüllung seines hohen Anspruchs so nahe wie nur menschenmöglich.

Die Guggenheims hatten Glück, daß sie in der vierten amerikanischen Generation einen Mann wie Harry hervorbrachten. Es war ihr einziges wirkliches Glück in Nachbonanzazeiten. Aus der vielfältigen Nachkommenschaft von sieben Söhnen und drei Töchtern war Harry der einzige, der die Fähigkeiten und das Verantwortungsgefühl besaß, die vergangenen und gegenwärtigen Errungenschaften der Guggenheims zu konsolidieren und die Familie zu neuen Leistungen in die Zukunft zu führen.

Harry Guggenheim war wirklich ein Mann von Format. Ein Splitter von zwei der alten Blöcke, mit mehreren neuen Eigenschaften und Dimensionen dazu: die verbissene Tatkraft und Entschlossenheit seines Großvaters und seines Vaters. Der «Goldfinger» seines Großvaters und seines Vaters (zumindest bis Dan die Chile-Nitrate berührte). Der Grips und das Glück des alten Meyer. Dans Schneid und visionäre Kraft. Und außerdem Eigenschaften und Tätigkeiten, die zu pflegen und denen nachzugehen Meyer und Dan niemals die Ausbildung und die Zeit gehabt hatten. Harry der Flieger, Harry der Kampfpilot, Harry der Diplomat. Harry der Mann im Dienste der Öffentlichkeit, Harry der Autor, Harry der Philanthrop, Stifter eigener Stiftung. Harry der Museumspräsident, Harry der Viehzüchter, Harry der Besitzer von Nutzholzpflanzungen, Harry der Bergbaumagnat, Harry der Luft- und Raumfahrtpionier. Harry der Reiter, Gewinnner des Kentucky Derby. Harry der Zeitungsverleger. Wie viele Amerikaner seiner Generation waren so vielseitig? Harry der Renaissancefürst. Harry *il Magnifico.*

Harry hatte eben als Präsident des Daniel-Guggenheim-Fonds zur Förderung des Flugwesens erste Triumphe erlebt, als er im Herbst 1929 Botschafter in Havana wurde. Präsident Hoover hatte ihm zuerst die Stelle des Zweiten Marinesekretärs für Luftfahrt angeboten, aber Harry hatte ihn ausgeschlagen, denn für ihn war die Luftfahrt nur ein Mittel zum Zweck, ein Mittel zur Verbesserung der Kommunikation zwischen den Völkern. Was er sich wirklich wünschte, war ein diplomatischer Posten, womöglich in Lateinamerika, wo er sich tatsächlich für die Verbesserung der Beziehungen zwischen Völkern einsetzen konnte.

Harry hatte für Hoovers Wahl schwer gearbeitet. Als Hoover gewann, telegrafierte ihm Harry: «Ihr Sieg bedeutet die größte Rechtfertigung der Demokratie in der Weltgeschichte... Ihre Erfolge werden eine neue Epoche im menschlichen Fortschritt kennzeichnen.»

Für diese Übertreibung, Harrys erwiesene Tüchtigkeit und eine großzügige Wahlspende von Vater Dan schenkte Hoover Harry Kuba. Es war die einzige politische Ernennung für einen diplomatischen Posten in ganz Lateinamerika, die Hoover vornahm.

Es war auch der wichtigste diplomatische Posten in Lateinamerika zu jener Zeit. Denn Kuba steckte mitten in einer langen Krise, deren Ergebnis dreißig Jahre später tiefgreifende Folgen für die Vereinigten Staaten und für die ganze Welt haben sollte. Um Hoover gegenüber nicht ungerecht zu sein, muß man allerdings zugeben, daß Harry viele gute Qualifikationen für diese Stellung besaß, auch abgesehen von seinem Geld.

Zum ersten war er eine stattliche Erscheinung. Groß, muskulös, blauäugig, athletisch und irgendwie südländisch in Teint und Ausdruck, besaß er einen rauhen männlichen Charme, der ihm bei den Kubanern zustatten kommen sollte. Als Cambridge-Absolvent (Yale hatte er verlassen, weil er dort auf Antisemitismus gestoßen war) hatte er eine ausgezeichnete Bildung. Als Präsident von Dans Luftfahrt-Stiftung hatte er sich auch als fähiger Manager erwiesen. Zudem war er der geborene Aristokrat, das Produkt von drei Generationen kraftvollen Blutes, strenger Erziehung, großen Reichtums und Schulung in gutem Geschmack, und die Kubaner fühlten sich geehrt, daß man ihnen ein Mitglied einer so hervorragenden amerikanischen Familie als Botschafter schickte.

Vor allem aber hatte er dank seiner Arbeit für Guggenheim Brothers in Chile solide spanische Sprachkenntnisse und überdurchschnittliches Verständnis für die Probleme lateinamerikanischer Länder. Daß er daneben eine ausschlaggebende Nicht-Eignung aufwies, kam ihm natürlich überhaupt nicht in den Sinn; sie lag schlicht darin, wer Harry Guggenheim war und was er vertrat: ein konservativer republikanischer Multimillionär, der seinen Reichtum hauptsächlich der Ausbeutung billiger Arbeitskräfte und ungenützter Hilfsquellen in lateinamerikanischen Ländern, namentlich Mexiko, Bolivien und Chile, durch seinen Vater und seine Onkel verdankte. Wessen Partei würde Harry in einer Auseinandersetzung zwischen dem Status quo, und wäre dieser noch so korrupt, und der rebellischen Opposition wohl ergreifen? Denn jetzt verkörperten die Guggenheims den *Status quo*. Die bösen Zeiten als Getretene im Ghetto waren vergessen, begraben, aus der Erinnerung getilgt.

Das Kuba, in das Harry Guggenheim im November 1929 kam, wenige Wochen nach dem Börsenkrach, war in einem akuten Krisenzustand, reif für eine Revolution. Das Land lag völlig in der Hand fremden Kapitals. Alle wichtigen Minen gehörten Amerikanern. Die Zucker-Industrie — und Kuba hatte eine Monokultur-Wirtschaft — war zu 70 Prozent in amerikanischem Besitz. Die Straßenbahnlinien in Havana waren ausschließlich amerikanisch. Die meisten wichtigen Banken gehörten Amerikanern, die großen Versicherungsgesellschaften Kanadiern.

Den Vorsitz über dieses riesige Sklavenlager fremden Kapitals führte ein brutales, korruptes Gangstertum mit einem grausamen Diktator an der Spitze, der eng und vertraulich mit Wall Street und der Chase National Bank zusammenarbeitete. Er hieß Gerardo Machado, und sein Schwiegersohn war Leiter der Chase-Niederlassung in Havana. Kurz bevor Harry eintraf, hatte Machado einen kleineren Aufstand niedergeschlagen, Hunderte von Menschen umgebracht, die Freiheiten des kubanischen Volkes unterdrückt und einen Polizeistaat errichtet.

Kurz nachdem die «Ordnung» wiederhergestellt war und fast genau zum Zeitpunkt von Harrys Amtsantritt als Botschafter fiel der Zuckermarkt ins Bodenlose — eine Folge der weltweiten Zuckerschwemme. Zehntausende von Kubanern wurden arbeitslos, und eine neue Welle der Gewalttätigkeit rollte durch das Land.

Kuba war durch einen nach dem spanisch-amerikanischen Krieg geschlossenen Dauervertrag an die Vereinigten Staaten gebunden. Ein Nachtrag dieses Abkommens — das Platt-Amendment — untersagte Kuba jede Vereinbarung mit einer ausländischen Macht, die «die Unabhängigkeit Kubas beeinträchtigen würde oder konnte», und verbriefte den Vereinigten Staaten das Recht, zur Erhaltung von «Leben, Eigentum und persönlicher Freiheit» in Kubas innere Angelegenheiten einzugreifen, wenn nötig militärisch.

Dank dem Platt-Amendment war der amerikanische Botschafter in Kuba buchstäblich Herr über Leben und Tod der kubanischen Regierung, und so sah sich Harry Guggenheim mit mehr tatsächlicher Macht ausgestattet als irgendein anderer amerikanischer Diplomat in Südamerika.

Kaum hatte er seine Residenz in Vedado bezogen, stürzte er sich in die Schlacht. Das war genau die Art von Tätigkeit, nach der ihn gedürstet hatte. Kühn vertraute er seinem persönlichen, aus der eigenen Tasche bezahlten Berater Dr. Philip C. Jessup an, daß er bei Gott die kubanischen Angelegenheiten in Ordnung bringen würde, und wenn er es allein tun müßte. Sein höchstes Ziel war es, in die Fußstapfen des amerikanischen Botschafters in Mexiko, Dwight Morrow, zu treten und das Land praktisch selber zu regieren.

Schon beim ersten Zusammentreffen mit Machado erkannte er, daß der Diktator genauso grausam, skrupellos und vertrauensunwürdig war, wie man es ihm gesagt hatte; aber irgend etwas in Harrys Natur hinderte ihn, sich ihm direkt entgegenzustellen. Unter anderem erhielt Harry auf der Botschaft täglich Briefe von amerikanischen Geschäftsleuten, wie diesen von einem Chase-Bankier: «Nur dank unserer engen Beziehung und Freundschaft mit Gerardo Machado und dem Finanzminister bekommen wir Zinszahlungen so früh; denn die Zahlungen bedeuten ein echtes Opfer von seiten der Regierung.»

Im Grunde gab es kaum einen amerikanischen Geschäftsmann in Kuba, der nicht auf die Machado-Regierung schwor. Schließlich verdankten die meisten dem Diktator ihre Vorrechte, Profite und Konzessionen. Machado war der Traum jedes Geschäftsmannes. Seine politischen Schachzüge, vor allem zu seiner eigenen Bereicherung kalkuliert, waren für amerikanische Geschäftsleute viel vorteilhafter als für Kubaner. Und was war Harry Guggenheim denn anderes als ein amerikanischer Geschäftsmann?

Armer Harry. Er wußte um das Gute und konnte es nicht tun. Er wußte, wer und was Machado war, wußte, daß er für das kubanische Volk ein Unheil war, daß Reformen bitter nötig waren, daß ein amerikanisches Eingreifen im Sinne des Platt-Amendment absolut gerechtfertigt gewesen wäre — aber er konnte sich nicht überwinden, dafür einzutreten. Er hatte sich in seinen Jahren als Manager von Guggenheim Brothers in Mexiko und Chile gewisse Ansichten und Vorurteile zugelegt, über die er jetzt einfach nicht hinwegkam. Es war ihm beim besten Willen nicht möglich, viel Sympathie für Rebellen aufzubringen, die Gesetz und Ordnung bedrohten.

Und so ließ er seine selbstbezahlten persönlichen Berater und seine Botschaftsberater jeden Aspekt von Kubas vielfältigen Problemen eingehend studieren, saß selber stundenlang darüber und brütete schließlich folgendes aus: «Politische Allheilmittel sind nicht die richtige Lösung für Kubas Probleme, da Politik nicht die Grundlage der Schwierigkeit bildet. Die fundamentale Ursache des Problems von Kuba ist wirtschaftlich.» Damit hatte er sich herausgewunden, wenigstens in bezug auf Machado.

Später erklärte er, er sei fest überzeugt gewesen, daß die Führung und der geistige Einfluß der Opposition bei «politischen Elementen» gelegen hätten, «die von ihrem eigenen politischen Gewinn und nicht vom Wohlergehen des Volkes motiviert waren». Er widersetzte sich also der Rebellenbewegung gegen Machado, der Union Nacionalistas, und weigerte sich, ihr auch nur eine Spur von Unterstützung angedeihen zu lassen. Dafür sprach er sich klar für den Diktator aus: «Es besteht kaum ein Zweifel, daß nach Maßstab des menschlichen Fortschritts Präsident Machado Kuba eine bessere Verwaltung gegeben hat als jeder andere Präsident.»

Als sich die Wirtschaftslage noch verschlechterte, der Preis des kubanischen Zuckers einen noch nie dagewesenen Tiefstand erreichte, da lebten viele Tausende von Kubanern unter dem Existenzminimum (während Bankiers, Landbesitzer und amerikanische Geschäftsmarionetten es sich weiterhin in Havana wohlergehen ließen). Die Gewalttätigkeit nahm zu, bis in den Städten wie auf dem Lande praktisch ein Guerillakrieg ausbrach.

Mitten in dieser Krise verkündete Harry, die «Führer der Oppositionsbewegung nutzten eine schlechte Wirtschaftslage aus, um ihren eigenen politischen Zwecken zu dienen», und riet Machado von jeder Wiederherstellung persönlicher Freiheiten ab: «Völlige Rede- und Pressefreiheit birgt ganz eindeutige Gefahren.» Auch als die Situation immer schlimmer wurde und in gelegentlichen Kämpfen Dutzende von Menschen umkamen, hielt Harry Guggenheim stur an seiner Überzeugung fest, daß die Opposition aus selbstsüchtigen politischen Gründen das Land in einem Daueralarmzustand halten wollte, und weigerte sich daher, diesen Leuten seine Unterstützung oder die seiner Regierung zu gewähren.

1932 nahm die Gewalt noch mehr zu. Es wurden Bomben gelegt, Leute entführt, Morde verübt. Harrys Leben war oftmals in Gefahr, so daß er sich gezwungen sah, seine Leibwache zu verdoppeln. Bei diesem Stand der Dinge konnte er Machado nur zureden, «nicht zu viele seiner politischen Feinde zu ermorden».

Jetzt brandmarkte die freie Presse Kubas, die noch übriggeblieben war, Harry als *persona non grata:* «Sie sind nichts weiter als ein Makler in schmutziger Diplomatie.» Sie behauptete, ein berechtigter Volksaufstand gegen Machado sei wegen Guggenheim unmöglich, und brachte Harrys Namen mit dem geschmähten Diktator, den er stützte, in Verbindung, indem sie zwei Karikaturenmonster — halb Harry, halb Tyrann — in den Zeitungen abbildete und ihnen die Namen Guggenado und Machadoheim gab. Guggenmorgan und Morganheim, leicht verwandelt, waren von den Toten auferstanden.

Herbst 1932. Noch mehr Bomben. Noch mehr Morde. Terror in den Straßen von Havana. Weitere Hunderte von Toten. Als alles immer schlimmer wurde, gelangte Harry endlich zur Einsicht, es müsse etwas an der amerikanischen Kuba-Politik radikal falsch sein. Als er das State Department telegrafisch um Intervention ersuchte, stieß er auf taube Ohren. In seinen letzten Monaten auf der Insel sah Harry viele sterben, die um seinen Schutz und amerikanisches Eingreifen gebeten hatten. Die Drohungen gegen das Leben des Botschafters selbst wurden so häufig, daß sein Freund Charles Lindbergh ihm einen 38er-Revolver mit unter der Armhöhle zu tragendem Schnellhalfter sandte. In seinem Begleitbrief riet Lindbergh, die Waffe nicht gegen «Vögel oder andere harmlose Tiere» zu verwenden.

Ende 1932 war eindeutig klar, daß die Hoover-Guggenheimsche Politik in Kuba versagt hatte. Eine brutale Diktatur, die vom Volk in keiner Weise getragen wurde, die individuelle Freiheiten unterdrückte und von unverantwortlichen finanziellen Praktiken und amerikanischen Geschäftsleuten unterstützt wurde, legitim und illegitim, besaß auf der Insel die absolute Macht über Leben und Tod.

Die Zustände hatten sich dermaßen zugespitzt, daß die Kubanische Patriotische Liga sich zur Erklärung veranlaßt sah: «Der Präzedenzfall ist geschaffen worden, daß die Vereinigten Staaten kubanische Regierungen an der Macht halten, ob sie legal sind oder nicht.»

Kapitel

4

Peggy: Befreit in Europa

Sie war jung, sie war attraktiv, sie war intelligent, sie war finanziell unabhängig, und sie war in Europa endlich frei.

Ihre Guggenheim-Onkel hatten sieben Jahre gebraucht, um den chaotischen Nachlaß ihres Vaters zu ordnen. 1919, in ihrem einundzwanzigsten Lebensjahr, kam sie in den Genuß der ersten ihrer vielen Erbschaften: eines 450 000 Dollar-Trustfonds von Daddy, das machte 22 500 Dollar im Jahr, lebenslänglich, wenn die Treuhänder tüchtig blieben, und mehr, wenn sie mehr als tüchtig waren. Der Beginn ihres Vermögens, Nachdem Peggy ihre Erbschaft antrat, war ihre Mutter — die ihr später weitere 450 000 Dollar hinterlassen sollte — äußerst aufgebracht: Sie konnte sie nicht länger unter Kontrolle halten. Erste Befreiung.

Raus aus Mutters Wohnung. Eine Reise machen. Quer durch die Vereinigten Staaten. Niagarafälle bis Chicago. Yellowstone Park. Kalifornien. Hollywood. Die kanadischen Rocky Mountains. Mexiko. Sich verlieben. Sich verloben. Sich entloben.

Ihr Gesicht reparieren. Diese verflixte Guggenheimsche Kartoffelnase. Diese Clownnase. Alles in ihrem Gesicht in Ordnung, bis auf die Nase. Auf nach Cincinnati, zu dem berühmten Schönheitschirurgen, der einem eine neue Nase geben konnte.

Sie wählt das Gipsmodell der Nase, die ihr am besten gefällt. Ein «Stupsnäschen wie eine Blume». Mitten in der Operation unter Lokalanästhesie ersucht sie der Chirurg, neu zu wählen: Er schafft es nicht, diese Kartoffel zu einer Blume umzustupsen. Sie sagt: aufhören und alles lassen, wie es ist. Nach der fehlgeschlagenen Operation bleibt die Nase schmerzhaft geschwollen, und sie schreckt davor zurück, nach New York zu gehen, wo man das sehen könnte. Im Mittelwesten versteckt darauf warten, daß die Schwellung zurückgeht. Die Nase wird eine Art Wetterfahne. Sooft Regen im Anzug ist, schwillt sie wieder an, ein eingebautes Barometer. Resignation: Ein(e) Guggenheim kann seine/ihre Kartoffelnase nicht loswerden. Reichtümer sind nicht alles. Es gibt auch Nasen. Manchmal kann einen niemand davon befreien.

Eine Erbin, aber was soll sie tun? Vetter Harold Loeb, Tante Roses Sohn, hat eine kleine radikale Buchhandlung, The Sunwise Turn, in der Nähe der Grand Central Station. Sie mag Harold, weil er ziemlich rebellisch ist, wird Verkäuferin in seinem Laden. Ihre Guggenheim-Tanten kommen vorbei und kaufen Bücher «am Meter»: Sie bringen die Maße ihrer leeren Bücherschränke und bestellen nach Länge, ohne zu wissen, was sie kaufen, einfach um die Lücken zu füllen.

Diese Guggenheim-Tanten! Carrie. Florence. Leonie. Irene. Olga. Rose. Cora. Jede mit wer weiß wie vielen Millionen. Diese New Yorker deutschschweizerisch-jüdische und deutsch-jüdische *haute bourgeoisie.* Die Ersticker. Peggy zeigt ihnen die kalte Schulter. Läßt sie Bücher am Meter kaufen, lehnt es aber ab, zu ihren Mittagessen, Tee- und Bridgegesellschaften zu gehen. Zweite Befreiung.

Nach einer Weile wird ihr Cousin Harolds Buchhandlung zu fad. Sie reist nach Europa, wo sie zuerst einundzwanzig Jahre lang und dann, nach einem kurzen Zwischenspiel in New York, für den Rest ihres Lebens bleibt. Mit dreiundzwanzig verliert sie ihre Jungfräulichkeit — dritte Befreiung — an den Mann, der dann ihr erster Gatte wird. Damit hört, eine Zeitlang, der Befreiungsprozeß auf.

Der Mann, an den die junge Peggy Guggenheim ihre Unschuld verlor, war Laurence Vail, neunundzwanzig, ein Maler, der sich noch nicht gefunden hatte, und ein Schriftsteller, der sich noch nicht gefunden hatte, der aber alle Maler und Schriftsteller kannte, die sich gefunden hatten, einer dieser Typen, die jeden kennen, nur sich selber nicht, der in Paris lebte und dort «Der König der Bohème» genannt wurde. Seine Mutter war, nach Peggys Worten, «eine aristokratische Dame aus New England», sein Vater ein neurasthenischer Maler, der immer wieder in Anstalten untergebracht war. Laurence lebte von einem monatlichen Zuschuß von hundert Dollar von seiner Mutter, die mit dem Einkommen von jährlich rund 10 000 Dollar aus einem Treuhandvermögen finanziell unabhängig war.

Peggy war von Laurence Vail fasziniert.

Es dauerte nicht lange, da beschloß sie in ihrer gewohnten eigensinnigen Art, ihre Unschuld an *ihn* zu verlieren. Schließlich war es mit dreiundzwanzig Zeit, *daß* man sie verlor. «Ich hatte eine Fotosammlung von Fresken, die ich in Pompeji gesehen hatte. Sie zeigten Menschen, die in verschiedenen Positionen Liebe machten, und natürlich war ich sehr neugierig und wollte sie alle selber ausprobieren. Bald fiel mir ein, ich könnte Laurence zu diesem Zweck benutzen.»

Sie fand den richtigen Augenblick eines Tages, als er sie im Hotel Plaza-Athénée in Paris, wo sie mit ihrer Mutter weilte, besuchte. Da Mutter ausgegangen war, konnte sie sich so «arrangieren», daß Laurence Lust bekommen mußte, mit ihr zu schlafen. «Als er mich an sich zog, gab ich so schnell nach, daß er sich über meinen mangelnden Widerstand wunderte.» Immerhin konnte Mutter Guggenheim jeden Augenblick zurückkommen, daher schlug Peggy vor, lieber in sein Hotel zu gehen: «Ich glaube, Laurence hatte es ganz schön streng, denn ich verlangte alles, was ich in den pompejanischen Fresken dargestellt gesehen hatte.»

Bald wollte Peggy Laurence Vail «zum Behalten», und als er ihr eines Tages zuoberst auf dem Eiffelturm (für den ihr Vater Ben die Aufzüge gebaut hatte) nervös und ungestüm einen Heiratsantrag machte, sagte sie sofort ja. Das überraschte ihn so, daß er den Antrag gleich wieder zurücknahm. Peggy aber ließ keine Rückzieher gelten. Sie wollte ihn haben, und schließlich bekam sie ihn. Die Trauung fand 1922 in der *mairie* des 16. Arrondissements statt und der Empfang im Plaza-Athénée.

Mutter Florette Guggenheim und fast alle übrigen Guggenheims, vor allem die Tanten und Onkel, waren voller Mißbilligung. Laurence Vail war für sie ein vierfacher Fehler. Er war Nichtjude, Bohémien, arbeitslos, und er besaß keinen Cent eigenes Geld. Peggy meinte, Mutter G. habe schließlich nur aus dem einen Grund nachgegeben und der Heirat zugestimmt, weil Laurence mit ihr flirtete, was ihr als darbender Witwe gut tat. Florette hatte die Gewohnheit, alles dreimal zu sagen. Einmal, als Peggy und Laurence mit ihr im Ritz dinierten, kitzelte Laurence unter dem Tisch Florette am Bein, und diese sagte so *sotto voce* wie sie konnte: «Pscht, Peggy wird's sehn, Peggy wird's sehn, Peggy wird's sehn!»

Aber kaum war Peggy verheiratet, fühlte sie sich «äußerst im Stich gelassen. (...) Jetzt, da ich erreicht hatte, was mir so wünschenswert erschienen war, schätzte ich es nicht mehr besonders.»

Das Paar reiste zu langen Flitterwochen nach Italien. In Rom suchte Peggy ihren Lieblingscousin Harold Loeb auf, der The Sunwise Turn verkauft hatte und jetzt eine literarische Zeitschrift namens *Broom* in der italienischen Hauptstadt herausgab. Da Peggy ihre Unabhängigkeit wahren wollte, suchte sie auch alle ihre früheren Verehrer in Rom auf, und Laurence vergalt es ihr, indem er einige seiner ehemaligen Freundinnen aufsuchte. «Ich fühlte mich immer noch eindeutig betrogen durch die Ehe», gestand sie in ihrer Autobiographie, «und fand irgendwie, sie müßte aufregender sein.»

Von Rom aus fuhren sie nach Capri, wo sie mehrere Monate blieben und wohin sie nach einer Rundreise durch Italien noch einmal zurückkehrten.

Capri ist ein trügerischer Ort. Seine Schönheit kann bei aller Erhabenheit tödlich bösartig sein, verdeckt sie doch und macht in gewissem Sinne blind für die unablässigen Intrigen, die hinter den üppigen Bougainvilleas, hinter den blendend weißen Mauern der Villen, über den hohen umschäumten Klippen, in der Schlangengrube der Piazetta gesponnen werden. Intrigen, die vorab mit Sex und Geld zu tun haben. Frauen hinter reicheren Männern her als denen, die sie schon haben. Männer hinter Frauen her, die noch «sexier» sind als die, die sie schon haben. Männer hinter Männern. Frauen hinter Frauen. Männer hinter Männern und Frauen. Frauen hinter Frauen und Männern.

Als Peggy und Laurence 1922 in Capri eintrafen, war die Insel noch eine einmalige Mischung von primitiv-ländlich und piekfein, ohne Mittelklasse oder Touristenhorden dazwischen. Barfüßige Bäuerinnen schritten mit riesigen Bündeln auf dem Kopf dahin, und Leuten wie die Marchesa Casati, die in langen Seidenkleidern mit einem ausgewachsenen Leoparden an der Seite spazierenging. Die Schriftsteller Compton Mackenzie und Norman Douglas residierten hier, und ein schöner junger Abkömmling von Marie Antoinettes Liebhaber, ein gewisser Fersen, lebte mit einer ebenso schönen Capreser Zigenhirtin zusammen. Jeden Abend traf sich alles auf der Piazza, wie auch heute noch, und die Partnerschieberei begann. Nach einer Weile kam Laurences Schwester Odile zu Besuch, und Peggy wurde sofort sehr eifersüchtig: «Sie gaben einem das Gefühl, für den Inzest geschaffen zu sein. (...) Wenn Laurence und Odile miteinander auf der Piazza herumstolzierten, zu der Zeit, da sich jedermann hier zusammenfand, dann war ich so gut wie nicht vorhanden.»

Mit der Zeit war Peggy unglücklich auf Capri, und das lag an Laurence. Der hatte vor allem schreckliche Minderwertigkeitsgefühle gegenüber den Guggenheims. Er mit seinem Monatszuschuß von hundert Dollar von seiner Mutter, und Peggy mit ihrem Trustfonds von 450 000 und Anwartschaft auf mehr von *ihrer* Mutter und von anderen. Er mit seinem armen nervenleidenden Vater, und Peggy mit ihren sechs Multimillionär-Onkeln, die ihr Treuhandvermögen kontrollierten. Er mit seinem Vater, der keine Macht über irgend etwas hatte, nicht einmal über sich selbst. Und diese Guggenheim-Onkel, Herrscher eines weltweiten Geschäftsimperiums, die seiner Frau sagen konnten, was sie mit ihrem Geld tun sollte und was nicht, und die bekanntlich ihre Ehe mit dem mittellosen Bohémien Laurence Vail ganz und gar mißbilligten.

Als eines Tages Laurence und Peggy die Ruinen der Tiberius-Villa besichtigten, die hoch auf einer Klippenwand den Südteil der Insel beherrscht, erzählte Laurence Peggy, wie der römische Kaiser jeweils seine Feinde über die Klippe hinunterwerfen und auf den Felsen zerschmettern ließ, und wie gern er selbst genau das mit ihren Onkeln machen würde. Worauf Peggy in Tränen ausbrach.

Einige Zeit später, bei ihrem zweiten Capri-Aufenthalt, wurde Laurence auf einen der neuen Liebhaber von Schwester Odile, einen verheirateten Italiener, eifersüchtig und ging in seinem Club, wo er Karten spielte, auf ihn los. Es kam zu einer Schlägerei, und Laurence landete im Gefängnis. Ihn da herauszuholen, kostete drei Wochen und einen dicken Brocken Guggenheim-Geld.

Inzwischen hatte Peggy ihr erstes Kind von Vail, einen Jungen, dem sie den unmöglichen Namen Sindbad gaben, anscheinend Vails Idee. Ungefähr zu dieser Zeit, kurz vor und kurz nach Sindbads Geburt, begannen Peggy und Laurence mehr als sonst zu streiten. Laurence war von heftigem, unbeherrschtem Temperament und liebte Szenen. Da er etwas Exhibitionistisches an sich hatte, zettelte er besonders gern in der Öffentlichkeit Krach an. Irgendein lähmendes Gefühl der Unzulänglichkeit nagte ständig an der Wurzel seines Seins. Gemäß Peggy machte es ihm Spaß, «alles im Haus zusammenzuschlagen (...) Besonders liebte er es, meine Schuhe aus dem Fenster zu schmeißen, Geschirr und Spiegel zu zerschlagen und Kronleuchter zu zertrümmern. Die Kräche dauerten stunden-, manchmal tage-, einmal sogar zwei Wochen lang an. (...) Wenn unser Streit sich zum großen Finale steigerte, rieb er mir Marmelade ins Haar. Am meisten haßte ich es, wenn er mich auf der Straße niederschlug oder im Restaurant Dinge nach mir warf. Einmal drückte er mich in der Badewanne so lange unter Wasser, bis ich glaubte, ertrinken zu müssen.»

Was steckte hinter diesen dauernden Ausbrüchen von Laurence? Wahrscheinlich Geld. Er lebte ja ganz von Peggy. Sie selbst schilderte die Situation in ihrer Autobiographie recht klar: «Wegen meines Geldes genoß ich eine gewisse Überlegenheit über Laurence, und die nutzte ich schrecklich aus, indem ich ihm sagte, es gehöre mir und er könne es nicht zur freien Verfügung haben. Um sich zu rächen, versuchte er meine Minderwertigkeitsgefühle zu steigern. Er sagte mir, ich könne froh sein, in der Bohème akzeptiert zu werden, und da Geld das einzige sei, was ich zu bieten hätte, sollte ich es den brillanten Leuten leihen, die ich kennenlerne und mit denen ich verkehren dürfe.»

Es war nur eine Frage der Zeit, wann die Ehe auseinanderbrechen und Peggy ihre vierte Befreiung erleben würde. Aber vor dem Unausweichlichen gelang es ihnen noch, die Sache soweit zusammenzuflicken, daß es zu ein paar langen gemeinsamen Reisen reichte. Peggy bestand darauf, die nördlichen Länder möglichst zu meiden. «Ich fühle mich wirklich nur in südlichen Städten glücklich, oder zumindest in lateinischen.» Zu den vielen Ländern, die sie bereisten, gehörten außer Italien auch Ägypten und Palästina, wobei Peggy natürlich alle Rechnungen bezahlte.

Von Jerusalem aus ging es zurück nach Paris und zu unzähligen «phantastischen Bohème-Partys», die Peggys spießige Mutter so gar nicht billigte. «Sie war zutiefst enttäuscht, daß ich nicht einen jüdischen Millionär heiratete», schrieb Peggy, und konnte nicht verstehen, warum ihre Tochter die konventionellen Soirées nicht mochte, die sie für ihre amerikanischen Freundinnen im Ritz gab.

Weitere Partys. Endlose Stunden mit Reden, Trinken, Diskutieren, Streiten im Café du Dôme, im La Coupole, Sélect, Dingo, Deux Magots, Boeuf sur le Toit. Ausflüge nach Tirol und nach Venedig, dann wiederum Schwangerschaft und vorübergehend Wohnsitz im Hotel Beau Rivage in Ouchy am Genfersee, um ihr Kind zu bekommen. Laurence wünschte sich ein Mädchen und bekam es. Man gab ihm den Namen Pegeen, und ihm war ein tragisches Leben beschieden.

Nach Pegeens Geburt zogen Peggy und Laurence und ihre kleine Familie in ein Dorf auf dem Lande, Pramousquier unweit von St. Raphael an der Côte d'Azur. Sie unternahmen häufige Ausflüge nach Paris in einem ihrer drei Wagen — dem Lorraine Dietrich, dem Hispano oder dem Citroën. Laurence fuhr gern sehr schnell, und meist trank er dabei; er vergaß selten, einen ordentlichen Weinvorrat mitzunehmen. Vor dem Umzug nach Pramousquier hatte er in Paris noch eine kurze Gefängnisstrafe absitzen müssen für eine Schlägerei in Paris. Eine weitere Verurteilung zu sechs Monaten — weil er in einem Restaurant jemandem vier Flaschen nachgeworfen hatte — war vor kurzem mit dem Vorbehalt suspendiert worden, daß er automatisch zu einem Jahr Gefängnis verurteil werde, wenn er sich nicht wohlverhalte.

Wiederum Bohème-Feten, diesmal im Landhaus in Pramousquier mit Gästen aus Paris und von der Côte d'Azur. Wiederum Szenen von Laurence, sobald er einen Gast verdächtigte, seiner Frau ungebührliche Aufmerksamkeit zu widmen. Pramousquier war sehr primitiv: kein Telefon, keine Einkaufsmöglichkeiten, keine Milch für die Kinder, keine Eisschränke, keine Vergnügungen und öfters kein elektrisches Licht. Eine Zeitlang amüsierte es Peggy, die reiche, anspruchsvolle Amerikanerin, die schlichte Rustikale im ländlichen Frankreich zu spielen. Zur Abwechslung konnten sie und Laurence ja jederzeit nach Paris brausen und etwas Verrücktes anstellen: ein Bordell besuchen, im Dôme in einen Krawall geraten, während die Kinder bei ihrem bäurischen Kindermädchen zurückblieben.

Es war, alles in allem, ein dummes, nichtsnutziges Leben. Im Vergleich dazu waren die verhaßten Guggenheim-Onkel in New York, deren Gerissenheit, Wagemut und finanziellem Scharfsinn Peggy und Laurence ihren Wohlstand verdankten, bei all ihrem «eintönigen Spießerleben» (Peggys Worte) wahre Muster an Zielbewußtheit und geistiger Gesundheit. Laurence Vail war ganz besonders lächerlich. Unter dem Schutzmantel, ein Künstler zu sein — ein selbsternannter, denn er hatte nie etwas von Wert hervorgebracht — glaubte er sich das extravaganteste, absurdeste, egoistischste Benehmen leisten zu können. Er glaubte sogar, es sich leisten zu können, im Hispano ohne Peggy, aber mit Peggys Geld, für ein paar Tage und Nächte nach St. Tropez zu sausen, «um in den Bistros zu tanzen.»

Einige Zeit, bevor er dieses Risiko einging, suchte Peggy in Paris eine Wahrsagerin auf, die ihr prophezeite, sie würde in Südfrankreich einen Mann kennenlernen, der ihr nächster Ehemann werde.

Die Wahrsagerin hatte recht. Der Mann war John Holms, ein Engländer, verheiratet, ein verkannter Schriftsteller, von dem Edwin Muir sagte: «Holms vermittelte mir ein stärkeres Gefühl von Genie als jeder andere Mann, dem ich begegnet bin, und ich glaube, er muß einer der bemerkenswertesten Menschen seiner Zeit, wenn nicht überhaupt jeder Zeit, gewesen sein.»

Während Laurence auf einer seiner Spritztouren in St. Tropez war, lud Peggy Holms und seine Frau, die sie ein paar Wochen zuvor kennengelernt hatte, in ihr Haus in Pramousquier ein. Es waren auch noch andere Gäste da. Eines Nachts gingen sie alle miteinander nackt schwimmen. Irgendwie, heißt es in Peggys Autobiographie, «fanden John und ich uns allein am Strand, und da liebten wir uns.»

Das genügte. Alles war ein bißchen verändert, als Laurence der Egoist zurückkam. Er glaubte noch immer Hahn im Korb zu sein, aber er war entthront. Holms war «besser» gewesen als er.

Es folgte eine ganze Reihe Szenen zwischen Peggy und Laurence, Laurence und Holms, Peggy und Frau (Dorothy) Holms, Peggy und Laurence und John und Dorothy, die in einem beinahe tödlichen Kampf zwischen Laurence und John auf dem Fußboden von Johns Haus endete, nachdem Peggy «hinübergegangen war, um ihn zu küssen.»

Der Scheidungsvertrag — nach siebenjähriger Ehe geschlossen — gab Pegeen in die Obhut von Peggy und Sindbad in die Obhut von Laurence. Ferner wurde festgelegt, daß Peggy Sindbad sechzig Tage im Jahr bei sich haben konnte. Ferner mußte sie Laurence einen monatlichen Unterhaltsbeitrag bezahlen, da er keine eigenen Mittel besaß.

Nachdem dieses unangenehme Geschäft erledigt war, zog Peggy mit John Holms zusammen.

In ihrer Autobiographie betrachtet Peggy das Ganze philosophisch. Obwohl die Ehe «stürmisch» gewesen war, um es milde auszudrücken, räumt sie ein, drei sehr wichtige Dinge dabei gewonnen zu haben: zum ersten ihre beiden Kinder; zum zweiten eine bleibende Freundschaft mit Laurence Vail (sie wurden nach der Scheidung viel bessere Freunde als während ihrer Ehe) und zum dritten «die totale Befreiung von meiner früheren jüdisch-bourgeoisen Erziehung». Diese Befreiung bedeutete natürlich auch Befreiung von der erstickenden Tyrannei der Guggenheim-Familie und deren Welt. Diesen Tanten. Diesen Onkeln. Diesen Millionen.

Indessen werden wir sehen, daß im Mittelpunkt von Peggy Guggenheims Gefühl der Befreiung von ihrer Familie ein tiefer Widerspruch steckte. Obwohl fast die ganze erste Hälfte ihres Erwachsenenlebens nichts anderes als eine lange Rebellion gegen ihre New Yorker großbürgerliche Erziehung und die Guggenheims war, wurde sie in der zweiten Hälfte die stolzeste und guggenheimbewußteste Guggenheim von allen und dazu noch die berühmteste Guggenheim ihrer Generation.

Sobald Peggy von dem rasenden Laurence Vail befreit war, machte sie sich praktisch zur Sklavin von John Holms. Es war eine typische Rückstoß-Situation: Mit der plötzlichen Leere konfrontiert, Laurence nicht mehr zu haben, war ihr das Alleinleben unerträglich, und so sank sie in die Arme des einzigen anderen Mannes in der Nähe, für den sie einige Sympathie und Zuneigung empfand, und sie sank so vollständig hinein, daß ihr eigenes Ich beinahe in dem seinen aufging. In den ersten zwei Jahren ihrer Beziehung taten sie und Holms fast nichts anderes, als miteinander zu schlafen und zu reisen; manchmal nahmen sie die kleine Pegeen mit, öfter ließen sie sie beim Kindermädchen zurück. Langsam verfiel Peggy seinem Bann ganz und gar.

Holms war ein großer, schlanker Mann mit breiten Schultern, starker Brust und schmalen Hüften, und er trug einen struppigen schwarzen Schnurrbart und einen Spitzbart im blassen, früh gealterten Gesicht. Er war sehr intelligent, auf eine unpraktische, abstrakte Weise, und besaß ein enormes Allgemeinwissen. Er wünschte verzweifelt, Schriftsteller zu sein, doch fehlte ihm die Willenskraft, je etwas zu Papier zu bringen. Sein Problem war der Alkohol.

Peggy brauchte lange, um dahinter zu kommen, was mit John los war. Wohl trank er eine ganze Menge, aber das Zusammensein mit ihm war so erregend, daß sie dazu neigte, seine Schwächen zu übersehen, zu ignorieren. «Ich hatte noch nie ein so wunderbares Leben geführt», schreibt sie in ihrer Autobiographie. «John eröffnete mir eine ganz neue Welt, von der ich nie geträumt hatte.» Dann, in einer unbewußten Wiederholung der Armes-reiches-Mädchen-Klage, der Keiner-liebt-mich-um-meiner-selbst-sondern-nur-um-meines-Geldes-willen-Litanei, schreibt sie: «Er liebte mich (nicht so sehr wegen meines Geldes, sondern), weil ich für ihn eine echte Frau war.» Später in ihrem Buch überschüttet sie Holms noch mehr mit Lob: «Ich begann, von ihm alles zu lernen, was ich heute weiß. (...) Er war der einzige Mensch, den ich je getroffen hatte, der mir eine zufriedenstellende Antwort auf jede Frage geben konnte.»

Diese sinnliche und intellektuelle Idylle dauerte jedoch nicht lange. Zwei Dinge vergifteten sie ständig: Holms' Alkoholismus und die Abwesenheit von Sindbad, den Peggy «anbetete».

Unfähig zu schreiben, weil der Alkohol die Wirkung hatte, seinen Willen lahmzulegen, wurde John Holms immer unglücklicher, was ihn veranlaßte, immer mehr zu trinken. «Ich war entsetzt», schreibt Peggy, «über seine Willenslähmung. (...) Am Ende konnte er sich kaum noch zu den einfachsten Dingen aufraffen. (...) Die verblüffende Anstrengung, die es für ihn bedeutete, irgendetwas zu *wollen,* war unbeschreiblich. (...) Zuweilen verbrachte er den ganzen Tag im Bett mit einem Katzenjammer und stand erst gegen Abend auf.»

Das wäre Gift genug für jede Beziehung gewesen, aber da war auch noch die Sache mit Sindbad. Der Junge lebte bei seinem Vater, und Peggy vermißte ihn schrecklich. Oft ließ Laurence Vail nicht zu, daß Peggy den Jungen sah, und häufig verstieß er gegen die Scheidungs-Vereinbarung und überließ ihn Peggy nicht für die ausgemachten sechzig Tage, obwohl Peggy für Laurence und den Buben ganz aus ihrer eigenen Tasche aufkam.

Um die Seifenoper dieser Heimatlosen noch weiter zu komplizieren, kehrte Mutter Florette nach Paris zurück und ließ Peggy genau wissen, was sie von dem Schlamassel hielt, in das sie sich selbst gebracht hatte. Daß Peggy von Laurence Vail geschieden war, freute sie sehr, da sie ihn immer als «No Good» betrachtet hatte. Aber daß ihre Tochter auf Sindbad verzichtet hatte, verzieh sie ihr nicht, und diesen Holms fand sie gräßlich, weil er kein Geld hatte und nicht arbeitete. Für Florette Guggenheim war das Leben ihrer Tochter nicht mehr und nicht weniger als eine Katastrophe.

Zum Glück für Peggy, obwohl sie sich damals nicht darüber klar war, starb Holms 1934 mit nur siebenunddreißig Jahren an kleineren Verletzungen, die er bei einem Autounfall erlitten hatte. Die Ärzte sagten, er hätte sich eigentlich erholen müssen, aber der Alkohol habe nicht nur die meisten inneren Organe, sondern auch seine Widerstandskraft gegen Infektionen zerstört. In den Monaten unmittelbar vor seinem Tod hatte er oft, während er trank, geklagt: «Mir ist so langweilig, so langweilig, so langweilig.»

Nach seinem Tod fühlte sich Peggy furchtbar schuldig, als hätte sie etwas tun können, ihn zu verhindern. Sie erinnerte sich, wie gedemütigt sich Holms immer vorgekommen war, wenn sie am Ende jedes Monats an ihrem Schreibtisch saß und alle Rechnungen bezahlte. Sie erinnerte sich, wie unfreundlich sie zuweilen zu ihm gewesen war, weil sie glaubte, er halte sie vom Zusammensein mit Sindbad ab. Von Kummer überwältigt, sank sie alsbald in die Arme eines anderen Mannes, eines Freundes von John, mit dem sie ohne Johns Wissen bereits geschlafen hatte. Er hieß Douglas Garman, «Sherman» in ihrer Autobiographie.

Douglas Garman alias Sherman war Engländer, fünf Jahre jünger als Peggy, Sohn eines Arztes, an Marxismus interessiert und sehr arm. Nachdem aus der Beziehung wirklich eine Beziehung geworden war, veranlaßte er Peggy, ein kleines Landhaus bei South Harting zu kaufen. «Bald nach diesem Schritt», schreibt Peggy, «beschloß ich, Selbstmord zu begehen, ich war immer noch so unglücklich wegen John. Daher überschrieb ich das Haus auf Shermans Namen, ich hatte ja die Absicht, zu sterben.»

Sherman war nur zu glücklich über die Neuerwerbung, aber gar nicht glücklich über die Art, wie er mit Peggy zusammenlebte. Peggy schreibt: «Ich verglich Sherman dauernd mit John und ging sogar soweit, Sherman zu sagen, er habe John gelangweilt.»

Nach einer Weile trat Sherman, der ein Jahr lang nichts anderes als Karl Marx gelesen hatte, der Kommunistischen Partei bei. «Alles Geld, das ich ihm gab, das vorher als Zahlung für seine Bauarbeiten am Haus und an anderen Dingen bestimmt war, ging jetzt an die Kommunistische Partei. (...) Ich hatte überhaupt nichts dagegen. Es langweilte mich bloß, mir die neuesten Anweisungen aus Moskau anzuhören, denen ich gehorchen sollte.» Etwas später ließ Peggy sich selbst in die Partei eintragen, «nur Sherman zuliebe.»

Aber das Leben mit «Sherman» funktionierte dann doch nicht. An einem Wochenende hatten Peggy und er einen Streit über den Kommunismus, und, in Peggys Worten, «ich wurde so giftig, daß er mich schlug. Ich rutschte aus und stürzte. Überall war Blut.» Bald war zwischen Peggy und Douglas Garman alles zu Ende, und Peggy mußte einer Freundin gestehen: «Ich glaube, mein Leben ist vorbei.»

Es sollte sich zeigen, daß Peggy recht hatte. Die Art von ziellosem Leben von einem Bett ins andere, das Peggy geführt hatte, *war* vorbei. Jetzt erwartete sie ein neues, viel befreienderes Leben, eines, das sie nie vorausgesehen hatte, das aber ihre Rettung werden sollte.

Kapitel

5

Peggy und Guggenheim Jeune

Sie war neununddreißig Jahre alt, und ihr einziges «Gut» war eine unglückliche Ehe, zwei unglückliche Kinder und ein halbes Dutzend vorübergehend erheiternder, im Grunde aber törichter Liebesaffären mit ebenso mittel- wie sorglosen Männern. Und der Treuhandfonds, natürlich. Dieses Gut konnte sie nie verlieren, dank der Großzügigkeit ihres mit der «Titanic» verunglückten Vaters, besonders jedoch dank der finanziellen Klugheit ihrer Onkel — Daniel, Murry, Solomon, Simon und William —, dieser Onkel, gegen die sich die vierte Generation der Guggenheims so ostentativ auflehnte und die letztlich doch das materielle Fundament für das ganze Leben der Jungen gelegt hatten.

Man fragt sich, wenn man Peggy Guggenheims Memoiren, Klappentexte für Kunstkataloge und Briefe liest, wenn man sie plaudern hört, ob sie je auch nur im entferntesten daran dachte, wieviel Mühe und Kampf es gekostet hatte, ihr Vermögen zu verdienen. War ihr bewußt, daß es von per Schiffsladung importierten «Japsen» und «Hunkies» stammte, die in den offenen Gruben von Bingham Canyon Sklavenarbeit verrichteten; daß es von steifgefrorenen, heruntergekommenen armen Teufeln stammte, die sich für die Guggenheim-Minen in Alaska entschieden hatten, weil es ihre letzte Hoffnung war; daß es von mexikanischen, bolivianischen, chilenischen, kongolesischen, angolanischen Peóns stammte, die für ganze acht Cents Stundenlohn täglich zwölf Stunden unter Tag schufteten? War ihr bewußt, daß es von jenen spießbürgerlichen Onkeln stammte, die trotz ihrem immensen Reichtum fast jeden Tag ihres Lebens von punkt neun Uhr früh bis halb sechs Uhr abends an ihrem Schreibtisch im Partners' Room von Guggenheim Brothers saßen?

Wer weiß. Mit neununddreißig war es ihr vielleicht klar. Denn in diesem Lebensjahr entschloß sich Peggy endlich, mit diesem von halbblinden, frühgebeugten südamerikanischen Peóns und überanstrengten New Yorker Geschäftsleuten erworbenen Geld etwas Gescheiteres anzufangen, als es unfähigen Malern, willenlosen und betrunkenen Nichtschriftstellern und britischen Kommunisten aus besseren Kreisen nachzuwerfen.

Was tun, nach fünfzehn im Grunde vertanen Jahren in verschiedenen Betten? Eine Freundin, Peggy Waldman, schlug ihr vor, entweder ins Verlagswesen zu gehen, wie Vetter Harold, oder eine Kunstgalerie zu eröffnen. Da der Aufbau eines Verlages zu kostspielig gewesen wäre, entschied sie sich für die Galerie. Es sollte die erste ausschließlich zeitgenössischer Kunst gewidmete in London sein.

Auch das war allerdings ein kostspieliges Vorhaben. Doch genau in der Zeit, als sie sich mit der Idee der Kunstgalerie auseinandersetzte, starb Mutter Florette und hinterließ ihr weitere 450 000 Dollar als Treuhandvermögen. So besaß sie insgesamt 950 000 Dollar. Die spießigen Onkel, die Laurence Vail am liebsten über die Klippen des Tiberius hätte ins Meer werfen lassen (und denen er schließlich über die Rente, die ihm Peggy aussetzte, seinen ganzen Lebensunterhalt verdankte), hatten das Geld ihrer Nichte zu rund 5,5 Prozent angelegt, so daß sie, ohne einen Finger zu rühren, ein Jahreseinkommen von fast 50 000 Dollar hatte — nicht schlecht im Vorkriegseuropa: Jetzt war also genug Geld da für eine eigene Kunstgalerie. Nach kurzem Suchen mietete sie eine Etagengalerie an der Cork Street in London: «Guggenheim Jeune».

Peggy wollte ihre erste Ausstellung Brancusi widmen, aber der war damals nicht in Paris, und so schlug ihr Marcel Duchamp statt dessen Cocteau vor. Als Duchamp sie mit Cocteau bekannt gemacht hatte, stand es gleich fest: die Eröffnungsausstellung von «Guggenheim Jeune» gehörte ihm. Duchamp arrangierte sie, und sie wirbelte in London ordentlich Staub auf und sicherte «Guggenheim Jeune» einen Platz auf der künstlerischen Landkarte. Vor, während und nach der Ausstellung war Duchamp Peggys künstlerischer Mentor; er lehrte sie «alles, was er über abstrakte und surrealistische Kunst wußte». Später stellte Peggy Wassily Kandinsky aus und den jungen Surrealisten Yves Tanguy, ferner Skulpturen von Antoine Pevsner, Henry Moore, Alexander Calder, Constantin Brancusi und Hans Arp, die damals alle noch relativ unbekannt waren. Außerdem veranstaltete sie eine Collagen-Ausstellung mit Werken von Ernst, Picasso, Braque und Miró.

In der Zwischenzeit mußte sie sich wieder verlieben. Diesmal war es «ein faszinierender Ire mit grünen Augen, einem schmalen Gesicht, Nase wie ein Adler», der ein Freund von James Joyce war. Ja, er hatte sogar Joyces Tochter geliebt. Auch er war wieder ein «verrückter Trunkenbold». Wieder ein armer Schlucker. Wieder ein Schriftsteller, der sich nicht zum Schreiben aufraffen konnte. Peggy nannte ihn Oblomow, nach dem Gontscharowschen Titelhelden, der nicht einmal die Willenskraft aufbrachte, sich aus dem Bett zu erheben. Um das Elend vollzumachen, hatte er seit seiner Geburt «eine furchtbare Erinnerung an das Leben in seiner Mutter Schoß». Manchmal «erstickte ihn» diese Erinnerung, und dann war er unfähig zu sprechen. Sein Name war Samuel Beckett.

Beckett, der sich später aus seiner Willenslähmung aufschwang, mehrere zeitgenössische Meisterwerke schrieb und den Nobelpreis gewann, sollte eine entscheidende Rolle in Peggys Leben spielen, nicht so sehr als Liebhaber denn als Berater. Er war es, der sie überredete, Werke zeitgenössischer Künstler zu kaufen, da sie, wie er betonte, moralisch verpflichtet sei, sich für die Kunst ihrer Tage zu interessieren.

Peggy und Beckett gingen miteinander zum zweiundfünfzigsten Geburtstagsfest von Joyce. Sie schenkten ihm einen Schlehdorn-Spazierstock und etwas Schweizer Wein, Joyces Lieblingsgetränk. Auf der Party bot Joyce jedem hundert Francs, der den Titel seines nächsten Romans erriete, der in Kürze erscheinen sollte. Peggy war sicher, daß Beckett die Wette gewinnen würde, da er als früherer Verlobter von Joyces Tochter im Vorteil war, aber nachdem alle geraten hatten, wurde der Sieger nicht bekanntgegeben, denn Joyce wollte den Titel seines Buches bis zum Tage der Veröffentlichung geheimhalten: es war *Finnegans Wake*. Die Party endete mit einem betrunkenen Joyce, der eine irische Jig tanzte, und einem Beckett, der zu besoffen war, um anschließend noch Peggys körperliche Wünsche erfüllen zu können.

Da Beckett auf die Frage, was aus ihrer beider Leben werden sollte, jedesmal mit «nichts» antwortete und sich offenbar nie entschließen konnte, «ob er mich haben wollte oder nicht», mußte Peggy ihn schließlich aufgeben. Das war zu ihrem Besten; denn er hatte sie von ihrer Malerei und ihrer Galerie abgelenkt, und dabei hatte sie gerade angefangen, in dieser Tätigkeit zu sich selbst zu finden.

Zurück also zur Galerie und an eine Schau für Kandinsky. Wieder war es Marcel Duchamp gewesen, der sie mit dem großen russischen Abstrakten bekannt machte, dessen Bilder ihr Onkel Solomon später so gierig kaufte.

Die nächste große Ausstellung, im zweiten Jahr von «Guggenheim Jeune», galt dem vielversprechenden jungen Surrealisten Yves Tanguy.

Tanguy war ein dreißigjähriger bretonischer Matrose, ein Mann ohne richtige Schulbildung und ohne künstlerische Bildung außer einer flüchtigen privaten Einführung in die Malerei durch André Breton. Tanguy war einmal geisteskrank und in einer Irrenanstalt gewesen. Er war eine kuriose Erscheinung. Ein erstauntes, energisches Gesicht mit dem Mund und den Augen eines außerirdischen Wesens, eines Geschöpfes aus der Science-Fiction, der Mund fortwährend wie eine Mondsichel aufwärtsgebogen, die Augen immer überrascht, die Haare immer steif aufgerichtet. Als Unangepaßter (um es milde auszudrücken) war er aus der französischen Handelsmarine hinausgeworfen worden. Damals begann er zu malen, angeregt durch ein Werk von De Chirico. Er wurde einer jener Legion von Künstlern in den dreißiger Jahren, deren Werk nicht viel mehr war als ein öffentliches Abladen ihrer eigenen Psychosen.

Da in Peggys Worten «der Surrealismus damals in England bekannt zu werden begann (...), war seine Ausstellung ein großer Erfolg, und wir verkauften eine Menge Bilder. (...) Die Folge war, daß sich Tanguy zum erstenmal in seinem Leben reich vorkam und anfing, wie verrückt mit Geld um sich zu werfen. In Cafés knüllte er jeweils Einpfundnoten zu Kügelchen zusammen und schnippte sie auf die Nebentische. Manchmal verbrannte er sie sogar.»

Ein paar Tanguys pickte Peggy verhältnismäßig billig für sich heraus, wie sie auch schon verschiedene Duchamps, Cocteaus und Kandinskys günstig erworben hatte. Wenn sie einen Künstler ausstellte, bekam sie oft auch eins seiner Bilder geschenkt. Auf diese unauffällige Weise nahm eine der größten Privatsammlungen moderner Kunst der Welt ihren Anfang.

Peggy hätte sich nun endlich ernsthaft an die Arbeit machen können; aber sie war nun einmal nicht die Frau, die eine interessante Liebesgeschichte an sich vorbeischwimmen ließ, wenn die gerade auf ihr Netz zugeschwommen kam. Diesmal war die Reihe an Yves Tanguy. Er war zwar verheiratet, aber von solchen kleinen Unannehmlichkeiten ließ sich Peggy nie sehr behindern. Nach einer der vielen Parties während Tanguys Ausstellung in London verbrachten die beiden die Nacht in Peggys Wohnung. «Danach», schreibt sie in ihrer Autobiographie, «war es schwierig, mit Tanguy allein zusammenzutreffen, wegen seiner Frau. Wyn (Henderson) kam uns zu Hilfe und lud Frau Tanguy zum Mittagessen ein und hielt sie einen ganzen Nachmittag lang beschäftigt.»

Einige Wochen später «entwischten» die beiden in Peggys Landhaus, um dort wenigstens eine Zeitlang zusammen zu leben. Das verwirrte den kleinen Sindbad, der damals bei seiner Mutter lebte; er war es gewohnt gewesen, Herrn Tanguy mit Frau Tanguy zusammen zu sehen, und fragte immer wieder nach Tanguys Gattin. Mitten in dieser Affäre tauchte Beckett plötzlich in Peggys Landhaus auf. Als er auf dem Kaminsims eine Fotografie sah, auf der Peggy und Tanguy miteinander glücklich dreinblickten, ging er in die Luft. Obwohl er nie die Willenskraft aufbrachte, sie — um Peggys Ausdruck zu gebrauchen — zu «haben», war er doch, wie die meisten Impotenten, überaus eifersüchtig auf die anderen Männer in ihrem Leben.

Um Beckett aus dem Weg zu gehen, kehrte Peggy nach Paris zurück, und nun begannen die Schwierigkeiten mit Frau Tanguy, die das Verhältnis ihres Mannes mit Peggy beargwöhnte. Wenn das Ehepaar «Krach» hatte, verschwand Frau Tanguy zuweilen «tagelang». Wie verworren und absurd die Situation war, unterstreicht Peggy unabsichtlich in ihrer Autobiographie:

«Jeden Morgen kam Tanguy zu mir, um mich abzuholen. Wir verbrachten den ganzen Tag zusammen, dann ging er nach Hause zu seiner Frau. Ich lebte in Becketts Wohnung. Er (Beckett) war mit seiner Mätresse in meinem Wagen nach England gefahren. Ich war immer noch schrecklich in ihn verliebt. Tanguy sagte einmal zu mir: «Du kommst ja gar nicht nach Paris, um mich zu sehen, sondern um Beckett zu sehen.»»

In dieser Zeit sagte Laurence Vail, Peggy solle Tanguy heiraten, worauf Peggy erwiderte, sie brauche einen Vater, nicht einen Sohn.

Was Peggys Kindern damals psychisch angetan wurde, darüber schweigt sich die Autobiographie aus. Wir müssen die Interpretation wiederum den Psychologen überlassen. Die nackten Tatsachen sind, daß Sindbad seinen Vater immer wieder mit einer anderen Frau und seine Mutter immer wieder mit einem anderen Mann sah, und daß es Pegeen ebenso erging.

Mitten in all diesem Jonglieren, diesem ewigen «Bäumchen wechsle dich», fand Peggy noch Zeit, sich in einen bekannten britischen Sammler von Surrealisten zu verlieben, den sie in ihrer Autobiographie «Donald Wrenclose» nennt. Peggy beschreibt ihn als «äußerst anziehend, recht gut aussehend, hatte großen Erfolg bei Frauen und unterhielt ständig Liebesaffären...» Dann fährt sie fort:

«Er hatte eine Absonderlichkeit... wenn er mit Frauen schlief, fesselte er ihnen die Handgelenke mit allem, was gerade greifbar war. Einmal benutzte er meinen Gürtel, aber ein andermal bei ihm zu Hause brachte er ein Paar Elfenbeinarmspangen aus dem Sudan. Sie waren mit einer Kette verbunden, und Wrenclose konnte sie mit einem Schlüssel festmachen. Es war überaus unbequem, die Nacht auf diese Weise zu verbringen, aber wenn man sie mit Wrenclose verbrachte, blieb einem nichts anderes übrig. (...) Einmal schliefen wir unter meinem Lieblingsbild von Delveau, den «Frauen mit den Lampen». Ich war so hingerissen, ich hatte das Gefühl, ich sei eine der Frauen.»

Leider verliert alles mit der Zeit seinen Reiz, besonders die wildesten Lieben. Nach einer Weile wurde Wrenclose-der-Handfessler fad. Beckett-Oblomow wurde fad. Tanguy wurde fad. Und Peggy, die jetzt mit *niemandem* dem Leben, dem Abgrund ins Auge blickte, verliebte sich in einen verheirateten englischen Bildhauer namens Llewellyn und «schlief» sogleich mit ihm. Nicht lange, nachdem sich eine feste Liaison daraus ergeben hatte, bekam Peggy das Gefühl, schwanger zu sein.

«Jedesmal, wenn ich dachte, ich sei's, befand ich, ich sei's nicht, und umgekehrt. Eines Nachmittags bat mich Llewellyn in sein Haus in Hampstead, um mir die Arbeiten seiner Frau anzusehen. Gleich als ich ins Zimmer trat und sie sah, wußte ich, daß wir beide schwanger waren. Kurz danach hatte sie eine Fehlgeburt. Die Ironie der Situation war, daß die beiden ein Kind wollten. Ich bot Llewellyn eines an, aber er lehnte ab mit der Begründung, er könne eine Menge weitere machen.»

So mußte Peggy noch einmal abtreiben lassen. Der Arzt, den sie konsultierte, sagte, sie sei viel zu alt, um ein Kind zu bekommen, «besonders nachdem ich seit vierzehn Jahren keines mehr geboren hatte.» Die Angelegenheit wurde in einer englischen Privatklinik erledigt, und sie beendete ein langes und häufig törichtes Kapitel in Peggys Leben. Von nun an hieß es mehr oder weniger: Zum Teufel mit den Männern oder zumindest mit oberflächlichen Affären, eine hinter der andern, und konzentriere dich auf etwas anderes.

Diese Konzentration nahm die Form an, die Peggy «seriöses Sammeln» nannte.

Es war auch nachgerade Zeit. Nachdem sie «Guggenheim Jeune» auf die Beine gestellt hatte, bekamen die Leute den Eindruck, sie habe sich entschlossen, mit ihrem Leben und ihrem Geld etwas Konstruktives anzufangen. Dann aber hatte sie sich und andere enttäuscht, indem sie ihre alte Herumhüpferei von einem unwürdigen Bett ins andere wieder aufnahm. Alles in allem war sie wirklich gar nicht so verschieden von ihrem Cousin, dem Taugenichts Colonel Bob. Beide trieben sich in unzähligen verschiedenen Betten herum. Beide spielten. Bob spielte mit Hunden und Jachten. Peggy spielte mit der Kunst. Man muß die Hierarchien im Leben achten: Es ist viel schlimmer, mit der Kunst herumzuspielen, als mit Hunden und Jachten.

Wenn man mit etwas bloß spielt, anstatt ernsthaft daran zu arbeiten, nehmen die ehernen Gesetze des Wirtschaftslebens ihren Lauf. So kam es, daß Ende 1939 «Guggenheim Jeune», anderthalb Jahre nach der Gründung, ein Verlustgeschäft geworden war und Peggy mit der Deckung eines Jahresdefizits von rund sechshundert Pfund oder 2550 Dollar für ihre Spielerei bezahlen mußte.

Da nichts darauf hinwies, daß die Ergebnisse des nächsten Jahres besser sein könnten, sondern alles eher noch schlimmer kommen würde, konnte sie nicht viel anderes tun als die Galerie schließen. Resigniert tat sie das denn auch; wenigstens hatte sie einen mutigen Versuch unternommen, Großbritannien mit der modernen Kunst bekannt zu machen.

Was nun? Ohne Liebhaber und ohne Galerie stand Peggy doppelt allein da. Es war ein schwarzer Augenblick, aber gerade als sie glaubte, ganz am Boden zu sein, erschien an ihrem Bett in dem englischen Pflegeheim, wo sie sich vom Schwangerschaftsabbruch nach ihrer Affäre mit dem englischen Bildhauer Llewellyn erholte, ein edler Ritter in blitzender Rüstung. Es war ein alter Freund namens Herbert Read, der eines Tages Sir Herbert Read, Ritter des Hosenbandordens, werden sollte.

Read war, nach Peggys Worten, «ein vornehm aussehender Herr», älter als sie und so ziemlich der einzige Prominente der damaligen Zeit, der moderne Kunst in England zu fördern suchte. Er war in verschiedenen Museen Kurator gewesen und gab jetzt eine Kunstzeitschrift heraus. Peggy, die sich schon immer nach einem Vater gesehnt hatte, seit ihr wirklicher Vater mit der «Titanic» untergegangen war, hängte sich mit töchterlicher Zuneigung an Read. Hinter seinem Rücken — denn er war empfindlich, was sein Alter anging — nannte sie ihn «Papa». Aus dem Erholungsheim entlassen, saß sie zu seinen Füßen und lauschte seinen endlosen, überaus gelehrten Abhandlungen über Kunst. Wie sie selbst zugibt, lernte sie in wenigen Monaten mehr von ihm als von allen Künstlern und Pseudokünstlern, die sie bis dahin kennengelernt hatte. Mit Ausnahme von Marcel Duchamp.

«Guggenheim Jeune», war geschlossen, ein von ihr und Read gehegter Museumsplan gescheitert, der Krieg brach aus, und Peggy hatte eine neue Idee: in Südfrankreich eine Kolonie für Maler zu gründen, wo sie für die Dauer des Krieges leben und arbeiten konnten. Unermüdlich suchte sie nach einem geeigneten Ort, inspizierte Dutzende alter Schlösser und Paläste im ganzen Midi. Sie fand nichts Passendes und ließ zuletzt die Idee fallen, als ihr klar wurde, daß ein Schloß voller Maler noch tödlicher sein würde als der Krieg, der an dessen Mauern brandete.

Zurück nach Paris, das jeden Augenblick eine deutsche Invasion erwartete. Es war nicht viel Zeit zu verlieren. Jetzt war die beste Gelegenheit, ihrer Sammlung ein paar Dinge hinzuzufügen, die sie sich vorher nicht hatte leisten können. Die Künstler nahmen für ihre Werke, was sie halt bekommen konnten. Sie kaufte einen Brancusi-Vogel für nur 1000 Dollar; einen herrlichen Léger ebenfalls für 1000 — an dem Tag, als Hitler in Norwegen einfiel. Andere Künstler waren nur zu gern bereit, Werke herzugeben. Für ein Butterbrot bekam sie einen Arp, einen Giacometti, später ein paar Max Ernsts. Ihre Kriegskinder. Ja, so sehr sie auch gegen ihre Familie rebellierte, Peggy war eine echte Guggenheim. Die Guggenheims wissen immer, was zu tun ist, wenn ein Krieg im Anzug oder im Gang ist. Mister Dans unsterbliche Worte: «Immer groß einsteigen, wenn das Geschäftsbarometer tief steht.»

In dieser bedrohlichen und gewinnbringenden Zeit traf Peggy mit ihrem zukünftigen Ehemann Max Ernst zusammen, den sie vorher kurz kennengelernt hatte. Ihn wiederzusehen, während die Deutschen im Begriff waren, Frankreich zu überrollen und sie beide in Konzentrationslager zu verschleppen, war für Peggy ein amüsantes Abenteuer. «Ernst hatte einen phantastischen Ruf wegen seiner Schönheit, seines Charmes und seines Erfolges bei Frauen», schreibt sie in ihrer Autobiographie. «Er hatte weißes Haar, große blaue Augen und eine hübsche Hakennase, die an einen Vogel erinnerte.» Es dauerte nicht lange, und sie war — alles andere als geheilt — «wahnsinnig verliebt in ihn».

Bald aber wurde die Lage zu gefährlich für Liebe oder Kunst oder sonstwas; nicht aber, um lebend herauszukommen. Gerüchte über das, was Hitler mit den Juden in Frankreich vorhatte, sickerten durch das Land. Ernst war bereits aus einem Gefangenenlager in Südfrankreich entkommen (die Franzosen hatten ihn als feindlichen Ausländer interniert) und fand die Aussicht, wieder in eines geworfen zu werden, ganz und gar nicht lustig. Peggys Freunde warnten sie: Als eine der bekanntesten Jüdinnen in Paris riskierte auch sie das Konzentrationslager. Obwohl sie natürlich um ihre und ihrer Kinder Sicherheit besorgt war, scheint ihr damals ihre Sammlung wichtiger gewesen zu sein als irgend etwas anderes. Verzweifelt ging sie in den Louvre und bat, man möchte ihre Bilder auch bei dessen Schätzen an dem geheimen Ort auf dem Lande verwahren.

Zu ihrer größten Überraschung und Empörung rümpften die Louvre-Leute die Nase über die Peggy-Guggenheim-Sammlung. «Der Louvre», schreibt sie, «befand meine Bilder nicht für würdig, gerettet zu werden, und versagte mir den Platz dafür.» Was man nicht für rettenswürdig erachtete, waren ein Kandinsky, mehrere Klees und Picabias, ein kubistischer Braque, ein Gris, ein Léger, ein Gleizes, ein Marcoussis, ein Délaunay, ein Severini und zwei andere Futuristen, ein Mondrian und verschiedene surrealistische Werke von Miró, Max Ernst, De Chirico, Tanguy, Dalí, Magritte und Brauner. Ihre Skulpturen — von Brancusi, Lipchitz, Giacometti und Moore — zog man schon gar nicht in Betracht.

In ihrer Verzweiflung brachte Peggy einen Bekannten dazu, die Sammlung in einer Scheune in der Nähe von Vichy zu lagern. Es war damals schon einigermaßen abzusehen, daß Südfrankreich lieber mit den Deutschen zusammenarbeiten, als ihnen in die Hände fallen wollte. Peggy selbst verließ Paris mit ihren beiden Kindern, nur zwei Tage bevor die deutschen Panzer einrollten. In der vorhergehenden Woche waren mehr als zwei Millionen Pariser mit Autos, Fahrrädern, Bussen, Zügen oder zu Fuß aus der Stadt geflohen. Es zeigte sich bald, daß ihre Bilder in der Scheune bei Vichy alles andere als sicher waren, und sie ließ sie in ein kleines Provinzmuseum in Grenoble bringen.

Aber nach dem Fall von Paris und der Demütigung des «Friedensabkommens» war ihre Sicherheit auch in Grenoble zweifelhaft. Es galt keine Zeit zu verlieren. Man vernahm, die Nazis würden jeden Augenblick in Südfrankreich sein, und dann sei kein Jude oder sein Eigentum vor Konzentrationslager und Beschlagnahmung sicher. In letzter Minute entdeckte Peggy die Möglichkeit, ihre Bilder als «Haushaltsgegenstände» von Marseille nach New York zu verschiffen, und schaffte sie auf diese Weise blitzschnell weg.

Max Ernst, der sich in einem Bauernhaus in der Ardèche vor den Nazis versteckt hielt, gelang es, sich samt seinen Bildern bei Nacht von dort fortzuschleichen. Als Peggy vernahm, daß Ernst Marseille erreicht hatte und die meisten seiner Bilder unversehrt waren, nahm sie sofort die Verantwortung auf sich, seine Flucht nach Amerika finanzieren zu helfen. Das gleiche tat sie für André Breton und seine Familie.

Im Tausch gegen ihre finanzielle Hilfe ließ Ernst Peggy «eine Menge Bilder aus jeder Periode» aussuchen. Sie kaufte alle zusammen für 2000 Dollar, und diese 2000 Dollar ermöglichten es ihm und seinen restlichen Bildern, in die Vereinigten Staaten zu gelangen. Nach diesem lukrativen Geschäft — die Bilder waren eines späteren Tages Hunderttausende wert — feierte sie mit Max seinen fünfzigsten Geburtstag am *vieux port,* sie «tranken Wein, den er aus der Ardèche mitgebracht hatte, und aßen Austern».

«Ich fühlte mich außerordentlich zu Ernst hingezogen», bekennt sie in ihrer Autobiographie, «und entdeckte bald, daß ich wahnsinnig in ihn verliebt war: Von da an kannte ich keinen andern Gedanken, als ihn sicher aus Europa und nach New York zu bringen... Als wir am 14. Juli 1941 in New York eintrafen, hatte ich Amerika seit vierzehn Jahren nicht mehr betreten.»

Kapitel

6

Peggy in New York: Ernst, Pollock und die Kunst dieses Jahrhunderts

Das Haus war eine Version der vierziger Jahre von Vater Bens fünfstöckiger Villa an der Fifth Avenue aus der Zeit vor der «Titanic», ein umgemodelter Sandsteinbau am East River an der Einundfünfzigsten Straße, nahe dem Beekman Place. Neben dem üblichen Zubehör wies es einen Salon auf, der nach Peggys Worten «eine freiherrliche Halle in Ungarn» hätte sein können, und eine «zwei Stockwerke hohe Kapelle», von deren Terrasse man über den Fluß blickte. Töchterchen Pegeen hatte eine ganze Etage für sich allein (Sindbad war bei Laurence Vail, in einem Haus, das Peggy in Connecticut für sie gemietet hatte). Max hatte ein eigenes «wunderschönes Studio». Und für Peggy blieben so viele Zimmer, daß sie ihre ganze Sammlung darin aufhängen konnte.

Zur großen Überraschung der ausgewanderten Peggy Guggenheim war Amerika eigentlich gar nicht so übel... besonders wenn man genug Geld hatte, ein vierstöckiges Stadthaus in der Nähe des Beekman Place mit Blick über den luftigen East River zu mieten. Als Peggy, Pegeen und Max sich hier einrichteten, spürten sie jedenfalls, daß es sich in New York und überhaupt in Amerika überaus befriedigend und sogar anregend lebte, während Hitlers Armeen ihr geliebtes Europa überschwemmten.

Inzwischen war Peggy «wie von Sinnen» vor Liebe zu dem hübschen, unendlich begabten Max Ernst. Der Mann nahm sie völlig gefangen, und als er wußte, daß er sie an der Angel hatte, begann er sie erbarmungslos zu quälen. Es war eine weitere von Peggys anscheinend endloser Reihe sadomasochistischer Beziehungen. Sie hatte die Macht — das Haus, das Geld, die Verbindungen —, er das Genie. Er war von ihr abhängig, weil er ihr nicht nur sein Leben (Flucht aus Europa), sondern auch sein Auskommen verdankte. Sie war nur um seiner Liebe willen von ihm abhängig. Und er nahm ihr ihre materielle Machtstellung übel.

Die Feststellung, Max Ernst sei eine sehr komplexe Persönlichkeit gewesen, ist ebenso überflüssig, als wollte jemand als neueste Enthüllung verkünden, das Universum sei ein sehr komplexes physikalisches Gebilde. Der Mann war ein Künstler ersten Ranges, aber ein unmöglicher Mensch, ein Wirrwarr von kindischen Verbohrtheiten und Widersprüchen, das nur die zehntausend nahezu unentzifferbaren Eruptionen seines Unterbewußtseins, als Bilder vorgelegt, zu lösen vermochten, wenn überhaupt.

Peggy war sich einiger Mängel von Max sehr wohl bewußt. In ihrer Autobiographie schreibt sie: «Max wollte, wie alle andern Babies, stets der Mittelpunkt der Aufmerksamkeit sein. Er versuchte alle Gespräche auf sich abzubiegen, egal, worum sie sich drehten... Er liebte schöne Anzüge und war eifersüchtig, wenn ich mir neue Kleider kaufte... In seinen Bildern porträtierte er sich selbst immer in herrlichen Renaissancekostümen...»

Dem Krieg, den er für Europa vorausgesagt hatte, konnte Max entkommen; dem Krieg jedoch, den er für Peggys East-River-Haus nicht vorausgesagt hatte, konnte er längere Zeit nicht entfliehen.

Der brach aus, sobald die Parteien das Haus in Besitz nahmen. Es war eine so offensichtlich kriegerische Situation, daß man sich wundert, warum die hyperempfindsamen Antennen Ernsts die mit Blitz und Donner geladenen Sturmwolken nicht im voraus wahrnahmen. Vielleicht taten sie es doch? Einige seiner scheinbar unerklärlichen Bilder könnten sehr wohl Voraussagen des «Kriegs der Einundfünfzigsten Straße» gewesen sein.

Die Waffen. Auf Peggys Seite: Geld (ihre Einkünfte, vor Abzug der Steuern, schwankten in den frühen vierziger Jahren zwischen 50 000 und 85 000 Dollar jährlich, je nachdem, wieviel ihr die Regierung — ach ja, das Kupfer! — für ihre «Kriegsbabies» durchgehen ließ); Prestige: der Name Guggenheim war in New York gleichbedeutend mit Geld, Macht, Klasse und Kunstmäzenat großen Stils. Auf Ernsts Seite: künstlerisches Genie ersten Ranges, ein scharfer Verstand, eine überhitzte, zuweilen diabolische Phantasie, ein ziemliches Talent für Ironie, Quälerei, Rache.

Die Umstände. Peggy war eine Frau, die unbedingt einen Mann in ihrem Leben haben mußte. Warum? Lag es an dem frühen plötzlichen Verlust ihres Vaters? Sie glaubte es. Sobald ein Mann unterging, und nicht immer in goldenem Abendschimmer, *mußte* ein anderer strahlend am Horizont aufgehen. Sie konnte nicht ohne ihn sein, wer immer es war, ob Laurence Vail, John Holms, Marcel Duchamp, Yves Tanguy, Samuel Beckett, Herbert Read oder der Mittelstandskommunist Wrenclose oder der große Max Ernst. Aber es war immer nur ein Mann, kaum je zwei zur gleichen Zeit. Max dagegen hatte es gern, vielleicht sogar nötig, wenn mehrere Frauen gleichzeitig ihn liebten. Seine erste Ehe mit der früheren Schulkameradin Louise Straus, die ihm sein einziges Kind Jimmy geschenkt hatte, war wegen dieser Vorliebe in die Brüche gegangen. Vor seinem Verhältnis mit Peggy hatte er zwei Mätressen nebeneinander gehalten, die Malerinnen Leonor Fini und Leonore Carrington. Meist komplizierte er sein Leben noch dadurch, daß er dummen, dirnenhaften, vulgären Dingern vor älteren (dreißig-, vierzigjährigen) Frauen von Intelligenz, Klasse und Geschmack den Vorzug gab. Was Geld angeht, so hatte er einfach keins. Sobald er ein Bild verkaufte, gab er den Erlös wieder aus. Ohne Peggy hätte er niemals so leben können, wie er lebte. Ohne Peggy hätte er Anzüge aus dem Jahr 1937 getragen und in einem möblierten Zimmer in der Nähe der Avenue B gehaust. Nein, wahrscheinlich noch schlimmer.

Peggy hatte die Warnsignale aufgefangen, noch bevor sie und Max Europa verließen. In ihrer Autobiographie schreibt sie:

«... da seine Malerei völlig unbewußt war und aus einer tiefen, verborgenen Quelle kam, überraschte mich nichts, was er je tat. Als er nach Leonores Abreise allein in Frankreich war, malte er ihr Porträt immer und immer wieder in all den Landschaften, die er bald danach in Amerika kennenlernen sollte. Ich war eifersüchtig, weil er mich nie malte. Ja, das war für mich ein Grund großen Kummers und ein Beweis, daß er mich nicht liebte.»

Nach dem Einzug in das New Yorker Sandsteinhaus erschienen die Signale erneut:

«Als ich eines Tages in sein Studio ging, erlebte ich einen großen Schock. Dort auf der Staffelei stand ein kleines Bild, das ich noch nie gesehen hatte. Darauf war eine seltsame Gestalt mit einem Pferdekopf, der Max' eigener Kopf war, und dem Körper eines Mannes in schimmernder Rüstung. Diesem seltsamen Geschöpf zugewendet, und mit der Hand zwischen seinen Beinen, war ein Porträt von mir. Nicht von mir, wie Max mich je gekannt hatte, sondern von mir, wie mein Gesicht als achtjähriges Kind aussah. Ich besitze Fotos von mir in diesem Alter, und die Ähnlichkeit ist unbestreitbar. Ich brach in Tränen aus, sobald ich es erkannte, und lief zu Max, um ihm zu sagen, endlich habe er mein Porträt gemalt. Er war ganz überrascht, denn er hatte die Fotos nie gesehen.»

Das war indessen nur ein Drittel des Gemäldes. Im übrigen Teil sah man «eine Figur, von der Max zugab, daß es Pegeens Rücken sei, und auf der linken Seite ein fürchterliches Monstrum. Es stellte eine Frau in rotem Kleid mit entblößtem Bauch dar. Das war zweifelsohne mein Bauch, aber die Figur hatte zwei Köpfe, die niemandem glichen. Es waren Tierköpfe, und einer sah aus wie ein Skelett. Sidney Janis (ein Kunsthändler) behauptete, ich sei dieses Monstrum, was er für sehr stark erachtete.» Weil Peggys Hand auf Max' Genitalien lag und auch zwischen zwei Speeren abgebildet war, nannte Peggy das Bild «Mystische Hochzeit» und erbat es sich als Geschenk; sie sagte Max, «jetzt brauche er mich nie zu heiraten, dies genüge.»

Schließlich schenkte Max Peggy zwei Dinge: das Bild «Mystische Hochzeit» *und* die Ehe. Das letztere Geschenk wurde 1941 impulsiv in einer kleinen Stadt in Virginia besiegelt, gegen den Rat von Sindbad, der seiner Mutter sagte, Max tauge so wenig wie sie, und «das Ganze würde nicht funktionieren». Das vergnügte Paar war im Wagen verreist mit der vagen Absicht zu heiraten, und von einem Staat in den anderen gefahren, um die Heiratspapiere zu bekommen. In New York, in New Jersey, Delaware und Maryland abgewiesen — ein geschiedener, katholischer, deutscher Ausländer während des Krieges und eine reiche, geschiedene New Yorker Jüdin, beide ohne offiziellen Wohnsitz in einem der Staaten, daß war ein bißchen viel für lokale Bürokraten —, gelangten sie schließlich in Virginia zum Ziel, dank Vetter Harold Loeb, der dort lebte und ihnen in seinem Haus «festen Wohnsitz» gab.

Kaum waren die Ehegelübde abgelegt, ging der Krieg im New Yorker Heim weiter. Max weigerte sich, etwas an den Haushalt zu bezahlen, da Peggy immer noch Laurence Vail unterstützte, den er nicht ausstehen konnte. So war Peggy zu ihrem großen Ärger gezwungen, zwei Männer vollkommen auszuhalten. Als wäre das noch nicht genug, weigerte sich Max auch, mit ihr zu schlafen. Eine Ehe *in bianco,* wie die Italiener sagen. Warum, warum, warum? Er wollte es nicht sagen. Aber er war nicht zu stolz, ab und zu mit einem hübschen kleinen Ding aufzutauchen, auf das sein stets wachsamer Blick gefallen war. Als Peggy ihn einmal bat, eine Widmung in ein paar Bücher mit Reproduktionen seiner Bilder einzutragen, schrieb er bloß: «Für Peggy Guggenheim von Max Ernst.» Das regte sie auf, denn sie erinnerte sich an die liebevollen Worte, mit denen er Leonor Fini ein Buch gewidmet hatte. «Er ließ mich immer fühlen, daß er mich viel lieber gemocht hätte, wenn ich jung und ordinär gewesen wäre. Er gab offen zu, daß er dumme, vulgäre Mädchen gern hatte.»

Hier war also Peggy, die gutes Geld für eine sexlose Ehe ausgab, und hier Max, der das Geld annahm und mit einer Reihe kleiner Schlampen ausgab. Was Wunder, daß die «Streitereien furchtbar waren und oft achtundvierzig Stunden dauerten, in denen wir nicht miteinander sprachen.» In diesen Streitereien, gab Peggy zu, «ging es um nichts von Bedeutung» — nur daß er sich ganz von ihr aushalten ließ und ihr sexuell nichts gab. «Wir stritten, wenn Max meine Schere nahm, ohne mich zu fragen. Das ärgerte mich, weil es die Schere war, mit der John Holms sich jeweils den Bart gestutzt hatte. Wir stritten, wenn Max mich nicht ans Steuer lassen wollte, weil er lieber selber fuhr. Wir stritten, wenn er sich langweilte, weil ich Grippe hatte und mich zu lange nicht erholte. Wir stritten über das Layout meines Kataloges, nachdem wir stundenlang miteinander friedlich daran gearbeitet hatten. Am meisten stritten wir, weil er zuviele Totempfähle kaufte. Es war alles lächerlich und kindisch. Die Zänke regten ihn furchtbar auf. Er konnte nicht arbeiten und wanderte tagelang in New York herum. (...) Das Schlimmste war, daß wir öffentlich stritten. Wir stritten, wo wir gerade waren.»

Während die Ehe sich weiter abspielte, oder besser: abnutzte, wurde alles immer schlimmer. Leonore Carrington, Max' alte Flamme, rief wiederholt an, und oft ging Max mit ihr zum Essen aus. Normalerweise trug er im Hause alte, farbverkleckste Kleider, aber wenn er mit Leonore ausging, putzte er sich auf wie ein Gockel. Zuweilen verbrachte er den ganzen Tag mit ihr, spazierte mit ihr durch New York, was er mit Peggy nie tat. «Max war so vernarrt in sie», schrieb Peggy, «daß er es wirklich nicht verbergen konnte. Einmal hieß ich ihn, sie zum Essen nach Hause zu bringen, und lud Djuna Barnes (die Schriftstellerin und Malerin) dazu ein, damit sie sie kennenlerne. Djuna sagte, dies sei das einzige Mal gewesen, daß Max menschlich erschien oder irgendein Gefühl zeigte. Normalerweise sei er kalt wie eine Schlange.»

Aber Max war kaum je zufrieden mit bloß einer außerehelichen Beziehung. Bald «betörte ihn ein sehr wildes, verrücktes junges Mädchen, das entweder ständig betrunken war oder unter dem Einfluß von Benzedrin stand. Sie war sehr spaßig, recht hübsch und voller Leben, aber schrecklich amerikanisch, und er war zu jener Zeit fast von Sinnen. Man sah es Max immer an, wenn er nach einer Frau verrückt war: Dann fielen ihm vor Begier beinahe die Augen aus dem Kopf, wie die von Harpo Marx.»

Um sich für diese immer wiederkehrenden Demütigungen zu rächen, verbrachte Peggy manchmal einen Abend allein in der Stadt, um unerkannt «auf Abenteuersuche» zu gehen. Für diese Art Sport ist New York natürlich ideal. Man kann irgendwo hingehen, wo einen niemand kennt und niemand, den man kennenlernt, einen je wiedersehen wird, und unter einem falschen Namen kann man ungefähr alles treffen, von einem ebensolchen hochgezüchteten Abenteurer, wie man selbst einer ist, bis zu irgendeinem betrunkenen Börsenmakler, oder zum eigenen Mörder. Als Max einmal nachts überhaupt nicht nach Hause kam, wurde Peggy so wütend, daß sie aus ihrem Haus lief und in eine Bar an der Third Avenue ging, wo sie sich als «Erzieherin» ausgab und in eine Tischrunde von Männern geriet, die ihr Geld «in Obhut» nahmen, sie nach Chinatown zum Essen mitnahmen (von ihrem Geld) und dann «nach Hause» brachten — in eine Sackgasse beim East River. Irgendwie kam Peggy da lebend heraus, wenn auch ohne Geld.

Noch mehr Szenen. Noch mehr Kummer. Die Bohème-Seifenoper von der East Fifty-first Street torkelte ihrem Finale entgegen. Peggy sagte Max, da er sie offenbar nicht begehre, könne er jede andere haben, die er wolle. Aber ihr sei es unmöglich, diese «Selbstaufopferung» durchzuhalten. An einem Wochenende in Southampton machte sich Max mit der Sorte Frau davon, die er am besten leiden konnte, einer «ordinären kleinen Hure», die ebenfalls

Peggy hieß, und das verdarb Peggy G. das Wochenende so gründlich, daß sie «tagelang nicht mehr mit ihm redete.»

Immer wenn es für Peggy unerträglich wurde, wenn ihre Nerven am Zerreißen waren und sie ohne drei, vier Tabletten nicht mehr schlafen konnte, ging sie zu ihrem Ex-Ehemann Laurence Vail, der ihr bester Freund blieb und es immer fertigbrachte, sie zu trösten, schon durch seine bloße Anwesenheit. Daß sie mit Vail nicht mehr schlief, tat ihrer Beziehung irgendwie gut. Es behütete die beiden davor, gegenseitig eifersüchtig zu sein, und förderte den Geist von Mitgefühl und Verständnis. (Später gestand Peggy, daß sie Ehemänner immer «nach der Ehe viel befriedigender fand als während».) Max gegenüber, zu dem sie eine nie erwiderte, heftige sexuelle Leidenschaft hinzog, war sie kaum je mitfühlend oder verständnisvoll. Manchmal waren sie alle drei zusammen, Peggy, Vail und Max, und dann beklagte sich Peggy immer bei Vail über Max, in dessen Gegenwart, was natürlich alles noch schlimmer machte.

Außerdem — war Peggy Mrs. Max Ernst oder Miß Peggy Guggenheim? Sie bestand darauf, Peggy Guggenheim genannt zu werden. Zuweilen wurde Max öffentlich der Lächerlichkeit preisgegeben, indem man ihn als Mr. Peggy Guggenheim vorstellte. Niemand nannte Peggy jemals Mrs. Max Ernst.

Es dauerte nur noch Wochen, bis das Paar Mr. und Mrs. Peggy Guggenheim auseinanderfiel. Friedensstifterin Pegeen versuchte immer wieder, ihre Mutter und ihren Stiefvater zu versöhnen, es war umsonst. Am Ende war es eine von Peggy organisierte Kunstausstellung, die den endgültigen Bruch beschleunigte — einen Bruch, das muß betont werden, den Peggy keinesfalls gewollt hatte, denn sie liebte Max Ernst aufrichtig.

Peggy hatte ihre Avantgardegalerie «Art of This Century» an der West Fifty-seventh Street eröffnet und — als gute Verfechterin der Frauenbefreiung, die sie war — beschlossen, dort eine Ausstellung für einunddreißig Malerinnen zu veranstalten. Das sollte ihr den Rest geben.

Unter den einunddreißig Malerinnen war nämlich eine reizende, verheiratete junge Frau, der es bestimmt war, Max völlig umzukrempeln. Peggy hatte dummerweise dem Frauenhelden Max den Auftrag gegeben, «alle die Frauen aufzusuchen, ihre Bilder auszuwählen und sie mit dem Wagen zur Galerie zu fahren.» Später schrieb Peggy: «Ihm gefiel das ausnehmend, denn er liebte Frauen, und einige von ihnen waren sehr attraktiv. (...) Eine hieß Dorothea Tinning. (...) Sie war anmaßend, langweilig, dumm, vulgär und äußerst geschmacklos angezogen, aber recht talentiert, und sie imitierte Max' Malstil, was ihm ungeheuer schmeichelte. (...) Sie war so profitgierig und drängte sich dermaßen vor, daß es peinlich war.»

Eines abends öffnete Peggy einen an Max adressierten Eilbrief von Miß Tanning (ihr wirklicher Name). Beigelegt war ein Stückchen blaue Seide, von dem Dorothea behauptete, es sei ihr Haar. Das machte Peggy «wild vor Eifersucht». Nachdem ich den Brief gelesen hatte, schlug ich Max mehrmals ins Gesicht, so hart ich nur konnte.»

Nun folgt eine häßliche Begebenheit der andern. Alexander Calder lädt Mr. und Mrs. Peggy Guggenheim zu einem *bal musette* in ein Bistro an der First Avenue ein, und Mr. Guggenheim besteht darauf, statt seiner Frau Dorothea Tanning mitzubringen. Tags darauf gehen Peggy und Max zu einer Cocktail-Party, und Miß Tanning erscheint «unerwartet» und geht stracks zu Max, als gehörte er *ihr*. Bald lebt Max bei Miß Tanning. Aber «ein paar Tage später kam ihr Mann aus der Marine auf Urlaub, und sie und Max mußten fliehen.» «Als Max nach Hause kam, war ich nahezu von Sinnen und sagte ihm, ich würde mich umbringen, wenn er nicht zu mir zurückkehre. (...) Dann fragte er mich, ob er mit Miß Tanning nach Arizona verreisen und nachher zu mir zurückkommen dürfe. Mich traf fast der Schlag.»

Eine Zeitlang konnte Peggy nachts ohne eine starke Dosis Medikamente nicht schlafen. Max malte weiterhin jeden Tag in seinem Atelier in Peggys Haus, dann zog er sich um und führte Dorothea Tanning aus. Wenn er einmal mit Peggy ausging, erzählte er ihr alles über das «fröhliche Leben» das er mit Miß Tanning führte. Eines Tages war Peggy an einer Vernissage in Julien Levys Galerie und sah dort Miß Tanning «mit türkisgefärbten Haaren. (...) In ihre eigens dafür zugeschnittene Bluse waren lauter kleine Fotos von Max eingesetzt. (...) Das war nun wirklich zuviel für mich. Es widerte mich dermaßen an, daß ich fand, ich hätte genug von dieser ganzen Sache... und beschloß, ihr ein Ende zu machen.»

Das Ende ergab sich mit dem unverhofften Auftritt eines neuen Mannes in Peggys Leben, eines unabhängig reichen (erstmals) britischen Schriftstellers namens Kenneth McPherson. Nach einem «wilden Abend» mit Kenneth rief Peggy Max bei Dorothea Tanning an und «bat ihn, sich ein Atelier zu suchen und nicht mehr ins Haus zu kommen.» Das war's. Mit einem Mal war der Krieg der East Fifty-first Street vorüber, und es herrschte Frieden.

Jahre später bekam Max' Sohn Jimmy die Nachricht, er habe ein Stipendium, eine «Guggenheim Fellowship» gewonnen. «Was ist das?» fragte Max. Als Jimmy es ihm erklärt hatte, meinte Max nachdenklich: «Ach, wirklich? Ich hatte auch einmal eine Guggenheim, aber das war keine Fellowship.»

Nach den beiden Scheidungen heiratete Max Dorothea Tanning, und er blieb bis zu seinem Tod 1976, mit sechsundachtzig Jahren, mit ihr verheiratet.

Unter dem beruhigenden und gleichzeitig bereichernden Einfluß Dorotheas gelangte Max Ernst zu einer der kreativsten Schaffensperioden seines Lebens; sie gipfelte in der umfangreichen Retrospektive seines Werkes, die 1975 im Solomon-R.-Guggenheim-Museum veranstaltet wurde, unter der Schirmherrschaft von Solomons Enkel Peter O. Lawson-Johnston.

Für Peggy bedeutete das Ende des Krieges mit Max weniger einen Anfang mit dem britischen Schriftsteller Kenneth McPherson, der sich als überwiegend homosexuell erwies und sich schließlich in einen Hausgast Peggys verliebte, als eine Rückkehr zur Galerie. Ja, es war ein langer und bitterer Kampf gewesen. Aber sie hatte sich dadurch nicht von dem ablenken lassen, was sie nunmehr für ihre wichtigste Aufgabe im Leben hielt: das Beste an zeitgenössischer Malerei und Bildhauerei wenn nicht in der Welt, so doch wenigstens *le monde* zur Kenntnis zu bringen, deren Dimensionen ihr so gut bekannt waren. Obwohl Max' Verhalten sie immer wieder entmutigte, empörte, demütigte (das sie, wie sie zugibt, weitgehend durch ihr eigenes Verhalten ihm gegenüber verschuldete), ließ sie in ihrer Arbeit nicht locker, und das war doch die Hauptsache, nicht wahr?

Die Arbeit, das war «Kunst dieses Jahrhunderts», eine oberste Etage an der West Fifty-seventh Street zwischen der Fifth und der Sixth Avenue (nur drei Häuserblocks von Sol's Museum entfernt), die Peggys Ehrgeiz und Geld und ein paar außerordentlich begabte Leute in die originellste Kunstgalerie der Welt verwandelt hatten. Das hervorragendste dieser Talente war der Architekt Frederick Kiesler. Er war es, der eine Galerie schuf, die innerhalb weniger Wochen das meistdiskutierte Theater — denn das war es in Wirklichkeit — der bildenden Kunst in der westlichen Welt wurde. Die einzige Bedingung, die Peggy ihm auferlegte, war, «daß die Bilder ungerahmt sein mußten». Im übrigen konnte Kiesler machen, was er wollte.

Sie wurde fast so etwas wie ein Klub für die modernen amerikanischen Maler und Bildhauer in New York. Diese eifrigen jungen Leute, die glücklicherweise um Haaresbreite zu alt waren, um in die europäischen und pazifischen Völkerschlachten verwickelt zu werden, waren von europäischen abstrakten und surrealistischen Malern wie Max Ernst, Marcel Duchamp und André Breton tief beeindruckt. Unter diesem Einfluß entwickelten die jungen Amerikaner ungewollt eine ganz neue Richtung in der Malerei; Robert Coates, Kunstkritiker des *New Yorker*, nannte sie «abstrakter Expressionismus», und der Name blieb. Es war auf jeden Fall eine typisch amerikanische Kunst. Unmittelbar, widersprüchlich, unharmonisch, experimentell, oft sensationell. «Entblößt», wie Max Ernst einmal sagte, «von all dem schrecklichen Ballast der Geschichte.»

Was der «Kunst dieses Jahrhunderts» nachher zustieß, nach Pollock, Motherwell und Baziotes, war etwas wie ein Abstieg. Peggy entdeckte Hans Hofmann, Clyfford Still, Mark Rothko und Adolph Gottlieb und gab jedem eine erste Einmann-Ausstellung. Alleinausstellungen organisierte sie auch für Oldtimer wie De Chirico, Arp, Giacometti, Morris Hirschfeld und, um die Ihren nicht zu vergessen, für Laurence Vail und Tochter Pegeen, die beschlossen hatte, mehr in ihres Vaters Fußstapfen zu treten als in die ihrer Mutter und nicht nur Sammlerin, sondern selbst Malerin zu werden.

Was aber war das alles im Vergleich zu *der* Entdeckung des von Peggy geschaffenen «Spring Salon»? In Peggys Worten: «Es wurde bald offenkundig, daß Pollock der beste Maler war», und damit meinte sie nicht bloß den besten im Salon, sondern den besten in den Vereinigten Staaten. Wer kommt zuerst, der Gönner oder der Maler? Im Fall von Peggy und Pollock kann es jeder nehmen, wie er will. Es war im Grunde einfach ein glückliches Zusammentreffen, wie es nicht häufig vorkommt.

Was Peggy angeht, so war sie nach kurzer Zeit Feuer und Flamme für Pollock. In ihrer Autobiographie schreibt sie: «1943 bis 1947, als ich beschloß, nach Europa zurückzukehren, widmete ich mich ganz Pollock... Ich war froh um einen neuen Protégé, da ich Max verloren hatte.» Das bedeutete erst einmal, daß sie mit dem jungen Mann einen Vertrag abschloß: Er bekam ein Monatsgehalt von 150 Dollar gegen Verkäufe. Wurde in einem Jahr der Umsatz von 2700 Dollar nicht erreicht, dann sollte sie eine gewisse Anzahl Bilder «gratis» bekommen, um die Differenz auszugleichen.

So gab denn Pollock seine Schreinerarbeit in Onkel Sols Museum auf und arbeitete nur noch als Maler. Jedes fertige Bild übergab er der «Kunst dieses Jahrhunderts». Mit seiner Frau, der Malerin Lee Krassner, wohnte und arbeitete er in einem einfachen Mietshaus an der East Eighth Street. Verkaufen ließ sich nicht viel, so daß Peggy entsprechend ihrem Vertrag eine Menge früher Pollocks praktisch umsonst bekam.

Nun ja, ganz umsonst nicht. Pollock war ein merkwürdiger, hitziger Mensch, und es war nie leicht, mit ihm umzugehen. Einmal versuchten er und Peggy «Liebe zu machen», und «als es nicht funktionierte», wurde er so wütend, daß er tobte und «seine Unterhose aus dem Fenster schmiß.» Oft beschimpfte er seine Gönnerin und brach danach in Tränen aus.

Pollock, auf einer Schaffarm in Cody, Wyoming, geboren, war ein Leben in freier Natur gewohnt und fühlte sich in New York, nach Peggys Worten, «wie ein Tier in der Falle». Einmal hatte er ein halbes Jahr unter psychiatrischer Betreuung in einer Nervenklinik verbracht. Außerdem war er Alkoholiker. Periodisch unternahm er wilde, selbstzerstörerische Sauftouren, aus denen er impotent und erschöpft auftauchte. Als Künstler war er wohl ein Genie, als Mensch aber eine Katastrophe. Der Künstler schuf Dinge, die noch nie geschaffen worden waren. Der Mensch, der Mann war vieles, was Männer schon früher gewesen waren. Der Künstler war originell. Der Mann war es nicht. Der Mann war hitzig, aufreibend, roh, brutal, flegelhaft und schwach — Eigenschaften, die unter Amerikanern seiner sozialen Klasse nur zu verbreitet sind. Kein Wunder, daß seine Kunst so typisch amerikanisch war: unmittelbar, unhistorisch, heftig, sensationell, grell, rauh, brutal und oft albern. Jemand hat Pollocks Werk einmal als «Ausdruck des städtischen Lebens in Amerika» bezeichnet: «der einsame Dschungel unmittelbarer Empfindungen». Diese Beschreibung ist sehr treffend. Damit soll dem

Künstler das Genie nicht abgesprochen werden. Pollocks beste Bilder bersten vor einer Energie, wie man sie zuvor selten, wenn überhaupt, in der Malerei gesehen hat. Sweeney drückte das so gut aus wie nur irgendwer: «Pollocks Begabung ist vulkanisch. Sie hat Feuer. Sie ist unberechenbar. Sie ist undiszipliniert. Verschwenderisch. Explosiv. Unordentlich.»

Unberechenbar. Undiszipliniert. Unordentlich. Auch im Leben.

Nicht lange, nachdem Peggy ihm seinen 150-Dollar-Vertrag ausgestellt hatte, gab sie ihm den Auftrag, ein umfangreiches Wandbild für die Eingangshalle ihres East River-Hauses zu malen. Es sollte 7 Meter breit und 1,80 Meter hoch werden. Marcel Duchamp schlug vor, es auf Leinwand zu malen, weil Peggy es sonst zurücklassen müßte, wenn sie aus dem Haus auszöge, und Maler wie Gönnerin waren damit einverstanden. Pollock, voller Freude über seinen ersten großen Auftrag, fand eine Riesenleinwand und riß in seiner Wohnung eine Wand nieder, um sie aufhängen zu können. Dann stand er davor, Tag um Tag, ohne Inspiration, unfähig anzufangen, und wurde immer niedergeschlagener. Nach einer Weile schickte er seine Frau aufs Land und hoffte, in ihrer Abwesenheit würde er auf neue Ideen kommen. Als sie zurückkehrte, stand er immer noch vor der großen blanken Fläche, machte ein finsteres Gesicht und stampfte mit den Füßen wie ein Stier. Plötzlich eines Tages aber, Monate nachdem er den Auftrag bekommen hatte, fiel er über die Leinwand her und malte das Bild in nur sechs Stunden, ein heute anerkanntes Meisterwerk seiner Art, ein flammender, pulsierender Tanz abstrakter Figuren in Blau und Weiß und Gelb, über die er schwarze Anstrichfarbe direkt aus der Kanne geträufelt hatte.

Als das Riesending, das er schlicht «Mural 1943» benannte, am vorbestimmten Platz hing, «betrank er sich dermaßen», in Peggys Worten, «daß er sich auszog und splitternackt in eine Party lief, die Jean Connolly in meinem Wohnzimmer gab. Dann pinkelte er ins Cheminée.»

Das war das erste öffentliche Kaminpissen des unberechenbaren, unordentlichen, disziplinlosen Jackson. Andere Unordentlichkeiten ähnlicher Art sollten folgen. Einige Jahre danach pinkelte er im Atelier seines Künstlerkollegen Ian Muller in den Kamin. Später, eines Winters in East Hampstead, blieb er auf einem Spaziergang mit Freunden stehen und urinierte einen Bogen von 180 Grad in den Schnee, und dazu bemerkte er: «Ich kann auf die ganze Welt pissen.»

Auf die ganze Welt pissen. Schwarze Anstrichfarbe direkt aus der Kanne verschütten. Sie über alle Kunst ausschütten, die vor ihm kam, über alle Geschichte, die vor ihm kam. In Cheminées pissen, Autos zertrümmern, Schlägereien in Bars anzetteln, Freunde beschimpfen, sich betrinken: Das waren einige der Erlebnisse oder Seelenzustände, die Jackson Pollock in Malerei umsetzte. Die gleichen Erlebnisse, die ihn zu seinem letzten Erlebnis führen sollten: sich selbst und ein junges Mädchen, das bei ihm war, bei einem Autounfall im Rausch in der Nähe von Springs auf Ost-Long Island umzubringen — 1956, in seinem vierundvierzigsten Lebensjahr.

Pollocks Einfluß auf die ihm folgende Generation von Malern war nicht eben gesund, aber mit Sicherheit enorm.

«Meine Malerei kommt nicht von der Staffelei», hatte er 1947 geschrieben. «Ich spanne kaum je meine Leinwand, bevor ich male. Lieber hefte ich die ungespannte Leinwand auf die harte Wand oder auf den Boden. (...) Auf dem Boden ist mir wohler. Da fühle ich mich dem Bild näher, mehr als einen Teil von ihm, denn so kann ich darum herumgehen... und buchstäblich *im* Bilde sein... Ich komme immer mehr von den üblichen Malergeräten wie Staffelei, Palette, Pinsel usw. ab. Ich ziehe Stöcke, Maurerkellen, Messer und tropfende flüssige Farbe vor, oder ein dickes Impasto mit Sand, Glasscherben und anderem Fremdmaterial darin.»

Wieviele zweit-, dritt- und viertrangige Pollocks haben wir mit dieser Maltechnik schon Hackfleisch machen sehen?

Trotz all seiner Unordentlichkeit, Unberechenbarkeit, Brutalität und alkoholischer Selbstzerstörung hielt Peggy Guggenheim bis ans Ende zu Jackson Pollock... und darüber hinaus. Er war eigentlich ihre dauerhafteste Entdeckung. Von Onkel Sol und «Tante» Hilla geschnitten, von der Guggenheim-Stiftung als Stipendiat abgewiesen (wie alle übrigen abstrakten Expressionisten), hatte Pollock in New York nie einen wirklichen Gönner außer Peggy Guggenheim. Sie und nur sie glaubte von allem Anfang an an ihn und blieb ihm, oft gegenüber vielerlei Opposition, bis zuletzt treu.

Eine letzte Ausstellung für Pollock in der «Kunst dieses Jahrhunderts», und Peggy war bereit, nach Europa zurückzukehren. Alle kehrten sie dahin zurück, einer nach dem anderen: Max Ernst und Dorothea Tanning, André Breton, Marcel Duchamp, Laurence Vail und Pegeen Vail, nunmehr Frau Jean Helion. «Sosehr ich ‹Kunst dieses Jahrhunderts› liebte», schreibt Peggy, «liebte ich Europa doch mehr als Amerika, und als der Krieg zu Ende war, konnte ich es kaum erwarten, zurückzugehen... Ich war erschöpft von all der Arbeit in der Galerie, wo ich eine Art Sklavin geworden war...»

Vor ihrer Abreise lieh sie Jackson und Lee Pollock Geld, damit sie in Springs, in der Nähe von East Hampton, ein Haus kaufen konnten. Als sie «Kunst dieses Jahrhunderts» teilweise auflöste, wollte nicht eine einzige Galerie in New York ihren Vertrag mit Pollock übernehmen, trotz des Ansehens, das sich Jackson unter ihrer Aegide erworben hatte. So wurden eben, wie sie es mit dem Maler vertraglich vereinbart hatte, alle unverkauften Pollocks (die Galerie blieb in kleinerem Rahmen bestehen) nach Venedig geschickt, wo sie inzwischen lebte. In New York hatte sie nie einen Pollock für mehr als tausend Dollar verkauft. Im Nachkriegs-Venedig bekam sie nicht einmal eine halbe Lira für einen. So lud sie ihren Überfluß an Pollocks «einen nach dem andern bei verschiedenen Museen» ab und überließ Lee Krassner «ein Bild pro Jahr gratis.» In ihren «Confessions of an Art Addict» jammerte Peggy später, jetzt seien ihr «nur zwei aus seiner besten Produktion übriggeblieben.» «Und so ist Lee jetzt Millionärin, und ich muß daran denken, was ich für ein Dummkopf gewesen bin.»

In der Zeit, bevor Peggy nach Europa zurückkehrte, hatte sie, ohne es eigentlich zu wissen, eine wichtige Rolle beim Entstehen der sogenannten New Yorker Schule gespielt, der abstrakten Expressionisten der vierziger, fünfziger und frühen sechziger Jahre. Es ist noch viel zu früh, dieser Schule aus kunstgeschichtlicher Sicht einen Stellenwert zuzuweisen. Wenn jedoch Künstler, nach Ezra Pounds Ausspruch, «die Antennen der Rasse» sind, dann können wir zumindest sagen, daß Leute wie Motherwell, Rothko, Gottlieb, Baziotes und Pollock in den späten vierziger Jahren äußerst sensible Antennen für ihre unmittelbare Umgebung hatten. Dreißig Jahre später wurden alle Krankheitssymptome, die sie gespürt und in Bildern ausgedrückt hatten, in New York Wirklichkeit.

Kurz bevor sie in ihr geliebtes Europa zurückkehrte, schrieb und veröffentlichte (bei Dial Press) Peggy Guggenheim ihre Autobiographie unter dem Titel «Out of This Century». Sie war nach Onkel Will, Vetter Harry und Vetter Harold Loeb die vierte Guggenheim, die gedruckt wurde.

Das Buch, ein höchst offenherziges Werk, das niemanden schonte, am wenigsten sie selbst und ihren ersten Gatten Laurence Vail, der es herausgeben half, erregte bei den anderen Guggenheims solchen Anstoß, daß sie es «Out of Her Mind» titulierten und auf der Stelle Horden von Boten und Angestellten aussandten, um in den größeren New Yorker Buchhandlungen alle erhältlichen Exemplare aufzukaufen. Auf diese Weise war das Buch blitzschnell vergriffen. Eine zweite Auflage erschien. Wieder fielen die Guggenheimschen Lakaien über die Buchhandlungen von Manhattan her. Am Ende waren die einzigen Menschen, die das Buch zu sehen bekamen, Peggys Freunde, also, wie wir wissen, *tout le monde;* ferner die Leute, die es in Yonkers, in der Bronx, in Kansas City oder Tulsa kauften; die netten Damen, die Bücher aus ihrer lokalen Leihbücherei beziehen, und die Kritiker, die das Werk fast einhellig verurteilten.

Vierzehn Jahre später brachte Peggy bei Macmillan eine leicht bereinigte und ergänzte Ausgabe unter dem Titel «Confessions of an Art Addict» heraus, die für die Familie offenbar annehmbar war. Jedenfalls ließen sie den Titel stehen und behielten ihre Büroboten und Angestellten an den Schreibtischen von Guggenheim Brothers und American Smelting and Refining. Sie hätte auch nicht viel anderes tun können, die Familie, was immer sie von dem Buch halten mochte, denn inzwischen — 1960 — hatte Peggy Guggenheim den Spieß umgedreht und war die bekannteste aller Guggenheims geworden.

Kapitel

7

Gladys Guggenheim Straus: Weitermachen

Nach Senator Simon Guggenheims Tod 1941 verschwand der Name Guggenheim gänzlich aus der Liste der Direktoren und Funktionäre von American Smelting and Refining, des Unternehmens, das die Familie 1901 an sich gebracht und zu einem der Industriegiganten der Welt aufgebaut hatte. Sieben männliche Erben hatten die ursprüngliche Guggenheim-Partnerschaft gebildet, doch nicht ein einziger ihrer Söhne zeigte Neigung, in der wichtigsten Geschäftsgründung der Familie zu bleiben. Edmond, Harry, M. Robert, Harold Loeb — sie alle absolvierten auf die eine oder andere Weise eine Lehrzeit in der Firma, gingen aber nach wenigen Jahren weg. Und Simons jüngerer Sohn George Denver Guggenheim, der es schaffte, in den leitenden Ausschuß zu gelangen, beendete, wie man sich erinnern wird, 1939 seine Verbindung zu ASARCO mit einer Kugel in den Kopf.

Und doch war beileibe nicht alles verloren, was die Familie und ASARCO betrifft, denn hinter den Kulissen behielten die Guggenheims ein mächtiges Mitglied im Unternehmen, und das war Dans Tochter Gladys, deren Ehemann Roger W. Straus als Präsident und Generaldirektor der Firma nachfolgte.

Gladys Guggenheim Straus war das sprichwörtliche Holz vom alten Stamm, der wahre Nachfolger ihres Vaters und des Guggenheim-Quadrumvirats, das eine Familienmitglied ihrer Generation, das sich, mehr noch als Harry, gewissenhaft der Fortführung der Guggenheimschen Geschäftsinteressen und philanthropischen Tradition widmete, das einzige Enkelkind von Meyer und Barbara, das das Familienerbe wirklich weitertrug.

Daniel und Florence Guggenheim hatten die größte Freude an ihrer einzigen Tochter Gladys: Schon als junges Mädchen hatte sie gezeigt, daß sie alles das war, was ihrem älteren Bruder M. Robert abging, und vieles von dem, was auch ihren jüngeren Bruder nicht auszeichnete: verantwortungsbewußt, praktisch, fleißig, fröhlich, anziehend, energisch, treu, ausgeglichen, hilfsbereit und konsequent. Und, welch ein Wunder in ihrer Generation, sie ging sogar jeden Sabbat und Feiertag ihres Lebens in die Synagoge. Da hatte man also eine junge Dame, die bereits eine liebevolle, pflichtbewußte Tochter war und bei der alles darauf hinwies, daß sie auch eine hilfreiche, liebende Ehefrau und hingebungsvolle Mutter sein würde. Es war daher für Dan und Florence eine enorme Genugtuung, daß ihre geliebte Gladys sich entschloß, Roger Williams Straus zu heiraten.

Gladys, ein lebhaftes, gutaussehendes Mädchen von achtzehn Jahren, kam gerade von der Rosemary Hall-Schule und hatte das Bryn Mawr-College vor sich. Roger, ein hübscher Zweiundzwanzigjähriger, kam gerade von Princeton und hatte vielleicht eine diplomatische Laufbahn, aber eigentlich kein bestimmtes Ziel vor sich. Die beiden verliebten sich so sehr ineinander, daß Gladys den Gedanken an Bryn Mawr und Roger die vage Vorstellung von einem Beginn im Außenministerium fallen ließ. Daniel Guggenheim wirkte als Katalysator der Verbindung: er ließ den jungen Roger wissen, wenn er die Tochter des Chefs heirate, habe er eine Zukunft bei American Smelting and Refining. Wer weiß? Wenn er seine Sache einigermaßen gut mache, könne er bis an die Spitze aufsteigen. Nicht, daß Roger diese Zusicherung nötig gehabt hätte, um sich zur Ehe mit Gladys zu entschließen — die beiden hätten auf jeden Fall geheiratet —, aber es half weiter.

Die Familie, in die Gladys einheiraten wollte, war eine der besten in New York. Rogers beide Onkel Isidor und Nathan waren die gemeinsamen Besitzer von R. H. Macy & Company, das auf dem Wege war, das größte Warenhaus der Welt zu werden. Sie ihrerseits waren die Söhne des deutsch-jüdischen Einwanderers — aus Otterberg in der Pfalz — Lazarus Straus, der 1852 in die Staaten gekommen war, vier Jahre nach der Ankunft Meyer Guggenheims. Isidor, der mit seiner Frau wie Ben Guggenheim mit der *Titanic* unterging, und Nathan hatten bereits ansehnliche Vermögen erworben. Rogers Vater Oscar war ebenfalls wohlhabend (auch er war Mitbesitzer von Macy's gewesen), aber seine Interessen galten mehr der Regierung als dem Geschäft, deshalb war er nicht ganz so reich wie seine Brüder. Als Bull Moose-Republikaner war er eng mit Theodore Roosevelt befreundet gewesen, hatte als Handels- und Arbeitsminister in dessen Kabinett gewirkt und war dann unter den Präsidenten Cleveland, McKinley und Taft zuerst Minister, später Botschafter in der Türkei gewesen. Außerdem hatte er eingehend englische Literatur studiert und eine vielbeachtete Biographie des Gründers von Rhode Island und Vorkämpfers der Religionsfreiheit Roger Williams verfaßt, dessen Namen er seinem Sohn gab. Später schrieb er eine Biographie von Thomas Paine und einen Memoirenband *Under Four Administrations.* Die Straus' hatten in andere, sehr prominente deutsch-jüdische Familien eingeheiratet, die Kuhns von Kuhn, Loeb & Company und die Lehmans von Lehman Brothers. Die Straus' hatten Geld, Beziehungen, Kultur und politischen Einfluß. Hätte es für eine Guggenheimtochter einen passenderen Ehepartner geben können als einen Straus? Und schon gar, wenn der betreffende Straus groß, hübsch, gesund, charmant, intelligent und tüchtig war? Und wenn die Verbindung nicht bloß eine Großbürger-Allianz, sondern auch eine Liebesheirat war?

Die Hochzeit des Sohnes des einflußreichsten Juden in der Regierung der Vereinigten Staaten und der Tochter des einflußreichsten Juden in der amerikanischen Geschäftswelt im Januar 1914 zog ein illustres Aufgebot an Gästen und viel Aufmerksamkeit von seiten der Presse an. Die Trauung fand im großen Ballsaal des Hotel St. Regis statt, und fast alle Straus', Guggenheims, Lehmans, Kuhns, Seligmans und Loebs waren anwesend, dazu Leute wie Frau Theodore Roosevelt und Herr und Frau Andrew Carnegie. Glückwünsche von Titanen der internationalen Judenschaft wie Baron Edouard Rothschild aus Frankreich trafen ein. Braut und Bräutigam schritten an goldschimmernden, blumenumrankten Fahnen vorbei ihrem Schicksal entgegen und legten ihr Gelübde unter einem Baldachin aus weißen Rosen und Stechwinden ab, der von acht silbernen Säulen getragen wurde. Auf daß niemand das Metall vergesse, das die ersten fünfzehn Jahre der Reise der Guggenheims zu diesem glitzernden Höhepunkt gepflastert hatte.

Nach der Hochzeit murrten erbitterte Bergbauarbeiter im Westen der Presse gegenüber, es koste einen Guggenheim ebensoviel Geld, seine Tochter zu verheiraten, wie einen Kumpel für die Plackerei eines halben Lebens zu entlohnen. Worauf die Guggenheims — im stillen — erwiderten, ohne die Initiative der Guggenheims hätte der Kumpel weder Plackerei noch Lohn gehabt.

So waren die Guggenheims jetzt nicht nur mit den Seligmans und den Loebs und den L. F. Rothschilds verschwägert, sondern auch mit den Gimbels (Murrys Tochter) und den Straus' von R. H. Macy. Zwei weltumspannende Bergbau- und Hüttenunternehmungen, drei wichtige Anlagebankkonzerne und zwei große New Yorker Warenhäuser lagen wohlgeborgen in der Familie. In knappen fünfundzwanzig Jahren hatten sich die «Googs», die Emporkömmlinge, einen scheinbar uneinnehmbaren Platz in der deutsch-jüdischen Aristokratie New Yorks gesichert.

Und nach der jüdischen «Hochzeit des Jahres» wurde Roger W. Straus Chefstellvertreter seines Schwiegervaters Daniel Guggenheim bei American Smelting and Refining, später Chefstellvertreter seines Schwiegeronkels Senator Simon Guggenheim und schließlich Präsident und Generaldirektor des

Unternehmens, eine Stellung, die er innehatte, bis er sich mit fünfundsechzig Jahren zur Ruhe setzte.

Roger war auch der Gründer und erste Präsident der National Conference of Christians and Jews und wurde nach Senator Simons Tod Präsident und führender Geist der John Simon Guggenheim Memorial Foundation.

Und während Roger Stufe um Stufe zu seinen Spitzenstellungen in der ASARCO und in der John-Simon-Stiftung aufstieg, übte Gladys über ihn ihren eigenen Einfluß bei der ASARCO aus; sie war glücklich, in den Fußstapfen ihres heißgeliebten Vaters weitergehen zu können, wenn auch indirekt. Noch wichtiger ist, daß sie auch als Vizepräsidentin (später Präsidentin) der von ihren Eltern gegründeten großartigen Wohltätigkeitsorganisation, der Daniel-und-Florence-Guggenheim-Stiftung, amtete.

Konnte es unter den fünfzehn Enkelinnen von Meyer und Barbara zwei größere Gegensätze als Peggy Guggenheim und Gladys Guggenheim Straus geben? Eine die große Dame der internationalen Nobel-Bohème, die andere eine der großen Damen der New Yorker deutsch-jüdischen *haute-bourgeoisie.* Eine die Rebellin gegen die New Yorker deutsch-jüdische *haute-bourgeoisie,* die andere deren Inbegriff. Eine, die aufhörte, ihre Liebhaber zu zählen, nachdem sie den eintausendsten abgehakt hatte, die andere, die keinen Mann außer ihrem Gatten kannte und mehr als fünfzig Jahre lang treu mit ihm verheiratet war. Eine, die sich von ihren Mitjuden an der Klagemauer von Jerusalem abggestoßen fühlte und jahrelang in keiner Synagoge war, die andere eine Wohltäterin von Institutionen in Israel und eine Säule des Emanu-El-Tempels in New York. Eine eine Frau von unkonventionellen Idealen, Ansichten und Überzeugungen, die andere mit den allgemein anerkannten und typisch undefinierten Vorstellungen ihrer Klasse, die in der amerikanischen Gesellschaftsordnung in ziemlich spitzennaher Position steht.

Solange ihr Mann lebte, verbrachte Gladys mit ihrer Familie die Zeit teils in einem New Yorker Stadthaus, teils auf dem herrlichen Straus-Besitz in Purchase, New York, der einmal dem Botschafter Oscar Straus gehörte und jetzt Roger junior gehört. Bis zu ihrem Tod im Frühjahr 1980 unterhielt Gladys dazu ein Gut in Greenwich, Connecticut, und eine geräumige Wohnung an der Fifth Avenue in New York.

Gladys Guggenheim Straus war eine zierliche, anziehende, muntere alte Dame, die auf ruhige, solide Art Großes geleistet hat; eine Guggenheim-Tochter, die in der großen Tradition des «Noblesse oblige» ihr Leben damit verbracht hat, die von ihrem Vater, ihrer Mutter und ihrem Mann geerbten Vermögen zurückzuzahlen. Sie zurückzuzahlen in harter Arbeit und Hingabe an ihren Mann, sein Geschäft, ihre gemeinsamen Freunde, ihre Kinder und die zahlreichen — über sechzig — wohltätigen Werke der Stiftung ihrer Eltern.

Wenn sie auf die Geschichte ihrer Familie zurückblickte, sann sie töchterlich stolz und liebevoll über die außerordentliche Autorität ihres Großvaters Meyer nach (sie erinnerte sich an ihn, wie er gleich einem Monarchen die Familienzusammenkünfte leitete), über die Energie, Güte und Großzügigkeit ihres Vaters Daniel (des einzigen der sieben Brüder, der nach ihrer Meinung echte Fähigkeiten besaß), und mit schwesterlicher Mißbilligung über das abscheuliche Verhalten ihres älteren Bruders Robert («er brachte sich immer in Schwierigkeiten, schon als Kind») und über die nach ihrer Ansicht testamentarische Ungerechtigkeit ihres jüngeren Bruders Harry, der seiner Stiftung und seinem Vetter zweiten Grades fast sein ganzes Geld und seinen Töchtern fast nichts hinterließ. Ihre wärmsten Gefühle galten ihrem jüngeren Sohn Roger W. Straus junior. «Er ist mein Augapfel», sagte sie und lächelte wie ein junges Mädchen.

Kapitel

8

Die Stilleren: Edmond und William junior

Spektakulär war sie schon, die vierte Generation der Guggenheims. Botschafter Harry, Amerikas fahrender Ritter in Lateinamerika. Captain Harry, der Kampfpilot in zwei Weltkriegen. Reiter Harry, der Gewinner des Kentucky Derbys. Kunstmäzen Harry, der den Bau des kühnsten Museums der Welt leitete. Colonel Bob, Botschafter Bob, Playboy Bob, Bob von der *Firenze* und von der Amerikanischen Zangenbewegung. Peggy, die große Schirmherrin der Avantgarde, die die ersten künstlerischen Genies des Jahrhunderts unterstützte, weich bettete und sogar heiratete. Dogaressa Peggy, die ihre große Sammlung zusammentrug und ihren Palast und ihr Museum am Canale Grande in Venedig einrichtete. Harold Loeb, Schöpfer einer avantgardistischen Literaturzeitschrift, der drei Romane schrieb, neue Wirtschaftstheorien erfand, Ernest Hemingway bekämpfte. Gladys, die einen Straus von Macy's heiratete, eine der Guggenheimschen Stiftungen leitete und den Aufstieg ihres Gatten zum Präsidenten des Weltunternehmens miterlebte, das ihr Vater und ihre Onkel geschaffen hatten. Eleanor, die einen britischen Lord ehelichte. Ja, die waren ein Flammenbündel, Menschen mit Spürnasen, Guggenheims, die Ungewöhnliches taten, die das Rampenlicht nicht scheuten, die sich oft über das Rampenlicht freuten.

Es gab aber auch Guggenheims in dieser Generation, die nur bescheidene oder überhaupt keine Taten vollbrachten, Guggenheims, die das Rampenlicht haßten, die ein möglichst unauffälliges Leben führten; die Stilleren, wie Murrys Sohn Edmond und Williams Sohn William junior.

Wie man sich erinnern wird, war Edmond einer der reichsten Guggenheims seiner Generation, viel, viel reicher als beispielsweise Peggy oder Harry oder Robert — dank jenem Riesentrustfonds von 6,5 Millionen Dollar, den sein Vater 1923 für ihn angelegt hatte, als Edmond erst fünfunddreißig war.

Ob es klug war, ein solches Treuhandvermögen für jemanden bereitzustellen, von dem man erwartete, daß er die Guggenheim-Geschäfte — in einer Familie, in der es an Söhnen mangelte — triumphal in die Zukunft führen würde, das ergäbe Stoff für eine nützliche Diskussion angesichts der Tatsache, daß Edmond, als er seine ersten Dividenden und Zinsen bekam, aus Guggenheim Brothers austrat und nie wieder etwas Ernsthaftes arbeitete.

Aber wir wollen den Zweifel Edmond gutschreiben. Schließlich soll man seiner Berufung folgen, nicht einer abstrakten Vorstellung von dem, was man zu sein hat, einer Vorstellung, die einem seine Familie, seine Lehrer oder seine Freunde aufdrängen. Edmond war von Natur aus Athlet, ein hochgewachsener, muskulöser Bursche, flink, geschmeidig, einer der besten Football-Spieler in Yale, ein erstklassiger Tennisspieler, Segler, Schwimmer und Golfspieler. Es war besser, er verbrachte den Rest seines Lebens mit dem, was er am liebsten tat und am besten konnte: Golf, Tennis, Segeln und Schwimmen. Das Geschäft hatte ihm in der kurzen Zeit seines Arbeitslebens ohnehin keine tiefe Befriedigung geschenkt. Er und Harry hatten den besten Teil ihrer Jugend darauf verwendet, den reichsten Kupferbesitz auf Erden zu erschließen, die Chuquicamata-Mine in Chile; sie hatten in der Wüstenhitze von fast vierzig Grad gearbeitet, in primitiven Baracken praktisch in der Wildnis hundert Meilen vom nächsten Dorf entfernt gelebt — nur um dann zu erleben, wie sein Vater und seine Onkel das Ganze für 70 Millionen Dollar über seine und Harrys Einwände hinweg an Anaconda verkauften. In der Geschäftswelt konnte man nie sicher sein, daß man die Früchte seiner Arbeit auch behielt.

Und so wurde Edmond nach seinem Abschied von Guggenheim Brothers ein Spitzen-Amateur in Golf, ein eifriger Tennisspieler, Segler und Schwimmer. Außerdem wurde er Präsident der Murry-und-Leonie-Guggenheim-Stiftung und leitete deren Gratis-Zahnklinik für arme New Yorker Schulkinder nach dem Tod seines Vaters mit Geschick.

Aber selbst diese Klinik wurde ihm mit der Zeit zuviel, und er fühlte sich genötigt, entgegen den testamentarischen Wünschen seines Vaters dessen Stiftung aufzulösen und die Aktivposten an andere medizinische Institutionen zu verteilen: 22 Millionen Dollar an das Mount Sinai Hospital, 12 Millionen an die Mayo-Klinik und je eine Million an sechs weitere Einrichtungen des Gesundheitswesens.

1952 heiratete Edmond seine dritte und letzte Frau, die Witwe Marion Kaufmann, und er blieb mit ihr verheiratet, bis er 1972 im Alter von vierundachtzig Jahren starb. Es war, wie Mrs. Edmond Guggenheim heute sagt, «eine im Himmel geschlossene Ehe. Gott schenkte uns viele gemeinsame glückliche Jahre.» Im Winter lebten die beiden ruhig in New York und in Florida oder

Arizona, im Sommer lebten sie ruhig auf Edmonds großartigem Landgut in Saranac Lake im Staat New York. Wie sein stiller Vater, mied auch Edmond die «Gesellschaft» und wich geflissentlich jeder Publicity oder Bekanntheit aus.

Noch stiller als Edmond war Williams (Gatenby Williams') Sohn William jr., der erste Guggenheim, der sich selbst in einen WASP, oder besser einen WJP (White Jewish Protestant), verwandelte.

Will junior verbrachte seine Knabenjahre im riesigen italianisierten Stadthaus seines Vaters an der Fifth Avenue 883, betreut von nicht weniger als einundzwanzig Dienstboten und zwei Chauffeuren (die ihn in Papas und Mamas zwei Rolls-Royces herumkutschierten), und auf dem riesigen Landgut von Will senior in Sands Point, nahe den Palästen von Isaac, Solomon, Murry und Daniel. Es war ein Leben à la Little Lord Fauntleroy, nicht eben dazu angetan, einen sehr dynamischen Charakter zu formen, und in der Tat erwies sich der Junge vom zarten Kindesalter an als sehr scheu und zurückhaltend.

Nach William seniors Scheidung von seiner zweiten Frau Aimee lebte der Junge bei seiner Mutter in einer verhältnismäßig bescheidenen Wohnung in New York, und die verbitterte Aimee, die den Guggenheims ihre Macht und ihre Einmischung in ihr und ihres Mannes Leben übelnahm, begann den Sohn ganz bewußt der Familie Guggenheim zu entfremden, was ihr auch bestens gelang.

Nachdem William junior hauptsächlich von Privatlehrern und seinem Kammerdiener erzogen worden war, die ihn auf mehrere Reisen nach Europa begleiteten, auf seine Fahrkarten und sein Gepäck achteten und ihn im Umgang mit Hotelportiers, Maîtres-d'hôtel und anderen Banditen schulten, nahm er eine Stelle als kundenwerbender Angestellter eines Effektenmaklers von Wall Street an, und dank einigen von seines Vaters Freunden und Ausbeutern brachte er seiner Firma etliche gutbetuchte Kunden ein.

Ungefähr um diese Zeit — 1937 — traf und heiratete Will jr. ein Mitglied der altamerikanischen Aristokratie, die schlanke, schwanenhalsige Schönheit Elizabeth Newell. Elizabeths Großvater väterlicherseits war ein Kolonialherr britischer Herkunft, der Quaker Oats gegründet hatte, und ihre Mutter war eine Beekman, eine direkte Nachfahrin von Wilhelmus Beekman (nach dem Beekman Place benannt wurde), einem der ersten holländischen Siedler von Manhattan Island und einem der ersten Bürgermeister von Nieuw Amsterdam. Herr und Frau Newell standen im Gesellschaftsregister von New York, und Frau Newell war ein aktives Mitglied der «Töchter der amerikanischen Revolution».

William Guggenheim jr. war der erste Guggenheim, der sich mit einer so altehrwürdigen WASP-Familie verband, einer, die von den Gründervätern des Landes abstammte, und das scheint ihm zu Kopf gestiegen zu sein. Nach seiner Verehelichung gab er den jüdischen Glauben auf, schloß sich der Episkopalkirche an und wurde eine Säule der Church of the Heavenly Rest an der Fifth Avenue/Ninetieth Street. Später, als sein Sohn William III. geboren war, ließ er diesen, als müsse er seinen Eintritt in eines der großen Bollwerke der nichtjüdischen New Yorker Gesellschaft noch verfestigen, sogleich bei den «Söhnen der amerikanischen Revolution» aufnehmen, worauf der Junge aufgrund der kolonialen Ahnen seiner Mutter einen Anspruch hatte. Nach und nach entledigte sich William jr. seiner jüdischen Freunde (und seiner Guggenheim-Verwandten) und verkehrte nach den Worten seiner Frau, die immer noch an der Fifth Avenue lebt, «nur in der guten nichtjüdischen Gesellschaft».

William senior war seinem Sohn gegenüber finanziell sehr großzügig; er richtete ihm eine reichliche Rente aus und war überglücklich, als Will junior William III. produzierte, der seinen Namen weiterführen und seinen Reichtum erben konnte. Senior hatte sich ja verzweifelt einen Enkel gewünscht. Unter anderem lag ihm sehr daran, seine Ehre als Mann in den Augen seiner mit lauter Töchtern gesegneten älteren Brüder wiederherzustellen. Zur Geburt von William III. vermachte Will senior seinen Trustfonds von einer Million Dollar Will junior, und Aimee Guggenheim ließ die ganze Welt wissen: «Was immer dieser Junge will, er hat's bekommen!»

Oberflächlich gesehen erschien Will juniors Leben so glänzend wie ein eben aus der Hütte gekommener Barren Guggenheim-Kupfer, aber leider war er mit einem vergrößerten Herzen und einem Herzklappenfehler geboren worden, die Armee erklärte ihn dienstuntauglich, und seine Ärzte erwarteten nicht, daß er ein fortgeschrittenes Alter erreichen würde.

Er war also reich, aber nicht gesund; bald nach seiner Heirat mußte er sich von der hektischen Wall Street zurückziehen und ruhigeren Tätigkeiten widmen: der Liebe und Sorge für Frau und Sohn und anderen Dingen, die seinem kränkelnden Herzen nahe lagen: seinem Heim, seiner Photographie, seinen Tieren, seiner Musik, seiner Lektüre. Er war ein intelligenter, sensibler, sanfter, kultivierter Mann, und seine Witwe erinnert sich an ihn als einen Menschen von stillem Gemüt und vornehmem Wesen, weltenweit entfernt in seiner Art von den piratenhaften Onkeln, die immerhin für die Erstellung und Beaufsichtigung des inzwischen mehr als eine Million umfassenden Trustfonds verantwortlich waren, den er nach seines Vaters Tod 1941 bekam.

Im Zweiten Weltkrieg meldete er sich freiwillig als Luftbeobachter, und diese Tätigkeit verursachte schließlich seinen frühen Tod. Er war beauftragt, vom hohen Mittelturm des palastartigen Hempstead House seines Onkels Daniel Guggenheim in Sands Point aus, das Dans Witwe der amerikanischen Kriegsmarine überlassen hatte, Flugzeuge zu beobachten. Das tägliche Ersteigen jener vierundsiebzig Stufen bis zuoberst auf den Turm gaben seinem Herzen endgültig den Rest; nach langem Todeskampf im Mount Sinai Hospital starb er 1947 im Alter von nur neununddreißig Jahren, nur sechs Jahre nach dem Hinschied seines Vaters in Anschluß an anstrengende Bemühungen in der *Chambre d'Or* seines Stadthauses am Riverside Drive.

Die Ironie des Lebens dieses Stillen, im Vergleich zur Guggenheimfamilie als Ganzem, liegt darin, daß ausgerechnet dieser episkopale, WASPische, auf Töchter der amerikanischen Revolution, Söhne der amerikanischen Revolution, Gesellschaftsregister pochende, von den Guggenheims abgewandte Zweig der Guggenheim-Familie letztlich der einzige Zweig war, der ausdauernd männliche Erben hervorbrachte, Generation um Generation. William III., mittlerweile zweiundvierzig und in Florida lebend, hat zwei kleine Söhne, den achtjährigen William IV. und den fünfjährigen Christopher Mark. Wenn der Name Guggenheim weiterbestehen wird, und nicht nur in den Aufschriften von Institutionen, dann nur über diese beiden Kinder, denn der Rest der Familie ist vollkommen «ausgetöchtert».

Dank dem ruhigsten, zurückhaltendsten, gebrechlichsten, unspektakulärsten, unguggenheimischen Guggenheim von allen also lebt der Name weiter.

Kapitel

9

König Solomons Töchter

Am 12. Mai 1937 wohnte Solomon R. Guggenheims älteste Tochter Eleanor May, Gräfin Castle Stewart, der Krönung des letzten britischen Kaisers (von Indien), König George VI., in der Westminster Abbey bei. Als Frau eines Peers hatte sie bei diesen Feierlichkeiten Anspruch auf einen Platz inmitten des britischen Hochadels, zu einer Zeit, da Großbritannien noch die halbe Welt regierte, und wurde später vom neuen König und der Königin persönlich empfangen.

Zur Krönung trug Eleanor ein langes rotes Samtcape, mit Pelz besetzt, über einem langen roten Samtkleid, und ein Diadem mit Diamanten, Rubinen und Smaragden, das ihr Vater für sie hatte anfertigen lassen.

Daß Lady Castle Stewart bei der Krönung von George VI. einen Vorzugssessel besetzte, war weder für die britische Königsfamilie, noch für das britische Volk von besonderer Wichtigkeit. Trotzdem hatte es für die Familie Guggenheim eine nicht geringe Bedeutung. Zu der Zeit, als George den britischen Thron bestieg, hatten die Guggenheims praktisch alle begehrten Ziele erreicht, die Amerikanern offen stehen. Sie hatten nicht nur einen «amerikanischen Traum» erfüllt, den Standardtraum «mausarm wird steinreich», sondern gleich ein ganzes Dutzend. Sie waren, wie wir wissen, Multimillionäre geworden, Präsidenten und Direktoren von großen, an der New Yorker Börse amtlich notierten Aktiengesellschaften, Botschafter der Vereinigten Staaten, Politiker, Gründer bedeutender philanthropischer Stiftungen, Autoren, Luftfahrt- und Weltraumpioniere, weltberühmte Kunstmäzene. Eine letzte und ganz besonders gehätschelte amerikanische Ambition aber war noch ungestillt geblieben: der Eintritt in den echten europäischen Adel.

Die Gründerväter der Vereinigten Staaten von Amerika hatten sich in Auflehnung gegen das aristokratische Zeitalter mit seiner ausgeklügelten Hierarchie von ererbten Vorrechten, in dem sie und ihre Vorfahren aufgewachsen waren, besondere Mühe gegeben, in die Verfassung der Vereinigten Staaten die negative Bestimmung einzubauen, daß einem amerikanischen Bürger keine Adelstitel verliehen werden dürfen und daß jeder adelige Europäer, der in die Vereinigten Staaten auswandert, auf seinen Adelstitel verzichten muß, bevor ihm die volle Staatsbürgerschaft gewährt wird. Tatsächlich muß auch heute ein in die Vereinigten Staaten auswandernder Adeliger vor der Einwanderungsbehörde formell auf seinen Titel verzichten, um für das Bürgerrecht in Frage zu kommen.

Genau darum sind natürlich die Amerikaner seit jeher so beeindruckt von Adelstiteln und so versessen darauf, sie zu bekommen. (Als Grace Kelly aus Philadelphia Fürstin Gracia von Monaco wurde, hätte man nach den schwärmerischen Ergüssen in der Presse glauben können, das Tausendjährige Amerikanische Reich sei endlich angebrochen: ein nettes, adrettes amerikanisches Mädchen wird eine echte lebende *Fürstin!*)

Ja, es war eine Quelle tief innerlicher Genugtuung für Solomon R. Guggenheim, den Sohn eines früheren Hausierers in Philadelphia, den Enkel eines armen deutschschweizerisch-jüdischen Schneiders, der in der Gewalt des adeligen Landvogts von Baden gelitten hatte, daß eine seiner Töchter den Sohn des Grafen von Castle Stewart heiratete, einen direkten Nachkommen des schottischen Königshauses, Erben eines fünfhundert Jahre alten Titels und eines Ahnensitzes in Ulster, auch wenn der betreffende junge Edelmann so arm war wie die sprichwörtliche Kirchenmaus. Seine Tochter, die Enkelin seines eingewanderten hausierenden Vaters, war jetzt nichts Geringeres als die Gräfin Castle Stewart! War das nicht der höchste amerikanische Traum? War es nicht das, worum es in Amerika überhaupt ging?

Aber Eleanor war nicht Solomons einzige Tochter. Da waren auch noch Gertrude und Barbara. Drei Töchter und kein Sohn. Wie die Brüder Isaac und Benjamin hatte auch Sol lauter Töchter. Immerhin, was Guggenheim-dynastische Überlegungen anbetraf, so war die von Sol gezeugte Linie durchaus nicht verloren. Denn es war Sols Enkel Peter Lawson-Johnston, Barbaras Sohn, der zweiundzwanzig Jahre nach Sols Tod zum Bannerträger der Guggenheim-Familie in den siebziger Jahren wurde.

Solomon R. Guggenheim hing nach allem, was man weiß, sehr an seinen Töchtern, so sehr, daß er sogar eine seiner Aktiengesellschaften nach ihnen benannte, die Elgebar Corporation, eine Nutzholzverarbeitungsfirma in South Carolina. Er vermachte auch jeder von ihnen testamentarisch 10 Millionen Dollar, steuerfrei... in Dollars von 1949! Heute sagen einem Eleanor und Barbara, deren Erbschaften sich hübsch vervielfacht haben, vertraulich und ohne jeden Unterton von Selbstrechtfertigung, obwohl ihr Vater verzweifelt einen Sohn gewollt hätte, «liebte er uns sehr, und am Ende war er sehr glücklich, uns zu haben.»

Die Verbindung zwischen Arthur Stuart und Eleanor Guggenheim war eine glückliche, fruchtbare Ehe. Die beiden kamen ausgezeichnet miteinander aus und konnten, dank Sols Freigebigkeit, mehr oder weniger das tun, was sie mochten. Arthur interessierte sich für Golf, Schießen, Forst- und Farmwesen. Eleanor engagierte sich mit der Zeit stark für Frauenfragen, sie wurde Präsidentin der Federation of Women's Institutes von Sussex. Das Paar hatte vier gesunde Söhne, David, Robert, Arthur und Simon. Zur Zeit der Krönung Georges VI., 1937, hatten Lord und Lady Castle Stewart schon ein reiches, befriedigendes, gemeinsames Leben hinter sich, und nichts zeichnete sich am Horizont ab, das auch nur entfernt die kommenden Tragödien andeutete.

Ihr erstgeborener Sohn David fiel im Zweiten Weltkrieg in Nordafrika, erst zwanzig Jahre alt, und der zweite, Robert, fiel in Italien mit einundzwanzig. Damit waren in zwei Weltkriegen vier männliche Castle Stewarts umgekommen. 1961 schließlich hatte ihr Mann Arthur, der an chronischer Arthritis des Nacken litt — er wurde von ständigen, unablässigen Schmerzen gequält —, wegen seiner Krankheit einen Nervenzusammenbruch und beging Selbstmord.

Glücklicherweise haben ihre beiden jüngeren Söhne überlebt, und es geht ihnen gut. Arthur Patrick Avondale Stuart, der achte Earl von Castle Stewart, ist Gentleman-Farmer in Somerset und hat zwei Kinder, Andrew Charles Richard, der den Grafentitel erben wird, und Lady Bridget Stuart. Und Simon Walter Erskine unterrichtet an der Haberdashers Aske College-Vorbereitungsschule, schreibt über pädagogische Psychologie und hat drei Söhne, Thomas, Corin Edmund und Tristram. Simon lebt mit seiner Familie auf Gertrude Guggenheims früherem Besitz Windy Ridge, unweit von Old Lodge.

Eleanor selbst war in all den Jahren mehr als beschäftigt, als Funktionärin und Gönnerin der National Federation of Women's Institutes, die sie ihre «größte Leidenschaft» nennt, als Einquartierungsbeamtin für Sussex im Zweiten Weltkrieg, als Schulvorsteherin, als Hilfspflegerin und als anonyme Helferin von Freunden in Not. «Nein, ich habe keinerlei Guggenheim-Stiftungen errichtet wie meine Cousine Peggy», sagt sie. «Ich ziehe privates Geben der institutionellen Wohltätigkeit vor, und wo immer möglich gebe ich anonym, weil ich es, offen gestanden, nicht mag, wenn man mir dankt!» Was ihr mehr Befriedigung schenkte als alles andere, war, vielen Kindern von weniger begüterten Bekannten durch Schule und College zu helfen. «Ich versuche es so einzurichten, daß sie nichts davon wissen», gesteht sie. «Das Kind glaubt, es sei der eigene Vater, der seine Erziehung finanziert.»

Eleanor Lady Castle Stewart ist entschlossen, sich um den Besitz Old Lodge zu kümmern, solange sie lebt, daran läßt sie keinen Zweifel. Besonders nach dem, was mit dem Schloß Stuart Hall in Stuartstown, Ulster, geschah, das mit dem Erbtitel nach dem Selbstmord seines Vaters an ihren ältesten Sohn überging.

Das war etwas, das Solomon R. Guggenheims Tochter und seine beiden Enkel nie vergessen und vergeben werden. Eines Morgens 1973 fuhr eine große schwarze Limousine vor Stuart Hall vor, zwei Männer mit schwarzen Aktenkoffern stiegen aus und läuteten an der Tür. Die Haushälterin öffnete. Sie stießen sie beiseite und drangen ein. Sie befahlen ihr, das Gebäude sofort zu verlassen, und stellten die zwei schwarzen Aktenkoffer an strategischen Punkten ab, den einen neben dem Haupttreppenhaus, den andern beim Fundament des Turmes, dann rannten sie hinaus, sprangen in den Wagen und fuhren weg. Ein paar Minuten später sah die Haushälterin das Ahnenschloß der Castle Stewarts explodieren und zu einem Haufen rauchenden, verbogenen Mauerwerks zusammenstürzen.

Die beiden Brüder ihres Mannes im Ersten Weltkrieg getötet, ihre beiden ältesten Söhne im Zweiten Weltkrieg getötet, ihr Mann durch eigene Hand getötet, das Ahnenschloß ihres Mannes durch die IRA in tausend Stücke gesprengt — ja, Eleanor hat ihren Teil an Kummer in diesem turbulenten Jahrhundert abbekommen. «Jetzt sind die Jungen an der Reihe», sagt sie mit eindringlichem Kopfnicken — ihr entschiedener Ton und ihre energische Art machen klar, daß sie sich von der Tragödie nicht hat unterkriegen lassen. «Vielleicht sind sie imstande, ihre Sache besser zu machen.»

Kapitel

10

Benjamins dritte Tochter

ZWEI GUGGENHEIM-ERBEN
13 STOCKWERKE TIEF ZUTODE GESTÜRZT

gellte die Schlagzeile eines spaltenlangen Artikels auf Seite 1 der *New York Times* vom 20. Oktober 1928.

Bis dahin hatten nur Guggenheimsche Triumphe — und das während vier Jahrzehnten — zu so dicken Schlagzeilen Anlaß gegeben. Dies war die erste Tragödie, die ebensolche Aufmerksamkeit erregte, und sie erschütterte die Familie bis in die Wurzeln. Das war nun die Kehrseite der goldenen Medaille einer amerikanischen Erfolgsstory, des amerikanischen Traums vom Mit-nichts-anfangen-und-reich-und-berühmt-Werden. Werde reich und berühmt, und nicht nur deine Triumphe, sondern auch deine Qualen werden vor der Welt ausgebreitet.

Was auf dem Dach des Surrey, eines Apartmenthotels an der East Seventy-sixth Street in New York City, am Nachmittag des 19. Oktober 1928 wirklich geschah, weiß man noch immer nicht. Nur ein Mensch könnte es sagen, nämlich Hazel Guggenheim McKinley, die Mutter der beiden «Guggenheim-Erben», die an jenem Nachmittag ihr Leben verloren, die jüngste Tochter von Benjamin und Florette Guggenheim, Peggys kleines Schwesterlein. Und es ist eine Angelegenheit, über die Hazel nicht zu sprechen wünscht.

Die öffentlich bekannten Fakten sind diese: Hazel Guggenheim hatte als siebzehnjähriges Schulmädchen einen Engländer namens Sigmund Kempner geheiratet, ungefähr zur selben Zeit, als ihre Cousine Eleanor sich mit dem Sohn des Earl of Castle Steward vermählte. Zwei Jahre später wurde sie von Kempner geschieden und heiratete einen in England lebenden amerikanischen Journalisten, Milton S. Waldman, von dem sie zwei Söhne bekam, Terrence und Benjamin.

Es war nicht einfach, mit Hazel Guggenheim zusammenzuleben. Sie war dickköpfig, verwöhnt und launenhaft. Sie litt an der seelischen Instabilität, von der viele Seligmans betroffen waren, und dieser Zustand hatte sich durch den Tod ihres Vaters beim Untergang der *Titanic* noch verschärft. Oft überfielen sie gräßliche Phantasien von jener tragischen Nacht, die ihr den Vater entrissen hatte, als sie erst zehnjährig war. Nach fünf Jahren des Zusammenlebens mit Hazel, ihren wechselnden Stimmungen und ihren Alpträumen reichte Waldman die Scheidung ein.

Wütend und gedemütigt nahm Hazel mit ihren zwei kleinen Buben das nächste Schiff nach New York.

In Manhattan mietete sie sich im Plaza Hotel ein. Sechs, sieben Tage lang grübelte sie über ihre zerbrochene Ehe nach, an deren Ausgang sie sich unschuldig fühlte. Dann ging sie mit ihren Jungen ins «Surrey» an der East Seventy-sixth Street, um eine Cousine zu besuchen, Mrs. Cornelius Ruxton Love, eine von Isaacs Enkelinnen. Die Loves bewohnten ein Penthouse im sechzehnten Stock. Als Hazel und ihre beiden Kleinen, der vierjährige Terrence und der vierzehn Monate alte Benjamin, in der Wohnung von Frau Love eintrafen, empfing sie eine Haushälterin und sagte, Frau Love sei ausgegangen, werde aber bald zurück sein.

Danach ging Hazel mit ihren zwei Kindern aufs Dach hinaus. Die Loves hatten dort einen Dachgarten eingerichtet, mit Möbeln und einer Schaukel und umgeben von einem Lattenzaun. Durch ein Doppeltor gelangte man auf den leeren Teil des Flachdaches, das nur mit einem zwei Fuß hohen Mäuerchen gegen den sechzehn Stockwerke tiefen Abgrund geschützt war.

Aus Gründen, die Hazel selbst nie zufriedenstellend zu erklären vermochte, blieb sie nicht innerhalb der sicheren Umgrenzung des Lattenzauns. Ein Flachmaler, der auf dem Dach arbeitete, sah sie entschlossen beide Gartentore öffnen und auf die niedrige Brüstung zugehen.

Es war ein kühler, windiger Herbstnachmittag. Terrence und Benjamin waren quicklebendig. Benjamin zappelte in den Armen seiner Mutter. Terrence zerrte an ihrer Hand.

Hazel spazierte zu der niedrigen Brüstung und setzte sich. Ein paar Minuten später lagen die beiden Kinder verstümmelt und tot auf dem Dach des benachbarten Wohnhauses an der Madison Avenue, dreizehn Stockwerke tiefer.

So erlitten Benjamin Guggenheims beide Enkel, von denen einer seinen Namen trug, einen ebenso gewaltsamen Tod wie er, nur sechzehn Jahre nach dem Untergang der *Titanic*.

Hazel war hysterisch, als sie in die Wohnung der Loves zurückkam. Die Haushälterin gab ihr ein Glas Wasser und versuchte sie zu beruhigen. Kurz danach kam Herr Love nach Hause, traf vor dem Eingang die Polizei und eine Menschenmenge, erfuhr vom Pförtner, was geschehen war, eilte hinauf zu Hazel, die inzwischen völlig verwirrt war, rief einen Arzt, und schnell wurde Hazel ins Park West Sanatorium an der West Seventy-sixth Street 170 gebracht. Frau Love benachrichtigte daraufhin die übrige Familie von dem Geschehen und verschwieg dabei auch ihren schlimmsten Verdacht nicht.

Ein oder zwei Tage später kam es zu einer hastigen Zusammenkunft des Clans. Das Quadrumvirat — Dan, Sol, Murry und Simon — traf sich mit seinen Anwälten. Nach einem Guggenheim-Verschwägerten, der heute in New York lebt, wechselte einiges Geld die Hand, «vielleicht zwei Millionen», und die Sache wurde begraben. Die Guggenheims, jahrhundertelang Opfer von Ungerechtigkeiten in Europa, konnten sich jetzt eigene Gerechtigkeit kaufen — ein Segen, daß man in Amerika war.

Über die amtliche Untersuchung berichtete ein umfangreicher Artikel auf Seite 1 der *New York Times* vom 28. Oktober 1928 unter der Überschrift GESCHICHTE DES STURZES DER JUNGEN, ERZÄHLT VON DER MUTTER.

Nach dem Artikel sagte Hazel als Zeugin aus, sie sei «ein wenig benommen» in Bezug auf das Geschehene, aber sie erinnere sich, daß sie sich für eine Minute auf das Mäuerchen gesetzt habe, um auszuruhen, und «das nächste, was ich weiß, der große Bub begann hinaufzuklettern und zu stoßen, und bevor ich mich's versah, waren sie beide über dem Rand des Daches verschwunden, und alles geschah so plötzlich, daß ich es einfach nicht begreifen kann.»

Zwei Jahre nach dieser Episode lernte Hazel wieder einen Engländer kennen, den sie heiratete, den unerschrockenen Denys King-Farlow. Sie bekam von ihm zwei Kinder, 1932 John und zwei Jahre später Barbara Benita May. Die Ehe hielt jedoch nicht, und Hazel heiratete ein viertes Mal, nämlich Charles McKinley, der bei einem Flugzeugunglück 1942 ums Leben kam.

In Tat und Wahrheit war Hazel, um es milde auszudrücken, ebenso wenig zur Ehe berufen wie Peggy. Beide Schwestern genießen den Ruf, in ihrem ganzen langen Leben nimmersatte Männerverbraucherinnen gewesen zu sein. Peggy erzählte freimütig, daß sie und Hazel in einer Art Dauerwettstreit um ihre «Affären» lagen. Peggy sagte, sie habe nur deshalb die eintausend vor Hazel erreicht, weil sie «früher angefangen» habe. Nach der Nummer eintausend verloren die Schwestern die Wette aus den Augen. «Wer weiß», fragte sich Peggy, «wer am Ende gewonnen hat?»

Wie Peggy, liebte auch Hazel neben Männern die Kunst; aber im Gegensatz zu ihr sammelte sie nicht, sondern sie malte, zuerst als Amateurin, dann professionell. Heute behauptet sie, das zu sein, was Peggy eigentlich wollte, wozu ihr aber das Talent abging: eine vollberufliche Künstlerin. Ihr Lebenslauf, in dem sie festhält, «sie ist nur fünf Jahre jünger als ihre Schwester Peggy Guggenheim, und jede Ähnlichkeit zwischen den beiden ist rein zufällig», listet Dutzende von Einzelausstellungen auf, sowie Privat- und Museumssammlungen, in denen ihr Werk vertreten ist.

Ihre Malerei wurde von den Kritikern als «phantasievoll», «kapriziös» und «bezaubernd hemmungslos» bezeichnet. Diesem freundlichen Urteil schloß sich Schwester Peggy allerdings nicht an. Meint Hazel: «Sie hat sich immer alle Mühe gegeben, gemeinsamen Freunden, die mein Werk bewundern, zu sagen, ich sei keine gute Malerin. (...) Immerhin hat Peggy einmal zu meinen Gunsten ein Auge zugedrückt», räumt sie ein, «und ein einziges Mal in all den Jahren, in denen sie Galerien hatte, eines meiner Bilder ausgestellt und mich in jene verhängnisvolle Ausstellung von Malerinnen in der ‹Kunst dieses Jahrhunderts› mit aufgenommen, bei der ihr Mann Max Ernst Dorothea Tanning kennenlernte.»

Hazel verbirgt ihre geschwisterliche Rivalität mit ihrer berühmteren Schwester nicht (Benita, die mittlere, starb jung), ebenso wenig das Gefühl, es sei ihr nicht Gerechtigkeit widerfahren. Sie ist überzeugt von ihrem Wert als Malerin, überzeugt auch, daß es viel wichtiger und lohnender ist, ein kreativer Mensch zu sein, ein Künstler, als bloß ein Gönner, ein Sammler wie ihre Schwester.

Allerdings gibt sie zu, auf den Reichtum ihrer Schwester neidisch zu sein. Sie und Peggy erbten genau gleichviel, aber sie, Hazel, hat riesige Schulden («weil ich mein ganzes Material selber kaufen muß») und besitzt keine Sammlung, die auch nur im entferntesten soviel wert wäre wie Peggys 30 Millionen Dollar-Schatz in Venedig. («Wissen Sie, als Künstlerin habe ich meine ganze Zeit mit Malen verbracht, während sie ihre Zeit mit dem Sammeln der Werke von Leuten wie mir verbrachte.»)

Hazel Guggenheim McKinley, jetzt über achtzig, lebt in New Orleans und ergeht sich gern in Erinnerungen an ihr Leben und das der anderen Guggenheims, einschließlich Peggys.

Kapitel
11
Peggy in Venedig: Die letzte Dogaressa

Fast jeden Sommernachmittag ungefähr um halb fünf stößt eine prächtig ausgestattete Gondel von den moosbefleckten Stufen des Palazzo Venier dei Leoni ab und gleitet hinaus in den Canale Grande. Gewöhnlich sind nur zwei Personen an Bord: der Gondoliere — in Berufstracht — und «la padrona», eine lebhafte, weißhaarige Dame in den hohen Siebzigern. Zuweilen jedoch, wenn sich die Padrona einsam fühlt, was heute öfter denn je passiert, sind ein oder zwei weitere Passagiere dabei: ein alter Freund, ein alter Liebhaber, ein berühmter Künstler, ein unbekannter Künstler, ein Kritiker, ein Kurator, ein Kunsthändler, ein Cousin, ein Enkelkind, ihr Sohn.

Gino, der Gondoliere, braucht ungefähr eine Stunde, um die Gondel für die Fahrt herzurichten. Eine Stunde, um die Gondel trockenzulegen und ihren lackierten Rumpf zu polieren, den Fries von geschnitzten schwarzen Löwen längs den Schandeckeln zu säubern, die beiden geschnitzten schwarzen Löwen mit ihren kleinen Messinghalsbändern am Bug zu befestigen und die beiden sich aufbäumenden, speertragenden Messinglöwen an den Seiten zu installieren; den schwarzen Teppich auszulegen und die schwarzen Ledersitze aufzustellen und zu glänzen; den schwarzen Ledersessel und dessen große schwarze Kopflehne mit dem kühn geschnitzten geflügelten Löwen von Sankt Markus, von zwei steigenden Löwen flankiert, an Ort und Stelle zu bringen; das ganze Messing zu polieren. Gino erledigt das alles mit vollendetem Stolz und Geschick. Am Vormittag ist er Venedigs Chef-Leichenträger, der die verstorbenen Venezianer durch die Kanäle zu den Kirchen und Friedhöfen fährt, eine düstere Beschäftigung ohne Prestige. Jetzt aber, am Nachmittag, in seiner weißen Matrosenjacke mit den blauen Knöpfen, dem quergestreiften Hemd, der weißen Hose mit der in der Brise flatternden blauen Gürtelschärpe, ist er der Fahrer keiner geringeren Persönlichkeit als «La Dogaressa», und das erfüllt ihn mit einem tiefen Gefühl der Wichtigkeit.

Ecco, guarda, ruft es von den Brücken, wenn das Boot unten durchgleitet, *è la Guggenheim... sta facendo il giro in gondola.*

An diesem Nachmittag gondelt La Guggenheim mit einem ihrer preisgekrönten kleinen tibetanischen Shi Tzus und mit ihrem Lieblingsenkel, dem hübschen Nicolas Helion, der gerade einen Fernseh-Dokumentarfilm über Leben und Zeit seiner Großmutter dreht. Diese hochgeschätzten Passagiere sind symbolisch für die einzigen Dinge, die Peggy in ihrem Leben wirklich am Herzen lagen: ihre Tochter Pegeen und ihre Hunde, ihre «Babies». Und ihre Kunst? Ihre Sammlung? Ach, du lieber Gott, wieviele Bilder würde sie mit Vergnügen in den Kanal werfen, um ihre geliebte Pegeen wiederzuhaben... ihren kleinen, bezaubernden, begabten, blonden Künstlerliebling, der im Alter von nur einundvierzig Jahren durch eigene Hand ums Leben kam.

Zwei Stunden Gleiten durch die schmalen Kanäle von San Polo, dann wieder zurück in den Canale Grande und zum Palazzo Venier dei Leoni...

Die lange schwarze Gondel stößt auf- und niederschaukelnd an die moosbesetzten weißen Stufen... Der Shi Tzu springt hinaus und schüttelt sich trocken. Dann geht La Guggenheim an Land, gefolgt vom jungen Nicolas. Nicolas hilft seiner Großmutter die Stufen hinauf, während Gino beginnt, die Gondel wieder auseinanderzunehmen und alles bis zum folgenden Nachmittag im Palazzo zu versorgen.

Der Palazzo Venier dei Leoni. Schwer, feierlich, weißer Marmorbau, an der Basis grün-schwarz verfärbt. Der weitläufigste aller Paläste am Canale Grande, aber nur ein Stockwerk hoch. Angefangen von den Veniers, einer Familie mit zwei Dogen in ihrer langen, vornehmen Geschichte, mit der Absicht, alle anderen am Canale Grande an Glanz und Herrlichkeit zu übertreffen, doch nie vollendet, weil der Familie mit der Zeit das Geld ausging.

Peggy kaufte den Palazzo für nur 80 000 Dollar im Jahre 1949, als hier immer noch Depressionszeit war (die Venezianer fürchteten, Tito werde versuchen, ihre Stadt Jugoslawien einzuverleiben); um den Kauf tätigen zu können, mußte sie einen ihrer Trustfonds angreifen. Sie war 1946, so bald wie möglich nach Kriegsende, nach Europa zurückgekehrt. Die früheren Guggenheims waren darauf versessen gewesen, recht *amerikanische* Amerikaner zu sein, ihr aber ging dieser Eifer ab. Sie war eine europäische Amerikanerin, eine internationale Amerikanerin geworden, und das gefiel ihr. Mit ihr hatten die Guggenheims den Kreis geschlossen: Hundert Jahre, nachdem Meyer und Barbara ihre schweizerische Heimat verlassen hatten, war ihre berühmteste Enkelin wiedergekommen, um sich nur ein paar hundert Kilometer vom Geburtsort der Großeltern niederzulassen. Außerdem wuchsen die Enkelkinder dieser Enkelin nicht als Amerikaner, sondern als Europäer auf — Sindbads Kinder als britische, Pegeens als französische Bürger.

Venedig. Konnte es für eine Guggenheim einen passenderen Ruheort geben? Eine mächtige, ausbeuterische Handelsfamilie, Besitzer von Kupfer-, Silber-, Diamant- und Goldminen in Mexiko, Chile, Afrika; eine imperiale Familie, verschwenderische Kunstmäzene, in dieser imperialen Stadt, die von einigen der rücksichtslosesten Ausbeuter des Weltreichtums und einigen der großzügigsten Kunstmäzene aller Zeiten erbaut und geschmückt worden war.

Der Palazzo Venier dei Leoni. Sobald Peggy ihn zum erstenmal zu sehen bekam, war ihr klar, daß dies der ideale Aufbewahrungs- und Ausstellungsort für ihre Bilder und Skulpturen war. Die Räume waren luftig und weit, die Wände und Decken, im Gegensatz zu so vielen anderen venezianischen Palästen, unverziert. Keine vergoldeten Paneele, Stukkaturen oder Fresken würden von den Bildern ablenken. Und der kleine Vorgarten wie der große Garten hinter dem Haus schienen wie geschaffen für die Aufstellung moderner Skulpturen. Außerdem — wo in Amerika oder auch sonst konnte sie mit ihren verhältnismäßig beschränkten Mitteln einen großen Palast aus dem 18. Jahrhundert für nur 80 000 Dollar erwerben? Eine der armen Guggenheims zu sein, war für Peggy schon immer ein Problem gewesen. Anders als ihre begüterteren Cousins und Cousinen, hatte sie sich stets mit Eleganz zu ermäßigten Preisen begnügen müssen.

Also her mit den Werken. Für den kleinen Vorgarten am Canale Grande Marino Marinis kraftstrotzendes «Pferd mit Reiter», das untersetzte Roß wiehernd, der untersetzte Reiter mit ekstatisch ausgebreiteten Armen, Phallus hoch aufgerichetet. «Als Marini es für mich in Bronze gießen ließ, wurde der Phallus separat gegossen, so daß man ihn nach Belieben ein- und ausschrauben konnte... Wenn die Nonnen kamen, um sich vom Patriarchen segnen zu lassen, der an besonderen Feiertagen auf einem Motorboot an meinem Haus vorüberfuhr, nahm ich den Phallus des Reiters ab und versteckte ihn in einer Schublade... Die Legende wollte wissen, ich besäße mehrere Phallusse verschiedener Größe, wie Ersatzteile, für die Verwendung bei verschiedenen Gelegenheiten.»

Dann für den großen rückwärtigen Garten Paolozzis verdrehter «Chinesischer Hund», Germaine Richiers makabre «Tauromachie», Giacomettis erschreckende «Löwenfrau» und «Frau mit durchschnittener Kehle», Henry Moores «Drei stehende Figuren», Max Ernsts «In den Straßen von Athen», ein paar Hans Arps; zuletzt kommt der mächtige, aus Romanisch, Gotisch und Renaissance zusammengesetzte Thron hier zu stehen, der Thron der Dogaressa, ihr Thron als unangefochtene Grande Dame der Avantgarde, als letzte, einzig wahre Erbin von «La Serenissima».

Dann werden im Inneren die Bilder aufgehängt, über zweihundert. Die großen Picassos: «Mädchen mit Spielzeugschiffchen», «Der Poet», «Lacerba»; die großen Max Ernsts: «Die ganze Stadt», «Die Einkleidung der Braut», «Der Gegenpapst»; die großen Pollocks: «Mondfrau», «Augen in der Hitze», «Der verzauberte Wald»; dann die Braques, die Baziotes', die De Chiricos, die Dalís, der Delaunay, der Duchamp, die Leonor Fini, die Gleizes, die Kandinskys, die Klees, die de Koonings, die Kupkas, die Légers, der Miró, die Mondrians, der Rothko, die Tanguys... die Vails, die Pegeens...

Und schließlich die Möbel und all die *objets*. Für den Speisesaal: der lange, schmale, rustikale venezianische Eichentisch aus dem 15. Jahrhundert; die mächtige Anrichte, aus zwei venezianischen Eichentruhen des 14. Jahrhunderts gefertigt; die kleinen afrikanischen und ozeanischen Holzskulpturen als Ergänzung zu den Braques, dem Duchamp, den Gleizes, den Légers an den Wänden. Für's Schlafzimmer: das silberne Betthaupt von Alexander Calder, eine schwebende, tanzende Silberphantasie vor türkisblauer Wand; der türkisfarbene Bettüberwurf aus Marabufedern; die Sammlung von über hundert Ohrringen aus allen Teilen der Welt; die antiken venezianischen Spiegel in Goldrahmen; Laurence Vails dekorierte Flaschen; Lenbachs Porträt von Peggy und Schwester Benita als kleine Mädchen.

Ja, jetzt hatte sie an ihrem Ende des Kanals einen weiteren Meilenstein gesetzt. Jetzt hatte der Name Guggenheim einen Platz am Kanal eingenommen, neben denen von Richard Wagner, Robert Browning, Tizian, Gabriele d'Annunzio, Henry James, Lord Byron, Ezra Pound. Was war das für eine Parade von Genies, die an ihrem Ende des Kanals gelebt und gearbeitet hatten! Dem Venier dei Leoni gerade gegenüber, in der Casetta Rossa, hatte D'Annunzio mit der Duse gelebt und *Il Fuoco* geschrieben, und etwas weiter abwärts, im Palazzo Barbaro, war Henry James' *The Wings of the Dove* entstanden. Tizian hatte einst in der Nähe ein Atelier. Und hinter dem Venier dei Leoni, ein wenig mehr östlich, lebte und arbeitete ein anderer Auslandsamerikaner, Ezra Pound, in den letzten fünfzehn Jahren vor seinem Tod.

Tatsächlich ein neuer Meilenstein. Und welch einen passenderen gäbe es für die zweite Hälfte des 20. Jahrhunderts? Eine amerikanisch-jüdische Dame lebt allein in einem Palast-Museum am Canale Grande von Venedig. In der großen Zeit der Republik Venedig wäre so etwas unvorstellbar gewesen. Nicht nur, weil Amerika damals noch nicht besiedelt war, sondern hauptsächlich, weil alleinstehende Frauen in jenen patriarchalischen Zeiten keine Paläste am Canale Grande besaßen und bewohnten, und weil die Juden dort fast ausnahmslos in einem der ersten Ghettos von Europa leben mußten. Wie ungemein passend also im Zeitalter der jüdischen Emanzipation, der jüdischen Renaissance, im Jahrhundert Amerikas, in der Aera der Frauenbefreiung, daß die berühmteste zeitgenössische Residentin am Canale Grande von Venedig eine amerikanische Jüdin und Kunstmäzenin ist.

Mögen die alten venezianischen Witwen von Stand, die anderen Grandes

Dames, die *discendenti di dogi e dogaresse* — Leute wie die Contessa Marcello, die Contessa Foscari, die Contessa Grimani und alle anderen — ihre Nase rümpfen über La Guggenheim, den Emporkömmling, den Eindringling, *l'Ebrea, l'Americana,* Peggy Guggenheim ist und bleibt trotzdem die einzige Venezianerin am Canale Grande, die letzte wahre Dogaressa. Die Venezianer, ein Volk, das ganz dem Profit lebte, ein materialistisches Volk, das trotzdem einen größeren Teil seines Reichtums den schönen Künsten und der Architektur widmete als jedes andere Volk der Geschichte.

Ein Jahr, bevor Peggy mit allen ihren Bildern und Skulpturen im Venier dei Leoni einzog, wurde sie von Graf Zorzi, dem damaligen Gesandten der Biennale von Venedig, eingeladen, ihre gesamte Sammlung an der 24. Biennale auszustellen. Das war 1948, genau hundert Jahre nach der Auswanderung von Simon und Meyer Guggenheim nach Amerika. Die Biennale war zu jener Zeit die bedeutendste internationale Schau zeitgenössischer Kunst der ganzen Welt. Jedes Teilnehmerland hatte seinen eigenen Pavillon in den Öffentlichen Gärten von Venedig, im nordöstlichen Teil der Stadt.

Peggys Ausstellung erhielt ungeheure Publicity und trug sie und ihre Sammlung buchstäblich in die internationale «Landkarte» ein. Ihre Bemerkungen über das Ereignis in den *Confessions of an Art Addict* verraten ihren sonst uneingestandenen «Guggenheimismus»: «... Was mich indessen am meisten freute, war, den Namen Guggenheim auf den Übersichtskarten der Öffentlichen Gärten dicht neben den Namen Großbritannien, Frankreich, Holland, Österreich, Schweiz, Polen, Palästina, Dänemark, Belgien, Ägypten, Tschechoslowakei, Ungarn, Rumänien zu sehen. Ich kam mir vor wie ein neues fremdes Land.»

So bekannt wurde das neue fremde Land in der Tat, daß sogar Bernard Berenson, der moderne Kunst nicht ausstehen konnte, sich herabließ, das neue Land zu besuchen und nachzusehen, was es für eine Fauna aufwies. Kaum war er auf Guggenheimschem Boden gelandet, erzählte ihm Peggy, wie gründlich sie seine Bücher über Kunstgeschichte und Kunstverständnis studiert habe und wieviel sie ihr bedeuteten.

«Warum geben Sie sich dann mit all dem da ab?» fragte er und wies mit einer ziemlich abschätzigen Handbewegung auf die Ausstellung.

«Ich konnte mir alte Meister nicht leisten, und außerdem meine ich, man habe die Pflicht, die Kunst der eigenen Zeit zu schützen.»

Berenson fand dann, Max Ernsts Werke seinen viel «zu sexuell» für seinen Geschmack (er billigte Sex in der Kunst nicht), und die Pollocks seien eigentlich keine Bilder, sondern Tapisserien, eine Beurteilung, die Peggy mit viel Mühe zu widerlegen versuchte, wie sie selber gestand.

Eine andere prominente Besucherin, die Prinzessin Pignatelli, war noch unverblümter als Berenson. «Wenn Sie nur alle diese scheußlichen Bilder in den Canale Grande werfen würden», sagte sie einmal zu Peggy, «dann hätten Sie das schönste Haus in Venedig.»

Eines ergibt sich aus dem anderen, und so wurde Peggy nach dem Erfolg an der Biennale eingeladen, ihre Sammlung an der «Strozzina» in Florenz zu zeigen, dann im Palazzo Reale in Mailand. Alles war aber in gewissem Sinne nur ein Vorspiel zu der großen Pollock-Schau, die sie 1950 in der Sala Napoleonica von Venedigs Correr-Museum veranstaltete; es war die erste Ausstellung von Pollocks, die je in Europa gezeigt wurde.

Peggy lieh ihre sämtlichen dreiundzwanzig Pollocks an die Ausstellung aus, und da diese in einem Raum stattfand, durch den man gehen mußte, um in das vielbesuchte Correr-Museum venezianischer Malerei und Geschichte zu gelangen, wurde sie von Tausenden und Abertausenden von Menschen gesehen. «Sie war nachts immer beleuchtet, und ich erinnere mich, welch ungeheure Freude es mir machte, auf der Piazza San Marco zu sitzen und die Pollocks im Auge zu behalten, die durch die offenen Fenster des Museums glühten, und dann auf den Balkon der Galerie hinauszugehen, San Marco vor mir zu sehen und zu wissen, daß all die Pollocks hinter mir waren. Es schien Pollock historisch da zu plazieren, wo er hingehörte, als einer der größten Maler unserer Zeit, der alles Recht darauf hatte, in dieser wunderbaren Umgebung ausgestellt zu werden. All die jungen Maler wurden von dieser Schau sehr stark beeinflußt.»

Inzwischen hatte Tochter Pegeen den französischen Maler Jean Helion geheiratet, einen zum Abstrakten gewordenen Realisten, der dann wiederum Realist wurde, und so war es fast unvermeidlich, daß Peggys nächste Schau ihrem Schwiegersohn galt.

Pegeen hatte den begabten Jean Helion während des Zweiten Weltkrieges in New York kennengelernt. Als Soldat der französischen Armee war er von den Deutschen gefangengenommen und in ein Arbeitslager gesteckt worden, wo er entwischen und nach Amerika flüchten konnte, ein Erlebnis, nicht unähnlich dem von Max Ernst, an das er sich später in seinem Buch *They Shall Not Have Me* erinnerte. 1944 stellte er etwas von seinem Schaffen in Peggys «Kunst dieses Jahrhunderts» aus, lernte die künstlerische Tochter der Galeriebesitzerin kennen, mochte sie — und das, was ihre Mutter vermutlich für seine Künstlerkarriere tun konnte — und heiratete sie.

Sie waren ein attraktives Paar, die jungen Helions, mit einer scheinbar grenzenlosen Zukunft vor sich. Pegeen Guggenheim Vail, die zierliche, charmante Malerin und Tochter von New Yorks berühmtester Avantgarde-Galeriebesitzerin und Sammlerin, Großnichte des bekannten Solomon Guggenheim, der sich rasch als größter Förderer der modernen Kunst in der Welt durchsetzte, Urenkelin des unbezähmbaren Bergbauimperiumserbauers Meyer Guggenheim; und Jean Helion, der hübsche, leidenschaftliche, junge französische Maler, der sich in der Kunstwelt von Paris und New York bereits einen recht guten Namen gemacht hatte. Sobald der Krieg zu Ende war, zog das Paar aus seiner kleinen Wohnung in Greenwich Village aus und kehrte nach Europa zurück, zuerst in ein Bauernhaus in Südfrankreich, dann nach Paris, wo sie beide wie wild malten und drei Söhne in die Welt setzten, Fabrice, Nicolas und Davide.

Peggy wollte, daß die Ausstellung für ihren Schwiegersohn genauso großartig erfolgreich werde wie die für Pollock. Pegeen war das kostbarste Wesen in ihrem Leben; ihre drei kleinen Enkel liebte sie fast ebenso sehr wie Pegeen, und Helions Malerei bewunderte sie aufrichtig. Aber, fast wie eine Prophezeiung der bevorstehenden Tragödien, die Schau war von Anfang bis Ende eine Katastrophe. Peggy hatte den von einem Bekannten verfaßten, wortreichen Katalog drastisch gekürzt, und der hypersensible Helion hatte ihr die Streichungen übelgenommen. Die Bilder wurden beim italienischen Zoll so lange aufgehalten, daß Peggy beinahe die ganze Ausstellung absagen mußte. Sie sollte im glitzernden Spiegelsaal und der Ca' Giustinian stattfinden, dem Hauptquartier der Biennale, und zwei Tage vor der Eröffnung ließ die hochnäsige Besitzerin des Palastes die reiche Brokatbespannung von den Wänden abnehmen (sie fürchtete, *l'Americana* würde sie ruinieren), und Peggy mußte sie in letzter Minute durch Sackleinwand ersetzen. «Dann», schreibt Peggy in ihren *Confessions of an Art Addict,* «als hätten sich die Götter gegen uns verschworen, kam ein schrecklicher Sturm, und Regen tropfte von dem hochroten Schriftband herunter, das wir auf der Straße angebracht hatten, um auf die Schau hinzuweisen, und verdarb einem darunter durchgehenden Mädchen das Kleid. Danach riß der Wind das Schriftband ganz herunter... Nach all unseren Schwierigkeiten im Zusammenhang mit dieser Ausstellung beschloß ich, nie wieder etwas mit Werken aus dem Ausland zu machen und nie wieder die lokalen Behörden um eine Galerie zu bitten.» Und darüber hinaus war die Ausstellung weder bei der Kritik, noch kommerziell ein Erfolg.

Aber Peggy war letzten Endes eine Guggenheim, und Guggenheims ließen sich selten entmutigen, am allerwenigsten von ihren eigenen Mißerfolgen. (Du kaufst eine Mine und merkst, daß sie nach zwanzig Fuß versickert. Na gut, dann kaufst du eine andere.) Sie erholte sich schnell von dem Helion-Debakel und führte weiterhin sehr erfolgreiche Ausstellungen an der Biennale für Max Ernst und Hans Arp durch. (In das Gästebuch der Ernst-Ausstellung schrieb Max: «Ein alter Freund ist für immer und immer und immer zurückgekommen» — und «so wurde endlich», in Peggys Worten, «Frieden geschlossen.») Später veranstaltete sie eine höchst erfogreiche Pollock-Schau im Museum für Moderne Kunst in Rom.

Das Leben bestand jedoch nicht nur aus Kunst; da war auch die Liebe. Obwohl sie einiges über fünfzig war und zwei unglückliche Ehen, mehrere unglückliche «inoffizielle Ehen» und viele ergebnislose, oft unglückliche Liebesaffären hinter sich hatte, war Peggy noch immer mit einem Genuß hinter der Liebe her, der der Leidenschaft ihrer unbeschwerten Tage in nichts nachstand.

Liebe... und Protektion. Die waren schon in ihrer Jugend für Peggy Hand in Hand gegangen, und sie gingen auch in ihren mittleren Jahren Hand in Hand. Es war in ihrer Jugend allerdings nicht immer eine besonders stabile Mischung gewesen, und es erwies sich in ihren Fünfzigerjahren erst recht als eine flüchtige Verbindung. So dringend notwendig Liebhaber zusätzlich zur Liebe auch Protektion brauchen mögen, mit der Zeit nehmen sie sie fast immer übel.

Sehen wir sie uns an, Peggy Guggenheim in ihren Mittfünfzigerjahren, Mitte der neunzehnhundertfünfziger Jahre. Eine lebhafte, intelligente, sinnliche, adrette, noch immer attraktive Multimillionärin (sie besaß jetzt ungefähr zweieinhalb Millionen an Treuhandvermögen, dazu den Palazzo, und ihre Sammlung war mindestens zehn bis fünfzehn Millionen wert) mit einem internationalen Ruf als Gönnerin der modernen Kunst und einem etwas weniger verbreiteten Ruf als Kennerin und Gönnerin von Männern. Sie ist, wie gesagt, noch nicht entmutigt. Ihr ganzes Leben lang hat sie die Hand nach Kunst und Leben und Liebe ausgestreckt, und sie hat nicht im Sinn, jetzt etwas davon aufzugeben.

Wenn ihr Guggenheimsches Glück nur treu bleibt, wer weiß, welche begeisternden Erlebnisse und Erfolge ihr in diesen oft enttäuschenden mittleren Jahren noch beschieden sein mögen. Doch ach, das Glück neigt dazu, manchmal zu versiegen. Wir haben gesehen, wie das Bergbauglück der Guggenheims in den staubigen Nitratfeldern Chiles versiegte. Peggy selbst hatte enorm Glück gehabt. Bei Künstlern wie Tanguy, Duchamp, Ernst und Pollock der richtige Katalysator zur richtigen Zeit zu sein — war das nicht Glück? Wenn da nicht die *Titanic* gewesen wäre.. Wenn da nicht Hitlers Krieg gewesen wäre...

Jetzt aber begann Peggy, wie auch der ganzen Familie Guggenheim das Glück auszugehen. Während sich einst, was immer ein Guggenheim anfaßte, an Wert plötzlich verdoppelte, vervierfachte, verhundertfachte, sei es eine Mine oder ein Liebhaber oder ein Kunstwerk, war es jetzt so, daß alles, was die Familie und was Peggy anfaßte, nicht nur nicht blühte und sich nicht vervielfachte, sondern oft sogar starb, bevor es geboren war.

Drei Menschen liebte und begönnerte Peggy in ihren Fünfzigern und Sechzigern, und alle drei fanden ein gewaltsames Ende. Durch einen alchemistischen Vorgang mit unbekannter Formel und Rechtfertigung hatte ihre Midasberührung angefangen, sich in eine ausgesprochen glücklose Liebkosung zu verwandeln.

La Signora Guggenheim, die sich in den großen, hohen Räumen ihres relativ unbewohnten Museum-Palastes einsam fühlt und der noch einiges vom Saft der Jugend geblieben ist, nimmt sich einen Liebhaber. Sein Name ist Raoul Gregovitch, ein Venezianer dalmatinischer Abkunft, Buchhalter von Beruf, wenn auch ohne feste Anstellung, und Sohn eines Richters. Er ist hübsch, vital, sexy, zehn Jahre jünger als sie und, nach Peggys eigenen Worten, «nur an Autos interessiert». Während des Krieges ist er Partisan gewesen, hat faschistische Konvois in Alpenpässen überfallen, und gleich nach dem Krieg betreibt er dieses Marodieren weiter, diesmal an unschuldigen Autofahrern auf den Autostradas des Veneto. Bei einer solchen Eskapade bringt er jemanden um und wird ins Gefängnis geworfen, kommt dann aber wieder heraus, weil sein Vater Richter ist.

Sie gibt ihm einen Schlüssel zum Palazzo. Sie macht ihn mit einer Menge hochklassiger Leute bekannt. Sie kauft ihm einen rassigen neuen Wagen. Sie bringt ihn ins Geschäft. Es sind die frühen fünfziger Jahre in Italien: das Wirtschaftswunder kommt gerade in Schwung. Die Italiener kaufen Autos wie noch nie. Fiat produziert jetzt Hunderte von Fahrzeugen im Tag. Die moderne, häßliche Festland-Vorstadt von Venedig, Mestre, braucht dringend eine neue Garage. Raoul hat die Idee, nicht aber das Geld. La Guggenheim hat das Geld. In Kürze entsteht eine neue Garage in Mestre.

Raoul Gregovitch, Besitzer einer nagelneuen Garage in Mestre, ferner Besitzer eines schnellen neuen Sportwagens, Liebhaber keiner geringeren Persönlichkeit als La Millionaria Americana, «La Dogaressa» persönlich, ein flotter junger Mann mit einem Bankkonto, einem eigenen Geschäft und Geld in der Tasche, seiner neugewonnenen Wichtigkeit bewußt («Raoul hat Amerika entdeckt», lästert man in Venedig), beginnt mit seinem neuen Flitzer breite Schneisen ins venezianische Festland zu schlagen. La Guggenheim regt sich über die Geschichten auf, die sie hört. Es kommt zu heftigen Streitereien im Palazzo Venier dei Leoni. Schatten des «Krieges im Sandsteinhaus». Aber Raoul hat ja jetzt seine Garage und seinen langen, glänzenden, schnellen neuen Wagen. Er hat alles bekommen, was aus der «Dogaressa» herauszuholen war. Immerhin ist er ihr einigermaßen verpflichtet, das muß er zugeben. Nach einem hitzigen Wortwechsel steigt er in seinen Wagen, braust hinaus in die flachen, grünen Ebenen des Veneto, fegt durch lange, von Bäumen gesäumte Feldwege und wickelt sich und den Wagen um einen Baum: tot bei der Ankunft im Hospital von Mestre, Peggys zweiter Schützling, der bei einem Autounfall ums Leben kommt.

Sie reist nach Ceylon und Indien, um zu vergessen: «... im Herbst 1954, nach Raouls Tod, wollte ich aus Italien fortkommen und versuchen, an etwas anderes zu denken. Paul Bowles hatte mich nach Ceylon eingeladen, wo er eine kleine Insel gekauft hatte. Es war der südlichste bewohnte Fleck im Indischen Ozean, phantastisch schön und üppig, mit jeder Blume und exotichen Pflanze, die man sich im Osten vorstellen kann.»

Mehrere Monate lang streift sie durch Ceylon und Indien, fortwährend belagert von aufstrebenden Malern, dann kehrt sie nach Venedig zurück, hat offenbar vergessen und nimmt sich wieder einen Liebhaber, diesmal ihren neuesten Protégé, den jungen italienischen Maler Tancredi Parmeggiani aus Feltre im Veneto.

Peggy hatte 1952 auf Empfehlung eines Freundes angefangen, Tancredi zu unterstützen. Er war ein stiller, sensibler junger Mann von etwas über dreißig, sehr begabt, gelegentlichen Wutausbrüchen ausgeliefert, und völlig mittellos. Peggy richtete ihm ein Monatsgehalt aus, wie sie es mit Pollock gemacht hatte, und behielt dafür zwei Gouachen — zu jener Zeit sein bevorzugtes Ausdrucksmittel — im Monat. Schließlich stellte sie ihm auch ein Atelier im Keller ihres Palazzos zur Verfügung. Nach einer Reihe von experimentierenden Anfängen, mit denen er seine neue Freiheit so gut wie möglich nutzte, entwickelte Tancredi einen eigenen Stil; er wurde, was die Italiener einen «Spatialista» nennen, ein Spachtelkünstler, und malte höchst originelle Abstraktionen («ich *hasse* Objekte», sagte er jedem, der es hören wollte), ein wenig in der Art von Pollock.

Tancredi war äußerst eigenwillig und leistete sich eine ganze Anzahl unmöglicher Verschrobenheiten. Zum Beispiel fuhren Peggys Dienstboten fast aus der Haut, wenn er «mit Füßen, die mit Farbe jeder nur denkbaren Schattierung vollgeschmiert waren», im ganzen Palazzo herumlief. Oft entfernte er in einer seiner periodischen Anwandlungen alle seine Bilder aus dem Palast — und das waren viele Dutzende —, nur um sie ein paar Tage danach wieder herzubringen. Kaum gab ihm Peggy Geld, brachte er alles in einem unvermittelten Eß-, Trink- und Kauftaumel durch, und dann, gleich nach der Orgie, kam er zurück und bettelte um mehr.

Dennoch, trotz diesen gelegentlichen Ausrutschern, verliebte sich Peggy in ihn — schließlich war er in hohem Maße greifbar: Sie hatte ihn den ganzen Tag im Palazzo —, und schließlich wurden Gönnerin und Schützling ein Liebespaar. Es war für Peggy eine alte Geschichte. Alle ihre Ehemänner, die offiziellen wie die inoffiziellen, und nahezu alle ihre Liebhaber hatten als Schützlinge angefangen, die von Peggy buchstäblich aus bitterer Not errettet wurden.

Nun beginnen die Dinge im Peggy-Zweig des Hauses Guggenheim sehr kompliziert zu werden. Tochter Pegeen war, wie erwähnt, mit dem französischen Maler Jean Helion verheiratet, den sie als «ein Genie» betrachtete (es war schon immer ihr Ehrgeiz gewesen, ein großes Genie zu heiraten). Bald danach war auch Sindbad verheiratet, und zwar mit einer Französin namens Jacqueline Ventadour. Die beiden Paare lebten in Paris und sahen einander oft. Allmählich verliebten sich Jean Helion und Jacqueline Ventadour. Es folgte eine Doppelscheidung, und Helion heiratete die Ex-Frau seines Ex-Schwagers.

Gebrochen durch dieses Erlebnis — wie oft kommt es schon vor, daß eine Frau ihren Mann an ihre Schwägerin verliert? — zog die kleine, dünne, blonde Pegeen mit einem ihrer Söhne, Nicolas, nach Venedig, die andern beiden überließ sie Helion. Sie war froh, in diesem kritischen Augenblick ihres Lebens der Mutter nahe zu sein, und bald lernte sie einen britischen Maler namens Ralph Rumney kennen und heiratete ihn aus Trotz, einen Mann, den Peggy mißbilligte und von dem Pegeen einen Sohn bekam, Sandro, ihren vierten, in Venedig geboren.

Pegeen war inzwischen eine ausgezeichnete Malerin geworden. Während sie in Venedig lebte, arbeitete sie sowohl in ihrer eigenen Atelierwohnung, zusammen mit Rumney, als auch bei ihrer Mutter, in einem kleinen Atelier neben dem von Tancredi. Tancredi war so bezaubernd, so interessant und begabt! Es dauerte nicht lange, und das Unerhörte geschah: Pegeen verliebte sich in den Liebhaber und Protégé ihrer Mutter.

Peggy war sehr stolz auf ihre malende Tochter, die sie, wie sie oft gestand, mehr liebte als irgend etwas oder irgend jemanden auf der Welt, und argwöhnte offenbar nie, bevor es zu spät war, daß Pegeens Verhältnis mit Tancredi mehr als bloß eine Künstlerfreundschaft war, obwohl Pegeen zuvor schon andere Männer mit ihrer Mutter geteilt hatte.

Denn Pegeen war in den Augen ihrer Mutter immer ausgeprägt die Künstlerin, und Pegeen war in einem sehr realen Sinn Peggys einziger Schützling nach Tancredi. Sie kaufte ihrer Tochter Leinwände, Pinsel und Farben, zeigte einflußreichen Leuten ihr Werk, stellte ihre Bilder in ihren Galerien aus und förderte sie allgemein nach besten Kräften. Pegeen ihrerseits machte ihre Sache gut. Sie hatte in ihrer kurzen Laufbahn Einzelausstellungen in New York, Paris, Mailand, Venedig, Padua, Meran, Palm Beach, Vicenza, Stockholm und Toronto.

Pegeen hatte sich alles selbst beigebracht (Peggy, so merkwürdig es erscheinen mag, gab ihr nie formellen Kunstunterricht, und ihr Künstlervater Laurence Vail ebensowenig); ihre Malerei war fast «primitiv». Abstraktion verschmähte sie; sie produzierte naive, kindliche, naturalistische, zweidimensionale Szenen von Venedig und von kleinen blonden Mädchen wie sie selbst in verschiedenen Umgebungen und Situationen: in einem Schlafzimmer, in einem Kinderzimmer, in einem Ballsaal, auf der Terrasse eines venezianischen Palastes mit Ausblick auf den Canale Grande. Manchmal sind die Figuren, fast immer Frauen, in Pegeens eigene phantastische Kreationen gekleidet, manchmal sind sie nackt. Die dargestellten Menschen scheinen kaum je etwas miteinander zu tun zu haben. Auf einem Bild sitzen zwei Frauen an einem Tisch, die eine angezogen, die andere völlig nackt, und jede ignoriert die andere. Sie schuf auch kleine Figurinen von jungen Frauen, die wiederum ihr selbst glichen, und ließ von einem venezianischen Glasbläser farbige Glasskulpturen daraus herstellen. Ihr Stil — kindhaft und voller Phantasie, kühn in den Farben — war sehr persönlich und brachte ihr viele Bewunderer ein. Als Clare Boothe Luce, die als Botschafterin der Vereinigten Staaten in Italien war, Peggys Sammlung besuchte, äußerte sie, Pegeens Bilder gefielen ihr am besten von allen, ja, noch mehr als die Picassos, Pollocks, Ernsts. Während die beiden amerikanischen Grandes Dames die Pegeens begutachteten, bemerkte Peggy, daß in Pegeens Bildern «die Leute nie ein Gespräch miteinander zu führen scheinen, jeder geht seinen eigenen Weg.» Worauf Mrs. Luce klug erwiderte, und damit unwissentlich die geistige Isolation ansprach, in der Pegeen lebte: «Vielleicht haben sie nichts zu sagen.» Später meinte Sir Herbert Read zu Peggy, er finde, Pegeen sei so frisch und rein geblieben und bringe den gleichen magischen, unschuldigen Hauch in ihr Werk wie als Elfjährige. Das Kompliment ermutigte Pegeen, die seelisch zerbrechlich war und dazu neigte, schnell das Selbstvertrauen zu verlieren.

Dabei hatte es auch andere Leute gegeben, die ihre Kunst schätzten. Henry Moore, ein alter Freund ihrer Mutter, der Pegeen meist «Alice im Wunderland» nannte, mochte ihr Werk, ebenso ihr Stiefvater Max Ernst, der ihr, wie ihr früherer Gatte Jean Helion, oft ein wenig Anleitung gab und es nicht fassen konnte, daß sie nie versuchte, seinen Stil zu kopieren. Und dann hatte ja ihre eigene Mutter ihr in einem Zeitschriftenartikel ein großes Kompliment gemacht mit der Bemerkung, wie wunderbar es sei, daß Pegeen sich eine so kindliche, unschuldige Sicht der Wirklichkeit zu bewahren vermöge, «eine Welt, in der die Menschen absolut ohne Wissen um irdische Dinge leben.»

Ungefähr zu der Zeit, als Pegeen mehr als nur schwesterliches Interesse für Tancredi zu fühlen begann, vollendete ihre Mutter den Bau ihres Kunstpavillons im Garten, den sie ihre *barchessa* nannte, nach einem bestimmten Gebäudetyp im Veneto, meistens einem Seitenflügel einer großen Villa.

Peggys *barchessa* war, in verkleinertem Maßstab, der großen palladianischen Villa Emo in Fanzole nachgebildet und wies — unter vielen Elementen, einschließlich eines traditionellen Ziegeldaches — eine bezaubernde sechsbogige Loggia zum Garten hin auf. Normalerweise dienen *barchesse* der Lagerung von Getreide und Heu. Peggy benutzte die ihre, um ihre Sammlung von Surrealisten darin unterzubringen, ihre Dalís, Magrittes, Leonor Finis, Tanguys, Max Ernsts.

Als das Gebäude fertig war, gab Peggy für den Architekten, den Baumeister und alle Arbeiter eine *granzega,* ein venezianisches Freiluftabendessen, im Garten eines von ihr bevorzugten Restaurants. Das Festessen mit sechs Gängen und drei Weinen, begleitet von Gitarren und Mandolinen, war ein großer Erfolg, und Peggy konnte sich eine Atempause von ihren Sorgen gönnen, um mit unsicherer Hand in ihr Gästebuch zu schreiben: «Die netteste Nacht meines Lebens in Venedig, 1948—58, Peggy G.»

Nun, da alle Surrealisten in der *barchessa* hingen, hatte Peggy mehr Platz im Palazzo für sich selbst, ihre Familie, ihre Protégés, ihre Freunde, oder zumindest mehr das Gefühl von genügend Raum. Sie hatte im Venier dei Leoni in den letzten paar Jahren einen kleinen Salon für Künstler und Schriftsteller und Gelehrte abgehalten; jetzt war sie in der Lage, mehr Leute zu diesen Veranstaltungen einzuladen, den einzigen in Venedig, die noch an die großen Salons der Vergangenheit erinnerten.

Zu diesen Salons kamen natürlich auch Tochter Pegeen und Schützling Tancredi. Gästen fiel auf, wie nervös und bedrückt die kleine Pegeen oft erschien. Das arme Mädchen hatte zu jener Zeit wirklich Probleme. Die Scheidung von Helion war schlimm gewesen — besonders, daß sie ihren Mann auf *diese* Weise verlor, an eine Schwägerin und vermeintliche Freundin —, und die Trotzehe mit Rumney vermochte die Wunden nicht zu heilen. Jetzt, um ihr Leben noch schwieriger zu machen, war sie in den Liebhaber und Protégé ihrer Mutter verliebt. Auch hatte sie zwei kleine Söhne aufzuziehen, Nicolas Helion und Sandro Rumney, mit sehr geringer Unterstützung, moralisch wie finanziell, von deren Vätern. Außerdem litt sie unter der Trennung von ihren anderen beiden Jungen — Fabrice und Davide —, die bei Jean Helion lebten. Und, um das Maß voll zu machen, sie hatte nicht viel Geld: Ihre Mutter, so großzügig sie als Förderin von Kunst und Künstlern war, hielt ihre beiden Kinder finanziell an sehr straffem Zügel.

Es war, alles in allem, eine gespannte Familiensituation, und so machte Peggy nur zu gerne eine Reise nach New York, im Herbst 1959, um der großartigen Eröffnung des Museums von Onkel Sol beizuwohnen. Sie war zwölf Jahre lang nicht mehr in Amerika gewesen.

Peggy versäumte dann zwar die immer wieder verschobene Eröffnung, aber sie hatte Gelegenheit, das Museum anzusehen (mit Vetter Harry als Führer), verschiedene andere Guggenheim-Cousins und -Cousinen zu besuchen und sich in der Kunstszene New Yorks umzuschauen.

Von Peggys Reaktionen auf das Museum ihres Onkels haben wir bereits berichtet. Sie mochte es nicht besonders — «eine riesige Garage», «die Farben sehr häßlich» und so weiter — und zog ihre «bescheidene barchessa» in Venedig bei weitem vor. «Zum erstenmal war mir nicht leid um das enorme Vermögen, das mir entgangen war, als mein Vater seine Brüder verließ, um sein eigenes Geschäft anzufangen, ein paar Jahre bevor er mit der *Titanic* unterging.»

Was die New Yorker Kunstszene anbelangt, so fand sie sie äußerst abstoßend.

«Ich war wie vom Donner gerührt; die ganze Kunstbewegung war zu einem riesigen Geschäftsunternehmen geworden. Nur ein paar wenigen Menschen liegt wirklich etwas an Bildern. Die übrigen kaufen sie aus Snobismus oder um der Steuer zu entgehen. Die Preise sind unerhört. Die Leute kaufen nur das Teuerste, da sie allem anderen nicht trauen.»

Ein Jahr später schrieb sie in ihren *Confessions:*

«Ich mag die heutige Kunst nicht — ich finde, sie ist zum vor die Hunde gegangen, als Folge der finanziellen Einstellung... Vor achtzehn Jahren herrschte ein reiner Pioniergeist in Amerika. Eine neue Kunst war geboren: abstrakter Expressionismus. Ich pflegte sie. Das bedaure ich nicht. Sie brachte Pollock hervor, oder besser, Pollock brachte sie hervor. Das allein rechtfertigt meine Bemühungen. Was die andern angeht, so weiß ich nicht, was in sie gefahren ist.»

(Später, als die sechziger Jahre die Pop-Art und Andy Warhol hervorbrachten, urteilte Peggy noch hochmütiger. «Pop-Art», erklärte sie, «hat nichts mit Kunst zu tun. Sie ist nur die Kommerzialisierung einer sehr dummen Idee.» Nein, sie würde ihre Sammlung nicht mit einem Warhol entwerten.)

Zum Abschluß ihrer melancholischen Gedanken über die zeitgenössische Kunstszene erklärte Peggy am Ende ihrer *Confessions of an Art Addict:*

«Man kann nicht von jedem Jahrzehnt erwarten, daß es Genies hervorbringt. Das zwanzigste Jahrhundert hat ihrer schon genug hervorgebracht. Mehr dürfen wir nicht erwarten. Ein Acker muß von Zeit zu Zeit brachliegen. Die Künstler streben viel zu sehr danach, originell zu sein. Darum haben wir all diese Malerei, die keine Malerei mehr ist. Für den Augenblick sollten wir uns mit dem zufriedengeben, was das zwanzigste Jahrhundert hervorgebracht hat... Heute ist das Zeitalter des Sammelns, nicht des kreativen Schaffens. Laßt uns zumindest all die großen Schätze, die wir haben, bewahren und den Massen vorstellen.»

Aus diesen großen Schätzen hat Peggy eine Liste der führenden zehn der modernen Meister herausdestilliert. Es sind: Picasso, Miró, Kandinsky, Klee, Duchamp, Braque, Ernst, Matisse, Pollock und Magritte.

Was die alten Meister betrifft, so neigt sich ihre «Top Ten»-Liste stark den großen Venezianern zu: Tizian, Tintoretto, Giorgione, Carpaccio, Velasquez, Rembrandt, Giotto, Botticelli, Dürer und Michelangelo.

Nach der ernüchternden Amerikareise ging's zurück nach Venedig und zu einem sehr angenehmen Brief von Cousin Harry, der sie im Venier dei Leoni erwartete:

«Vor Deiner Ankunft und bevor wir Gelegenheit hatten, uns nach all den Jahren wieder vertraut zu werden, hatte ich im allgemeinen das Gefühl, Du möchtest vielleicht eines Tages Deine Sammlung der Stiftung überlassen, damit sie im neuen Frank Lloyd Wright-Museum Aufnahme findet. Nachdem ich jedoch das Ganze durchdacht habe, bin ich ehrlich überzeugt, daß Deine Stiftung und Dein Palast, der dank Deiner Initiative zu Weltruf gelangt ist, nach Deinem Tod, wie Du es geplant hast, Italien vermacht werden soll. Ich finde, dies ist der geeignete Ort dafür, und ich finde vom Familienstandpunkt her — der, wie ich gestehe, in meinem Denken immer die erste Stelle einnimmt —, daß dieser Plan der vorteilhafteste wäre. Ich hoffe, daß es Dir, während Du hier warst, möglich gewesen ist, mit Deinen Plänen voranzukommen.

Mögest Du mit großem Erfolg in Deinem dem Fortschritt der Kunst gewidmeten Leben weiterfahren und auch viel Freude und Spaß daran haben.»

«Vom Familienstandpunkt her» sollte Harry mit seiner Billigung der Absichten seiner Cousine durchaus recht haben. Die Guggenheims waren in den Vereinigten Staaten zwar prominent, in Europa aber relativ unbekannt. Es war Peggy, die die Familie auch auf der Europakarte eintrug, die sie an der Biennale von Venedig zu einem «neuen Land» machte.

Es war schön, wieder in ihr geliebtes Venedig zurückzukommen und Harrys höchst beruhigenden Brief vorzufinden, doch leider mußte sie auch einer anhaltenden und sich stetig verschlimmernden Familienkrise ins Auge sehen.

Sohn Sindbad Vail, der seine erste Frau an seinen Schwager verlor und seine beiden Buben Clovis und Mark allein hatte aufziehen müssen, hatte vor kurzem ein reizendes britisches Mädchen namens Peggy Angela Yeomans geheiratet, und das Paar bekam bald zwei Töchter, Karole und Julia. Er lebte und arbeitete in Paris, mit sehr wenig Geld, als Versicherungsinspektor, was er nie besonders gern war.

Und Tochter Pegeen, die mit ihrer Ehe noch immer Schwierigkeiten hatte und noch immer sehr in Mutters Liebling Tancredi verliebt war, versuchte verzweifelt, sich über Wasser zu halten und ihre beiden Söhnchen mit dem bißchen Geld durchzubringen, das sporadisch, wenn überhaupt, von Helion, ihrer Mutter und gelegentlichen Verkäufen ihrer eigenen Werke einging.

Peggy hätte es sich in dieser Zeit sehr gut leisten können ihren Kindern finanziell zu helfen — sie besaß jetzt über drei Millionen Dollar, nachdem sie von ihrer Schwester Benita und von einer Cousine, Nettie Knox, weitere Treuhandvermögen geerbt hatte —, aber sie ließ Sohn wie Tochter weiterhin betteln. Nicht, daß sie das absichtlich getan hätte; sie ging einfach dermaßen in ihrer Rolle als große Schirmherrin der modernen Kunst auf, daß kaum Gedanken an die Bedürfnisse ihrer Kinder übrig blieben. Ihr Palast und die *barchessa* waren jetzt drei Nachmittage in der Woche von drei bis fünf Uhr für das Publikum geöffnet, und der Andrang war oft gewaltig. In der Hochsaison empfing sie achthundert Besucher täglich — zumeist Amerikaner und Japaner — und verkaufte achtzig Kataloge zu fünftausend Lire, was eine Tageseinnahme von 650 Dollar ergab, wirklich nicht schlecht.

Dazu kamen die Ausstellungen ihrer Sammlung, die sie in Abständen in Turin, Mailand und Rom gab, sowie die Ausstellungen für Künstler wie Pollock, Ernst, Arp, Tancredi und andere.

Die Sammlung und Peggys damit verbundene Rolle waren immerhin eine ungeheure Verantwortung, eine unablässige Forderung und eine ständige Sorge. Besonders in einem Italien, das langsam, aber unerbittlich in Anarchie und Chaos abglitt. Im Laufe der Zeit wurde sie zweimal beraubt. Einmal schlenderte ein Mann in die *barchessa,* drückte einem Zuschauer einen leeren Sack in die Hand mit dem Befehl, ihn offen zu halten, nahm dann ruhig einen Tanguy von der Wand, ließ ihn in den Sack plumpsen, nahm den Sack, und weg war er.

Später wurden nicht weniger als sechsundzwanzig Bilder im Wert von über zwei Millionen Dollar in einer Nacht aus dem Palast und der *barchessa* gestohlen, während Peggy schlief. Nach Bezahlung eines Lösegeldes bekam sie sie schließlich wieder zurück. Heute ist jedes einzelne Bild im Palast wie in der *barchessa* über eine Alarmanlage mit dem Polizeihauptquartier verbunden. Wird ein Bild abgenommen, ist die venezianische Polizei in sechs Minuten im Palazzo. Oder, wie Peggy sagte, «sie *müßte* hier sein».

Eine Gesetzestafel, ein Gefängnis, diese Sammlung. Ein grausamer Meister: Man muß mich betreuen. Man muß mich beschützen. Man muß mich bedienen. Man muß mich der Welt zeigen. Wie oft war Peggys Aufmerksamkeit durch ihre tyrannische Sammlung von ihrer Familie abgelenkt worden?

Allzu oft. Denn inmitten der Triumphe der Grande Dame der modernen Kunst dauert der Kummer ihrer Kinder an. Sindbad, der von seinem Verdienst als selbständiger Versicherungsinspektor in Paris zwei Söhne und zwei Töchter zu ernähren und zu erziehen hat, bittet seine Mutter sanft, aber vergeblich, ihm wenigstens zwei oder drei Bilder zu geben oder zu vermachen — einen Picasso, einen der Pollocks, einen Ernst —, als Hilfe für die Versorgung und Erziehung seiner vier Kinder. Nein, sagt die Sammlung. Nein, ich bin heilig. Ich muß unangetastet bleiben.

Pegeen. Pegeen ... Pegeen, die verzweifelt Geld braucht. Ihre Söhne. Die beiden bei Helion bekommt sie kaum je zu sehen. Die beiden bei ihr und Rumney muß sie selbst durchbringen. Womit? Mutter, die mit dem Leben ihrer Tochter nicht einverstanden ist, hält ihr Geld fest. Tancredi. Ja, Pegeen liebt Tancredi. Jetzt ist Peggy eifersüchtig. Die beiden Frauen machen sich Tancredi streitig. Rumney weiß, was vor sich geht, und bringt Pegeen, Nicolas und Sandro nach Paris.

Der sensible, Stimmungen unterworfene Tancredi, hin- und hergerissen zwischen zwei hoffnungslosen Lieben, nimmt Peggy übel, daß sie ihn finanziell im Griff hat, leidet unter Pegeens Wegzug nach Paris, geht nach Rom, stürzt sich in einem Anfall von Verzweiflung in den Tiber und ertrinkt.

Jetzt beginnt auch die kleine Pegeen zu ertrinken. Sie hat Jean Helion verloren. Sie hat zwei ihrer Söhne aus den Händen verloren. Sie liebt ihren Mann nicht. Sie hat Tancredi für immer verloren. Sie hat kein Geld. Eines Abends 1967 überwältigt es sie; nach einer ausgelassenen Trinkerei nimmt sie in ihrer Wohnung in Paris eine Überdosis Schlafmittel. Die französische Polizei entscheidet auf Selbstmord. Peggy bekommt die Nachricht vom Tod ihrer Tochter am folgenden Morgen. Schon viermal hatte Pegeen versucht, sich das Leben zu nehmen. Jetzt ist es ihr endlich gelungen.

Nach der Beisetzung in Paris, bei der die Boulevardpresse herumlungert, zieht Sohn Nicolas zu seinem Vater Jean Helion und seinen Brüdern Fabrice und Davide. Sandro Rumney wird bei einer «Tante» leben, nämlich Katy Vail, Laurence Vails Tochter aus seiner zweiten Ehe mit der Schriftstellerin Kay Boyle.

Üblicherweise geschehen die Dinge, die man am meisten fürchtet, nicht. Jetzt aber ist für Peggy das Schlimmste geschehen. Wirklich, schlimmer hätte nichts sein können. Zuerst Tancredi zu verlieren, dem sie so viel Unterstützung, so viel Liebe geschenkt und in den sie so große Hoffnungen gesetzt hatte. Und danach Pegeen.

Ein kleiner Raum in der Gruft des Palazzo Venier dei Leoni ist dem Andenken Pegeens gewidmet. Die Wände sind ganz mit Pegeens behangen. Viele davon sind Selbstporträts. Ein kleines blondes Mädchen beim Spaziergang an der Lagune in Venedig. Ein kleines blondes Mädchen, das von der Terrasse eines venezianischen Palastes über den Canale Grande blickt... Duplikate, in gewisser Weise, all der kleinen Glasfigürchen von kleinen blonden Mädchen mit großen Augen und leerem Blick, die in einer Vitrine an einer anderen Wand stehen.

Ein Foto von Pegeen, die auf dem Thron ihrer Mutter sitzt, hängt an der Wand gegenüber der Tür. Darunter eine kleine Tafel:

PEGEEN GUGGENHEIM

1925—1967

Pegeen Guggenheim, einzige Tochter von Peggy Guggenheim und ihrem ersten Gatten Laurence Vail, wurde 1925 in Ouchy, Schweiz, geboren und starb 1967 in Paris. Studierte in England, Frankreich und den Vereinigten Staaten. Autodidaktin, malte seit ihrer Kindheit. Einzelausstellungen in New York, Paris, Mailand, Venedig, Padua, Meran, Palm Beach, Vicenza, Stockholm, Toronto, dem Museum für Moderne Kunst in Venedig, der Fine Arts Gallery von San Diego.

Peggy kehrt völlig verzweifelt in den Palazzo Venier dei Leoni zurück, aber sie ist eine Guggenheim vom alten Schrot und Korn, und solche Guggenheims lassen sich nicht unterkriegen; sie stehen immer wieder auf. Sie sind aus gesundem Holz. Sie sind Überlebenskünstler. Peggy Guggenheim hat mit ihren achtundsechzig noch viel für ihre Sammlung und mit ihrer Sammlung zu tun. Ihre größten Leistungen und Triumphe stehen ihr noch bevor: die Schaffung ihrer Stiftung 1968; die Ausstellung der fast vollständigen Sammlung in Onkel Solomons Museum in New York 1969; und dann die aufsehenerregende Schau der ganzen Sammlung in der Orangerie in Paris 1974.

Oberst M. Robert Guggenheim (vorn, Mitte), Botschafter der USA in Portugal, besucht den portugiesischen Staatspräsidenten zur Überreichung seines Beglaubigungsschreibens. *(Wide World Photos)*

Harry Guggenheim und seine Schwester, Gladys Guggenheim Straus, an der Eröffnung der Raketenausstellung zu Ehren Prof. Robert Goddards in New York, April 1948. (Von links nach rechts: Lt. Gen. James H. Doolittle, Dr. Albert E. Parr, Direktor des American Museum of Natural History, Mrs. Robert H. Goddard (Prof. Goddards Witwe), Harry Guggenheim, Gladys Guggenheim Straus und Charles A. Lindbergh. *(Wide World Photos)*.

Peggy Guggenheim im Jahre 1924.
(Man Ray)

Peggy Guggenheim und Max Ernst
in New York, 1942.
(Huston-Pix/Time Magazine)

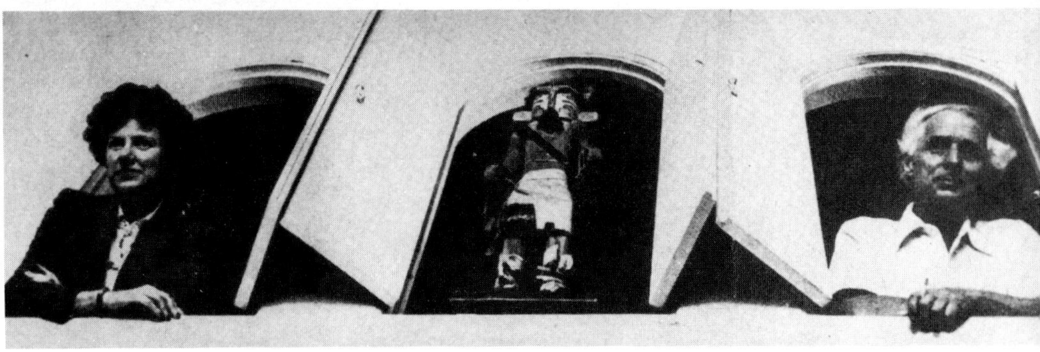

Peggy Guggenheim auf ihrem Marmorstuhl im Garten des Palazzo Venier dei Leoni in Venedig.
(Roloff Beny)

Peggy Guggenheim in ihrer Gondel in Venedig.
(Roloff Beny)

Pegeen Guggenheim Vail (1925 — 1967), auf dem Marmorstuhl ihrer Mutter im Garten des Palazzo Venier dei Leoni. *(Peggy Guggenheim)*

Peggy Guggenheim mit ihrem Enkel Nicolas Helion und dessen Begleiterin im Garten des Palazzo Venier dei Leoni. *(Peggy Guggenheim)*

Harry F. Guggenheim (1890 — 1971) in seinen späteren Lebensjahren. *(Fabian Bachrach/ Guggenheim Brothers)*

Peter O. Lawson-Johnston, Präsident des Guggenheim Museums, im Gespräch mit Max Ernst, anläßlich der Eröffnung der Ernst-Retrospektive, 1975. *(Stéphanie Rancou/Peter O. Lawson-Johnston)*

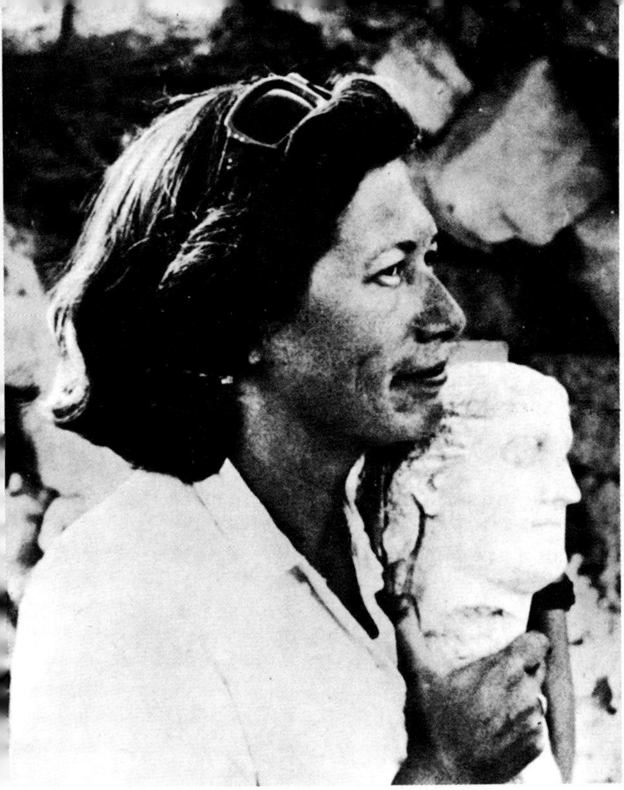

Iris Love in Knidos, 1970.
(Ruth van Slyck/Long Island University)

Rechts nach links: Roger W. Straus Jr., Verleger, Dorothea Straus und Carlos Fuentes, mexikanischer Autor.
(Jill Krementz)

Die kalifornischen Guggenheims. Links: Daniel M. Guggenheim Jr. und seine Frau Susan. Rechts: M. Robert Guggenheim Jr. und seine Frau Shirlee, in Newport Beach, 1976. *(M. Robert Guggenheim Jr.)*

William Guggenheim III und seine Frau Judy in Florida, 1976. *(William Guggenheim III)*

William Douglas Guggenheim („Willy"), Erstgeborener Sohn von Mr. und Mrs. William Guggenheim III, 1976. *(William Guggenheim III)*

So wurde also ein Jahr nach Pegeens Tod die Peggy-Guggenheim-Stiftung in Venedig geboren. Der Palazzo Venier dei Leoni, die *barchessa* und alle Bilder und Skulpturen darin — über 250 Kunstwerke, Gesamtwert über 30 Millionen Dollar — werden «auf unbegrenzte Dauer» der neuen Stiftung als Schenkung überlassen. Später werden sie aufgrund eines mit Cousin Harry ausgearbeiteten Abkommens der Solomon-R.-Guggenheim-Stiftung in New York vermacht, unter dem Vorbehalt, daß sie für immer in Venedig bleiben, «bis Venedig versinkt», in welchem Fall sie nach New York verbracht werden dürfe. Peggys Stolz auf ihre Errungenschaft ist immens. In ihrer Generation waren sie und Harry die einzigen Guggenheims, die Stiftungen ins Leben riefen, und sie hatte mit weniger Geld angefangen als alle übrigen.

1969 dann der große Triumph in New York. Fast die ganze Sammlung in Kisten verpackt, versichert und an Onkel Sols Museum verschifft. Landesweite Aufmerksamkeit der Presse. Eine Guggenheim-Familienzusammenkunft — die letzte, die in der Familie stattgefunden hat — im Museum zur Eröffnung: Peggy, Harry, Gladys, Onkel Sols Töchter, Harrys Töchter, die Straus', Lawson-Johnston und weitere, sind bei den Festlichkeiten zur Stelle.

Besonders erfreut war Peggy über Harrys noble Worte im offiziellen Katalog der Ausstellung:

«In den zwanziger Jahren wandten sich die Interessen meines Onkels, des Wohltäters der Solomon-R.-Guggenheim-Stiftung, von den traditionellen Kunstformen den ersten Ankäufen jener Objekte der modernen Kunst zu, die heute die große, diesem Museum vermachte Sammlung umfaßt. Ungefähr zur Zeit von deren Überführung, in den späten dreißiger Jahren, ergab sich seine Nichte Peggy Guggenheim, das ‹enfant terrible› der Familie, ihrem eigenen Rausch der modernen Kunst. Sie stürzte sich in intensives Kunstsammeln, während sich schon die Kriegswolken in der ganzen Welt zusammenballten, und schaffte es mit knapper Not, mitsamt ihren neuerworbenen Schätzen den anrückenden feindlichen Armeen immer einen Schritt voraus zu sein. In der Folge eröffnete sie eine Galerie in New York, die weitgehend von den normalerweise unverkauften Schöpfungen «junger Talente» abhing. Solche und ähnliche Unterfangen erschienen damals extrem wagemutig. Irgendwie aber kam Peggy immer wieder obenauf und hinterließ in ihrem Kielwasser, nach viel Lärm und Aufruhr, ein gültiges und weitreichendes Ergebnis von ruhiger Distinktion. Ihr frühes Erkennen des Genies von Jackson Pollock und ihre aktive Unterstützung dieses Malers in den entscheidenden Jahren seiner Entwicklung ist heute allgemein bekannt, ebenso wie Peggys frühe Förderung wenig bekannter amerikanischer Künstler, deren gruppenweises Auftauchen nach dem Krieg ihrem voraussehenden, mutigen Eintreten viel zu danken hat.»

Vom Triumph in New York zum Triumph in Paris im Dezember 1974, zur großen Vergeltungsausstellung in der Orangerie, der sie den Namen «Twentycento» gab. Vergeltung deswegen, weil der Louvre, wie man sich erinnern wird, damals im Jahre 1941, als die Deutschen sich anschickten, in Frankreich einzumarschieren, und Peggy gezwungen war, in die Vereinigten Staaten zu flüchten, ihr die Bitte abschlug, ihre Bilder in seinem geheimen Versteck aufzunehmen, weil sie «nicht rettenswert seien». Zweihunderttausend Besucher bei «Twentycento», die je neun Francs bezahlten, der Name Guggenheim über allen Zeitungen und Zeitschriften Frankreichs prangend. Peggy, nunmehr fünfundsiebzig, an der Eröffnung zugegen in zinnoberroten engen Hosen, kniehohen Stiefeln und einem blauen Oberkleid mit hochroter Stickerei. Ha, diesen hochnäsigen Museokraten hatte sie gezeigt, was nicht rettenswert war!

Ja, Peggy war eine echte Guggenheim. Die arme Verwandte, die in ihrer Jugend unter der Macht und dem Reichtum der Onkel und ihrer Kinder gelitten hatte, jener Onkel, die ihr all das Chile-Copper-Geld vorenthalten hatten, die alle Exemplare ihres Buches *Out of This Century* aufgekauft hatten, die arme Verwandte war jetzt ganz obenauf. Die Onkel waren alle tot, und deren Kinder, obwohl sie reicher als Peggy waren, hatten mit Ausnahme von Harry nicht halb soviel fertiggebracht wie sie.

Was sie fertiggebracht hatte, wurde von Alfred H. Barr jr. vom Museum of Modern Art in New York offiziell abgesegnet, als er schrieb:

«Mut und Vision, Großzügigkeit und Bescheidenheit, Geld und Zeit, ein starker Sinn für historische Bedeutung wie auch ästhetische Qualität — das sind die Faktoren von Umständen und Charakter, die Peggy Guggenheim zu einer außergewöhnlichen Schirmherrin der Kunst des zwanzigsten Jahrhunderts gemacht haben.

Die Sammlung ist Peggy Guggenheims dauerhafteste Leistung als Schirmherrin der Kunst, aber wahrscheinlich gar nicht ihre wichtigste. Ich habe das abgenutzte und ziemlich pompöse Wort ‹Schirmherrin› eigentlich ungern verwendet. Und doch ist es treffend. Denn ein Schirmherr ist nicht einfach ein Sammler, der Kunstwerke zu seinem eigenen Vergnügen zusammenträgt, oder ein Philanthrop, der Künstlern hilft oder ein öffentliches Museum gründet, sondern ein Mensch, der sich Kunst und Künstlern gegenüber gleichermaßen verantwortlich fühlt und die Mittel und den Willen hat, nach diesem Gefühl zu handeln. Weitgehend dank dem Zustrom von Künstlern und Schriftstellern als Flüchtlingen aus Europa ersetzte New York während des Krieges das besetzte Paris als Kunstzentrum der westlichen Welt. Bei deren Entwicklung spielte Peggy Guggenheim als Schirmherrin eine bedeutende, in einzelnen Fällen gar eine entscheidende Rolle.»

Eine schmeichelhaftere Anerkennung hätte sich Peggy gar nicht wünschen können. Jetzt, im Jahre 1976, selber in ihrem siebenundsiebzigsten Jahr, hätte sie sich bequem in ihr weißes Ledersofa mit weißer Schaffelldecke zurücklehnen können, umschmeichelt von ihren geliebten Hunden, und auf ihren

Lorbeeren ausruhen. Doch nein, sie hatte noch immer eine Menge ehrgeiziger Pläne zu verwirklichen. Sie mußte ihr autobiographisches Buch *Out of This Century* mit fünfzig ganz neuen Seiten über ihr Leben in Venedig auf den neuesten Stand bringen; sie arbeitete auch mit ihrem Enkel Nicholas Helion an einem fünfzigminütigen Fernseh-Dokumentarfilm über ihr Leben und ihre Zeiten, und sie machte Pläne für eine Ausstellung ihrer Sammlung in Zürich und in anderen europäischen Städten. Außerdem arbeitete sie mit dem neuen Centre National d'Art et Culture Georges Pompidou in Paris zusammen bei dessen Nachbildung ihrer Galerie «Art of This Century» der vierziger Jahre in New York, die alles bis zur letzten Baseballschläger-Staffelei getreu wiedergibt.

Ihr heutiges Leben in Venedig? Eine gefestigte, disziplinierte Routine. Am Vormittag arbeitet sie an ihrem Schreibtisch; in enger Zusammenarbeit mit ihrem Kurator und Sekretär John Hohnsbeen beantwortet sie ihren Berg von Korrespondenz und kommt den endlosen Anforderungen ihrer Sammlung nach. Dann geht sie kurz mit ihren Hunden spazieren, wobei sie manchmal bei ihrem Hundefriedhof im Garten innehält: «Hier liegen meine geliebten Babys: Cappucino, Pegeen, Peacock, Toro, Foglia, Madam Butterfly, Baby, Emily, White Angel, Sir Herbert...» Dann Mittagessen in ihrem rustikalen Renaissance-Eßzimmer, umgeben von all den Braques, dem Duchamp, dem Delauney, den Gleizes, den afrikanischen und ozeanischen Skulpturen. Dann ein kurzes «Nickerchen» auf ihrem Bett mit dem silbernen Alexander Calder-Haupt. Dann, dreimal wöchentlich, anwesend bei der Besuchszeit der Fondazione Peggy Guggenheim, wobei sie sich zuweilen von den Besuchern neben dem Marino Marini-Pferd mit Reiter in voller Erektion photographieren läßt. Dann, um halb fünf, die tägliche Gondelfahrt. Dann zurück zum Palast, um das Geld aus dem Katalogverkauf einzusammeln, etwas, das sie als gute Guggenheim besonders gern tut (entzückt zählt sie die Geldscheine, die John Hohnsbeen ihr in die Hand legt — «vierhunderttausend Lire, schön, das war ein guter Tag, nicht wahr?»).

Noch einmal eine kleine Ruhepause, dann ist sie bereit, Besuch zu empfangen oder zu Besuch zu gehen. Sie gibt eine Cocktailparty für das, was von ihrem «Salon» übriggeblieben ist. Oder diniert mit einem oder einer guten Bekannten bei Angelo, im Colomba, im Antico Martini oder in ihrem Lieblingslokal, Harry's Bar. Soweit es sich irgend machen läßt, meidet sie die muffigen Anlässe der alten venezianischen Aristokratie, die sklerotischen Gesellschaften von Leuten wie der Gräfin Marcello, die in regelmäßigen Abständen alle Nachfahren von Dogen und Dogaressen zusammenbringt, oder jener anderen Gräfin, die Peggy mit Vorliebe verächtlich als «Kaufmann von Venedig» oder als «die Pferdehändlerin» bezeichnet.

Im Frühherbst beginnen die Journalisten und Schriftsteller einzufallen, die ewig hungrig nach ihren Ansichten sind. Über moderne Kunst, über die amerikanische Kultur, über die Frauenbewegung, über sich selbst. Sie tut ihnen den Gefallen. Bei ihr gibt es diesen falschen Privatsphärensnobismus nicht, dieses «Ein Interview? Lieber nicht», diese Nein-ich-möchte-allein-sein-Drückebergerei. Sie ist öffentliches Eigentum und akzeptiert das. Sie ist eine historische Persönlichkeit, einer der großen Freibeuter der modernen Kunst. Sie ist ein geschichtliches Denkmal. Sollen ihre Ansichten in ihrer Zeit bekannt werden!

Zeitgenössische Kunst. Wir haben ihre Ansichten bereits wiedergegeben: Die ist verkommen, ist vor die Hunde gegangen. Pop-Art: «die Kommerzialisierung einer sehr dummen Idee». Die neuesten Manifestationen der abstrakt-expressionistischen Bewegung — eine Negierung von Kunst und Leben. Die zeitgenössische Venediger Biennale: «Eine kommunistische Beleidigung der Malerei und des menschlichen Geistes».

Amerikanische Kultur. Fast ebenso geistlos wie die zeitgenössische Kunst. Peggy findet Leben und Kultur in Amerika zur Zeit der Zweihundertjahrfeier des Landes «eng», «eintönig», «verschroben», «rassistisch» («sehr antisemitisch») und «kommerziell». «Es wird einfach nichts von dauerndem Wert geschaffen.»

Frauenbefreiung. «Ich bin eine der ersten befreiten Frauen gewesen, vor fünfundfünfzig Jahren», gibt sie zur Antwort, zieht ihren Rock straff und die Stiefel hoch.

«Ich tat alles, war alles; ich war finanziell, emotionell, intellektuell, sexuell völlig frei. Ich bin für gleiche Beschäftigungschancen und gleichen Lohn für gleiche Arbeit für die Frauen. Aber ich bedaure den schlechten Geschmack der sogenannten Frauenbewegung. Friedan, Millet, Greer, Steinem etc., die sind alle so unattraktiv, schrill und geschmacklos. Es ist so gräßlich langweilig, wie sie sich mit ihrer Mission abmühen. Und sie alle begehen eines der schlimmsten Verbrechen der Welt: Sie spielen Frauen gegen Männer und Männer gegen Frauen aus. Das können wir ihnen nie verzeihen. Beziehungen zwischen Männern und Frauen sind fünfundsiebzig Prozent des Lebens.»

Peggy selbst. Ja, sie weiß, wo sie und ihre Familie im zwanzigsten Jahrhundert stehen, und sie sagt es ungeschminkt. «Die Guggenheims sind eine Fürstenfamilie des zwanzigsten Jahrhunderts» (hätte sie das Wort «imperial» verwendet, wäre sie der Sache noch näher gekommen), in mancher Hinsicht vergleichbar mit «den großen Adelshäusern des vorrevolutionären Europa». Und sie ist die Isabella d'Este, die Beatrice d'Este, die Katharina von Medici unserer Zeit. Kein Kunstmäzen weiblichen Geschlechts in Westeuropa oder Amerika prägte die bildende Kunst ihrer Zeit stärker als sie. «Ich habe die größten Genies unserer Zeiten unterstützt. Ich habe einen vollständigen Überblick über die nichtrealistische Kunst unserer Zeiten zusammengestellt. Alle echten Tendenzen sind in meiner Sammlung vertreten.»

Ob sie etwas bedauert? Ja, einiges schon...

Sie ist nicht so reich wie die meisten ihrer Guggenheim-Cousinen. Dans Tochter Gladys Straus zum Beispiel, oder Solomons Töchter Barbara Obre und Lady Castle Stewart, von denen jede vier- oder fünfmal soviele Millionen besitzt wie sie. «Nicht, daß ich das Geld nötig hätte: Ich habe mehr, als ich ausgeben kann, aber ich wäre gern so reich wie einige meiner Cousinen, damit ich meinen Enkelkindern mehr hinterlassen könnte.»

Weiteres Bedauern: die Pollocks. Sie hat viel zu viele Pollocks verkauft oder weggegeben. «Blue Poles», sagt sie mit einem Anflug von Verzweiflung in den Augen — die gleiche flüchtige Verzweiflung, wie die Guggenheims sie jeweils zeigten, wenn sie erfuhren, daß jemand anders Riesengewinne von einer Mine einstrich, die sie nicht rechtzeitig gekauft oder voreilig verkauft hatten —, «Blue Poles» sei von der australischen Regierung für nicht weniger als zwei Millionen Dollar gekauft worden! Peggy hatte «Blue Poles» nie besessen, betrachtet aber dessen Preis als repräsentativ für das, was Pollocks heute einbringen.

Und sie ist noch immer sehr böse auf ihre Guggenheim-Onkel, weil sie die Gewinne von Chile Copper nicht mit ihr und ihren Schwestern teilten, und weil sie all die Exemplare von *Out of This Century* aufgekauft hatten. «Eine Zensur, schlimmer als bei den Russen.»

Dann, was über blosses Bedauern hinausgeht... die Alpträume um ihren Vater, der mit der *Titanic* unterging. Und um Pegeen...

Was bleibt ihr? Es bleibt ihr Treuhandvermögen von etwas über 4,5 Millionen Dollar (versonnen seufzt sie, sie habe wohl gerade ihre «letzte Erbschaft» bekommen, ein Vermächtnis von einer der Mätressen ihres Vaters Ben), das unter Sindbad und seinen vier Kindern und Pegeens vier Söhnen aufgesplittert werden wird. Sie setzt dauernd neue Testamente auf. «Eines ist sicher», sagt sie, «niemand wird am Ende ein Vermögen haben... Ach, wären doch nur meine Schwestern und ich bei Chile Copper dabeigewesen!»

Denn ach, die 35 Millionen Dollar schwere Peggy-Guggenheim-Stiftung, die den Palast, die *barchessa* und die Sammlung umfaßt, ist nicht einmal mehr ihr Eigentum. Sie gehört legal der Solomon-R.-Guggenheim-Stiftung von New York und könnte nur wieder in ihren Besitz gelangen, wenn ihr Cousin Peter Lawson-Johnston und die übrigen Kuratoren der S.R.G.-Stiftung sie ihr zurückgäben, was höchst unwahrscheinlich ist.

Sindbad ist begreiflicherweise noch immer aufgebracht. Hätte sie ihm doch nur *einen* Pollock, *einen* Picasso, *einen* Ernst gegeben...

«So ist denn nun», bemerkt der Interviewer, «Ihre Stiftung viel reicher als Sie, viel, viel reicher ...»

Und die reinrassige Guggenheim blickt von ihrem weißen Ledersofa auf, rückt ihre Max-Ernst-Sonnenbrille zurecht, tätschelt einem Hund das Köpfchen und erwidert (mit ihrem halb philadelphianischen, halb britischen Akzent): «Nun, ist das nicht so, wie es sein soll?»

Kapitel

12

Harry der Prächtige: Die Vermächtnisse

Gegen Ende seines langen, abwechslungsreichen und produktiven Lebens bedrückte Harry Guggenheim oft die Frage, was nach seinem Tod aus dem Guggenheim-Erbe werden würde. Er war auch besorgt über das Schicksal der Guggenheim-Reputation. Irgendwo in der Tiefe seines alternden Herzens hatte er das Gefühl, daß die Guggenheimschen Leistungen viel zu wenig zur Geltung gekommen waren, daß die Beiträge seiner Familie an die amerikanische Kultur bei seinen Landsleuten nicht die gebührende Anerkennung gefunden hatten.

So sinnierte er im letzten Jahrzehnt seines Lebens, von 1960 bis 1970, als seine sehr ansehnlichen Kräfte nachließen und der Tod ihn nach und nach einzuholen begann, immer mehr über die Werke seiner Familie nach, und zugleich richtete er seine Gedanken darauf, wie man sie verewigen, ihnen ein dauerndes Denkmal setzen könnte. Das Schicksal von weit mehr als einem Jahrhundert der Kämpfe, Niederlagen, Siege und unglaublich weitblickenden Taten — oft auf heroischer Ebene — stand auf dem Spiel.

Es war hauptsächlich auf Falaise, seinem wunderschönen Besitz auf Long Island, daß Harry, der seit dem Tod seiner dritten Frau 1963 allein war, mehr und mehr Zeit mit Nachdenken über seine und seiner Familie Vergangenheit und darüber, was er tun könnte, um deren Einfluß zu verewigen, zu verbringen begann.

Er hatte eine großartige Karriere hinter sich, eine so vielseitige, wie sie im Amerika der Mitte des zwanzigsten Jahrhunderts mit seiner Betonung der Spezialisierung um jeden Preis, auch auf Kosten der vollen Entwicklung der menschlichen Persönlichkeit, eigentlich gar nicht durchführbar erschien. Harry war sich durchaus bewußt, daß eine Laufbahn, wie er sie genossen hatte, nur in einer sehr reichen Familie möglich war. Denn leider war Renaissance-Universalität ein Luxus, den sich in der wettbewerbsbeflissensten Gesellschaft, die die Welt je erlebt hat, nur ganz wenige leisten konnten.

Harry hatte das Glück gehabt, von seinem einundzwanzigsten Lebensjahr an über ein unabhängiges Einkommen zu verfügen. Zuerst aus dem Multimillionen-Dollar-Trust, den Daniel schon zu Lebzeiten für seine drei Kinder eingesetzt hatte, dann aus dem steuerfreien Vermächtnis von mehr als zwei Millionen Dollar, das er in seinem neunundreißigsten Lebensjahr von Dan bekommen, und den zusätzlichen Millionen, die er nach dem Tod seiner Mutter 1944 geerbt hatte. Als er 1945 fünfundfünfzig Jahre alt war, betrug sein unerarbeitetes Einkommen aus konservativ angelegten Sicherheiten rund 500 000 Dollar jährlich — genug, um unbehindert durch wirtschaftliche Bedürfnisse den eigenen Interessen und Leidenschaften nachgehen zu können. Noch später, in seinen Sechzigern und Siebzigern, hatte er erlebt, wie sein Reichtum sich verfünffachte, so daß er in den späten 1960er Jahren wußte, daß er seinen Erben gegen 50 Millionen Dollar würde hinterlassen können.

Ja, der Reichtum seiner Familie hatte es möglich gemacht, daß er eine einmalige Karriere durchlaufen konnte, eine mit unzähligen Facetten und Begleiterscheinungen, eine so abwechslungsreiche und erregende, wie sie mehrere Angehörige der Familie Medici fünfhundert Jahre zuvor im Florenz der Renaissance durchlaufen hatten.

Da war seine Förderung der Luftfahrt und des Raketenbaus und seine Beziehung zu Robert H.Goddard gewesen. Nie hatte er den Glauben an Goddard verloren; immer wieder, oft gegen starke Opposition, hatte er seine Beiträge erneuert. Welch eine Befriedigung hatte es ihm verschafft, im März 1961 zur feierlichen Eröffnung des Goddard Space Flight Center der NASA in Maryland beizutragen und acht Jahre später zuzusehen, wie Apollo XI, getrieben von Raketen, die einmal Goddard-Guggenheim-Patentrechte verletzt hatten, den ersten Menschen zum Mond trug.

Dann war da seine Beziehung zu jenem anderen amerikanischen Genie gewesen, Frank Lloyd Wright, eine Beziehung, die von Hunderten von Briefen und Merkzetteln, von ihm sorgfältigst aufbewahrt, dokumentiert wurde. Welch ein glorioser Tag war der 21. Oktober 1959 gewesen, als nach zehnjährigen unablässigen Kämpfen, nachdem Stifter und Architekt tot waren, er selbst dort mit Henry Cabot Lodge im weiten runden Atrium des Museums stand und den kühnsten Kunsttempel der Welt formell eröffnete!

In der Folge hatte er als Präsident dieses Museums die Genugtuung erlebt, im Namen der Stiftung seines Onkels Solomon die prachtvolle Sammlung Justin K.Thannhauser zu empfangen, die aus fünfundsiebzig Meisterwerken der impressionistischen und nachimpressionistischen Periode bestand, darunter vier Cézannes, zwei Van Goghs, zwei Gauguins, zwei Modiglianis und vierunddreißig Picassos.

Dann aber sollte seine letzte Karriere, die eines Zeitungsverlegers, ihm mehr Befriedigung schenken als alle anderen. Sie hatte mit seiner dritten und glücklichsten Heirat — mit Alicia Patterson — begonnen, war gestartet wie eine von Goddards späteren Raketen — *Newsday* wurde bald die am schnellsten wachsende und einträglichste Tageszeitung von allen, die innerhalb von zwanzig Jahren neu herauskam — und endete mit Kaufangeboten, die einen hundertfachen Gewinn auf seiner ursprünglichen Invesitition versprachen.

Schon bald nach der Hochzeit — er war neunundvierzig, sie zweiunddreißig — wurde Harry klar, daß Alicia bloß als Herrin von Falaise niemals glücklich sein würde. Sie war zu nervös und zu gescheit, um ihre ganze Zeit und ihre Talente mit der Beaufsichtigung von Dienstboten, Antiquitäten, Guggenheims und Pfauen zu verplempern. Da hatte er sich entschlossen, ihr eine eigene Zeitung zu schenken, und wäre es bloß, damit sie mit ihrer Zeit und ihrem Kopf etwas anzufangen hatte. Allerdings war er schlau gewesen. Er hatte sie ihr nicht ganz geschenkt. Als gewitzter Mann hatte er 51 Prozent des Aktienkapitals für sich behalten und ihr 49 Prozent überlassen. Das war 1940. Und wie sie angefangen hatte! Machte sich stracks daran, jede Regel des gesetzten, manierlichen Vorstadt-Journalismus zu brechen, und brachte eine Zeitung heraus, die wie keine andere Zeitung auf Erden aussah, ein Boulevardblatt-Format mit nur zwei Spalten auf der Titelseite, aber irgendwie mit dem Aussehen einer seriösen Tageszeitung, «eine Großstadtzeitung», wie Alicia selber sagte, «die halt zufällig in den Vorstädten herauskommt.» In den ersten sieben Jahren blieb das Blatt in den roten Zahlen. Harry mußte 750 000 Dollar hineinpumpen. Dann, wie durch ein Wunder, kam die Wende. Ursache war der Massenauszug von New Yorkern in die Außenbezirke, vor allem nach Long Island, nach dem Zweiten Weltkrieg. War das eine Zeit der Umwälzungen für Long Island gewesen! Die großen alten Privatbesitze von Leuten wie den Pratts, Whitneys, Phipps', Vanderbilts, Guggenheims wurden einer nach dem andern verkauft, oft an Institutionen wie die russische Regierung, die den Pratt-Besitz für 120 000 Dollar erstand, und IBM, die Onkel Sols Gut um sehr viel mehr erwarb. Und während die Millionäre aufgaben, zogen die großen Landerschließer und neue Industrien ein. Levitton. Grumman Aircraft. Republic Aircraft. Ihnen folgten Hunderte von kleineren Landerschließern und kleineren Industrien. Die stufenweise Verstädterung und Industrialisierung des einst ländlichen Nassau County. Die in den sechziger Jahren mit der riesigen und oft häßlichen Ausdehnung von Wohnvierteln, Einkaufszentren, Parkplätzen, Plakatwänden, Hamburgerbuden, Superautobahnen und kleinen Fabriken ihren Höhepukt erreichte. Ästhetisch nicht gerade ansprechend, finanziell aber mehr als lohnend, denn je größer die Ausbreitung der Vorstädte, desto größer der Verkauf *der* Vorstadtzeitung. Falaise war vor der Ausbreitung ohnehin geschützt, auf der einen Seite vom blauen Sund, auf der anderen von vierzig Hektar Wald und Feld.

Ja, das war ein großes Abenteuer gewesen, die *Newsday*. Harry hatte mit Freude zugesehen, wie seine Investition wuchs und wuchs und wuchs — besonders nachdem er miterlebt hatte, wie die Nitrat-Investition seiner Familie zerbröselte; er hatte sich gefreut, Alicia in ihrer Arbeit glücklich zu sehen, und gefreut, ab und zu Gelegenheit zu haben, mit einem Leitartikel seine eigenen paar Cents zu verdienen, oft unmittelbar neben einem Artikel von Alicia plaziert, in dem eine diametral entgegengesetzte Meinung vertreten wurde. Und dann, warum sollte er es nicht zugeben, freute er sich, als er die Zeitung ganz unter seine Kontrolle bekam, nachdem Alicia 1963 an Magenkrebs gestorben war, und freute sich unendlich über die Aussicht, die Zeitung für hundertmal soviel zu verkaufen, wie er selbst dafür bezahlt hatte (das war mit Sicherheit in der Guggenheimschen Tradition), und erst noch an eine Organisation zu verkaufen, die seine konservative politische und wirtschaftliche Weltanschauung teilte.

Aber was war zu tun, um alle diese Taten zu verewigen? Nicht nur seine eigenen, sondern die seines Großvaters, seines Vaters, seiner Onkel und Vettern. Was war zu tun, daß das alles festgehalten und öffentlich bekanntgemacht wurde, was war zu tun, um die Welt wissen zu lassen, was die Guggenheims in den vergangenen hundertzwanzig Jahren geschaffen hatten?

Harrys zentrales Problem war, wie wir wissen, die Suche nach einem Sohn und Erben, nach einem starken, intelligenten, verläßlichen jungen Mann, der ihm als Oberhaupt der Familie und Fortsetzer von deren Traditionen nachfolgen sollte. Seine ersten beiden Frauen hatten ihm nur Töchter geschenkt, drei an der Zahl, und so war er gezwungen gewesen, unter verschiedenen Verwandten, Freunden und Mitarbeitern nach einem Nachfolger Ausschau zu halten. Einen Anwärter nach dem anderen hatte er ausprobiert — seinen Neffen Oscar Straus II., seinen Enkel Dana Draper aus der Gegenkultur der sechziger Jahre, seinen allzu liberalen *Newsday*-Chefredakteur (nach Alicias Tod) Bill Moyers — und einer nach dem anderen war bei ihm durchgefallen, auf verschiedene Weise. Dann setzte er, buchstäblich in letzter Stunde, wie wir wissen, auf den Enkel seines Onkels Sol, Peter O.Lawson-Johnston, dem er schlicht die ganze Welt schenkte.

Einen Sohn und Erbe zu finden, der die Guggenheim-Geschäfte und -stiftungen in die Zukunft tragen würde, war indessen nur *ein* Teil der Lösung von Harrys Problem, wenn auch ein sehr wichtiger. Während er seinen Sohn suchte, blieb die Frage ungelöst, wie man die Errungenschaften der Guggenheimschen Vergangenheit der Welt kundtun könnte.

«Seht her, was wir geleistet haben!» schien Harry zu schreien. «Seht doch her, was wir beigesteuert haben ... und niemand scheint etwas davon zu wissen oder auch nur wissen zu wollen.»

Was noch schlimmer war, nicht einmal seiner engeren Familie schien etwas daran zu liegen. Zu der Zeit, als er anfing, sich ernsthafte Gedanken über die

Verteilung seines Reichtums und die Bewahrung des Guggenheim-Erbes zu machen, hatte es Harry fertiggebracht, seine nächsten Verwandten so zu vergraulen, daß sie wenig oder nichts mit ihm oder mit dem, was er verkörperte, zu tun haben wollten. Das lag an seiner selbstgefälligen, autoritären, dogmatischen Art. Bei soviel Energie und Familienstolz in seinem Wesen und bei soviel Geld, das ihm zur Verfügung stand, konnte er entgegengesetzte Einstellungen, Ansichten, Bedürfnisse, Wünsche einfach nicht akzeptieren. Wenn seine momentane Frau oder eine seiner Töchter etwas anderes dachte oder wünschte als er, dann hatte sie eben unrecht, das war alles. Seine erste Ehe mit Helen Rosenberg, der Tochter eines New Yorker Geschäftsmannes, war eine bittere, zänkische Affäre gewesen, die von Nancy, einem der beiden daraus hervorgegangenen Mädchen, einen schweren Tribut gefordert hatte: sie beging in ihrem einundvierzigsten Lebensjahr Selbstmord. Seine zweite Ehe mit Caroline Morton, der Tochter von Theodore Roosevelts Marineminister Paul Morton aus der Familie, die Morton Salt gründete, war wieder eine Verbindung voller Streit, die mit einer Scheidung endete, und muß einen unglücklichen Einfluß auf die Tochter Diane gehabt haben, die heutige Mrs. William Meek. Diane kehrte ihrem Vater den Rücken und wanderte nach Irland aus, wo sie seit zwanzig Jahren lebt und heute eine Klosterschule leitet. Was Alicia angeht, so sagen frühere Bekannte und Mitarbeiter, sie und Harry hätten sich pausenlos gestritten, die Ehe sei ein wahrer Streitmarathon gewesen, und die Kombination von *Newsday* und Harry habe zu ihrem frühen Tod mit sechsundfünfzig Jahren geführt.

Ein anderer Faktor dürfte indessen noch mehr zu Alicias vorzeitigem Ende beigetragen haben. 1976 wurde öffentlich enthüllt, daß Alicia schon seit 1947, ihrem achten Ehejahr mit Harry, eine heimliche Liebesaffäre mit Adlai Stevenson gehabt hatte. Einzelheiten der Romanze, einer der leidenschaftlichsten in Stevensons Leben, wurden samt Veröffentlichung vieler Liebesbriefe in John Martins Stevenson-Biographie von 1976 preisgegeben. Nach den Briefen zu urteilen, muß Alicia zur Zeit von Stevensons Präsidentschaftswahlkampf von 1952, mitten in ihrem Erfolg mit *Newsday*, davon geträumt haben, sich von Harry scheiden zu lassen, Stevenson zu heiraten und First Lady der Vereinigten Staaten zu werden. Nach Stevensons Wahlniederlage zog sich das Verhältnis noch eine Weile mit verminderter Leidenschaft hin, dann riet Stevenson Alicia in einem Brief, bei Guggenheim zu bleiben, was sie auch tat, wenn auch mit gebrochenem Herzen. Nach dem Bruch mit Stevenson begann Alicia stärker zu trinken als gewöhnlich, und nach Aussage ihrer Ärzte war es das Trinken, das den verhängnisvollen Magenkrebs verursachte.

Ob Harry in jener Zeit merkte, was um ihn vorging, weiß man nicht mit Sicherheit. Höchst wahrscheinlich war er viel zu beschäftigt mit *Newsday*, seinem Cain Hoy-Gestüt, dem Guggenheim-Museum, seiner fortgesetzten Unterstützung der Luftfahrt und den Fragen um Bewahrung und Weitervermittlung des Guggenheim-Erbes, um dem Problem Alicia viel Zeit und Energie zu widmen.

Etwas Wichtiges hatte Harry bereits getan, um den Namen Guggenheim in Amerika lebendig zu erhalten, und das war sein Beharren darauf, daß das Museum seines Onkels Sol den Namen «The Solomon R.Guggenheim Memorial» bekam und nicht, wie sein Onkel ursprünglich beabsichtigt hatte, «Museum der Ungegenständlichen Kunst». Jetzt unternahm er weitere Schritte, das Guggenheim-Image zu steigern. Er engagierte einen Schriftsteller, einen gewissen Milton Lomask, der vorwiegend Kinderbücher verfaßte, und beauftragte ihn, eine Lobschrift über die Guggenheim-Stiftungen zu schreiben, die den Titel *Seed Money-The Guggenheim Story* bekam und 1964 auf Harrys Kosten von seinem Neffen Roger W.Straus veröffentlicht wurde, dessen Verlag damals Farrar, Straus & Company hieß. Nun würde zumindest die Geschichte der gemeinützigen Werke der Guggenheims in Buchhandlungen und Universitäten erhältlich sein.

Nachdem dieses Stück Reklame erledigt war, wandte Harry seine Aufmerksamkeit der Richtung zweier weiterer Denkmäler für sich und seine Familie zu, von denen er inbrünstig hoffte, sie würden über Jahrhunderte Bestand haben. Das war einerseits die Schenkung seines Gutes Falaise, mit fast allem, was darin war, an die Behörden von Nassau County, die es nach seinem Tod als eine Art Museum für Guggenheim-Leistungen betreiben sollten, und andererseits die Gründung seiner eigenen Stiftung, der Harry Frank Guggenheim Foundation, die sich zum Ziel setzte, ein Programm zur Verbesserung «der Beziehungen von Mensch zu Mensch» zu entwickeln.

Die Harry Frank Guggenheim Foundation, die heute Aktiva von 20 Millionen Dollar besitzt, ist die kühnste und visionärste, allerdings auch verschwommenste, aller Guggenheim-Stiftungen. Die Voraussetzung, oder Annahme, von der ihre vielen Programme ausgehen, ist, daß es im Bereich der «Beziehungen von Mensch zu Mensch... dem Menschen nicht gelungen ist, mit dem außerordentlichen Fortschritt dieses Zeitalters in Wissenschaft, Technik, Medizin und Chirurgie, Landwirtschaft, Industrie, Transport ... und anderen Bereichen menschlicher Bestrebungen Schritt zu halten.»

Harrys Beziehungen mit seinen Mitmenschen, ob sie seine Ehefrauen, seine Kinder oder Mitarbeiter waren, hatten stets aus Zank und Reibereien bestanden. Es war nicht leicht, mit ihm auszukommen, und er wußte das. War es teilweise eine Geste der Sühne für die vielen Verletzungen, die er zeit seines Lebens den Menschen zugefügt hatte, daß er nun so vom Gedanken an die zwischenmenschlichen Beziehungen besessen war, daß er beschloß, den Großteil seines Vermögens dem Studium dieses Problems zu widmen?

«Ist es eine gefährliche Über-Simplifikation», fragt er in seiner Broschüre über seine neue Stiftung, «zu sagen, daß der Zusammenstoß des Menschen mit seinem Mitmenschen seinem Wettstreit um Lebensunterhalt, Sex und Vorherrschaft entspringt? Können wir einen Schritt weitergehen und den Schluß ziehen, daß die Wissenschaft in angemessener Zeit für genügend Lebensmittel und Unterkünfte sorgen wird, um die geplante Bevölkerung dieses Planeten durchzubringen? Können wir ferner den Schluß ziehen, daß die Bevölkerung und die Kommunikation auf diesem Planeten dann so sein werden, daß dem Menschen die Frustration wegen mangelnder sexueller Befriedigung genommen ist?

Wenn das eine logische Schlußfolgerung ist», fährt er fort, «dann könnten wir uns anschließend auf das Thema des instinktiven oder erlernten Dranges nach Vorherrschaft konzentrieren, und wohin das alles im Hinblick auf zwischenmenschliche Beziehungen mit den Mitmenschen führt. Erwächst daraus in einem Fall ein Christus, in einem andern Fall ein Hitler?»

Welches waren die Antworten auf diese gigantischen Fragen? Harry beriet sich mit seinen alten Fliegerfreunden Jimmy Doolittle und Charles Lindbergh. Er beriet sich mit Robert Ardrey, dem Autor von *African Genesis* und *The Territorial Imperative*. Er beriet sich mit Henry Allen Moe, dem Präsidenten der John Simon Guggenheim Memorial Foundation (Moe schlug in seiner charakteristischen Art vor, die grundlegende Aufgabe von Harrys Stiftung sollte sein, «Genies zu suchen und zu fördern»). Schließlich brachte er so etwas wie ein Programm zusammen. Gegenwärtig sind die Forschungsprojekte, die laufend finanziert werden, auf ein besseres Verständnis des Menschen und seines Wesens gerichtet, besonders seiner Tendenz zu Vormacht, Aggression und Gewalt.

Zu den interessantesten Projekten, die von der Stiftung bislang finanziert wurden, gehörten ein Studienprogramm an Primaten auf der Insel St.Kitts; Verhaltensforschung an halbwüchsigen Schimpansen im Gombe Stream Research Center von Dr. Jane Goodall in Tansania; Forschungen über den prähistorischen Menschen in Afrika, namentlich das Werk von Dr. L.S.B.Leakey und seiner Familie in Ostafrika; Studien über «Bilder von Töten, Aggression und Waffen in prähistorischen Kulturen»; Studien über «die Anwendung symbolischer Systeme bei der Aufrechterhaltung von Hierarchien»; Forschungen über die Ritualisierung der Gewalt in Irland; Studien über «politisches und wirtschaftliches Verhalten von Frauen in israelischen Kibbuzim»; eine Studie über Bürgerkrieg in der ganzen Welt, sowie wissenschaftliche Forschung über «weibliche Hierarchien».

Die ganzen sechziger Jahre über unternahm Harry alle diese Schritte, um den Namen, die Leistungen und den Einfluß des Hauses Guggenheim zu verewigen. Dann, am 12. März 1970, besiegelte er sie endgültig in seinem Testament, das Nassau County den Besitz von Falaise mit dem gesamten Inhalt und den vierzig Hektar Land bestätigte und Peter O.Lawson-Johnston und die Harry Frank Guggenheim Foundation als Haupterben benannte.

Etwas weniger als ein Jahr später, am 23. Januar 1971, starb Harry F. Guggenheim nach langem Kampf gegen den Krebs in seinem achtzigsten Jahr auf Falaise. Die Trauerfeier wurde im Emanu-El-Tempel abgehalten, dann gesellte er sich zu seinen Vorgängern im riesigen Guggenheim-Mausoleum in Salem Fields.

Dorothea Straus schildert in ihrem Buch *Showcases*, in dem sie Harry «Rupert» und Falaise «Finistère» nennt, die Beisetzung:

«Es war ein naßkalter grauer Februartag... Im Inneren des vor dem Mausoleum aufgestellten Zeltes waren elektrische Heizkörper nutzlos gegen die dumpfe Feuchtigkeit, und das stetige Tropfen von schmelzendem Schnee begleitete das Psalmodieren des Rabbiners... Der ohrenbetäubende Knall einer Kanone zerschmetterte die Stille, ein letzter Salut der Marine an den Kommodore.

...Dann öffneten sich die schweren Tore des Mausoleums, gaben einen schwarzen Schacht frei, und der Herr von Finistère ging zu seinen Ahnen ein.

Nach dem Begräbnis gab es eine Menge entrüsteter Diskussionen über das Testament. Die Stiftung hatte triumphiert. Marion, Diana und Penelope (Harrys Töchter Joan, Nancy und Diane) bekamen ein mageres Portiönchen ihrer Erbschaft. Gewisse Verwandte behaupteten, Rupert sei senil gewesen, als er den letzten Anhang unterzeichnete, andere sagten, seine erweiterte Eitelkeit habe die aufgeblähte amorphe Stiftung geschaffen, um ihn zu überdauern wie die Sphinx.»

Obwohl er sich keines besonders glücklichen Privatlebens erfreut hatte, starb Harry stolz auf das, was er erreicht hatte, und zufrieden im Wissen, daß er sich seines Erbes würdig erwiesen und sein Allerbestes getan hatte, es zu bewahren und in die Zukunft zu tragen. Glücklicherweise blieb ihm der Selbstmord seiner Tochter Nancy erspart, denn sie brachte sich erst zwei Jahre nach seinem Tod um; was ihm aber nicht erspart wurde, war das Versagen ihres Sohnes Dana gegenüber dem, was er als dessen Guggenheim-Verpflichtungen empfand, und das hatte ihn schwer verbittert. Es war ein trauriger Tag gewesen, als er den jungen Mann aus seinem Testament strich.

Sein Letzter Wille. Woran ein Mensch letztlich glaubt oder nicht glaubt, spiegelt sich gewöhnlich in seinem Letzten Willen. Harry glaubte nicht an seine eigenen Nachkommen. Er glaubte auch nicht daran, daß man die Schwachen und Bedürftigen unterstützen soll, einfach weil sie schwach und bedürftig sind. Harry glaubte an sich selbst, an Vorzüglichkeit, an die Leistungen seiner Vorfahren, an seinen Vetter Peter Lawson-Johnston und an seine kühne neue Stiftung. So sei es. Harrys Persönlichkeit, ja, eigentlich die seiner Familie, hatte schon immer etwas von Nietzsche an sich gehabt:
«Meine Brüder, zur Nächstenliebe rate ich euch nicht: ich rate euch zur Fernsten-Liebe. Also sprach Zarathustra.»

Kapitel

13

Harry der Prächtige: Die Verherrlichung

Im großen Saal der Villa Medicea in Poggio a Caiano, in den sanften grünen Hügeln um Florenz gelegen, befindet sich eine Reihe von Fresken, in denen sich die Verherrlichung der Familie Medici ausdrückt, insbesondere die Verherrlichung ihres vielseitigsten, brillantesten Mitglieds Lorenzo, Sohn des Piero, genannt il Magnifico, der Prächtige.

Lorenzo de' Medici, Sproß einer der zwei oder drei reichsten europäischen Familien im 15.Jahrhundert, Chef der Medici-Bank, der damals größten Bank der Welt, Herrscher des zivilisiertesten Staates von Italien, ein Dichter von echter Begabung, ein Philosoph auch, Mitglied und Disputant in der Platonischen Akademie von Florenz, der aufgeklärteste Kunstförderer seiner Zeit, vielleicht gar aller Zeiten, der heute als das wohl vollkommenste Beispiel des «Renaissance-Menschen» gilt, starb 1492. Im gleichen Jahr unternahm ein anderer Renaissance-Mensch, Christoph Kolumbus, seine denkwürdige Reise zu einem Land, das er für Indien hielt, das aber in Wirklichkeit Amerika war — so benannt nach einem weiteren florentinischen Renaissance-Menschen, Amerigo Vespucci, einem Agenten der Medici-Bank, der in den Jahren um 1500 einige der Küsten dieser Neuen Welt entlangsegelte und sie kartographisch erfaßte.

Vier Jahrhunderte später hatten sich gewisse Familien so mächtig in dieser Neuen Welt festgesetzt und waren so verschwenderische Förderer von Kunst und Wissenschaften geworden, daß man sie ohne Übertreibung, wenn auch zugegebenermaßen in etwas bescheidenerem Glanz, mit den Medici vergleichen darf, die man, vielleicht mit ein bißchen Übertreibung, «die großartigste Familie aller Zeiten» genannt hat.

Man braucht nur bis zu einigen der wichtigsten Zentren von Kunst und

Wissenschaft in New York zu gehen, um zu entdecken, wer ein paar dieser Familien sind. Carnegie Hall. Die Rockefeller-Universität. Die Morgan-Bibliothek. Das Whitney-Museum. Das Frick-Museum. Das Guggenheim-Museum.

Carnegie, Rockefeller, Morgan, Whitney, Frick, Guggenheim in New York; Du Pont, Mellon und Ford in Delaware, Pittsburgh und Detroit. Diese Familien sind es, vor allen anderen, die kraft ihres großen Reichtums und ihres Einsatzes für die höchsten Leistungen in Kunst und Wissenschaft mit einigem Recht Parallelen zu den großen Häusern der italienischen Renaissance — den Este, Visconti, Gonzaga, Sforza, Borgia, Medici — für sich in Anspruch nehmen dürfen. Zumindest hatten sie das Geld, die Macht, das Ansehen, den Mut, die Bildung, den guten Geschmack...

Wo aber, bitte, waren unter diesen mächtigen Familien die Renaissance-Menschen?

Andrew Carnegie ein Renaissance-Mensch? Nein, ein zu zielstrebiger Kaufmann; keine persönliche, kreative Beteiligung weder an der Regierung, noch an Kunst und Wissenschaft seiner Zeit, bis zu seinem Tod ein im Grunde eindimensionaler Mann. John D.Rockefeller senior und junior, die Brüder David, John D.III., Laurence, Winthrop, Nelson Rockefeller? Nein, ein bis zwei wesentliche Dimensionen fehlen ihnen allen. Keiner hat je persönlich mit den von ihnen und ihren Stiftungen geförderten Künstlern und Wissenschaftern zu tun gehabt, keiner selber etwas von Belang geschrieben, gemalt oder komponiert. J.P.Morgan? Ja, ein Renaissance-Fürst in mancher Hinsicht, der die größte private Kunstsammlung in der Geschichte der USA zusammentrug und selber ein fähiger Zeichner war, aber er hatte nie ein öffentliches Amt inne, und er unterstützte die zeitgenössischen Künstler nicht, seine Sammlung war auf anerkannte Meister der Vergangenheit beschränkt. Henry Clay Frick? Ebenfalls ein zielstrebiger Geschäftsmann, Partner und Geistesgenosse von Carnegie und Morgan, nur am Sammeln von Werken längst Verstorbener und Begrabener interessiert. Cornelius Vanderbilt Whitney? Seine Enkelin Gertrude Vanderbilt Whitney baute das Whitney-Museum, nicht er. Die Du Ponts, Mellons, Fords? Keiner, mit Ausnahme vielleicht des begabten, vielseitigen Andrew Mellon, ist auch nur annähernd ein echter Renaissance-Fürst, ein «Universalmensch»in dem Sinne, in dem der Ausdruck im fünfzehnten Jahrhundert in Italien verstanden wurde, und selbst Mellon, obwohl ein großer Sammler, verfehlt am Ende die Qualifikation, weil er an zeitgenössischer Kunst kaum persönlich Anteil nahm.

Aber dann kommen wir zu Harry F.Guggenheim, und hier sind mit einemmal, eigentlich zu unserer Verwunderung, alle oder fast alle Dimensionen des Renaissance-Menschen anscheinend vorhanden. Denn Harry war nicht nur ein Geschäftsmann, Staatsmann, Soldat, Sportler, Zeitungsverleger, Förderer der Künste und Wissenschaften, sondern erfreute sich auch enger, schöpferischer Beziehung zu mehreren der von ihm Geförderten — zu Männern wie Lindbergh, Goddard und Frank Lloyd Wright — und war selbst ein Autor von ansehnlicher Fähigkeit.

Es liegt nicht in der Natur der Amerikaner, daß reiche Familien sich jener Art Selbstverherrlichung hingeben, wie es die Medici in Poggio a Caiano und anderswo taten. Es liegt auch nicht besonders in der Natur der Amerikaner, daß Künstler die Reichen und Mächtigen so unverhüllt verherrlichen, wie es Vasari im Palazzo della Signoria in Florenz mit den Medici tat. Die meisten großen Familien Amerikas sind nordeuropäischer Herkunft, Mischungen aus englischem, schottischem, irischem, deutschem, skandinavischem, holländischem und französischem Blut, und vorwiegend protestantischen Glaubens. Bei all ihrem Reichtum und all ihrer Macht neigen diese Leute dazu, unaufdringlich und asketisch zu sein, und oft werden sie von einem diffusen, allgemeinen Schuldgefühl geplagt ... Schuldgefühl vor allem, daß sie soviel Geld haben.

Die Guggenheims stammten von einer ganz anderen Scholle, und sie waren sich denn auch nicht zu gut, oder zu schlecht, sich nach der Art ihrer Vorgänger von viereinhalb Jahrhunderten früher, den Medici, zu glorifizieren.

Es gibt viele Orte, an denen die Guggenheims verherrlicht sind — in der Büros von Guggenheim Brothers, im Solomon-R.-Guggenheim-Museum, in den Büros mehrerer Guggenheim-Stiftungen —; vor allem aber ist in Harrys Falaise, dem Guggenheimschen Gegenstück zur Medici-Villa in Poggio a Caiano, die ganze Apotheose der Familie Guggenheim zu erblicken.

Das große Haus, im Stil eines normannischen *manoir* des 16. Jahrhunderts erbaut, steht auf einem Steilufer über dem Long Island-Sund, unfern von Sands Point, und vermittelt den Eindruck, etwas Verpflanztes zu sein, ein reizendes und für Amerika originelles Bauwerk, aber fremd in seiner Umgebung. Vierzig Hektar Wald und Wiesen fallen nach Süden zu sachte von Haus und Klippe abwärts, eine freundliche Landschaft von Gehölzen, Lichtungen, Hügelchen, kleinen Tälern, Pferdekoppeln, offenen Feldern, typisch für die Nordküste von Long Island. Obstgärten mit Apfel-, Pfirsich- und Pflaumenbäumen sind über den ganzen Besitz verstreut, und da gibt es auch einen Ententeich und einen Bach. Den Hauptzugang bilden riesige Eisentore, die an die großen Adelsgüter Großbritanniens erinnern und mit der Initiale «G» geschmückt sind, und die lange Zufahrt windet sich durch zwei Meilen Wald- und Weideland voller Pfauen, Fasanen, Schafe, Rehe. Ein weiteres Eisentor, diesmal aus dem französischen 16. Jahrhundert, aus gewundenen Eisenstangen und mit einem Fries von vergoldeten Blumenornamenten, bewacht den weiten, gepflasterten Hof unmittelbar vor dem Haus. Hohe Libanonzedern überschatten den Hof, und mehr als zweihundert Geranientöpfe flankieren den Hauseingang. Die Fassade besteht aus Klinker in weichem Rotbraun, und die steilen Dächer französischen Stils sind mit dunkelbrauen französischen Ziegeln gedeckt. An der landeinwärtigen Seite des Gebäudes sind vier Öffnungen mit Arkaden, die auf gotischen Kapitellen ruhen, und an der Südseite erhebt sich ein runder zweistöckiger Turm mit niedrigem Spitzdach; das Ganze erweckt den Eindruck einer Kreuzung zwischen einem kleinen französischen Schloß und einem großen französischen Landhaus. Die Außenmauern sind teilweise von Kletterpflanzen bedeckt — Glyzinen, Efeu, Spaliermagnolien —, was dem großen Haus einen Anflug von Geheimnis verleiht.

Im Inneren des Hauses findet sich eine Mélange von allem, hauptsächlich von französischer und italienischer Gotik und Renaissance: Kachelböden, von einem Renaissancehaus in Florenz kopiert; ein französisches Treppenhaus aus dem 16. Jahrhundert; eine ungewöhnlich schöne Lindenholzmadonna des 15. Jahrhunderts; eine seltene Keramik von Paul Gauguin, «La Femme Noire»; ein «König Salomon» von Pedro Berruguete; eine Giacometti-Büste; Kamine im spätgotischen Flamboyant-Stil; gotische Millefleur-Tapisserien; ein wunderschönes Terrakottarelief Johannes des Täufers von Andrea della Robbia in Blau, Weiß und Gold; ein paar exquisite Marmorreliefs von König Ludwig XII. und seiner Königin Anna von Bretagne; eine schwäbische Heilige Katharina aus dem 15. Jahrhundert; einige schöne italienische Truhen.

Manche Gegenstände scheinen eine Guggenheimsche Identifikation mit Fürstlichkeit und Aristokratie zu widerspiegeln: zwei prächtige Fayence-Löwen aus dem 17. Jahrhundert, mit Purpur und Gold bemalt, den königlichen Farben, zieren — was sonst? — Harrys Schlafzimmer; ein herrliches farbiges Glasfenster stellt einen federgeschmückten Ritter zu Pferd dar, und die Satteldecke trägt viele Male den Buchstaben «G»; ein geräumiges, blaugekacheltes Badezimmer mit riesiger eingelassener Wanne ist dem Bad eines der französischen Könige nachempfunden. Ein großer Teil des Intérieurs ist eine Kopie des Palazzo Davanzati in Florenz. Fast alle Kunstwerke, und es sind ihrer Hunderte, sind christlich. Im ganzen Haus findet sich kein einziges jüdisches Symbol.

Als Harry auf Falaise lebte, hielt er eine vierzehnköpfige Dienerschaft und bestand darauf, daß das Gut selbstversorgend sein müsse, nach dem Muster eines feudalen europäischen Landgutes: Schweine und Rinder wurden geschlachtet, Speck und Schinken geräuchert, Milch, Rahm und Butter in der Meierei produziert und alle Gemüse und Früchte auf dem Anwesen gezogen. Im Schutz seiner vierzig Hektaren Wald und Feld konnte Harry auf Falaise in Ruhe arbeiten; es muß nämlich betont werden, daß Falaise nicht nur Vorzeigeort für einen sehr reichen Mann, sondern auch Operationsbasis für einen sehr beschäftigten Mann war.

Der Vorgang der Guggenheim-Verherrlichung auf Falaise beginnt in einem vom Hauptgebäude abgesonderten kleinen Turm rechts am Tor. Dort wird ein kurzer Film mit Harry Guggenheim und Charles Lindbergh immer wieder Besuchergruppen vorgeführt. Zu Beginn des Films werden wir daran erinnert, daß Nassau County «die Wiege der Luftfahrt» ist; dann erzählt man uns von der frühen Förderung der Fliegerei durch die Guggenheims, und während wir Harry und Lindbergh auf Falaise herumspazieren sehen, werden wir informiert, daß Lindbergh und seine Frau ihren ersten gemeinsamen Flug von Falaise aus unternahmen und daß Lindbergh das Log seines historischen Fluges über den Atlantik hier auf dem Gut schrieb. Nein, sagt ein Guide, Harry habe Lindbergh niemals im Stich gelassen; er habe bis zuletzt zu ihm gehalten, selbst als er mit den Nazis flirtete.

Nachdem der Film vorbei ist, werden die Besucher aufgefordert, eine eingerahmte Photographie mit anerkennender Widmung an einer Wand zu betrachten. Da steht:

«Für Harry F.Guggenheim, dessen weitblickende Unterstützung von Dr. Robert H.Goddards Werk so viel zum Erfolg von Saturn V beitrug, mit herzlichsten Grüßen.»

WERNHER VON BRAUN

Vom Flug- und Raketenwesen zur Politik. Im Innern des Hauptgebäudes zeigt man dem Besucher sofort Harrys Speisezimmer, wo der Tisch mit Minton-Ambassador-Porzellan in Blau-Gold-Weiß gedeckt ist und das Große Siegel des Präsidenten der Vereinigten Staaten prangt.

Staatsmännische Tätigkeit und Luftfahrt werden auch in dem großen Wohnzimmer in Gold, Braun und Beige versinnbildlicht, das von einem gewaltigen steinernen Kaminsims am einen Ende beherrscht wird. Hier sind auf einem langen Tisch signierte Fotos mit Widmungen von Herbert Hoover, Bernard Baruch, Robert H.Goddard, Charles Lindbergh und James E.Doolittle ausgestellt.

Dann zu den Pferden und zu Vollblut-Pferderennen. Eine schmale Stiege führt hinunter in den Keller und zur Harrys Trophäenzimmer. Pferde wurden in seinen späteren Jahren zu seiner größten Passion, die sogar sein Interesse am Zeitungsverlag in den Schatten stellte. Harry war in ziemlich allen Dingen gut; was er machte, machte er richtig, ob Viehzucht, Holzwirtschaft oder Museumsleitung, und ganz besonders gut war er in Pferdezucht und Pferderennen — so gut, daß er schließlich Millionen damit verdiente.

Im oberen Stockwerk bleibt Harrys Schlafzimmer genau so, wie er es zurückgelassen hat — wir bemerken seine Marinekapitänsmütze und seinen Rennplatz-Zylinder auf dem Schrankbrett —, und Alicia Pattersons Schlafzimmer bleibt genau so, wie sie es zurückgelassen hat, das Bett mit ihrem Lieblingsüberwurf zugedeckt. Goldgerahmte Porträts von Daniel und Florence Guggenheim hängen in der oberen Halle.

Noch anderes erinnert da und dort im Hause an Guggenheim-Taten — eine Photographie von Captain Harry mit startbereitem Kampfflugzeug auf dem Flugzeugträger *Nehenta Bay* in der Nähe von Okinawa 1945, eine Aufnahme des Zeitungsverlegers Harry an seinem Schreibtisch bei *Newsday* — aber der abschließende Panegyrikus ist dem Turmzimmer beim Tor vorbehalten. Dort sehen wir, wenn der Lindbergh-Film nicht läuft, DIE GUGGENHEIMS, eine Photoausstellung, die die Einwanderer Meyer und Barbara und ihre zehn Kinder zeigt; Meyer und seine sieben Söhne am langen Mahagonitisch in den Büros vom M.Guggenheim's Sons; die Minen A.Y. und Minnie in Leadville, die große Kupfermine von Bingham Canyon; eine der Hütten von ASARCO; das Solomon R. Guggenheim Museum, sowie ein Porträt des jungen John Simon Guggenheim, dessen früher Tod Anlaß zu der Stiftung gab, die seinen Namen trägt.

Der Geist von Harry Guggenheim scheint in jedem Zimmer auf Falaise präsent zu sein. Und in der Tat, was für großartige Geschenke hat diese außergewöhnliche Familie nicht nur dem amerikanischen Volk, sondern der ganzen Menscheit gemacht!

«Lorenzo scheint das Fundament seiner Herrlichkeit und seines Ruhmes, durch die er einmütig die Beinamen der Prächtige und der Großmütige erhielt, selbst gelegt zu haben, denn er zeigte große Freigebigkeit gegenüber allen.

Er war fast noch ein Knabe, als der Herrscher von Sizilien, der von seiner Liebe zu schönen Pferden gehört hatte, ihm eines als Geschenk überbringen ließ. Lorenzo zeigte sich dafür erkenntlich, indem er Geschenke zurücksandte, die drei- oder viermal soviel wert waren wie das Pferd. Als sein Erzieher ihm wegen seiner übermäßigen Großzügigkeit Vorwürfe machte, erwiderte Lorenzo, es gebe nichts Herrlicheres, als alle Menschen an Großzügigkeit zu übertreffen. Das war wahrhaft fürstlich.»*

Das war wahrhaft fürstlich. Zweihundertfünfzig Millionen Dollar aus der Erde zu holen und fünf- oder sechshundert Millionen zurückzugeben.

* Aus: Hugh Ross Williamson, Lorenzo the Magnificent, New York, G.P.Putnam's Sons, 1974.

V. Teil

Die Überlebenden (1945—1978) Die fünfte und sechste Generation

Ein Volk, das nicht stolz ist auf die edelsten Taten ferner Ahnen, wird nie etwas vollbringen, woran sich ferne Nachkommen mit Stolz erinnern werden.

Macaulay

Die längste Welle verliert sich schnell im Meer.

Emerson

GENEALOGIETAFEL DER FAMILIE GUGGENHEIM

(zu Teil V)

Isaac
(1854—1922)

- Edyth B.
  (1880—1960)
  ⚭ Louis M. Josephthal
  - Audrey Josephthal
    (geb. 1904)
    ⚭ Cornelius Love
    - IRIS LOVE
      (geb. 1933)

Daniel
(1856—1930)

- M. Robert
  geb. (1885—1959)
  ⚭ Grace Bernheimer
  - M. ROBERT JR.
    (geb. 1910)
    ⚭ Helen Claire Allyn
    - DANIEL M.
      (geb. 1938)
- Gladys Eleanor
  (1895—1980)
  ⚭ Roger W. Straus
  - Oscar Straus II
    (geb. 1914)
    ⚭ Marion Miller
    - Oscar Straus III
      (geb. 1942)
  - ROGER W. STRAUS, JR.
    (geb. 1917)
    ⚭ Dorothea Liebmann
    - Roger W. Straus III
      (geb. 1944)

Solomon
(1861—1949)

- Barbara
  (geb. 1904)
  ⚭ John R. Lawson-Johnston
  - PETER O. LAWSON-JOHNSTON
    (geb. 1927)
    ⚭ Dorothy Hammond
    - Wendy
      (geb. 1952)
    - Tania
      (geb. 1954)
    - Peter O. II
      (geb. 1957)
    - Mary
      (geb. 1967)

William
(1868—1941)

- William Jr.
  (1907—1947)
  ⚭ Mary Elizabeth Newell
  - WILLIAM III
    (geb. 1939)
    ⚭ (1) Graze Azro Embury
    ⚭ (2) Judith Arnold
    - Maire Embury
      (geb. 1962)
    - Jaenet Newell
      (geb. 1963)
      (beide von Grace Embury)
    - William Douglas
      (geb. 1970)
    - Christopher Mark
      (geb. 1976)
      (beide von Judith Arnold)
    - Jonathan
      (geb. 1979)

Vollständige Genealogietafeln siehe S. 399

Kapitel

1

Nach Harry: Eine Familie in Fragmenten

Mit Harrys Tod im Jahre 1971 und der Umwandlung von Falaise in ein Museum schien die große Zeit der Guggenheims in Amerika vorbei. Es blieb der Familie nicht viel anderes zu tun, als festzuhalten, was sie hatte, und achtzugeben, daß ihre verschiedenen Geschäfte, Investitionen und Stiftungen nicht vom Weg abkamen.

Allerdings steckte noch immer genügend Geld, Energie und Begabung für weiteres schöpferisches Tun in der Familie — das bezeugen die äußerst erfolgreichen Karrieren von Roger W. Straus junior im Verlagswesen und Iris Love in der Archäologie. Und es bestand mindestens eine Außenseiterchance, daß Harrys Haupterbe, der tüchtige und nunmehr reiche Peter O. Lawson-Johnston, den Namen, die Finanzen und den Einfluß der Guggenheims würde neu beleben können. Die heroischen Zeiten des Aufbaus eines Imperiums und der innovativen Führung in Kunst und Wissenschaft indessen schienen für immer vorüber, wie sie wohl für die Vereinigten Staaten überhaupt vorüber waren.

Es war am Ende eine typisch amerikanische Familiensituation. Vor dem Ersten Weltkrieg schafften es in Europa gewisse «große Familien», jene, die am strengsten auf eugenisch so wichtige Dinge wie Blutlinien, richtige Ehebündnisse und Berücksichtigung der verheißungsvollsten Erben in letztwilligen Verfügungen und Testamenten achteten, oft jahrhundertelang an der Macht zu bleiben. Die Medici waren mehr als zweihundert Jahre lang in Florenz und der Toskana und in einem großen Teil Italiens und Europas tonangebend. Die Habsburger beherrschten Wien und fast ganz Österreich während sechshundert Jahren, bis sie im Völkermord des Ersten Weltkrieges ihre Macht verloren. Die Bourbonen hielten sich mit ihren verschiedenen Zweigen durch drei Jahrhunderte als Herrscher Frankreichs, Spaniens und des Königreichs beider Sizilien an vorderster Front der europäischen Politik, und noch heute sitzt einer von ihnen auf einem europäischen Thron. In den Vereinigten Staaten dagegen beginnen große Familien gewöhnlich nach der vierten Generation Macht und Einfluß zu verlieren.

Darin liegt eine gewisse Ironie. Tausende von Amerikanern haben so ungeheuer gekämpft, um reich zu werden und Dynastien zu gründen, von denen sie hofften, daß sie unbezwingbar sein würden, nur um dann erleben zu müssen, daß ihre Anstrengungen durch gewisse nivellierende Kräfte zunichte gemacht werden, die leider immer am Werk sind und langsam, aber sicher die finanziellen Fundamente derer abtragen, die zu wirtschaftlicher Macht gelangt sind. Die Einkommenssteuerprogression (Harry Guggenheim war einmal in der 89-Prozent-Klasse). Ruinöse Erbschafts- und Schenkungssteuern (Murry Guggenheim bezahlte ja 1925 die damals höchste Schenkungssteuer der amerikanischen Geschichte). Erziehung zarter junger Erben durch unterbezahlte liberale Professoren, denen der Reichtum der Väter ihrer Studenten ein Ärgernis ist. Andere umstürzlerische Kräfte. Es ist, als gäbe es zwei getrennte Amerikas, von denen jedes für sich in Anspruch nimmt, den «American Way» zu vertreten: das eine begütert, aristokratisch, konservativ, dynastisch und exklusiv, fast ganz mit dem privaten Sektor beschäftigt, das andere ärmer, egalitär, liberal, populistisch, mehr mit dem öffentlichen Sektor beschäftigt — und beide liegen dauernd im Krieg miteinander.

Wer und was blieb nach Harrys Tod von der Guggenheim-Dynastie und von den Institutionen, die deren Begründer geschaffen hatten, übrig?

Eine bruchstückhafte, geschrumpfte Familie, eine Handvoll kleiner Firmen und fünf Stiftungen, die sich dem neuen Amerika im letzten Viertel des «Amerikanischen Jahrhunderts» gegenübersehen.

Ein neues Amerika, in der Tat. Vorbei mit dem offenen Neuland mit seiner Verheißung unbegrenzter Möglichkeiten. Vorbei mit dem Gefühl der Einmaligkeit, dem Bewußtsein, neu, revolutionär, einzigartig, anders zu sein. Vorbei mit «den undurchdringlichen Wäldern voll wilder Tiere und Indianer». Bald vorbei mit den «wogenden Hügeln, unberührten Ebenen, rauschenden Bächen». Vorbei mit den Illusionen. Vorbei mit der Unschuld. Vorbei mit den Bonanzas. Vorbei mit dem Gefühl einer spezifischen historischen Aufgabe. Bald vorbei mit der Initiative des Einzelnen. Bald vorbei mit dem freien Unternehmertum. Bald vorbei mit den individuellen Freiheiten.

Denn leider war Mitte der siebziger Jahre das amerikanische Imperium fest etabliert und wurde nun von ein paar Dutzend gigantischen multinationalen Gesellschaften regiert, von denen jede handelt, als wäre sie ein souveräner Staat für sich, jede danach trachtet, das Spiel des freien Marktes zu begrenzen, jede auf ihre Weise die individuellen Freiheiten unterdrückt, jede sich auf endloses Wachstum festlegt in einer Welt, in der endloses Wachstum nicht mehr möglich ist, außer auf Kosten anderer Menschen und der Umwelt. In nur zweihundert Jahren seit der Unabhängigkeit vom britischen Weltreich hatten die amerikanischen Reichserbauer die Möglichkeiten ihres Landes beinahe erschöpft. Jetzt war auf einmal Amerika das *ancien régime*. Jetzt war auf einmal die Coca-Colonisation der Welt über die wildesten Träume ihrer Begründer hinaus beendet; das erfrischende Pausengetränk konnte endlich vom Amazonas bis zum Himalaya, von Pitcairn Island bis Lappland ein Sandwich hinunterspülen. Sherwin-Williams-Farben bedeckten endlich die Erde, und auf Madagaskar gab es jetzt ein Holiday Inn, für das man bei sich zu Hause in Kansas City ein Zimmer bestellen konnte, indem man eine gebührenfreie Telefonnummer wählte. Bald würde den Erbauern des Imperiums kaum mehr etwas zu tun bleiben als der Versuch, den imperialen Hamburger auf Tasmanien und Baffin Island zu verkaufen. «Über McDonalds Hamburgern geht die Sonne nie unter» wäre die Krönung des Ganzen.

Wirklich, das Reich war fest gegründet. Das Merkwürdige aber war, daß die meisten Amerikaner, anders als ihre römischen Gegenstücke vor zweitausend Jahren, nicht besonders stolz darauf zu sein schienen, daß sie das größte Handelsimperium der Weltgeschichte geschaffen hatten. Ja, manche Amerikaner sträubten sich sogar, zuzugeben, *daß* die Vereinigten Staaten ein Imperium seien. Und wie die Reaktion des Volkes auf den Vietnamkrieg bewies, waren sie ganz bestimmt nicht bereit, für die Aktionäre von Coca-Cola, ITT, McDonalds Hamburgers und Sherwin-Williams-Farben zu sterben.

Ein ganzes neues Amerika. Ein überbautes, von Gigantismus geplagtes Amerika. Ein Amerika, in dem eine kleine Partnerschaft wie Guggenheim Brothers nicht mehr erfolgreich mit den Unternehmensriesen konkurrieren konnte, die sie gezeugt hatte. Ein Amerika, in dem eine gigantische Verwaltung zunehmend in den privaten Sektor vordrang, der so lange Zeit die Guggenheimsche Arena gewesen war, und alles immer stärker regulierte. Ein ausgeplündertes Amerika, ein Land, das sich beschwerte gegen die Art von Ausbeutung, wie sie die Guggenheims mehr als ein halbes Jahrhundert lang betrieben hatten; ein Land, dessen wichtigste natürliche Reichtümer, mit Ausnahme der Kohle, spätestens im zweiten Jahrzehnt des 21. Jahrhunderts alle aufgebraucht sein dürften. Ein Amerika auch, in dem die Arbeitsethik, die Leute wie die Guggenheims zu so außerordentlichen finanziellen Höhen geführt hatte, immer weniger beliebt war, besonders bei den Jungen. Ein Amerika vor allem, das bereits überentwickelt, bereits erschöpft schien, eine Nation, die sich weitgehend selbst konsumiert hatte und ihre Zukunft bereits ausgegeben oder aufgebraucht zu haben schien. Wohin konnte das Land jetzt noch gehen?

Ja, wohin? Und wohin konnten die Guggenheims jetzt noch gehen? Zur

Zeit der Zweihundertjahrfeier hatten die Guggenheims schon alles getan und waren alles gewesen, was man in der Freiheit Amerikas tun und sein konnte. Sie hatten sich sogar so in den Hauptstrom der amerikanischen Gesellschaft assimiliert, daß die meisten von ihnen keine Juden mehr waren. Peter O. Lawson-Johnston, M. Robert Guggenheim jr., Daniel M. Guggenheim, Iris Love und William Guggenheim III. waren, mit Ausnahme Roberts, abstammungsmäßig halbe WASPs, und sie alle, einschließlich Roberts, waren im christlichen Glauben erzogen worden. Die Familie hatte nicht nur den amerikanischen Traum hundertfach verwirklicht, es war ihr sogar gelungen, sich von ihrem oft lästigen Judentum zu befreien. Was konnte man jetzt noch sein, was noch erträumen, wohin noch gehen?

Der amerikanische Traum war immer einer der Beweglichkeit nach oben gewesen. Jetzt sahen sich viele dem amerikanischen Alptraum der Beweglichkeit nach unten gegenüber. Ja, die ganze Nation sah sich ihm gegenüber, als andere Länder, hauptsächlich China und die Sowjetunion, immer mächtiger wurden.

Was die fünfte und sechste Generation der Guggenheims im Jahr der Zweihundertjahrfeier betraf (von deren Hauptereignissen eines, nämlich die Viking-Landung auf dem Mars, sich auf die Unterstützung Robert Goddards durch die Guggenheims zurückführen ließ), so ging's mit ihnen nicht unbedingt auf- oder abwärts; sie behaupteten sich gerade eben, wie die Nation auch.

Aber wohin konnte man von 1976 an gehen, außer zu den Planeten jenseits des Mars?

Für Roger W. Straus jr. und seine Cousine Iris Love gab es keine großen Probleme. Beide hatten das Glück, schon seit ihren Jugendjahren ganz klar umrissene Berufungen zu spüren, denen sie zum Teil dank dem hinter ihnen stehenden Geld, in erster Linie aber dank ihren eigenen persönlichen Begabungen erfolgreich nachgegangen sind. Alles spricht dafür, daß sie ihnen noch viele Jahre erfolgreich nachgehen werden.

Für die Guggenheims der Westküste, M. Robert jr. und Daniel M., war die Situation ein bißchen anders. Keiner fühlte sich zu etwas so Spezialisiertem und Schönem wie Verlagswesen oder Archäologie berufen. Für sie bestand um die Mitte der siebziger Jahre Leben und Arbeit darin, Geld zu verdienen, das Beträchtliche, was Robert geerbt hatte, und das ebenfalls Beträchtliche, was Daniel laufend verdiente, richtig einzusetzen und zu hoffen, durch harte Arbeit und geschickte Investitionen ihren Anteil des Familienvermögens wieder auf den Stand zu bringen, auf dem er zu Lebzeiten ihres außergewöhnlichen Vorfahren, des kühnen, visionären Mister Dan, gewesen war.

Peter Lawson-Johnston hatte natürlich die größte Herausforderung von allen vor sich. Als Haupterbe Harrys, und zwar nicht nur seines Vermögens, sondern auch des «Guggenheim-Erbes», war es an ihm, die Fragmente des zerstückelten Imperiums aufzulesen und nach Möglichkeit wiedet zusammenzusetzen. Es war an ihm, die moribunde Guggenheim Brothers wiederzubeleben, an ihm, die anderen Guggenheim-Geschäfte wie Anglo Company und Pacific Tin in eine immer glänzendere Zukunft zu führen, an ihm, dafür zu sorgen, daß das Guggenheim-Museum solvent und eine lebendige, innovative künstlerische Kraft blieb, an ihm, mit dem größten aller Guggenheimschen Fragezeichen, der Harry Frank Guggenheim Foundation, etwas Konstruktives anzufangen, an ihm, einen Nachfolger auszuwählen, der das alles ins nächste Jahrhundert weiterträgt. Und das alles in einer Zeit ständig zunehmender Konkurrenz von Seiten der Multis, einer Zeit des immer mehr ins Kraut schießenden und sich einmischenden «Big Government», der stetig schwindenden Anerkennung von Arbeitsethik, der stetig schwindenden natürlichen Reichtümer.

Solche monumentalen Herausforderungen waren der Preis, den Lawson-Johnston dafür bezahlen mußte, Harrys Erbe zu sein. Sie waren bestimmt weit entfernt von dem Dividenden- und Zinsen-Einsammeln, das zur Hauptherausforderung der meisten übrigen Familienmitglieder geworden war. Noch weiter entfernt waren sie von der Welt des jungen Mannes, den man ohne Melodrama oder Übertreibung «den letzten der Guggenheims» nennen könnte, William Guggenheims III., des einzigen Mannes in der Familie, der noch den Namen Guggenheim trug und Söhne hatte. Denn Will III. war nicht nur der letzte Guggenheim mit Nachkommen, die in der Lage sind, den Namen Guggenheim fortbestehen zu lassen, er war auch das einzige Familienmitglied, das eine völlig neue Richtung eingeschlagen hatte. Aus einer Familie zu stammen, die durch Ausbeutung der natürlichen Reichtümer der Erde ihr Vermögen gemacht hatte und dieses Vermögen dann dazu benutzte, in fürstlichem Stil zu leben und Kunst und Wissenschaften auf außerordentlich kühne Weise zu fördern... und dann allem, was vorher war, den Rücken zu kehren und sich auf den einsamen Pfad des religiösen Mystizismus zu begeben, das war für einen Guggenheim wahrhaftig eine neue Richtung.

Fast hundert Jahre bevor Peter Lawson-Johnston seine Verantwortungen als Guggenheim-Bannerträger in den siebziger Jahren aufnahm und M. Robert Guggenheim jr. sich so feudal in Newport Beach einrichtete und Roger W. Straus jr. den dreißigsten Jahrestag seines New Yorker Verlages Farrar, Straus & Giroux feierte und Iris Love den Aphrodite-Tempel auf Knidos entdeckte und William Guggenheim III. in Florida seine Berufung als religiöser Mystiker fühlte, hatte ihr Urgroßvater Meyer Guggenheim seine sieben Söhne um jenen langen Mahagonitisch in seinem Büro versammelt und ihnen die Parabel von den Stäben und dem Stabbündel szenisch beigebracht.

«Seht ihr, meine Jungen, einzeln sind die Stäbe leicht zu brechen, zusammen überhaupt nicht. So ist es mit euch. Gemeinsam seid ihr unbesiegbar. Einzeln kann jeder von euch leicht zerbrochen werden. Haltet zusammen, und die Welt gehört euch. Wenn ihr auseinandergeht, werdet ihr alles verlieren.»

An diese Philosophie hielten sich alle Brüder mit großartigen Ergebnissen mehrere Jahrzehnte lang, dann wurde sie aufgegeben, zuerst allmählich von den Brüdern selbst, später immer schneller von ihren Kindern, Enkeln und Urenkeln. Bis 1976 waren schon manche Guggenheims zerbrochen. Die Familie hatte keineswegs «alles verloren», aber viel, und war jetzt bei weitem nicht mehr «unbesiegbar». Eigentlich gab es jetzt so etwas wie die Familie Guggenheim gar nicht mehr. Es gab vielmehr etliche verschiedene Familien, von denen jede einem der damaligen sieben Brüder entstammte und sich jede in einer anderen Richtung bewegte. Es gab keine großen Familienzusammenkünfte mehr, die jeden einschlossen. Es war eine Familie in Fragmenten. Obwohl sie weiterhin fähige Männer und Frauen hervorbrachte, würde sie mit Sicherheit nie wieder die Stärke und Zielstrebigkeit zurückgewinnen, deren sie sich in jenen überschwenglichen Zeiten erfreute, als sieben junge Männer, Söhne eines armen Flüchtlings aus einem europäischen Ghetto, sich gemeinsam unerschrocken aufmachten, den Mineralreichtum der Neuen Welt zu erobern.

Kapitel

2

Peter O. Lawson-Johnston: Der Gesalbte

Fast jeden Werktag um neun Uhr morgens sitzt er an seinem Schreibtisch im weiten, holzgetäfelten Partners' Room von Guggenheim Brothers.

Um zu dieser Zeit dort zu sein, ist er um viertel nach sechs zu Hause in Princeton aufgewacht, hat seinen Morgenlauf absolviert, gefrühstückt, einen Pendlerzug von Hopewell nach New York und dann eine U-Bahn zur Wall Street genommen.

Es ist der Chef-Schreibtisch in der Mitte des Raumes, dem Eingang gerade gegenüber, mit dem Rücken zur Aussicht auf das World Trade Center, den Hudson und die Jersey-Wiesen. Die übrigen Pulte, an denen einst sein Großvater, seine Großonkel und sein Cousin Harry saßen und auf die jetzt seine alternden Partner Anspruch haben, sind gewöhnlich leer.

Es ist neun Uhr dreißig an einem typischen Werktagsmorgen. Es passiert nicht viel. Aber von seinem Schreibtisch aus kann Lawson-Johnston alle die Hauptakteure der stürmischen Tätigkeiten sehen, die jahrzehntelang in diesem Raum vor sich gingen, der jetzt *sein* Büro ist.

An den dunklen Nußbaumwänden neben ihm hängen Porträts des eingewanderten Schneiders aus Lengnau in der Schweiz, Simon Guggenheim, und seines Sohnes Meyer. An den entfernteren Wänden vor ihm, rechts und links vom Haupteingang, hängen die Großonkel Daniel, Murry, Simon, Isaac, Benjamin, Großvater Solomon und Cousin Harry. Auf einem Tischchen nicht weit von seinem Schreibtisch steht der eingerahmte Check der National City Bank mit Datum 1. März 1923, ausgestellt auf Guggenheim Brothers im Betrag von 70 Millionen Dollar und unterzeichnet von Anaconda Copper. Auf einem andern Tisch in der Nähe stehen die Fotografie von Großvater Solomon mit seinem Schwiegersohn, dem Grafen von Castle Stewart, auf der Moorhühnerjagd, und das Reliquienkästchen, das ein «echtes Stück des ersten Hangars der Welt in Kitty Hawk» enthält.

Da und dort auf anderen Tischen verstreut liegen die Firmenberichte über Aktivitäten in Angola, Malaysia, Brasilien, Thailand, Kanada, Alaska. Und die Berichte der Stiftungen, die zum Teil von diesen Aktivitäten abhängig sind: Solomon-R.-Guggenheim-Stiftung und -Museum, Daniel-und-Florence-Guggenheim-Stiftung, Harry-Frank-Guggenheim-Stiftung.

Dann und wann tut sich etwas. Das Telefon klingelt. Oder ein Büroangestellter oder eine Sekretärin bringt einen Brief zum Unterschreiben. Oder einer der anderen Partner, von denen die meisten über fünfundsiebzig Jahre alt sind, kommt herein, um seine Post durchzusehen. Gewöhnlich aber ist es hier sehr still. Die Zeiten sind vorbei, als die Empfangsräume gedrängt voll waren von Schürfern, Investoren, Bergleuten, Ausrüstern, Bankiers, Forschungsreisenden, Erfindern, Schnorrern und Schwindlern, die darauf warteten, einem der Brüder ihre fabelhaften Geschäfte unterbreiten zu können. Die Zeiten sind vorbei, als die Brüder, um den langen Partnertisch versammelt, diskutierten und diskutierten und dann beschlossen, eine 25-Millionen-Dollar-Eisenbahn über einen wandernden Gletscher in Alaska zu bauen oder eine ebenso eindrucksvolle Summe in einen unzugänglichen Berg in fast dreitausend Metern Höhe in den chilenischen Anden zu investieren. Vorbei ist auch die prickelnde Erregung, Gold im Yukon, Kupfer in Alaska und in Utah, Silber in Mexiko, Diamanten in Angola, Zinn in Bolivien zu finden. Vorbei die großen Glücksspiele. Vorbei die Bonanzas. Vorbei die Zeit, als die Brüder 75 Prozent allen Kupfers und Bleis in der Welt kontrollierten. Vorbei die Zeit, als Daniel Guggenheim, berauscht von der Aussicht, das ganze natürliche Nitrat dieser Erde aufzukaufen, schwärmte: «Nitrat wird uns reicher machen, als selbst der Geiz es sich erträumen kann!»

Das soll indessen nicht heißen, daß es nichts zu tun gäbe. Teile des früheren Guggenheim-Imperiums sind noch vorhanden, und sie sind solvent. Da ist die Anglo Company, ein Ableger von Murrys Geistesprodukt Anglo-Lautaro Nitrate Company of Chile; da ist die an der New Yorker Börse kotierte Pacific Tin Consolidated Corporation, ein Ableger der alten Yukon Gold. Da ist Feldspar Corporation. Da ist Diamang, der angolanische Diamantenkonzern. Da ist die Brazilian Mining and Dredging Company. Da sind noch immer Hunderttausende von Aktien der Kennecott Corporation, an die man denken muß. Da sind andere, kleinere Konzerne, wie Elgebar, das Nutzholz- und Viehunternehmen in South Carolina. Und da sind alle die Stiftungen und Trustfonds, die ganz oder teilweise von diesen Geschäften abhängen. Ja, obwohl die Wirtschaften und Regierungen ganzer Nationen nicht mehr aufsteigen oder stürzen, je nachdem, was im Partner's Room von Guggenheim Brothers entschieden wird, ist doch für den Mann am Chefschreibtisch noch eine Menge zu tun.

Peter O. Lawson-Johnston landete an diesem Schreibtisch in diesem Raum, wie wir wissen, dank seinem Vetter Harry, der, als er im Sloan Kettering Institute in New York im Sterben lag, seinen Angestellten Bill D. Moyers und seinen Enkel Dana Draper überging und Peter zu seinem Haupterben und Sachwalter machte.

Sehr gut erinnert sich Peter an die Ereignisse, die zu seiner Investitur führten. Wie Albert Thiele ihm 1956 den Posten in der Guggenheim-kontrollierten Feldspar Corporation gab. Wie Harry allmählich von ihm Notiz nahm, ihn einlud, Teilhaber bei Guggenheim Brothers zu werden, und ihn 1960 zur Pacific Tin nach Malaysia schickte. Wie er nach Albert Thieles Pensionierung 1965 Mitglied des Aufsichtsrates von Kennecott Corporation wurde. Wie Harry ihn in die Direktion des Guggenheim-Museums holte. Jene Sitzung der Kuratoren im Museum, als er die flammende Rede gehalten hatte über die Notwendigkeit, den Idealen seines Großvaters nachzuleben, und wie Harry ihm gratuliert hatte, als die Sitzung vorbei war. Wie ihn dann am 10. Dezember 1969 Harry plötzlich zum Vizepräsidenten für Finanzen am Museum machte und mit allen künftigen Entwicklungen betraute. Wie Harry dann ein so starkes neues Interesse an ihm zeigte. Die Anrufe, die Einladungen zum Essen, die Zusammenkünfte. Wie das alles darin gipfelte, daß Harry ihn zum Präsidenten des Museums ernannte und ihm sagte, er möchte, daß er, Peter, nach seinem Tod Präsident seiner eigenen Stiftung werde. Und dann der Schicksalstag im Jahre 1970, als Harry ihn aus dem Sloan Kettering anrief, ihn um seinen Besuch bat und sagte, George Fountaine von Guggenheim Brothers habe einen großen Briefumschlag für ihn.

Da Peter inzwischen daran gewöhnt war, Geschäftsangelegenheiten mit Harry zu besprechen, war er nicht mehr als «ein bißchen neugierig auf den Inhalt des Pakets». Bald aber wurde ihm klar, daß der Inhalt vermutlich sehr wichtig war, denn gleich nach seiner Ankunft an Harrys Krankenbett bat ihn dieser, den Umschlag zu öffnen und den Inhalt zu lesen.

Nicht ein Laut war in dem Spitalzimmer zu hören, außer dem Aufreißen des braunen Umschlags und dem mühsamen Atmen des krebsleidenden alten Mannes.

Als Peter las, daß Harry ihn zum Erben eines Multimillionendollar-Trustfonds gemacht hatte, der ihm mindestens eine halbe Million Jahreseinkommen für den Rest seines Lebens sicherte, daß er ihm weitere namhafte Vermächtnisse verschrieben hatte und ihm außerdem die Verantwortung übertrug, die Guggenheim-Tradition weiterzuführen, war er völlig überwältigt.

«Ich kann's nicht glauben», stöhnte er. Harry blickte ihn ruhig an und lächelte. «Du hast einen gesunden Menschenverstand, Peter», sagte er, «ein gutes Urteilsvermögen, du hast eine wunderbare Frau und Familie, aber das Wichtigste von allem ist, daß du ein Gentleman bist.»

Harry war nicht dumm. Wie sein Vater und seine Onkel war er schon immer ein scharfsinniger Menschenkenner gewesen, und mit der Entscheidung für Peter als seinem Erben und Sachverwalter hatte er eine besonders gute Wahl getroffen.

Peter Lawson-Johnston straft alle Standardklischees von amerikanischen Sprößlingen reicher Familien der fünften Generation Lügen. Er ist nicht dekadent. Er ist nicht leichtlebig. Er ist kein Verschwender. Er ist nicht selbstzufrieden in seinem Reichtum und seiner gesellschaftlichen Position. Er ist nicht verwöhnt. Er ist vielmehr ein ruhiger, ausgeglichener, verläßlicher, intelligenter, hart arbeitender Mann.

Die amerikanischen Reichen, sozialem Druck so sehr ausgesetzt, sind in der Regel nicht so verdorben wie ihre europäischen und lateinamerikanischen Pendants. Mit Sicherheit sind sie nicht annähernd so verdorben wie die griechischen, italienischen, mexikanischen oder spanischen Reichen, deren Überfluß die Tendenz hat, sie in eine Kaste für sich zu stellen. Und Peter ist keine Ausnahme. Er nimmt sich nicht wichtig. Er tyrannisiert seine Untergebenen nicht. Er nimmt Rücksicht auf andere. Er prahlt nicht. Er arbeitet so streng, wenn nicht strenger, wie irgendeiner in den vielen Organisationen, denen er vorsteht. Außerdem fühlt er sich seinen Mitmenschen stark verpflichtet.

Daß er so geworden ist, muß zu einem großen Teil seinem Großvater und seiner Mutter zugute gehalten werden. Weder Solomon, noch Barbara Guggenheim gaben ihm je viel Geld; beide brachten ihm schon früh im Leben bei, wenn er Geld bekommen wolle, müsse er es sich durch nützliche Handreichungen verdienen. Und nach dem Schulabschluß werde auch nicht viel Geld für ihn herausschauen, es sei denn, er arbeite fleißig und mache seine Sache bei jedem Job, den er annehme, gut. Schuldiplom- oder Geburtstagsgeschenke in Form von tollen Sportwagen gab es für ihn nie, auch nicht «fabelhafte kleine Checks», die unverhofft und wundersam vom Kennecott-Berg oder von den chilenischen Nitratfeldern zu ihm gesegelt wären.

Ja, Barbara erzog ihn gut. Der Junge wuchs im ländlichen Maryland auf, wohin Barbara mit ihrem zweiten Gatten, dem Meisterreiter Fred Wettach, gezogen war. Es war eine Bubenzeit, die er vorwiegend im Freien verbrachte, mit Zupacken auf Mutters Farm, zusammen mit den Lohnarbeitern, mit Reiten, Jagen und Fischen. Es war allerdings eine Bubenzeit ohne richtigen Vater, denn Barbara hatte sich nach nur dreijähriger Ehe von Robert Lawson-Johnston scheiden lassen. Peter sah seinen Vater erst nach einundzwanzig Jahren wieder. John Robert war anscheinend so etwas wie ein Playboy und Schürzenjäger. Als Sohn von John Osmond Lawson-Johnston aus Edinburgh, des Begründers der Firma Bovril, die das berühmte Fleischsuppenkonzentrat herstellt, und von Fannie Roberta Dunlop aus Savannah war er als amerikanischer Bürger aufgewachsen, hatte aber in Eton studiert. Er war im ganzen fünfmal verheiratet; Barbara Guggenheim war seine zweite Frau.

Um Peter für das Fehlen eines Vaters zu entschädigen, brachte Barbara ihn so oft wie möglich mit seinem Großvater zusammen; sie schickte ihn regelmäßig auf Sols Plantage in South Carolina und Ranch in Idaho und arrangierte für ihn dann und wann Besuche bei dem alten Mann in New York und auf Long Island.

Peter fühlte sich mit Solomon Guggenheim eng verbunden. Er erinnert sich, wie er mit ihm in Big Survey jagen, in Island Park fischen ging, wie er ihn in seiner Plaza-Suite besuchte und von all den Bauers und Kandinskys in schweren Goldrahmen verwirrt war (die in so grellem Gegensatz standen zur Sammlung alter Meister im Zimmer von Tante Irene), wie er mit Sol zum Mount Vernon ging, wo dieser unbedingt «George Washingtons Rasen wässern» wollte. Er erinnert sich auch, wie aufregend es war, auf Sols gigantische Jacht *Trillora* hinauszugehen, und wie erfreut Sol war, als das Schiff sank. Offenbar wollte Solomon den umgebauten Zerstörer verkaufen und fand keinen Käufer. Da das Schiff versichert war, war sein Versinken das Beste, was passieren konnte. Das geschah denn auch, im Roslyn-Hafen während des großen Hurrikans von 1938. Peter und seine Mutter hielten sich gerade in Trillora Court auf, und Peter erinnert sich, wie sein Großvater mit breitem Grinsen verkündete, die Jacht sei zum Totalverlust erklärt worden.

An welche Eigenschaften seines Großvaters erinnert sich Peter am besten? An zwei: seine Männlichkeit und seine Liebe zur Kunst. «Sein Mut und Selbstvertrauen waren phänomenal. Als Kind fühlte ich mich in seiner Nähe immer außerst sicher und schaute zu ihm auf. Und ich erinnere mich, daß die größte Freude in seinem Leben, neben seiner Familie, das Betrachten seiner Bilder war.»

Zwei Wochen nach seinem Schulabschluß 1945 trat Peter in die Armee ein und diente ein Jahr bei den amerikanischen Besatzungstruppen in Italien. Das war eine aufregende Zeit. Er war in Rom stationiert. Rom gleich nach der *liberazione*. Bald erkannten die Vorgesetzten seine Managerfähigkeiten, und man übertrug ihm die Verantwortung für das Hotel Excelsior an der Via Veneto, das als Residenz für Feldoffiziere diente. Eine seiner Pflichten war es, aufzupassen, daß keine Frauen in die Offiziersquartiere hinaufgingen. Peter stellte Wachen an allen Fahrstühlen und Treppen auf, aber irgendwie gelangten die Frauen doch hinauf. Er fand dann heraus, daß sie sich mit den Speiseaufzügen hochziehen ließen.

Dann kam das College an der Universität von Virginia, und wenngleich das ein ziemlicher Rückschritt war, nachdem er bereits das Hotel Excelsior in Rom geleitet hatte, stand er es durch und graduierte 1951 mit Auszeichnung.

Es war in seinem zweiten Studienjahr in Virginia, als er seinen Vater nach über zwanzig Jahren wiedersah. Sie waren im Palmenhof des Plaza in New York verabredet. Beide waren zur abgemachten Zeit dort, saßen unweit voneinander, aber keiner hatte den Mut, sich zu erkennen zu geben. Der Ältere blickte nervös auf seine Uhr. Schließlich trat Peter zu ihm und fragte: «Auf wen warten Sie?» Worauf der Ältere erwiderte: «Geht Sie einen Dreck an.» Da stellte Peter sich vor, und beide lachten und umarmten sich. Sie sind seither gute Freunde geworden.

Was sollte er nach dem College tun? Peter wußte es nicht. Er verspürte keine klare, unmißverständliche Berufung. So nahm er eine Reihe von Stellungen in Journalismus und Public Relations an und hoffte, irgendwie sich selbst zu finden. Er wurde Reporter für die *Sun* in Baltimore. Er arbeitete als PR-Mann für die Maryland Classified Employees Association und die Maryland Civil Defence Agency. Er arbeitete für eine texanische Ölfirma in New Mexico. («Diese Erfahrung heilte mich von jedem Wunsch, jemals wieder einen Job als Arbeiter zu übernehmen.») In diesem verhältnismäßig unsteten Lebensabschnitt fühlte er sich genötigt, seine Guggenheim-Abstammung gänzlich zu verleugnen; er sagte kaum je einem seiner Kollegen, wer er war. Und auf den Ölfeldern in New Mexico verschwieg er erst recht seine Herkunft.

In der Zwischenzeit hatte er Dorothy «Dede» Hammond aus Baltimore geheiratet und war Vater der ersten zwei von seinen vier Kindern geworden. Trotzdem hatte sein Leben noch keine klare Richtung, keine ungewöhnlichen Gelegenheiten zeigten sich am Horizont. Nicht gerade eine ideale Situation. Er fing an, seine Einstellung zu den Guggenheims neu zu überdenken. Gab es vielleicht in seinem eigenen Hinterhof interessante Möglichkeiten?

Harry war gleich mit einem Angebot zur Hand. Er wollte Peter eine Stelle bei Anglo-Lautaro in den chilenischen Nitratfeldern geben. Peter hätte gerne angenommen, aber die Familie seiner Frau war unbeugsam dagegen. Die Hammonds wollten nicht, daß ihre Dede in einem Bergarbeiter-Camp in der chilenischen Wüste leben mußte. Als Peter dies Harry sagte, war dieser entrüstet. Harry hatte seine Bergbaulehre an den ausgedörrten Hängen des Chuquicamataberges absolviert und war damals auch verheiratet gewesen. Prompt strich er Peter von seiner Liste. Eine Zeitlang sah es aus, als hätten die Hammonds Peters Chancen, von seinen Guggenheim-Verbindungen zu profitieren, für immer zunichte gemacht.

Schließlich kam ihm Albert Thiele, ein Teilhaber von Guggenheim Brothers und ehemaliger persönlicher Assistent von Solomon Guggenheim, zu Hilfe und gab ihm eine Stelle bei der Feldspar Corporation, einer ganz im Familienbesitz befindlichen Tochtergesellschaft von Pacific Tin, damit Peter sich mit den Abbau- und Verarbeitungsverfahren von Feldspat und Glimmer vertraut machen konnte, und siehe da, Peter hatte seinen Weg gefunden.

Von der Feldspar stieg er in die Muttergesellschaft Pacific Tin auf, die ihn in den Fernen Osten schickte, um in Malaysia die Seifenzinngewinnung zu studieren. Nach einer Weile wußte er allerhand über das Ausbaggern von Zinn aus Dschungelflüssen. Er blieb bei der Pacific Tin, in verschiedenen Stellungen, bis zu Harrys Tod im Jahre 1971; dann fielen ihm ja ungefähr ein Dutzend weitere Positionen zu — eine veritable Bonanza.

Renaissance-Vielseitigkeit kann zwar dem Renaissance-Menschen zahlreiche anregende Gelegenheiten bieten, seine vielen Möglichkeiten zu entfalten, aber im Geschäftsleben ist sie nicht immer ein großer Gewinn. Harry war stets so beschäftigt mit seiner Pferdezucht und seinem Rennstall, seinen Luftfahrt-Pioniertaten, seiner Schriftstellerei, seiner Kunstmuseumsaufsicht, seinen öffentlichen Ämtern, seiner Viehzucht, seiner Holznutzung, seiner Stiftungsgründung, seinem Zeitungsverlag, daß er gar nicht dazu kam, sich ernsthaft zu überlegen, welche Richtung Guggenheim Brothers in den sechziger und siebziger Jahren einschlagen sollte. Er beschloß, ziemlich übereilt, das Unternehmen sollte einfach versuchen, das zu tun, was es immer getan hatte: in unterentwickelten Ländern nach natürlichen Reichtümern zu graben.

Dabei übersah er zwei Phänomene des späten zwanzigsten Jahrhunderts: den Aufstieg der Riesenmultis, wie Tenneco und Engelhard Minerals & Chemicals, gegen die Guggenheim Brothers unmöglich ankommen konnten, besonders auf dem Gebiet der Forschung, und den glühenden Wunsch unterentwickelter Länder, ihre Bodenschätze selbst zu besitzen und zu nutzen.

Harry hinterließ also Lawson-Johnston eine Guggenheim Brothers, die nicht viel mehr war als ein Museumsstück in der neuen Wirtschaftsordnung Mitte der siebziger Jahre.

Peter ist sich dessen klar bewußt und hat die Absicht, etwas dagegen zu unternehmen. «Ich habe mir überlegt», erklärt er, «daß man Guggenheim Brothers wiederbeleben könnte, indem ich neue Partner zuziehe, die mein Interesse am Herausgeben von Zeitungen oder Magazinen teilen. Ich habe kein Verlangen, zur Minenforschung zurückzukehren, denn die ist für Einzelne in Konkurrenz zu den großen Bergbauunternehmen viel zu kostspielig geworden. Es wäre meiner Meinung nach sehr lohnend, eine oder vielleicht mehrere Publikationen zu lancieren oder zu erwerben, die die Tagesereignisse beeinflussen würden. Das läge, finde ich, in der Richtung eines der Hauptanliegen Harrys *(Newsday)* und wäre ein Unternehmenstyp, der mit meinen eigenen Interessen übereinstimmt.»

Wenn Harry Peter mit Guggenheim Brothers wenig mehr als ein Museumsstück hinterließ, was hinterließ er ihm in Sachen Stiftungen?

Weitere bedrängte Institutionen. Die Solomon R. Guggenheim Foundation und ihr Museum, hart getroffen von der Machtübernahme Allendes in Chile, dem weltweiten Kupfer-Preissturz und dem Bürgerkrieg in Angola, verschlingen jährlich zweieinhalb Millionen Dollar; die ursprüngliche Dotierung deckt die Unkosten nicht mehr. Um das Jahresdefizit von rund 250 000 Dollar auszugleichen, muß das Museum zu verschiedenen Mitteln greifen, die Geld einbringen: ein Restaurant und eine Buchhandlung führen, Spenden erbetteln, um finanzielle Hilfe bei der Bundesregierung ansuchen, Gönner-Partys veranstalten.

Die meisten Leute geben sich der Illusion hin, Stiftungen seien gegen die Wechselfälle eines Imperiums auf wunderbare Weise immun, aber das sind sie nicht. Die Solomon R. Guggenheim Foundation besaß sehr viele Anteile an der Anglo-Lautaro Nitrate Company of Chile, und als Salvador Allende die Firma praktisch enteignete, waren diese Anteile plötzlich beinahe wertlos. Ohne ein diversifiziertes Portfolio wären Stiftung und Museum in ernsthaften Schwierigkeiten.

Es ist noch etwas zu früh, um Ausmaß und Qualität des Einflusses des Solomon-R.-Guggenheim-Museums auf die Malerei und Bildhauerei unserer Zeit zu bestimmen. Das Museum steht gegenwärtig unter der Direktion des aus der Tschechoslowakei stammenden Kunsthistorikers Thomas M. Messer, der sich in bloß zwanzig Jahren eine eindrucksvolle eigene Domäne in der Kunstwelt der Vereinigten Staaten geschaffen hat.

Als Direktor des Guggenheim hat er eine Anschaffungspolitik verfolgt, die erst die Zeit rechtfertigen oder verurteilen wird; er verkaufte um die fünfzig Kandinskys und kaufte, unter vielen anderen Bildern, fünf Dubuffets von Baron Elie de Rothschild, Bilder im Wert von einer Million Dollar aus dem Nachlaß von Hilla Rebay und bedeutende Werke moderner Abstraktionisten wie William Baziotes und Robert Motherwell. Er veranstaltete auch mehrere sehr eindrückliche Ausstellungen. Bisher stellte er unter anderem das Schaffen von Arp, Malevich, Ernst, Giacometti, Lichtenstein und Kupka aus. Seine riesige Max Ernst-Retrospektive, die im Februar 1975 mit großem Trara eröffnet wurde, war die vollständigste Ausstellung der Werke dieses — mit der Familie Guggenheim so eng verbundenen — Malers, die es je gegeben hatte. Messer ist unermüdlich in seinen Bemühungen, umfassende Schauen zusammenzustellen. Er brauchte sieben Jahre, um 1976 die überaus erfolgreiche Ausstellung seines Landsmannes Frantisek Kupka bieten zu können. Messer und seine Konservatoren sind ebenfalls sehr geschickt im Herausgeben von großen, schönen, mit vielen Fußnoten versehenen Katalogen der Ausstellungen und der permanenten Sammlungen des Museums. Die ersten beiden Bände eines Monumentalwerks, das die wichtigsten Besitzstücke des Museums behandeln soll, wurden von der Konservatorin Angelica Z. Rudenstine ausgearbeitet und von der Weltpresse mit solchem Beifall begrüßt, daß man hätte glauben können, Kandinsky sei von den Toten auferstanden und habe weitere zehn Meisterwerke gemalt. Der Katalog war allgemein repräsentativ für die Sammlung, mit zwei Ausnahmen: Er enthielt nur dreizehn Bauers und vier Bilder der Baronesse Hilla Rebay von Ehrenwiesen von den buchstäblich Hunderten von Werken dieser beiden, die in den Lagerräumen vorhanden sind.

Sind mit all diesen gelehrten Katalogisierungsarbeiten die Stiftung und das Museum Solomon R. Guggenheim, diese wagemutigen Sprünge ins Unbekannte, in ihre alexandrinische Phase eingetreten? Fast scheint es so. Auf alle Fälle sind die unbeschwerten, freibeuterischen Zeiten von Hilla und Sol und Bauer und Kandinsky längst vorbei, und es ist nicht wahrscheinlich, daß sie in irgendeiner Gestalt wiederkehren werden.

Was die andere Stiftung angeht, die Harry in Peters Obhut zurückließ, jene, die Harrys Namen trägt, so weiß noch niemand, ob sie einen wertvollen Beitrag an unsere Zivilisation wird leisten können. Kurz vor seinem Tod hatte Harry sich Peter gegenüber zwanglos zum Grundprinzip hinter seiner Stiftung geäußert, indem er eines Tages ausrief: «Weißt du, Peter, es macht mich rasend, daß wir einen Mann auf den Mond schießen, aber diese gottverdammten Kriege nicht abstellen können.»

Mit zwei bedeutenden Stiftungen, um die er sich zu kümmern hat, und all den Geschäftsunternehmungen dazu ist Lawson-Johnston nicht nur ein vielbeschäftigter, sondern ein überaus vom Glück begünstigter Mann, einer, der in seiner Position das Beste aus zwei Welten genießen kann. Die meisten Geschäftsleute sind dazu verurteilt, nur Geschäftsleute zu sein. Die meisten Oberhäupter von Stiftungen sind dazu verurteilt, nur Stiftungsoberhäupter zu sein. Peter ist beides. Und das verleiht seiner Arbeit erhöhte Bedeutung, denn eines lebt vom anderen: Die Geschäfte nähren die Stiftungen, und die Stiftungen rechtfertigen die Geschäfte. Mit der ganzen blauäugigen Begeisterung eines Kindes lehnt sich Peter über seinen Schreibtisch bei Guggenheim Brothers vor und sagt: «Ich sage Ihnen, ich kann es jeden Tag *kaum erwarten,* ins Büro zu kommen, so freut mich meine Arbeit!»

Er hat eine klare Vorstellung von seiner Mission. Und er wird mindestens ebensoviel angelsächsische Vorsicht und gesunden Menschenverstand wie jüdische Chutzpe brauchen, um sie zu erfüllen. Er sieht seine Aufgabe darin, «nicht ‹Bahnbrecher› zu spielen, sondern unsere Vorfahren stolz auf die Vehikel zu machen, die ihre Namen tragen, indem ich sicherstelle, daß sie von einfallsreichen, hochkalibrigen Leuten geführt werden. Man könnte sagen, meine Pflicht besteht darin, für eine Aufrechterhaltung der Vorzüglichkeit zu sorgen.»

Zu diesem Zweck muß Peter, unter anderem, einen Nachfolger auswählen und heranziehen, der alles weiterführt, wenn er einmal in den Ruhestand tritt. Momentan neigt er seinem Cousin Oscar Straus III. zu, einem fähigen jungen Mann, der in der Pacific Tin bereits eine leitende Stellung innehat.

Aber Peter hat kaum die Absicht, sich in naher Zukunft zur Ruhe zu setzen. Wenn seine Gesundheit durchhält, dürfte er weitere zwanzig Jahre Arbeit vor sich haben. Damit hat er Zeit bis zum Ende des «amerikanischen Jahrhunderts», zu beweisen, daß er des immensen Vertrauens würdig war, das Harry Guggenheim 1971 in ihn setzte.

Kapitel

3

Die kalifornischen Guggenheims: Neuanfänge

Die Sicherheit ist die beste in ganz Newport Beach, wenn nicht in ganz Orange County, denn es gibt nur eine einzige Möglichkeit, auf dem Landweg zur Linda Isle zu gelangen, und zwar über einen schmalen Damm, an dem rund um die Uhr eine bewaffnete Wache postiert ist. Nur Personen mit dem richtigen Ausweis dürfen vorbei, und kein Außenstehender, nicht einmal mit gültigem Ausweis, wird zugelassen, ohne vorher über die Gegensprechanlage von dem Inselbewohner, dem sein Besuch gilt, überprüft worden zu sein.

Sicherheit ist den Bewohnern von Linda Isle sehr wichtig, wichtiger noch als die schimmernde Lotoslandschönheit des Ortes. Denn heutzutage ist auf dem südkalifornischen Festland trotz ununterbrochener Polizeipatrouillen niemand mehr sicher im eigenen Haus, besonders wenn er Guggenheim heißt.

Es ist gar nicht so weit von Newport Beach und gar nicht so lange her, daß Sharon Tate und ihre Freunde und danach Leon und Rosemary LaBianca in ihren Häusern von den Anhängern Charles Mansons regelrecht geschlachtet wurden. Was M. Robert Guggenheim junior in seinem früheren Zuhause auf dem Festland geschah, war im Vergleich dazu so milde, daß es kaum Erwähnung verdient, aber es war doch sehr beunruhigend. Es hinterließ bei ihm ein ständiges Gefühl der Übelkeit, besonders nachts.

Eine von Bob Guggenheims Passionen war die Aufzucht von Koi-Fischen. Er war sogar der Besitzer fast aller Champion-Kois in Südkalifornien und gewann regelmäßig die alljährlichen Koi-Wettbewerbe in Gardena.

Die buntglänzenden Kois zu züchten, aristokratische Mitglieder der Karpfenfamilie, ist ein beliebter Zeitvertreib reicher Japaner. Zu den bevorzugtesten Unterarten gehören der rot-weiße Kohato, der rot-schwarze Sanke und der schwarz-rot-weiße Showa. Diese Prachtfische, gewöhnlich 25—30 cm lang, können vierzig oder fünfzig Jahre alt werden und kosten in Japan bis zu 40 000 Dollar.

Bob Guggenheims Kois waren eine Sehenswürdigkeit von Newport Beach. Leute kamen zu seinem wunderschönen Haus am Galaxie Drive in Dover Shores, nur um sie zu bewundern. Dort schwammen die Koi-Fische im Gartenteich durch die Wasserpflanzen, tummelten sich unter dem kleinen künstlichen Wasserfall. Blitze von Weiß, Rot, Schwarz, Orange im tiefblauen Wasser, im leuchtenden Grün der Wasserpflanzen...

Da waren sie, die schönsten Fische in ganz Südkalifornien. Und dann, plötzlich eines Morgens, trieben fünfzehn von ihnen, im Wert von 75 000 Dollar, an der Oberfläche des Teiches, verblaßt, aufgebläht und tot. Eine Untersuchung wurde durchgeführt, der Teich sorgfältig überprüft. Ergebnis: Der Teich war vorsätzlich vergiftet worden. Ein Vandalenakt. Das Gift zerstört die Algen, von denen die Fische lebten. Vandalen, oder ein Vandale, versuchte die preisgekrönten Koi-Fische von M. Robert Guggenheim jr. systematisch umzubringen. Wer? Warum? Wozu? Man fragt einen Vandalen nicht nach dem Warum. Als jener barbarische Stamm aus Germanien, die ursprünglichen Vandalen, in den Jahren des Niedergangs des Römischen Reiches in die Villen der reichen Römer einzufallen begannen, war es die blinde, sinnlose Art ihres Zerstörens, was die Römer am meisten verblüffte. Oft schlugen sie einfach alles kurz und klein, ohne sich auch nur die Mühe zu machen, etwas zu stehlen.

«Was soll ich tun?» fragte Guggenheim den Polizeichef.

«Am besten wegziehen, Sir», lautete die Antwort.

Wegziehen? Ja, der Chef hatte recht. Hier am Galaxie Drive konnte jeder über «Duke« John Waynes Felder spazieren, zu Robert Guggenheims Rasen gelangen, eine niedrige Steinmauer überklettern und nicht nur an den Koi-Teich von Robert Guggenheim, sondern an alles andere auf seinem Besitz herankommen, ihn selbst und seine schöne junge Frau eingeschlossen.

Ja, wegziehen. Linda Isle war die Lösung. Man muß den Realitäten ins Auge blicken. Man schreibt das Jahr 1977. Amerika ist mehr als zweihundert Jahre alt. Das amerikanische Imperium wird bestürmt. Die Vandalen, die Hunnen, die Barbaren warten in den Kulissen. Wann immer sie einen Durchschlupf finden, nehmen sie, was sie können, zerstören sie, was sie können.

Auf der von Menschenhand errichteten Insel Linda Isle im Hafen von Newport Beach stehen 107 Häuser unterschiedlicher Luxusstufen. Die M. Robert Guggenheims bewohnen eines der luxuriösesten, ein zweistöckiges Gebäude mit elf Zimmern und acht Badezimmern im französischen «Régence»-Stil, zwei Seiten dem Wasser zugewandet, in einer Umgebung nicht unähnlich derjenigen von Cousine Peggys Palast in Venedig, ebenfalls auf einer von Menschen erbauten Insel.

Ja, es ist ein schönes Leben, das der M. Robert Guggenheims in Newport Beach. Newport Beach, eine der begehrenswertesten Gemeinden in Amerika, der viertteuerste Baugrund des Landes, die größte Konzentration von Vergnügungsbooten — 9500 — im Westen. Wetter durchwegs schön. Man kann das ganze Jahr über schwimmen, segeln und Golf spielen. Und Bob, sein Sohn Dan und Bobs schöne junge dritte Frau Shirlee sind als Mitglieder der feinsten Country Clubs der Gegend in der Lage, all diese Beschäftigungsmöglichkeiten fern der lärmenden Massen voll zu nutzen.

Es war jedoch für Bob Guggenheim jr. nicht immer alles so schön und leicht gewesen. Die Scheidung seiner Eltern, als er erst zehn Jahre alt war, hatte ihn schwer getroffen. Er liebte seinen Vater, diesen überschäumenden Bonvivant Colonel Bob, aber das Gericht sprach ihn und seinen Bruder der Mutter zu. Daher wuchs er ein wenig außerhalb des Guggenheimkreises auf. Dann verschied sein geliebter älterer Bruder Daniel II. im Alter von nur achtzehn Jahren ganz plötzlich an einem Herzanfall, der erste von all den Guggenheims seiner Generation, die jung starben. Bob junior kam über den jähen Tod seines großen Bruders nie hinweg. Er lehrte ihn schon in früher Jugend, wie zerbrechlich das Leben ist, wie unwiederbringlich.

Nach einer unsteten Kindheit, in der er dauernd zwischen seinen geschiedenen Eltern, zwischen großem Reichtum und relativer Bescheidenheit hin und her pendelte, bald einige Zeit in der nicht eben großen Wohnung seiner Mutter verbringend, bald seinen Vater auf einem seiner prächtigen Firenzes oder auf seiner riesigen Plantage in South Carolina oder auf seiner 50-Meter-Jacht besuchend, wurde er in die höhere Schule von Penn Charter bei Philadelphia geschickt und anschließend nach Dartmouth, wo er 1933 seinen Bachelor of Arts in Englisch machte.

In Dartmouth begann sich Bob sehr für das Theater zu interessieren, und dieses Interesse war es schließlich, das ihn in einen harten Konflikt mit seinem Vater brachte und das sein Leben zutiefst beeinflußte.

M. Robert Guggenheim senior hatte zu spät in seinem Leben erkannt, daß es ein gewaltiger Fehler gewesen war, nicht im Bergbau- und Hüttengeschäft der Familie zu bleiben, und bestand daher mit allen Kräften seiner Überredungskunst darauf, Bob dürfe keinen solchen Fehler begehen. Bob junior wurde also von seinem Vater gezwungen, unmittelbar nach seinem Abschluß in Dartmouth in die American Smelting and Refining einzutreten, obwohl er keine ausgesprochene Neigung zu dieser Arbeit verspürte. Onkel Simon, damals Präsident von ASARCO, gab ihm eine Stelle als Erzeinkäufer in Mexiko. Später stieg er zum Erzeinkäufer und Manager-Assistenten des ASARCO-Büros in Salt Lake City auf.

Während seiner Zeit in Salt Lake City heiratete Bob Helen Claire Allyn, eine protestantische Kanadierin aus Montreal, die ihm zwei Kinder schenken sollte, Grace Anne und Daniel M. Er neigte sich auch wieder der dramatischen Kunst zu und wurde zum treibenden Geist hinter dem Little Theater von Salt Lake City. Bald begann seine Freizeitarbeit am Theater ihn immer mehr zu absorbieren, und sein Job bei ASARCO wurde ihm langweilig und zur Last. Denn leider hatte sich das Minen- und Hüttengeschäft seit den wilden Zeiten von Leadville, Kennecott, Bingham Canyon und Chuquicamata verändert. Es war nicht mehr annähernd so aufregend wie einst; es war industrielle Routinesache geworden.

Bob sehnte sich danach, etwas Erregenderes mit seinem Leben anzufangen, als Erze zu kaufen und zu verhütten. Seine Familie war seit mehr als einem halben Jahrhundert im Bergbaugeschäft — na und? Es war an der Zeit, daß ein Guggenheim etwas anderes tat. Der Zwiespalt spitzte sich zu, als die Firma ihm die Stellung des Managerassistenten in dem bedeutenden ASARCO-Werk in Helena, Montana, anbot. Da wurde Bob klar, daß er, wenn er die Stellung annahm, für den Rest seines Lebens bei ASARCO bleiben würde. Also faßte er den Entschluß, auszutreten, und angelte sich kraft seines Erfolges beim Little Theatre von Salt Lake City eine Stelle als Produktionsassistent in den Studios von David O. Selznick in Hollywood.

Als Robert senior davon benachrichtigt wurde, regte er sich so auf, daß er an die Westküste flog, um seinen Sohn zur Umkehr zu bewegen. Er sei doch die letzte Hoffnung seiner Generation, sagte er ihm. Onkel Simons Sohn hatte sich umgebracht. William junior war gebrechlich. Es gebe keine anderen männlichen Guggenheims in seiner Generation, die in der Lage wären, eines Tages die ASARCO zu leiten, als ihn allein. Er würde es sein Leben lang bereuen, das Familiengeschäft verlassen zu haben.

Bob seniors Proteste nützten nichts. Bob junior hatte sich schon fest bei Selznick International Pictures eingenistet und gab nicht nach. Das Minengeschäft öde ihn an, erklärte er seinem Vater. Die Abenteuer, die Bonanzas steckten heute in der Filmerei. Zeitungen quer durchs Land titelten: GUGGENHEIM-SPROSS GEHT ZUM FILM, VOM BERGBAU ZUM FILM FÜR HÜTTENWERK-ERBEN, GUGGENHEIM VON MINEN ZU MIMEN.

Und so verlegte sich M. Robert Guggenheim jr. auf das Filmemachen. Als Regieassistent im Dienste des brillanten, herrischen David O. Selznick arbeitete er an so bekannten Filmen mit wie *The Prisoner of Zenda* mit Ronald Colman, Madeleine Carroll und Raymond Massey, und *A Star Is Born* mit Frederic March und Janet Gaynor.

Doch kaum hatte er sein Ziel erreicht, im Filmbusiness Fuß zu fassen, ging der pfefferige kleine Bob mit Selznicks Regisseuren in den Clinch. Es war nicht leicht für einen Guggenheim, und schon gar den Enkel von Daniel Guggenheim, sich von anderen etwas befehlen zu lassen. Ein Streit führte zum anderen, und bald hatte er keinen Job mehr bei Selznick. Unverzüglich sicherte er sich eine bessere Stellung als Mitproduzent bei der Twentieth

Century-Fox. Mit Kenneth MacGowan zusammen half er *Four Men and a Prayer* mit Loretta Young und David Niven, Robert Louis Stevensons *Kidnapped* mit Freddie Bartholomew und *Hold That Co-ed* mit John Barrymore und Joan Davis produzieren.

Eine Zeitlang war Bob recht zufrieden bei der Twentieth Century-Fox, aber dann fing er wieder an, sich mit seinen Vorgesetzten anzulegen. Er fand die Filmleute eine ganz spezielle Rasse, und er mochte die Rasse nicht sehr. Sie waren nicht gerade die Sorte Menschen, mit denen er aufgewachsen oder zur Schule gegangen war. Zuletzt lief bei der Twentieth Century-Fox nichts mehr, und er ging weg und übernahm eine Stelle im Produktionsstab der Radiostation KNX des Columbia Broadcasting System. Und natürlich hatte Bob senior nun das Vergnügen, seinem Sohn an den Kopf zu werfen: «Ich hab' es dir ja gesagt. Du hättest bei ASARCO bleiben sollen. Du hättest eines Tages Präsident der verdammten Firma sein können.»

Dann kam der Krieg, und Bob verließ die CBS, um in die Marine-Offiziersschule zu gehen. Achtzehn Monate lang leistete er Dienst im Südwestpazifik, dann wurde ihm Küstendienst in Kalifornien zugewiesen. Bei seiner Entlassung hatte er den Rang eines Stellvertretenden Kommandanten inne und die Achtung seines militärstolzen Vaters einigermaßen zurückgewonnen.

Inzwischen war Bob erneut verheiratet — mit Harriet Boyle —, unterstützte noch seine erste Frau und die beiden Kinder und benötigte soviel Geld, wie er nur kriegen konnte. Er schaltete also zum viertenmal auf eine neue Karriere um und trat in die Werbung ein. Nach einer Weile war er Vizepräsident und Generaldirektor der Westküste bei MacManus, John and Adams, einer der größten Werbefirmen des Landes.

Bob machte seine Sache gut, doch das beeindruckte seinen Vater wenig. Bob verzieh es seinem Sohne nie, daß er nicht bei American Smelting and Refining geblieben war, und weigerte sich, ihm finanziell beizustehen, selbst in Notfällen; dabei war er selber von *seinem* Vater großzügig mit Geld ausgestattet worden, als er überhaupt nichts arbeitete. Als Bob junior einmal 5000 Dollar brauchte, um eine Zeit zwischen zwei Stellen zu überbrücken, und seinen Vater um ein Darlehen in dieser Höhe bat, sagte Bob senior, er könne ja zur Bank gehen.

Am Ende aber bedachte der Senior den Junior gut in seinem Testament. So gut sogar, daß Bob nach dem Tod des lebenslustigen Colonels gezwungen war, seine Stellung bei MacManus, John and Adams aufzugeben und sich ausschließlich der Regelung der großen, komplizierten Hinterlassenschaft seines Vaters zu widmen. Das dauerte acht Jahre, und als es vorbei war, stand M. Robert Guggenheim jr. als Besitzer eines Multimillionen-Dollar-Vermögens da. Heute gehören ihm ein einträgliches Einkaufszentrum in Newport Beach und ein handfestes Paket Aktien und Obligationen, darunter beträchtliche Anteile an Anglo und Kennecott. Gegen Ende 1976 kam Bob zu einem unverhofften Gewinn, als das Heim seines Vaters in Washington, Firenze House, für viereinhalb Millionen Dollar an die italienische Regierung verkauft wurde. Bob erhielt 79 Prozent vom Verkaufserlös, der Rest ging an seine Stiefmutter Polly Logan.

Nicht lange nachdem er sein väterliches Erbe in Besitz genommen hatte, nahm sich Bob Guggenheim eine neue Frau. Es war Shirlee Weatherford, ein attraktiver Rotschopf aus Florida, fünfundzwanzig Jahre jünger als er.

Eilig nahm Bob seine hübsche junge Braut mit in den Osten, um sie der übrigen Familie vorzustellen. Er fühlte sich ausgezeichnet. Er war reich und gesund und hatte eine schöne neue Frau.

Shirlees erste Begegnung mit der Familie war etwas, das sie nie vergessen wird. Sie hat die Geschichte in Newport Beach wohl hundertmal erzählt.

Eine von Bobs Tanten, die frühere Alva Bernheimer (Schwester seiner Mutter), war die Frau von Bernhard Gimbel, dem Vorsitzenden von Gimbel Brothers und Saks, Fifth Avenue, und sie beschloß, für die Neuvermählten eine Teegesellschaft zu geben. Eine Versammlung imposanter älterer Damen war zugegen, und Alva Gimbel hielt Hof, während sie aus dem großen Silberkessel Tee ausschenkte. Nachdem über dies und das geplaudert worden war, hielt sie plötzlich inne, wandte sich an Shirlee und sagte so laut, daß es alle hören konnten: «Ach, Shirlee, da ist etwas, das die Familie dir zu sagen vergessen hat. Robert hat Syphilis.»

Worauf Shirlee, die das glaubte, beinahe in die Arme einer der imposanten älteren Damen fiel.

Bob mußte danach «beweisen», daß er völlig in Ordnung war.

Nicht die geringste unter Bob juniors Leistungen war das Aufziehen seines einziges Sohnes Daniel, eines der letzten männlichen Familienmitglieder, die den Namen Guggenheim tragen. Dan ist ein höchst einnehmender junger Mann, gepflegt, athletisch, mit sandblondem Haar und klarem Kopf, sehr fleißig. Bob ist mit ihm eng verbunden und hegt zu Recht große Hoffnungen für ihn.

Wie sein Vetter Peter Lawson-Johnston straft auch Dan Guggenheim das Vorurteil vom dekadenten Sohn der (in diesem Fall) sechsten Generation einer sehr begüterten Familie Lügen. Man könnte sich schwer einen solideren, ausgeglicheneren und unverdorbeneren jungen Mann vorstellen.

In ziemlich dürftigen finanziellen Verhältnissen aufgewachsern — sein Vater bekam ja von Colonel Bob nicht einen Penny und mußte von seinem unregelmäßigen Verdienst leben —, trat dieser Urenkel von Mister Dan als Zehnjähriger seine erste Stelle als Zeitungsverträger an der Südseite von Beverly Hills an, mit zwölf besorgte er die Gärten von sieben Villen in Beverly Hills, und mit vierzehn arbeitete er nach der Schule in einer Maschinenwerkstatt für fünfundsiebzig Cents in der Stunde.

Als er die Vorbereitungsschule für das College besuchte, wurde er episkopalisch konfirmiert, wurde Altardiener in der Kirche seiner Mutter und erwog ernsthaft, einmal episkopalischer Priester zu werden. Mit achtzehn aber hatte er die Idee einer religiösen Berufung aufgegeben und seinen Sommer-Job als Zeichner bei der Northrop Aviation angenommen, bei dem er in der Stunde 1,86 Dollar verdiente. Dabei nahm er einmal Urlaub, um zum erstenmal seinen Großvater in dessen palastartigem Firenze House in Washington zu besuchen.

Als der verschwenderische müßiggängerische Colonel, wie gewöhnlich blind gegenüber der mißlichen Lage seiner Nachkommenschaft, erfuhr, daß sein Enkel arbeitete, fragte er ihn ganz überrascht: «Wozu arbeitest du?»

«Ich brauche das Geld», sagte Dan.

«Wieviel bezahlt man dir?»

«Einen Dollar sechsundachtzig Stundenlohn.»

«Nun, mein Junge, ich bezahle dir einssechsundachtzig in der Stunde nur dafür, daß du den Sommer über bei mir bleibst.»

Dan lehnte ab, und nachdem er sich zwei Wochen lang von Chauffeuren, Köchen, Butlern und anderen Dienstboten hatte umsorgen lassen — es arbeiteten ihrer achtzehn im Haushalt des Colonels und dreizehn in der Crew der *Firenze* —, ging er zu seinem Arbeitsplatz in Kalifornien zurück.

Eines Tages, nicht lange danach, wurde er bei Northrop zu einem Vorarbeiter gerufen, der ihm sagte, draußen vor der Fabrik sei ein Mann, der ihn zu sehen wünsche. Der Mann erwies sich als Autoverkäufer. Er schüttelte dem jungen Dan die Hand, überreichte ihm ein Paar Wagenschlüssel und ein Kärtchen. Das Kärtchen war von Großvater Bob, und darauf stand: «Ich finde, Daniel Guggenheim III. sollte wenigstens einen Ford besitzen.» Der glänzende neue Wagen war nebenan geparkt.

Der Job bei Northrop war eine Sommerbeschäftigung. Den Rest des Jahres besuchte Dan die Universität von Kalifornien in Berkeley, wo er am College of Business Administration mit dem Hauptfach Geld und Bankwesen den Grad eines Bachelor of Science erwarb. Als nächstes folgte eine Dienstzeit als Armeeoffizier, dann wurde er Börsenmakler bei William R. Staats & Company.

In den letzten neun Jahren war er Verkäufer von kommerziellen und industriellen Immobilien bei der Coldwell Banker Company, einer Grundstückserschließungs- und maklerfirma mit Bruttojahreseinnahmen von nahezu achtzig Millionen. Einen schönen Teil seiner Zeit verbringt er außerdem damit, für seinen Vater vielversprechende Investitionsmöglichkeiten aufzuspüren.

Dans Ziele? Kurzfristig: «Ein Quartiereinkaufszentrum erschließen, ein paar Wohnhochhäuser erstellen und das Ganze auch besitzen und betreiben.» Langfristig: «Das Familienvermögen wieder ungefähr auf den Stand bringen, auf dem es in den Tagen meines Urgroßvaters war.»

Während er diesem ehrgeizigen Ziel zustrebt, genießt Dan mit seiner hübschen zweiten Frau Susan Winchester aus England und den beiden Töchtern Sara und Beth das süße Leben von Newport Beach. Dans Haus liegt direkt am Wasser — seine Mädchen können aus dem Schlafzimmer an den Sandstrand spazieren —, und er hält sich ein kleines Schiff im Jachtklub. Da Dan auch von seiner ersten Frau zwei Töchter hat, wird, wenn nicht seine jetzige Frau Susan in nächster Zukunft einen Sohn zur Welt bringt («ein unwahrscheinliches Ereignis», sagt Dan), der Name Guggenheim in der vom ersten Daniel begründeten Linie gänzlich aussterben.

Obwohl Dan eine erfolgreiche Laufbahn hinter sich und vieles vor sich hat, auf das er sich freuen kann, einschließlich einer beträchtlichen Erbschaft irgendwann, ist er hinsichtlich der Zukunft Amerikas, besonders dessen wirtschaftlicher Zukunft, im Grunde pessimistisch:

«Mein stärkster Grund zum Pessimismus» (schreibt er) «in bezug auf unsere wirtschaftliche Zukunft ist der ungeheure Bildungsmangel des amerikanischen Volkes hinsichtlich des Funktionierens des freien Unternehmertums und des kapitalistischen Systems. Dieser Bildungsmangel hat zu einem totalen Fehlen von Verständnis und Anerkennung unseres Wirtschaftssystems und der Gründe geführt, warum uns dieses Land den höchsten Lebensstandard beschert hat, den je eine Nation erlebte. Dieses fehlende Wissen macht sich nicht nur beim durchschnittlichen Mann auf der Straße breit, sondern herrscht meiner Meinung nach leider ebenso bei unseren Politikern in Washington. Der juristische Background der Mehrheit unserer Parlamentarier bietet ihnen bei der Lenkung der zukünftigen Wirtschaft unseres Staates wenig Hilfe. Die Folge ist, daß Öffentlichkeit wie Politiker immer gleich mit dem Finger auf den großen Geschäftsmann zeigen, sooft die Wirtschaft in Schwierigkeiten gerät. Gewinne haben für viele Menschen einen Beigeschmack des Bösen, und das Wort Kapitalismus weckt bei vielen Gedanken an Habgier und Selbstsucht.

Dabei ist die Profitmotivation die Wurzel des Erfolgs unseres Wirtschaftssystems. Nur über wachsende Gewinne werden Geschäftsleute einen Anreiz zu wachsenden Investitionen in Fabrikanlagen und Ausrüstung haben. Nur über wachsende Investitionen in Fabrikanlagen und Ausrüstung werden wir neue Arbeitsplätze und größere Produktivität erreichen, um unseren Lebensstandard weiter zu erhöhen. In Zeiten wirtschaftlicher Anspannung geben unglücklicherweise viel zu viele Leute auf Grund ihres fehlenden Verständnisses dem *Big Business* die Schuld und wenden sich auf der Suche nach Lösungen stattdessen an das *Big Government*. (...)

Wir müssen die Wähler lehren, wie unsere freie Unternehmerwirtschaft funktioniert, sonst werden uns, fürchte ich, unsere Politiker immer weiter in die gleiche Richtung wie England treiben, mit zunehmender Regierungskontrolle über immer mehr Bereiche unseres Lebens. Die Ergebnisse des Sozialismus sind stets die gleichen: ein niedrigerer Lebensstandard für alle bei immer weniger Freiheit für alle.»

Echos von seinem Urgroßvater? Holz vom alten Stamm? Ganz bestimmt. Daniel M. Guggenheims wirtschaftliches Denken ist sicherlich mehr oder weniger gleich wie das von Mister Dan. Während aber der junge Dan allgemein recht pessimistisch in die Zukunft blickt, tat Mister Dan das nie. Er war immer positiv, hoffnungsfroh, optimistisch und verlor seine Zuversicht *niemals*. Ist der Unterschied zwischen den Anschauungen der beiden Daniel Guggenheims nicht bezeichnend für den Unterschied zwischen dem Amerika des ersten und dem Amerika des letzten Viertels des zwanzigsten Jahrhunderts?

1923, nachdem die Guggenheims Chile Copper um 70 Millionen Dollar an Anaconda verkauft hatten, schaute Daniel Guggenheim von seinem unbewachten Hempstead House hinauf auf ein Amerika des unbegrenzten Wirtschaftswachstums. Sechzig Jahre später schaut sein Urenkel und Namensvetter von einem Hochsicherheitsgrundstück hinaus auf ein Land, dessen wirtschaftliche Zukunft in Frage steht oder zumindest alles andere als unbegrenzt erscheint.

Kapitel

4

Roger W. Straus jr., Verleger

Wenn das Erbgut bei der Formung eines Menschen so wichtig ist, wie die Aristokraten der Vergangenheit und die Genetiker der Gegenwart behauptet haben, dann muß Roger W. Straus jr. als mindestens sechsfach gesegnet betrachtet werden. Zwei seiner Urgroßväter bemerkenswerte Selfmademen. Ein Großvater Kabinettsmitglied, Botschafter und Schriftsteller, der andere ein Industriegigant und Pionierförderer der Luftfahrt und des Raketenbaus. Vater Präsident von American Smelting und Refining; Mutter eine der führenden Frauen ihrer Generation und Präsidentin der Stiftung ihrer Eltern. Gar nicht zu reden von all den Nebenverwandten: den Großonkeln und Onkeln Isidor und Nathan Straus, Solomon, Simon und Harry Guggenheim, der Cousine Peggy. Und lassen wir die Tatsache nicht unerwähnt, daß seine Urgroßeltern, Großeltern, Eltern und andere Verwandte als Juden in einer im Grunde antisemitischen Gesellschaft doppelt so tüchtig sein mußten wie ihre nichtjüdischen Gegenspieler, um das zu erreichen, was sie erreicht haben.

Ja, einen familiären Hintergrund hat Roger Straus wahrhaftig. Kein schwacher Sproß oder Zweig an beiden Stammbäumen auszumachen, so viele Generationen zurück, wie es sich verfolgen läßt. Auf beiden Seiten hohe Intelligenz, phänomenale Energie, Charakterstärke und vor allem Kühnheit, Wagemut, Bereitschaft, sich auf Äste hinauszulassen, ins Unbekannte vorzustoßen, das große Risiko einzugehen… und damit zu leben.

Eine glückhafte Erbmasse, verbunden mit einer glückhaften Neigung. Denn im Gegensatz zu den meisten Menschen war Roger Straus sich immer im klaren darüber, was er im Leben tun wollte. Seit seinen späteren Teenagerjahren wollte er Verleger werden.

Nach einer sorglosen, deutlich überprivilegierten Jugend, in der er sich auf herrlichen Gütern tummelte, der feudalen 12 Hektar großen Sarosca Farm seines Großvaters Straus in Purchase, New York, und dem fürstlichen 140 Hektar-Besitz Hempstead House seines Großvaters Guggenheim in Sands Point auf Long Island, wurde der junge Roger auf die superfeine Vorbereitungsschule St. George's in Newport geschickt und trat dann ins Hamilton College ein.

Hier in Hamilton wurde ihm klar, daß er eines Tages ins Verlagsgeschäft wollte, und kaum war ihm das klar, verließ er das College und übernahm einen Job bei einer Zeitung. Dann besuchte er die School of Journalism an der Universität von Missouri, wo er 1939 promovierte. Anschließend wurde er Reporter für den *White Plains Daily Reporter,* Mitherausgeber der Zeitschriften *Forum* und *Current History* und Gründer einer Firma, die Bücherpakete zusammenstellte, «Book Ideas». Als nächstes folgte ein Vierjahrespensum als Angehöriger der Kriegsmarine; in dieser Zeit wurde er Leiter der Zeitschriften- und Bücherabteilung des Amtes für Öffentliche Information der Navy in New York. Und dann, 1945, mit achtundzwanzig Jahren, ließ er sich auf das Abenteuer ein, das von nun an sein Leben bestimmen sollte.

Roger hatte nämlich beschlossen, den Riesenschritt der Gründung eines eigenen Verlagshauses zu wagen, eines Verlagshauses, von dem er hoffte, daß es das Beste herausgeben würde, was in seiner Zeit geschrieben wurde. Zu diesem Zweck überredete er seine Eltern, ihn mit einer Summe von 80 000 Dollar zu unterstützen, und überredete John Farrar, der zuvor zu Farrar und Rinehart gehört hatte und zu der Zeit ohne Stellung war, sein Partner zu werden. Später sicherte man sich weitere Finanzstützen — namentlich Julius Fleischmann und James Van Allen —, deren Beiträge das in die neue Firma investierte Gesamtkapital auf 160 000 Dollar hochbrachten. Farrar, Straus & Company wurde dann am 21. November 1945 in New York City amtlich eingetragen. Seither hat sich der Name, je nach neuen Partnern, mehrmals geändert: erst in Farrar, Straus & Young, dann in Farrar, Straus & Cudahy, später in Farrar, Straus & Giroux. In dieser letzten Form wurde die Firma zur wohl ökumenischsten im Verlagswesen: Der verstorbene John Farrar gehörte der episkopalischen Hochkirche an, Roger Straus ist Jude und Robert Giroux Katholik.

Von Anfang an stellte die Firma literatische Qualität allem anderen voran, eine Politik, von der sie nie abgewichen ist. In den ersten zwanzig Jahren brachten Farrar und Straus Carlo Levi heraus, dessen *Christus kam nur bis Eboli* der erste bedeutende Erfolg des Verlags war, sowie Robert Graves, T. S. Eliot, Alberto Moravia, Edmund Wilson, Martin Buber, François Mauriac, Jean Stafford, Bernard Malamud, Salvatore Quasimodo, Nathanael West, Robert Lowell, Paul Horgan, Flannery O'Connor, Isaac Bashevis Singer und John Berryman. Bis zum dreißigsten Jahrestag 1975 kamen

Pablo Neruda, Christopher Isherwood, Hermann Hesse, Randall Jarrell, Walker Percy und Alexander Solschenizyn dazu, dessen *August 1914* einer der Großerfolge des Hauses in neuerer Zeit war.

Zehnmal wurden Bücher von Farrar, Straus & Giroux mit dem National Book Award ausgezeichnet, und ebenso oft bekamen Autoren dieses Verlages den Nobelpreis. Und zwar wurden diese Preise in den meisten Fällen verliehen, *nachdem* die betreffenden Autoren bereits von Farrar und Straus betreut wurden; sie bedeuten also eine Bestätigung von Rogers Urteil und nicht einfach die Auswertung eines schon etablierten guten Namens.

Bis 1976 hatten Farrar, Straus & Giroux die Noonday Press aufgekauft (jetzt ihre Paperback-Tochtergesellschaft), sowie Octagon Books (wissenschaftliche Neuauflagen), und machte einen Jahresumsatz von etwa sechs oder sieben Millionen Dollar, was für einen literarischen Verlag wirklich nicht übel ist. Roger Straus hat 60 Prozent der Aktien, der Rest verteilt sich auf seine Partner, ein paar Freunde und seinen Sohn Roger III. Damit bleibt die Firma eines der sehr wenigen unabhängigen Häuser, die im amerikanischen Verlagswesen übriggeblieben sind, ein Status, den Roger um jeden Preis zu behalten wünscht: «Zwar vergeht kein Monat, ohne daß wir irgendein Angebot bekommen von jemandem, der uns aufkaufen will... aber ich habe nicht die geringste Lust, eine Abteilung von Kleenex oder sonstwas zu sein.»

Rogers Fähigkeit, unabhängig zu bleiben — ein ausschlaggebender Faktor seiner Fähigkeit, einen so hohen Standard beizubehalten — geht natürlich zum Teil auf den doppelten Segen zurück, daß er ein Straus und ein Guggenheim ist. Nicht, weil das Straus- oder Guggenheimvermögen tatsächlich dazu beitragen würde, Farrar, Straus & Giroux in Schwung zu halten (es war lediglich an der ursprünglichen Investition von 160 000 Dollar beteiligt), sondern weil Roger selbst dank seines unabhängigen Wohlstandes für den Lebensunterhalt weder auf sein Gehalt als Präsident, noch auf seine Dividenden als Hauptaktionär angewiesen ist. Er erfreut sich eines mehr als reichlichen Einkommens aus anderen Quellen als Farrar, Straus & Giroux. Und darüber hinaus wirkt die Gewißheit beruhigend, daß, falls die Lage einmal brenzlig werden sollte — was bisher noch nie zu geschehen drohte und wahrscheinlich auch nicht geschehen wird —, seine Mutter Gladys, die ihrem Sohn Oscar schon gelegentlich zu Hilfe kam, sicherlich ohne Zögern ihr beträchtliches Vermögen einsetzen würde, um ihrem anderen Sohn und dessen Firma in einer schwierigen Periode beizustehen.

Sei dem, wie es wolle, es ist auf jeden Fall eine außergewöhnliche Leistung für einen amerikanischen Verlag, in dieser Zeit der reißerischen Bücher und der den schnellen Dollar jagenden Verleger mit Verlagsprogrammen durchzuhalten, die Autoren von so hoher Qualität (aber selten Bestseller-Eigenschaften) aufweisen wie Alberto Moravia, Paul Horgan, Robert Lowell, Isaac Bashevis Singer, Bernard Malamud, Pablo Neruda und John Berryman. Und eines steht fest: Roger Straus hat noch nie, und wird auch nie, «Schlock» herausgegeben, billige Reißer, ganz egal, wer sie schreibt, sei es ein Harold Robbins, ein Irving Stone, eine Jackie Susann oder ein Leon Uris («Schubkarren-Romanciers» nennt Dorothea Straus diese Praktiker, die nicht gerade für ihre unablässige Suche nach dem *mot juste* berühmt sind). Schlock ist eine Sache, Literatur eine andere. Farrer, Straus & Giroux veröffentlicht Literatur, das ist alles.

Roger Straus ist heute in der New Yorker Verlagsszene so angesehen, daß die *New York Times* sich unweigerlich an ihn wendet, wenn sie von einem Verleger eine Meinung zu literarischen oder verlegerischen Angelegenheiten einholen will, genau wie sie sich unweigerlich an seinen Großvater Daniel wandte, wenn sie vor fünfzig Jahren Kommentare zur Wirtschaftsszene brauchte. Dadurch wurde er, ohne dieses Amt zu suchen, zum meistzitierten aller New Yorker Verleger. Es vergeht kaum eine Woche, ohne daß in den Zeitungen ein Statement von ihm erscheint. Roger genießt diese Rolle. Besonders darum, weil er von anderen Verlegern so wenig hält. «Die meisten Verleger wirken wie Tapeten», sagte er einmal in einem Interview mit *Publishers Weekly,* «die meisten sind heute beförderte Buchhalter oder ehrgeizige Männer und Frauen, denen es nur um Macht geht und denen es völlig egal ist, was sie herausgeben.»

Eine furchtlose Aussage, aber auch eine, die im verlegerisch-literarischen Dschungel dringend nötig war. Ebenso furchtlos waren Rogers Kommentare zu so erbärmlichen Erscheinungen wie dem Bestsellerlistenrummel (ein gutes Beispiel dafür lieferte Paramount Pictures, als sie Riesenmengen von Erich Segals *Love Story* aufkaufte, nur damit das Buch schnell auf die Listen kam) — «Buchhandlungen geben manche Titel als Bestseller an, bevor sie das Buch überhaupt im Laden haben», sagt Roger — und zum «traurigen Zustand der Buchbesprechung in diesem Land», wo es «nicht annähernd genug Kritiker mit ausreichender Vorbildung gibt, um die besten Bücher angemessen besprechen zu können.»

Der Verlag ist indessen nicht die einzige Beschäftigung Rogers. Er ist auch sehr aktiv in einer Anzahl von Familienstiftungen tätig. Er ist Präsident der Roger Williams Straus Foundation, die unter anderem einen Lehrstuhl für Geschichte in Princeton unterhält. Er ist das einzige Mitglied der Guggenheim-Familie im Vorstand der John Simon Guggenheim Foundation, bei der sein Vater einmal Präsident und führender Kopf war, und er ist auch Vorstandsmitglied der Harry Frank Guggenheim Foundation. (Der Sitz im Vorstand der John Simon kommt ihm als Verleger oft zustatten. Wenn er nicht in der Lage oder nicht gewillt ist, einem vielversprechenden neuen Autor einen größeren Vorschuß zu zahlen, ermuntert er ihn, sich um ein Guggenheim-Stipendium zu bewerben; mit dem Stipendium, das er vielleicht gewinnt, und dem mageren Vorschuß hätte der junge Mann dann genug, um zu leben, während er sein Buch fertigstellt.)

Roger Straus und Peter Lawson-Johnston stehen sich sehr nahe, und sie sind es, die den neuen Brennpunkt und das Machtzentrum der siebziger Jahre der Familie Guggenheim bilden... zumindest im Osten. Zusammen betreiben sie fünf Firmen und sind im Vorstand von vier bedeutenden Stiftungen. Die gesamten Aktivposten, die sie managen oder beeinflussen, sind beträchtlich, und von ihren Positionen in der Solomon R.-, der Daniel-und-Florence-, der John-Simon-, der Harry-Frank- und der Peggy-Guggenheim-Stiftung aus und mit den Verlegern McGraw-Hill und Farrar, Straus & Giroux ist ihrer beider Einfluß zusammengenommen auf die amerikanische Literatur, Kunst und Wissenschaft wirklich sehr groß. Wenn ein junger angehender Schriftsteller, Maler oder Wissenschafter Roger Straus und Peter Lawson-Johnston kennt und von ihnen geschätzt wird, ist ein guter Teil seines Kampfes um finanziellen Beistand und berufliche Anerkennung bereits gewonnen.

Nebenher sei bemerkt, daß Roger Straus und Peter Lawson-Johnston die dritte aufeinanderfolgende Generation von Kunstförderern in der Guggenheim-Familie bilden. Zuerst waren es Solomon in der Malerei und Simon in der Literatur. In der nächsten Generation waren es Peggy in der Malerei und Harold Loeb (der erste Verleger in der Familie) in der Literatur. Und heute sind es Roger und Peter. Gibt es eine andere Familie in Amerika, die Leben und Werk von so vielen herausragenden Malern und Schriftstellern beeinflußt hat wie die Guggenheims? Kaum eine bedeutende Persönlichkeit seit den zwanziger Jahren ist dem Einfluß dieser Familie entgangen.

Roger Straus ist eine Art Anschauungsunterricht für Söhne von Superreichen. Er ist Millionärssohn aus zwei von Amerikas begütertsten und einflußreichsten jüdischen Familien, ein Mann, der bereits mehr als genug Geld geerbt und als Schenkung erhalten hat, um ohne Arbeit leben zu können, und eines Tages noch viel mehr erben wird. Er hat jedoch jeden Tag seines Lebens hart gearbeitet, nicht nur für den Gelderwerb, sondern für etwas, an das er inbrünstig glaubt und von dem er überzeugt ist, daß es eine wesentliche Rolle bei der Bewahrung unserer Zivilsation spielt. Wie viele Urenkel, Enkel und Söhne amerikanischer Millionäre haben soviel geleistet? Und gibt es ein überzeugenderes Argument dafür, wie wichtig es für eine Nation ist, sich eine privilegierte Klasse zu erhalten — ein gelegentlicher Colonel Bob hin oder her —, als einen Roger Straus? Denn letztlich ist es zur Hauptsache deshalb, weil er ein Guggenheim und ein Straus ist, ein Mann mit mehreren Generationen von Bildung und unabhängigem Reichtum hinter sich, daß er es sich leisten kann, das Beste zu veröffentlichen, was in der heutigen Welt geschrieben wird. Wenn er nur auf sein Gehalt als Präsident von FS & G angewiesen wäre, stünden sicherlich weniger Singers und Nerudas in seinen Verlagsprogrammen und dafür mehr Wallaces und Robbins'.

Wir wollen uns aber nicht einem falschen Eindruck hingeben. Obwohl er ein regelmäßiges Bürostundendasein führt, kaum je einen Tag fehlt und seine Arbeit liebt, ist Roger Straus doch ein Straus und ein Guggenheim, und die Straus' und die Guggenheims haben seit mehr als einem dreiviertel Jahrhundert ihre Art gehabt, grandios zu leben. Man sehe sich Rogers feudales, vierstöckiges Vierzehnzimmer-Stadthaus in Manhattan an, den Schauplattz vieler literarischer Spitzen-Partys in New York. Man sehe sich seine luxuriöse Sarosca Farm in Purchase, New York, mit ihren drei Häusern, zierlichen italienischen Gärten, barocken Fontänen und Statuen an, mit den riesigen Terrassen, von denen aus man, wie es scheint, ganz Westchester County überblickt. Gibt es einen Mann im Verlagswesen der Vereinigten Staaten, einschließlich der marktschreierischsten Edelkitschlieferanten — abgesehen von den Gebrüdern Hearst —, der ebenso gut lebt?

Man muß allerdings fairerweise dazu bemerken, daß die Straus' in ihren großartigsten Residenzen ein durchaus nicht üppiges Leben führen. Gäste auf der Sarosca Farm, darunter der jesuitische Philosoph Teilhard de Chardin, der ab und zu friedliche Wochen bei den Straus' verlebte, äußerten sich über die fast «klösterliche» Atmosphäre auf dem großen Gut: Roger Straus in seinem Studierzimmer beim Lesen von Manuskripten; seine Frau Dorothea in ihrem Studierzimmer bei der Arbeit an ihrem neuesten Buch.

Es gibt aber neben Roger noch andere Straus', die von Guggenheims abstammen oder durch Heirat mit Guggenheims verwandt sind, und auch ihnen gebührt die verdiente Erwähnung.

Da ist Rogers gutaussehender Bruder Oscar Straus II., ein distinguierter Gentleman von vierundsechzig Jahren, der einen Weg viel mehr in der Art seines Vaters und seiner Mutter einschlug als Roger. Er arbeitete sich bei American Smelting and Refining bis zur Nummer drei hoch, dann wurde er von einem Feind seines Vaters hinausgedrängt; er trat dann in Guggenheim Brothers ein, stritt sich später furchtbar mit Harry, gründete Straus Minerals, ein nicht gerade gewinnträchtiges Unternehmen, das, wie man sagt, einen beträchtlichen Teil des Geldes seiner Mutter verschlang, wurde Sachwalter am Emanu-El-Tempel, Präsident des von den Guggenheims finanzierten Institute of Man and Science in Rensselaerville, New York, und 1977 Präsident der Daniel-und-Florence-Guggenheim-Stiftung.

Da ist Rogers hochintelligente Frau, die er heiratete, als er einundzwanzig und sie achtzehn war, die frühere Dorothea Liebmann, Enkelin von Samuel Liebmann, dem deutsch-jüdischen Einwanderer, der Rheingold Beer gründete (das seinen Namen von der Wagneroper hatte); Dorothea, die sich noch an die Zeiten erinnert, als Pferde mit den Namen Wagnerscher Gottheiten und Helden — Wotan, Fricka, Donner, Fasolt — die Bierfuhrwerke ihrer Familie durch New York zogen, und die nicht nur als exquisite Gastgeberin den literarischen Partys ihres Gatten vorsteht, sondern selbst einen Beitrag an die Literatur ihrer Zeit geleistet hat, indem sie drei Proustianische Memoirenbände schrieb — *Showcases, Thresholds* und *Palaces and Prisons* —, die im Verlag Houghton Mifflin erschienen und in denen sie die Porträts von zwei ihrer angeheirateten Guggenheimverwandten zeichnete: Harry, dem Herrn von Finistère, und Peggy, die sie als Gefangene in ihrem venezianischen Palast schilderte.

Und da ist der Sohn Oscars II., der junge Oscar III., der mit Geraldine Coors von der Coors-Bier-Familie verheiratet ist, zwei Söhne hat und in den obersten Rängen von Pacific Tin arbeitet, unter dem wachsamen Auge seines Vetters und Vorsitzenden Peter Lawson-Johnston, der, wie bereits angedeutet, in ihm *den* Aufsteiger in der Familie und möglichen Nachfolger als Guggenheim-Bannerträger im einundzwanzigsten Jahrhundert sieht.

Kapitel

5

Iris Love: Bonanza auf Knidos

Mehr als sechshundert Jahre lang stand die Göttin der Liebe in ihrem auf das Meer hinausblickenden Tempel auf Knidos. Der Tempel war hoch oben über einer Reihe zerklüfteter Klippen erbaut und konnte daher von den Seeleuten, die ihn als ihr besonderes Heiligtum betrachteten, gesehen werden. Die Statue darin war von solcher Schönheit — es war die erste nackte Aphrodite, die je geschaffen wurde —, daß Kaiser, Könige und Dichter aus aller Welt herbeikamen, um sie anzuschauen. Mit der Zeit wurde sie so hochgeschätzt, daß König Nikomedes von Bithnya sich anerbot, die ganzen Schulden der Stadt Knidos, die beträchtlich waren, im Tausch gegen die Statue zu bezahlen. Die Knidier zogen es vor, verschuldet zu bleiben. Viele Jahre später schrieb der römische Historiker Plinius: «Mit dieser Statue machte Praxiteles Knidos zur berühmten Stadt.» Inzwischen hatte das Werk den Ruf erlangt, die schönste Statue zu sein, die je gemacht worden war. So erstaunt es nicht, daß sie im 4. Jahrhundert das meistkopierte Bildwerk der griechisch-römischen Welt wurde. Während mindestens sechs Jahrhunderten, vielleicht noch länger, erregte die knidische Aphrodite die Leidenschaften der heidnischen Zivilisation. Dann aber, mit dem Niedergang Griechenlands und Roms, dem theodosianischen Dekret, das die Zerstörung aller heidnischen Tempel im ganzen römischen Reich anordnete, und dem Aufstieg des Islams, litt Knidos unter Plünderungen; der Tempel zerfiel, und die unvergleichliche Aphrodite von Praxiteles verschwand.

Weit mehr als tausend Jahre später, im Oktober 1970, errang Iris Cornelia Love, die hochgewachsene, blonde Urenkelin von Isaac Guggenheim mit der rauhen Stimme, weltweites Aufsehen mit der Verkündigung, sie habe den Kopf der Statue im Keller des Britischen Museums gefunden.

In den drei Jahren zuvor hatte Miss Love, eine professionelle Archäologin, die Überreste der altgriechischen Stadt Knidos im heutigen Tekir an der

Südwestküste der Türkei ausgegraben. Nachdem sie gehofft hatte, sie würde Praxiteles' Statue finden, von der noch zweiundfünfzig bekannte Kopien existieren, und in dieser Hoffnung weitgehend enttäuscht worden war (obwohl sie glaubte, das Fundament des Tempels entdeckt zu haben), ging sie mit einer Cousine, Margot Love Marshall, zum Britischen Museum, um dessen umfangreiche Sammlung knidischer Antiquitäten zu durchsuchen, die von einer britischen archäologischen Expedition unter der Leitung von Sir Charles Newton 1858 an der antiken Stätte ausgegraben worden waren. Vielleicht enthielt dieser Hort von mehr als dreihundertfünfzig Einzelstücken den einen oder anderen Hinweis darauf, was auf Knidos zurückgeblieben sein könnte.

Wieder wurde sie enttäuscht. Nichts von all dem Ausgestellten erwies sich als besonders aufschlußreich. Da stieg sie, den Katalog von Sir Charles Newtons Sammlung in der Hand, mit ihrer Cousine in die riesigen, vollgestopften Kellerräume des Museums hinunter, um nachzusehen, welche Stücke der Sammlung dort noch lagerten. «Es war dunkel und dumpfig, nur nackte Glühbirnen erhellten in weiten Abständen die Düsterheit», erzählte Iris später der Presse, «und auch gespenstisch, mit all den weißen Gesichtern, die in den langen Reihen der Gestelle nur undeutlich zu sehen waren.» Schließlich kam sie zu einem Kopf mit der Katalognummer 1314, «von einem Tuch und dem Staub von Menschenaltern bedeckt.» Iris zog den Kopf aus dem Gestell, hob das Tuch ab, schaute ihn an und schrie auf: «Margot, da ist er! Da ist er!»

Nach den Worten von Miss Love war der Kopf, dem Mund, Kinn, Nase, der größte Teil der Frisur und ein Stück des Hinterhauptes fehlte, aus dem gleichen feinkörnigen weißen parischen Marmor gemeißelt, den Praxiteles bevorzugte, und die meisterliche Ausführung, der spätklassische Stil und Typ der Frisur, «die zarten Falten im Hals», die leicht überlebensgroßen Masse, alles ließ darauf schließen, daß dieser Kopf vom Meißel des erhabenen Meisters geschaffen wurde.

Die Konservatoren des Britischen Museums waren nicht sonderlich überzeugt. Oder sonderlich erfreut. Sie behaupteten, der Kopf sei ursprünglich beim Tempel der Demeter gefunden worden, der Göttin des Ackerbaus, rund anderthalb Kilometer von der Stelle entfernt, wo man den Tempel der Aphrodite vermutete. Und sie waren sehr aufgebracht, daß aus Miss Loves sensationeller Verlautbarung stillschweigend gefolgert werden mußte, sie hätten den Wert der Tausende von Kunstgegenständen in ihrem Keller weder gekannt noch anerkannt. «Anzudeuten, wir hätten nicht gewußt, daß wir dieses Stück haben, und es sei nicht erforscht», sagte Denys Haynes, Bewahrer der griechischen und römischen Antiquitäten des Museums und Hüter, unter anderem, der berühmten Elgin Marbles und des Rosetta-Steins, «das ist einfach unwahr. Wir sind überhäuft mit Material, aber wir wissen, was wir haben ... Ich bin sehr böse auf sie», fuhr er fort; «wenn sie ihre Beweise aufschreibt, werden wir sie prüfen, wie wir es mit jedem Argument aus dem Publikum tun würden.»

Unerschrocken schleuderte Iris weitere Gründe zurück, warum sie wußte, daß der Kopf das war, wofür sie ihn hielt. «Das nur leichte Polieren, das den Eindruck von Fleisch vermittelt», führte sie aus, «die Falten am Hals, das stimmt alles mit Kopien überein, die ich im Louvre und im Vatikanmuseum geprüft habe.»

Ebenso unerschrocken holte das Britische Museum den Kopf aus dem Keller herauf, staubte ihn ab, stellte ihn zur Schau, trug Beweise zusammen, daß es der Kopf der Persephone sei, Tochter der Demeter, und brachte den bekannten österreichischen Archäologen Prof. E. Schwarzenberg dazu, ihm recht zu geben. Der Disput ist nie entschieden worden.

Die Kontroverse über das Haupt der Aphrodite des Praxiteles von Knidos war nicht der erste archäologische Streit, in den Iris Love verwickelt war. Als junges Mädchen in New York hatte sie angefangen, sich für griechische und römische Geschichte und Mythologie zu interessieren, hauptsächlich unter dem Einfluß ihrer englischen Erzieherin, und war daher schon früh eine ständige Besucherin des Metropolitan Museum of Art. Dort verbrachte sie viele Stunden mit dem Studium, unter anderem, der drei riesigen «Etruskischen Krieger», die zu den gepriesensten Schätzen des Museums gehörten. Später, als sie ihr drittes Studienjahr (am Smith College) an der Universität von Florenz absolvierte, besuchte sie häufig das Florentiner Museo Archeologico, das eine der schönsten Sammlungen etruskischer Kunst der ganzen Welt enthält. Überrascht bemerkte sie die großen Unterschiede zwischen den Figuren im Metropolitan und denen im Archeologica und gelangte zum Schluß, die im Metropolitan seien Fälschungen.

Zurück im Smith College, schrieb sie ihre Bakkalaureatsarbeit über dieses Thema, verzichtete aber auf eine Veröffentlichung ihrer Entdeckung aus Rücksicht auf die Gefühle und das Ansehen der Konservatoren des Metropolitan, von denen manche häufige Gäste in der Wohnung ihrer Eltern an der Park Avenue gewesen waren (diese Wohnung, unterstreicht Iris gerne, war praktisch selbst ein Museum, da die Loves eifrige Sammler waren). Gisela M. A. Richter, die Konservatorin für griechische und römische Kunst des Met, war eine dieser häufigen Besucherinnen gewesen und hatte die etruskischen Statuen als Meisterwerke beschrieben; Jahre ihrer Laufbahn hatte sie damit verbracht, deren Echtheit in wissenschaftlichen Zeitschriften zu verteidigen.

1960 endlich entschloß sich Iris zur Veröffentlichung. Drei Monate vor dem Erscheinungsdatum sprach sie mit James Rorimer, dem Direktor des Metropolitan und alten Freund der Familie, und sagte ihm daß sie im Begriff sei, seine hochgelobten etruskischen Krieger als Fälschungen zu entlarven. Sie bot ihm sogar an, ihm den Aufsatz zur Veröffentlichung durch das Museum zu überlassen, mit ihrem Namen als Verfasserin. Rorimer ging nicht darauf ein. Eine Weile später, kurz vor dem Erscheinungsdatum, lud Rorimer Iris zum Mittagessen in sein Büro ein, stellte ihr eine Menge Fragen, rief dann seinen Mitarbeiter Joseph V. Noble herein und sagte: «Joe, haben Sie gewußt, daß die ‹Etruskischen Krieger› Fälschungen sind?» «Ich habe schon seit einem Jahr gedacht, daß sie unecht sind», antwortete Noble. Hinterher rief Rorimer Iris' Mutter an und sagte, Iris könne mit ihrem Aufsatz machen was sie wolle. Am Tag vor der Veröffentlichung gab das Museum in der *New York Times* die Fälschungen bekannt, ohne Iris Love zu erwähnen. Als sie Rorimer anrief, um zu protestieren, gab der Met-Direktor zu, daß er sie «ziemlich schäbig» behandelt habe.

Schäbig in der Tat. Aber sie zog ihre Lehre daraus. Wenn sie heute eine wichtige Entdeckung macht, läßt sie nichts davon vorzeitig verlauten... nein, *niemandem* gegenüber, manchmal nicht einmal ihren engsten Mitarbeitern. Und wichtige Entdeckungen hat sie seither dutzendweise gemacht in ihren neun Jahren als Leiterin der Ausgrabungen in Knidos, einer der bedeutendsten archäologischen Expeditionen, die gegenwärtig in der Welt durchgeführt werden.

Wie kam es dazu? Wie wurde diese Ururenkelin von Meyer und Barbara Guggenheim die vielleicht hervorragendste Archäologin der Vereinigten Staaten, wenn nicht der ganzen Welt?

Die Geschichte von Iris Love im Verhältnis zur Familie Guggenheim ist fast zu passend, um wahr zu sein. Während drei Vierteln eines Jahrhunderts hatten die Guggenheims den Globus mit Minen durchsetzt, um an die Metalle des Erdbodens zu kommen. Dann, an einem bestimmten Punkt, hörten sie auf, zu graben, lehnten sich größtenteils zurück und lebten von den Dividenden ihrer Anstrengungen. Und genau zu diesem Zeitpunkt machte sich eine Angehörige der sechsten Generation auf, um wieder zu graben, diesmal nicht nach Metallen, sondern nach antiken Gegenständen, nicht um des finanziellen Gewinnes, sondern um der Erkenntnisse willen. Genau zu der Zeit, als die Bergbau-Bonanzas schwanden, begannen die archäologischen Bonanzas.

Um aber dem Phänomen Iris Love auf die Spur zu kommen, müssen wir ein paar Jahrzehnte zurückblättern zu ihrem Urgroßvater Isaac, der, wie man sich erinnern wird, der älteste und wohl am wenigsten erfolgreiche der sieben Söhne von Meyer und Barbara Guggenheim war. Isaac starb 1922 und hinterließ jeder seiner drei Töchter zwei Millionen Dollar. Eine dieser Töchter, Helene, heiratet Lord Melvill Ward und wurde damit die zweite Guggenheim-Tochter, die in die britische Aristokratie einheiratete. Beulah verehelichte sich mit William Spiegelberg (es war deren Sprößling William junior, der sich dazu bestechen ließ, seinen Namen für kurze Zeit in Isaac Guggenheim II. umzuändern). Die dritte Tochter, Edyth, heiratete den Bankier und Marineoffizier Louis M. Josephthal, der später Admiral Josephthal wurde, Kommandant des Marinedistrikts New York. Admiral und Frau Josephthal hatten wiederum zwei Töchter, von denen die eine, Audrey, die Mutter von Iris Love wurde.

Eine Guggenheim zu sein, war, wie Iris immer wieder herausfand, nicht unbedingt ein Pluspunkt. Als sie anfing, Mittel für ihre archäologischen Feldzüge zu sammeln, bekam sie von Einzelnen wie von Stiftungen, die sie um Geld anging, häufig zu hören: «Aber Sie sind doch eine Guggenheim, wieso bitten Sie *mich* (oder *uns)* um Geld?»

Es war nicht immer leicht für Iris, zu erklären, daß ihre Großmutter Guggenheim ihr zwar einen ansehnlichen Trustfonds hinterlassen hatte, daß ihr dieser aber nicht mehr als 25 000 bis 30 000 Dollar jährlich einbrachte, vor Abzug der Steuern, also gerade genug für ihre persönlichen Auslagen, aber auf keinen Fall genug, um größere archäologische Expeditionen zu finanzieren. (Eine dreimonatige Ausgrabungsperiode auf Knidos kostet im Minimum 50 000 Dollar.) Und auf bedeutende finanzielle Unterstützung von seiten der lebenden Mitglieder ihrer Familie könne sie nicht zählen. Außerdem, war sie gezwungen zu erläutern, habe sie durchaus nicht Zugang zu den Mitteln der Stiftungen von Daniel, Solomon, Murry und Simon Guggenheim, bloß weil sie eine Urgroßnichte von deren Gründern sei. Im Gegenteil, sie wäre wahrscheinlich die *Letzte,* die von der Daniel-, Solomon- oder John-Simon-Guggenheim-Stiftung finanziert würde.

Nein, der einzige wirkliche Vorteil, eine Guggenheim zu sein, lag für Iris darin, daß sie neben dem Treuhandvermögen etwas geerbt hatte, was man nur als Guggenheim-Genie bezeichnen kann. Denn unter allen Angehörigen ihrer Generation, derjenigen unmittelbar nach Peter Lawson-Johnston, Bob Guggenheim jr. und Roger Straus, besaß nur sie allein die Phantasie, die Kühnheit, die Abenteuerlust, die Bereitschaft, große Risiken auf sich zu nehmen, sich ins Unbekannte zu stürzen, die die erste Generation von Guggenheims zu den wagemutigsten, innovativsten Bergbauindustriellen und Förderern von Kunst und Wissenschaft der Welt gemacht hatten.

Phantasie. Kühnheit. Abenteuerlust. Iris' kühne und frühreife Entlarvung der falschen «Etruskischen Krieger» und ihr sensationeller Versuch, den staubigen Marmorkopf im Keller des Britischen Museums als das Haupt der Aphroditenstatue von Praxiteles zu identifizieren, wurden bereits erwähnt. Aber das waren nur Vorspiele oder Proben der ungewöhnlichen Abenteuer von Iris auf Knidos, die noch kommen sollten.

Knidos war eine der bedeutendsten Gemeinden des alten Griechenland. In der östlichen Ägäis gerade südlich der Inseln Lesbos, Chios und Samos gelegen, war sie nahe bei den größten Zentren der griechischen Zivilisation und im Umkreis von weniger als 160 Kilometern von drei der sieben Weltwunder der Antike entfernt: dem Artemistempel in Ephesos, dem Koloß von Rhodos und dem Grabmal des Mausolos. In ihrer Blütezeit war sie die Hauptstadt der Dorischen Hexapolis, einer Konföderation von sechs Städten, zu denen die nahegelegenen Rhodos und Halikarnassos gehörten. Die Stadt besaß zwei ausgezeichnete Hafenanlagen, einen großen Handelshafen gegen Süden, von dem aus der berühmte knidische Wein über das ganze Mittelmeer verschifft wurde, und nach Norden zu einen kleineren Kriegshafen, der bis zu zwanzig Triremen auf einmal aufnehmen konnte und während des Peloponnesischen Krieges einst die ganze Kriegsmarine von Sparta unterbrachte. Ein Dutzend mächtiger Türme behüteten die Stadt gegen feindliche Angriffe und Pirateneinfälle. Die Stadt rühmte sich auch einer fortschrittlichen Ärzteschule und eines astronomischen Observatoriums, das von Eudoxus, einem Freund Platons, geführt wurde. Überall verstreut standen viele wichtige Tempel — Demeter, Dionysos, den Musen geweiht —, von denen der berühmteste der Tempel der Aphrodite Euploia war, ein anmutiger Rundbau auf achtzehn schlanken, weißen dorischen Marmorsäulen, der in seiner Mitte Praxiteles' unsterbliche Statue der Göttin der Liebe und Schönheit barg.

Iris sah Knidos zum erstenmal vom Bug eines türkischen Bootes aus im Sommer 1966. Sie reiste mit Askidil Akarca, einer Enkelin des letzten türkischen Sultans und klassischen Archäologin an der Universität in Istanbul. In den vorangegangenen neun Sommern war Iris eine Art Faktotum bei der Expedition des New Yorker Institute of Fine Arts auf Samothrake gewesen. Jetzt sah sie sich nach einem Ort um, an dem sie selber graben konnte.

Als sie auf der kleinen Halbinsel an Land ging, überwältigte sie die Ehrfurcht vor den großen Mauern der antiken Stadt mit ihren mehr als dreißig Türmen, alles noch hervorragend erhalten. Innerhalb der Mauern sah sie mit Staunen, wie Bauern Baumwolle, Tabak und Sesam zwischen den antiken Ruinen pflanzten, ohne etwas von deren Bedeutung zu ahnen, so, als wären es einfach Steine in einem Acker. Da und dort zwischen den Steinen wuchsen Origano, Thymian, Salbei und Rosmarin. Gänse- und Truthühnerscharen gingen in einem zerbröckelten Amphitheater ein und aus, und in den Ruinen der einstigen Agora grasten Ziegen. Dort und zu jener Stunde faßte sie den Entschluß, Knidos auszugraben.

Iris war damals Assistant Professor für Kunstgeschichte und Archäologie am C. W. Post College der Long Island Universität.

Als sie zum Herbstsemester von ihrem griechischen Sommer zurückkam, nahm sie all ihren Guggenheimschen Mut zusammen, und nach einer Reihe leidenschaftlicher Anträge, die an die Bittschriften ihres Urgroßonkels Daniel an J. P. Morgan erinnerten, er möge doch Geld eintreiben, um den Kennecott Mountain zu erschließen, gelang es ihr, die Long Island Universität und den Dampfschiff-Magnaten Jakob Isbrandtsen (der von dem Triremenhafen fasziniert war und von dem, was dieser vielleicht hergeben würde) zu überreden, für den Sommer 1967 eine ausgewachsene archäologische Expedition nach Knidos zu finanzieren. Im folgenden Jahr erhielt Iris weitere finanzielle Unterstützung von der Old Dominion Foundation, der Ingram-Merrill Foundation und zwei Archäologie-Fans, mit denen sie befreundet war, Win Nathanson und David Fromkin.

Und so hat Iris Love vom Sommer 1967 an bis heute jeweils ihre «stinkenden, heißen US-Army-Zelte» zwischen den Steinen und Topfscherben und Blumen des antiken Knidos aufgestellt, dort manchmal bei einer Hitze von fast fünfzig Grad mit ihren Dackeln Heinrich und Phryne (die letztere hat ihren Namen von Praxiteles' Mätresse, dem Modell für die Statue der Aphrodite) und einem kleinen professionellen Team gelebt und gearbeitet und eine Truppe türkischer Arbeiter beaufsichtigt, die von dreißig auf hundert Mann angewachsen ist.

Ihre erste spektakuläre Bonanza kam in der ersten Augustwoche 1968, als eine Gruppe von Arbeitern einen kleinen Marmorsarkophag zutage förderte, in dessen Innerem eine wundervolle goldene Trauerkrone schimmerte, in perfektem Zustand, nicht einmal matt geworden, zusammen mit Goldverzierungen und einem seltenen gläsernen Weinbecher mit zwei Henkeln.

Die zweite Bonanza kam im Sommer 1969, als Iris und ihre Mannschaft in schneller Folge eine schöne Bronzestatuette von Priapus, eine tadellos erhaltene Marmorstatue einer Frau, einen äußerst fein geschnitzten, hellenistischen, beinernen Bildnisring einer Matrone, einen marmornen Boxerkopf und eine prachtvolle überlebensgroße Statue einer jungen Frau, möglicherweise einer Göttin, aus der Erde gruben. Sie entdeckten auch einen seltsamen runden Tempel, bei dem Iris — mit angehaltenem Atem — andeutete, aber damals noch nicht feststellte, es könnte der sagenhafte Tempel der Aphrodite sein.

Eines der erfreulicheren Dinge, die sich während der Expedition zutrugen, geschah an Iris' Geburtstag, am 1. August 1968. An diesem Morgen kamen sieben Gänse in ihr Zelt gewatschelt, «im Gänsemarsch, standen schnatternd eine Weile da, kehrten dann um und watschelten im Gänsemarsch wieder hinaus.» Iris legte dies als außerordentlich gutes Omen aus, denn die Gans war, zusammen mit dem Delphin, eines von Aphrodites heiligen Tieren — sie wurde oft darauf reitend dargestellt —, und die Nummer sieben war den alten Göttern heilig.

In der Tat ein gutes Omen. Denn Iris' wichtigstes Ziel auf Knidos war es, den Tempel der Aphrodite und, wie sie hoffte, die Statue von Praxiteles oder wenigstens einen Teil davon zu finden. 1970 war sie endlich soweit. Es war ihre größte Bonanza und brachte sie mit siebenunddreißig Jahren auf die Titelseiten der großen Zeitungen der Welt.

Zur eigentlichen Entdeckung des Tempels kam es am 20. Juli 1969. Aber Iris war einige Zeit nicht hundertprozentig sicher, ob es sich bei dem, was sie entdeckt hatte, wirklich um das Aphrodite-Heiligtum handelte.

An diesem sengend heißen Julimorgen machten sich Iris und ein Mitglied ihres Stabes, der Schweizer Archäologe und Bergsteiger Rolf Stucky, auf den Weg zu einer steilen Anhöhe, die sie noch nicht erforscht hatten und der auf Sir Charles Newtons Karte des antiken Knidos von 1858 keinerlei Bedeutung zugemessen wurde. Sie kletterten in nördlicher Richtung über steile, steinige, von Steineichen, Disteln, gelbem Enzian und Brennesseln überwachsene Felder hoch, gelangten schließlich an den Fuß einer Art Terrasse und spürten auf einmal eine sanfte, erfrischende Brise vom Meer. Die Aussicht war herrlich: nach Norden zu fiel eine Reihe steiler Klippen in die blaue Aegäis ab; im Süden, tief unten, lagen die beiden Häfen, und dann, dicht hinter ihnen, die trockenen weißen Steine des alten Knidos.

Beim Erklettern der steinernen Terrassenmauer erblickten Iris' scharfe Augen etwas, das ihr den Atem verschlug und sie erzittern ließ: eine Ansammlung von Steinen in anscheinend kreisrunder Anordnung, vielleicht die Überreste eines zusammengebrochenen Bauwerks.

Welche Art Bauwerk hätten die Griechen auf einem so hohen Vorsprung errichtet? Nur einen Tempel. Einen Tempel für eine sehr hohe Gottheit. Sogleich begann Iris in den Steineichenbüschen herumzustochern, die die Terrasse bedeckten, und fand in einem Busch den oberen Teil von etwas, das wie ein Sockel einer Statue aussah. War das der Sockel von Praxiteles' Statue der Aphrodite?

An diesem Abend sprach sie bei der Rückkehr ins Lager von ihrer Ahnung, daß sie den Tempel der Aphrodite endlich gefunden habe, und gab ihre Absicht kund, am folgenden Tag an dem Fundort einen Forschungsgraben auszuheben.

Iris wird diesen heißen Julitag nie vergessen. Es war unter anderem der Tag, an dem die Apolloastronauten erstmals auf dem Mond landeten, und sie hatte nach ihrer Rückkehr ins Lager darüber nachgesonnen, wie dieses Ereignis ihren Vetter Harry gefreut haben mußte: Eine weitere Guggenheimsche Ahnung hatte sich bezahlt gemacht.

Fast unerträglich von Gefühlen belastet, traf Iris am Fundort ein. Sorgfältig begann sie, mit ihren Arbeitern den Graben auszuheben. Bald war zu erkennen, daß die Bauanlage, die sich tags zuvor nur sehr undeutlich abgezeichnet hatte, tatsächlich kreisförmig war. Iris wußte aus literarischen Quellen der Antike, daß der Tempel der Aphrodite auf Knidos rund gewesen war, und so wußte sie auch, als die Ausmaße der marmornen Gänge nach und nach freigelegt wurden, daß sie gefunden hatte, wonach sie seit drei Jahren suchte.

Die Überzeugung bestätigte sich im Sommer 1970, als sie den im vorhergehenden Sommer entdeckten Statuensockel ausgrub und Teile einer Inschrift fand: «PRAX... NACKT... OBEN.» Die Prüfung des Sockels ergab, daß er aus der gleichen Zeit stammte wie der Tempel. Die Inschrift war wahrscheinlich viel später angebracht worden, möglicherweise als Orientierung für Pilger und Reisende. Später fand Iris unter einer Treppe, die zu einer Terrasse unterhalb des Tempels führte, ein knapp überlebensgroßes Fragment einer Hand, aus parischem Marmor, deren Maße fast exakt mit denen der bekannten Kopien der Aphrodite von Praxiteles übereinstimmten. Und unweit davon fand sie auch «einen überlebensgroßen weiblichen Finger aus parischem Marmor» und «ein fein ausgearbeitetes Bruchstück einer Drapierung aus parischem Marmor; beides könnten Teile der Originalstatue gewesen sein.»

Iris gab ihre Entdeckung des Tempels bei der Jahresversammlung des Archaeological Institute of America in San Francisco bekannt, und tags darauf prangte auf der Titelseite der *New York Times* ein Foto von ihr, das sie im Minirock neben einer griechischen Statue zeigt (die nichts mit Aphrodite zu tun hat), begleitet von einem Artikel mit der Überschrift: «APHRODITE-TEMPEL IN TÜRKEI GEFUNDEN.»

Nach der sensationellen Entdeckung — einer der zwei, drei bedeutendsten Entdeckungen der griechischen Archäologie seit dem Zweiten Weltkrieg — und vor allem während der Ausgrabungsperioden 1971 und 1972 machte Iris weitere sensationelle Entdeckungen. Als sie sehr sorgfältig in der Umgebung des eigentlichen Tempels grub, fand sie Dutzende schöner Terrakotta-Frauenköpfe aus der Zeit der archaischen bis zur hellenistischen Epoche. Viele waren Köpfe junger Frauen im Zenit ihrer Schönheit. Manche stellten ganze Gruppen junger Frauen dar. Eine Gruppe schilderte die Geburt der Aphrodite mit Hilfe von Horen. Auch Darstellungen von Aphrodites Sohn Eros waren dabei. Der Fund war so umfangreich und vielfältig, daß Iris der archäologischen Welt eine ganz neue Schule der koroplastischen Skulptur vorstellen konnte, die sie die knidische Schule nennt.

Im folgenden Jahr wurde in einem Probegraben südöstlich des Aphrodite-Altars ein Versteck mit mehreren hundert Terrakotta-Figürchen zutage gefördert, manche intakt, manche in Bruchstücken. Die meisten stellten junge Frauen dar, die ihre Brüste umfassen. Eine war eine Doppelfigur: zwei nackte, zurückgelehnte Gestalten, vielleicht ein Brautpaar. Eine weitere Gruppe umschloß göttliche Musikantinnen, die Lyren und Kytherai tragen, Doppelflöten spielen und Tamburine in den Händen haben. Und in den vermutlichen Gärten der Aphrodite im Nordosten des Heiligtums, in denen einst Aphrodisiaka gepflanzt wurden, fand man weitere passende Dinge wie «eine Kanne mit phallusförmigem Schnabel, sowie Phalli in allen Größen» (einige bis zu 1,20 Meter lang). Nicht umsonst hatte Pseudo-Lucanus im zweiten Jahrhundert geschrieben: «Ich nahm zwei Sachverständige in Liebe und ging durch Knidos, wobei ich ein nicht geringes Vergnügen in den wollüstigen Erzeugnissen der Töpfer fand, denn ich erinnerte mich, daß ich in der Stadt Aphrodites war.»

Mit der Entdeckung des Tempels 1969, der Entdeckung von Fragmenten der Praxiteles-Statue und deren Sockel 1970 und 1971, all der Terrakottaköpfe 1971, all der Figurinen 1972 und außerdem der Entdeckung von vier weiteren hellenistischen und römischen Tempeln, zwei Theatern, einem Rathaus, einem Marktplatz mit Säulengängen, einer Stoa und Dutzenden von goldenen Schmuckstücken und bemalten Töpfereien hat Iris auf Knidos einen Treffer gelandet, der sich ohne weiteres mit der Bonanza Lode über dem Kennecott Creek vergleichen läßt. Natürlich war es jener Treffer in der ersten Dekade des zwanzigsten Jahrhunderts, dem teilweise die finanzielle Unabhängigkeit zu danken ist, die es Iris ermöglicht hat, sich so unrentablen Unternehmungen hinzugeben wie dem Ausgraben altgriechischer Städte.

Heute geht das Werk weiter: 1976 gelangen Iris mehrere aufsehenerregende Funde von weiblichen Statuen, worunter eine, ein Terrakottakopf der Aphrodite, als Meisterwerk gilt. Inzwischen sind Ehren und Auszeichnungen hereingeströmt. 1973 wurde Iris vom türkischen Staatsminister anläßlich des 50. Jahrestages der türkischen Republik für ihre «außergewöhnlich wertvolle Arbeit in bezug auf die türkische Kultur» öffentlich erwähnt. 1974 ernannte sie das Middlebury College in Vermont zum John Hamilton Fulton Lecturer. Einladungen zu Vorträgen gelangen von überall aus den Vereinigten Staaten an sie. Und von Mitgliedern ihrer eigenen Familie wurde ihr viel Anerkennung zuteil. Peggy Guggenheim hielt sie für «die herausragendste Guggenheim ihrer Generation». Was sie entschieden auch ist, und dies passenderweise in dieser Aera der Frauenbefreiung (in den ersten zwei Generationen sind die Frauen aus eigener Kraft etwas geworden). Das alles war natürlich höchst befriedigend, aber Iris regt sich trotzdem noch gelegentlich darüber auf, daß die offizielle Archäologengemeinde sie nie voll akzeptiert hat. Das *enfant terrible* der Archäologie. Nein, es gibt gewisse Dinge, die man einfach nicht vergessen und vergeben kann. Zum ersten hat sie nie ihren Dr. phil. bekommen. Da ist es natürlich ein bißchen viel verlangt von all diesen Doktortitelinhabern, jemanden zu akzeptieren, der nicht durchgemacht hat, was sie durchmachen mußten. Zum zweiten hatte sie immer wieder die Frechheit, solche hervorragenden Dr. phil.s, doppelt so alt wie sie, als führende Köpfe des Metropolitan und des Britischen Museums (öffentlich!) herauszufordern, und zwar in bezug auf Dinge, von denen sie doch wirklich sehr wenig wußte (schließlich hatte sie ja nie eine Doktorarbeit geschrieben), was natürlich absolut unverzeihlich war und ist.

Es steht Iris noch bevor, ihre Ausgrabungen auf Knidos zu vervollständigen — der Triremenhafen kommt als nächstes an die Reihe — und dann zu einem sinnvollen Ganzen zu fügen. Denn obwohl ihre Funde aufsehenerregend waren, muß sie sie noch interpretieren und in einen historischen, religiösen und philosophischen Zusammenhang bringen. Aber das wird zweifellos kommen.

Kapitel

6

William Guggenheim III.: Amen

Am 24. April 1974 besuchte William Guggenheim III. einen Abendgottesdienst der Spiritualist Church von Orlando, Florida, bei dem ein ältliches weibliches Medium während der «Botschafts-Sitzung» zu ihm sagte, er solle sich «von vielen Kisten befreien», wenn er und seine Frau Judy in ihr neues Haus zögen.

Im Moment verblüffte ihn dieser Rat, denn er und Judy waren gerade von ihrem Gut in Cresskill, New Jersey, in ein gemietetes Haus in Jupiter, Florida, umgezogen, und außer unzähligen Koffern und Reisetaschen mit Kleidern sowie vielen Möbeln hatten sie nicht weniger als 125 Pappkisten mitgebracht, die mit Williams Büchern, persönlichen Krimskrams und verschiedenen Sammlungen gefüllt waren. Und es war unmöglich, daß das Medium etwas von dem Umzug wissen konnte — außer durch Hellseherei.

Als William und Judy von der Abendversammlung nach Hause kamen, begann er sofort seine Bücher und Sammlungen durchzusortieren, was er behalten und was er weggeben wollte.

Bald darauf beschloß er, praktisch alles herzugeben. In jener Woche schenkte er der örtlichen Bibliothek fast alle seine Bücher, «allerding», nach seinen eigenen Worten, «nur gegen Quittungen, so daß ich sie als gemeinnützige Spenden von der Einkommenssteuer abziehen konnte — Beweis der hohen Spiritualität!».

Er hatte sich vorgestellt, das Hergeben würde weh tun, aber kaum hatte er angefangen, begann er sich besser zu fühlen, «leichter ..., als würde eine Last von mir genommen». Nach einer Weile wurde er «süchtig nach diesem Gefühl» (freudig) und wandte sich der Verteilung seiner vielen Sammlungen zu. «Ab gingen weitere Bücher, Platten, Schußwaffen, Mad-Magazine, überflüssige Fotoausrüstungen, Kunstgegenstände, Briefmarken, Münzen, Steine, Muscheln, Streichholzbriefchen (über 5000, alle ungewöhnlich), Bücher von Agatha Christie (ich besaß jedes, das sie geschrieben hatte), Comic-Bücher (nur Disney-Typ), Little Golden Books, kleine Schnitzereien, Gemälde, Antiquitäten», einiges darunter von seinem Vater und den Großeltern, «all die Dinge, die ich jahrelang nicht benutzt hatte und wahrscheinlich nie mehr lesen, anhören oder benutzen würde».

Nachdem er seine weltlichen Schätze weitgehend weggegeben hatte, entdeckte er, daß Dinge, die früher recht eigentlich seine Persönlichkeit ausgemacht hatten, ihm gar nichts mehr bedeuteten. «Ich merkte, daß ich nicht nur ohne sie leben konnten, sondern daß ich ohne sie viel besser, viel glücklicher leben konnte. Ich bekam sogar Freude daran, meine vorher so gehüteten Schallplatten meiner Babysitterin und meine ehrwürdigen Science-fiction-Bücher ihrer Mutter zu schenken. Das Gefühl war berauschend, erheiternd, ein Gefühl der Freiheit.» Noch später wurde ihm klar, daß «nicht die Dinge wichtig waren, die ich weggab, sondern die Tatsache, daß ich mich von ihnen zu lösen vermochte — das war der Unterschied! Das erlaubte es mir, mehr in der Gegenwart zu leben, und machte es möglich, daß ich anfing zu fluten.»

«Fluten» sollte für William kurz nach diesem Erlebnis des «Abwerfens» eine Zwischenstation werden zwischen den Lebenden und den Toten.

Denn seit Sonntag, dem 12. Mai 1974, achtzehn Tage nachdem das Medium in der Spiritualistenkirche ihn geheißen hatte, sich von jenen Kisten zu trennen, empfing William Guggenheim III., ein schmächtiger, mittelgroßer junger Mann mit scharfen Gesichtszügen und schwarzem Haar, Briefe aus der Geisterwelt, besonders von den Seelen der Entschlafenen, und er empfängt sie noch immer. 1976 hatte er bereits mehr als 400 Seiten mit «automatischer Schrift» festgehalten. So stark und nachdrücklich sind die Botschaften, so geläutert die Philosophie, die sie ausdrücken, daß William sich als echten religiösen Mystiker betrachtet.

Der Verfasser oder eigentlich Empfänger dieser Worte nimmt in der heutigen Guggenheim-Familie eine Sonderstellung ein: Er ist der einzige männliche Guggenheim mit Söhnen. Wenn also der Name Guggenheim nicht nur in Stiftungen und Institutionen weiterleben wird, dann durch Williams III. Söhne, und nur durch sie.

Die Situation ist nicht ohne Ironie, wenn man bedenkt, daß William III. vom jüngsten und unguggenheimischsten der sieben Guggenheim-Brüder abstammt, von William senior alias Gatenby Williams, dem ersten, der aus dem Familiengeschäft ausschied, dem ersten, der eine Nichtjüdin heiratete, dem ersten, der geschieden wurde, dem ersten, der ein Buch schrieb, dem ersten, der vom Judentum abirrte und dem ersten, der die dichtgeschlossenen Reihen spaltete, indem er seine Brüder wegen des Chile-Kupfers um 10 Millionen Dollar verklagte.

Wie glücklich war William senior gewesen, als ihm die Geburt seines ersten und einzigen Enkelkindes, William III., mitgeteilt wurde! Wie stolz hatte ihn das den älteren Brüdern gegenüber gemacht, die ihn immer veranlaßt hatten, sich unzulänglich und töricht zu fühlen. Solomon, Murry und Simon mochten ja alle Macht in ihren Händen gehabt haben, doch keiner von ihnen hatte einen Enkel, der Guggenheim hieß. Das war das einzige, was er jetzt besaß — und sie nicht.

Die getrennt lebende Frau von Will senior, Aimee, war ebenfalls sehr stolz auf ihren Enkel, der nach dem Tode ihres Sohnes ihr Augapfel wurde. Sie haßte die Brüder ihres Mannes, hatte die meiste Zeit ihres Ehelebens damit verbracht, William gegen sie aufzuhetzen, was sich nicht als schwierig erwies, und freute sich diebisch, daß ihr Enkel wahrscheinlich der einzige Sproß der Familie sein würde, der den Namen Guggenheim zu verewigen vermochte. Das brachte ihr nicht nur einen Punkt gegenüber den Brüdern, sondern auch einen gegenüber deren *Frauen* ein.

Aimee Guggenheim war nicht dumm. Sie paßte auf sich und ihr Eigentum auf. Zur Zeit ihrer Abwendung von William senior, als sie bemerkte, wie sich ihr Gatte mit Showgirls und anderen Glücksjägerinnen einließ, sorgte sie dafür, daß ein guter Teil des Eigentums von William senior auf sie überschrieben wurde. Und so blieb sie durchaus nicht mittellos zurück, als William senior starb und den Hauptteil seines geschwundenen Besitzes der Miss America von 1929, der Miss Connecticut von 1930 und zwei weiteren ehemaligen Revuemädchen vermachte. Abgesehen davon, daß sie ihren gesetzlichen Anteil sicherstellte, indem sie die jungen Damen vor Gericht zog, hatte sie bis dahin mehr als zwei Millionen Dollar Vermögenswerte ihres verstorbenen Gatten unter ihrem Namen beiseite geschafft. Diese Vermögenswerte gingen auf ihren Sohn William junior und dann an dessen Frau, die jetzige Mrs. Elizabeth Broadhurst von New York, und ihren Sohn, William Guggenheim III., über.

Das waren indes nicht die einzigen Güter, die der Stammlinie von William senior zur Verfügung standen. Es gab da noch jenen «eisernen Treuhandfonds» von einer Million Dollar, den Simon Guggenheim nach der Beilegung des Streits um Chile Cooper für William und seine Erben hinterlegt hatte, dessen Kapital nicht angegriffen und der nicht beliehen werden konnte. Beim Tod von William senior erbte ihn William junior und bei dessen Tod William III.

William III. war schon in frühem Alter finanziell unabhängig und konnte, wie seine Cousine Iris Love, seinen eigenen Interessen nachgehen. Anders als Iris brauchte er ziemlich lange, bis diese Interessen sich offenbarten, dann aber wußte er, daß er seinen Weg gefunden hatte. Es war ein Weg, den noch kein anderer Guggenheim eingeschlagen hatte, eine radikale Abkehr von dem, was für die Familie bisher gültig gewesen war, ein Widerspruch zum bisherigen Familienethos.

Dem Geldeinnehmen und -ausgeben, dem technologischen Fortschritt, dem Ausbeuten der Bodenschätze, der industriellen Zivilisation, der Verbrauchergesellschaft den Rücken zu kehren und sich dem Verzicht, dem Mystizismus, östlichen Religionen, dem Okkulten zuzuwenden, Umgang mit Geistern zu pflegen — das war tatsächlich eine radikale Abkehr von allen, was der Name Guggenheim in den vergangenen hundert Jahren der Welt bedeutet hatte.

Natürlich war Will III. mit diesen Anschauungen und Bestrebungen nicht allein. Zehntausende junger Amerikaner hatten in den sechziger und siebziger Jahren solche Richtungen eingeschlagen. Es war auch keine besonders neue Erscheinung in der Geschichte der westlichen Zivilisation. Zur Zeit des Niedergangs des Römischen Reiches im dritten und vierten Jahrhundert hatten sich die Söhne und Töchter des römischen Adels nach und nach vom Kriegführen und Geldverdienen ab- und östlichen Mysterienkulten, orientalischen Philosophien und der neuen christlichen Religion, die ja ebenfalls aus dem Osten kam, zugewandt.

War William Guggenheim III. in einer ähnlichen Lage wie der Sohn eines römischen Patriziers im vierten Jahrhundert?

Mehr oder weniger schon. Amerika im letzten Viertel des Jahrhunderts seiner Weltherrschaft war in der Tat dem alten Rom in den letzten Jahrhunderten seiner Weltherrschaft ähnlich geworden. So haben die Amerikaner die Welt erobert. So gibt es heute ein Holiday Inn auf Madagaskar, ein McDonald's in Hamburg, eine US-Marinebasis mitten im Indischen Ozean. So beziehen einige amerikanische Firmen, wie Exxon mit ihrem Ertrag von 88 501 134 000 Dollar im Jahre 1983, ihre Einkünfte aus hundert Ländern und sind reicher als viele der Staaten, in denen sie operieren. So hatten die Römer Außenposten in Schottland, in denen die römischen Legionäre größeren Luxus genossen als die Schotten. So standen römische Tempel in Athen, Baalbek und Karthago, die größer waren als alles, was die Athener, die Syrer und Karthager besaßen. So bauten römische Ingenieure gigantische Aquädukte und Wettkampf-Arenen in Spanien, Frankreich und Nordafrika. Ging es der Welt besser, als Gladiatoren in der Arena von Nîmes endlich gegen Löwen kämpfen konnten? Geht es der Welt auch nur ein bißchen besser, jetzt, da man auch in Neuseeland ein Coca-Cola kaufen kann? Was ist in diesem ganzen hektischen Imperiumsaufbau mit dem Innenleben des Menschen passiert? Was ist mit dem geistigen Leben geschehen? Was ist aus den Idealen von Wahrheit und Liebe und Schönheit und Gerechtigkeit geworden? Hat es ihrer Sache gedient, noch ein römisches Amphitheater in Gaul, noch eine römische Mauer in Britannien, noch ein Holiday Inn auf den Cayman-Inseln, noch eine Coca-Cola-Abfüllfabrik in Sri Lanka zu bauen?

Und was, fragten die gleichen jungen Amerikaner, was hatte es mit dem vielgerühmten «American Dream» auf sich? War es ein Traum von Wahrheit und Liebe und Gerechtigkeit, der Förderung eines höheren Menschseins oder nur ein Traum von Reichtum, Macht und Ruhm? Oder, noch schlimmer, ein Traum bloß der Sicherheit, der Behaglichkeit und des Vergnügens, ein Traum der größten Bequemlichkeit für die meisten?

Und so lebt denn der Urenkel des großen Imperiumsbauers Meyer Guggenheim, sein einziger Nachkomme mit Söhnen, die den Namen Guggenheim tragen, in Florida, kümmert sich um seine kleine Familie, kümmert sich um sein Kapital, das natürlich einst jene Imperiumsbauer zusammentrugen, die er heute ablehnt, wohnt spiritistischen Sitzungen bei, konsultiert Medien, notiert Nachrichten aus der Geisterwelt, besucht ein Seminar über Glaubensheilung des Mediums Anne Gehman, ein Seminar über Tod und Sterben der Schweizer Psychiaterin Dr. Elisabeth Kübler-Ross, die angibt, ein Jahr nach dem Tod eines Patienten von diesem besucht worden zu sein. Hier ist Will Guggenheim III. und denkt daran, einige Zeit bei Peter Caddys religiöser Kommune New Age in Findhorn, Schottland, zu verbringen, wo man nur mit Liebe und Gebet als Dünger vierzig Pfund schwere Kohlköpfe heranzieht; William Guggenheim III. denkt auch daran, eines Tages seine eigene «New Age»-Kommune in Florida zu gründen und dabei einen Teil seines Erbes als «Saatgeld» zu verwenden.

Der Weg, auf dem William Guggenheim III. an diesen Platz und zu diesen Aktivitäten gelangte, war, gelinde gesagt, ein Umweg.

Nach Abschluß der Browning School for Boys in New York ging Will, ein Einzelkind, nach Yale, das er aber schon nach dem zweiten Jahr verließ, weil dieses College nach Browning ein allzu großer und unpersönlicher Ort war und ihn «verunsicherte» und weil er es schließlich nicht nötig hatte, all den «Unsinn» von einer Schar Professoren aufzunehmen, um eines Tages seinen Lebensunterhalt zu verdienen. Kurze Aufenthalte am Radio- und Fernsehinstitut der Stanford-Universität, in den Ansager-Ausbildungsstudios in New York, am New Yorker Institute of Finance und an der New Yorker Foto-Akademie folgten rasch aufeinander. Nach den Ansagerkursen arbeitete er als Zeitungsverkäufer, Techniker und Ansager bei verschiedenen Radiostationen (er war schon immer ein Hobby-Radiobastler gewesen). Weil seine Geldanlagen seine Aufmerksamkeit aber immer mehr in Anspruch nahmen, war er bald einmal «von Wall Street fasziniert», ließ die Radioarbeit bleiben und «besuchte praktisch jeden Kurs, den das New Yorker Institute of Finance anbot», worauf er Börsenmakler und später Wertpapieranalytiker für zwei New Yorker Brokerfirmen, Correau Smith und Hoppin Watson, wurde. Diese Tätigkeit fand er sehr nützlich, und dank ihr braucht er auch heute keinen Finanzberater, um mit seinem Investment-Portefeuille zurechtzukommen. Doch der Beruf des Börsenmaklers hielt den jungen Will nicht lange (es war ein «allzu materialistischer Trip» für ihn); bald danach arbeitete er für den zweiten Mann seiner Mutter als Berater für Industrie-

Wertpapiere, ein Job, den er nach einem Jahr aufgab, um «New Yorks einziges Ladengeschäft für Papierkleider, Indispensable Disposables, an der East Sixtieth Street gegenüber von Serendipity zu eröffnen, zu betreiben und zu schließen».

Nach Indispensable Disposables, einem kürzeren «Trip» als vorgesehen, wegen dessen Frivolität er sich im übrigen ein bißchen schuldig fühlte, ging er daran, seine Schuld zu sühnen, indem er vollamtlich als freiwilliger Sozialarbeiter an der Forum School in Paramus, New Jersey, einer Schule für autistische und schizophrene Kinder, und dann ebenfalls vollamtlich und unbezahlt als Sozialarbeiter am Narcotic and Drug Abuse Center von Englewood in New Jersey arbeitete.

Inzwischen hatte er Grace Embury geheiratet und hatte zwei Töchter von ihr, Maire und Jaenet, und hatte ein 120 Hektar großes Gut in Clinton Corner in der Nähe von Millbrook, N.Y., als Familiensitz erworben. Dann hatte er sich von Grace scheiden lassen, die die beiden Töchter in Obhut nahm, und ein Jahr danach Judith Arnold geheiratet, die seither der Familie Guggenheim zwei männliche Erben schenkte, William Douglas Guggenheim, geboren 1970, und Christopher Mark Guggenheim, geboren 1976.

Inzwischen, gleichsam als Vorwegnahme der Trennung von den Kisten, begann er sich von seinen Vereinen zu trennen; er gab die Mitgliedschaft im Bade- und Tennisclub Sands Point, im Yale-Club von New York, in der English-Speaking Union und bei den «Söhnen der Amerikanischen Revolution» auf. Das seien bloß «Status-Trips» gewesen, erklärt er.

Damit war die Szene bereit für Williams zweite Geburt, sein «geistiges Erwachen», wie er es nennt, im Mai 1974.

1984, zehn Jahre nach seinem geistigen Erwachen, empfängt der nunmehr achtunddreißigjährige William immer noch gelegentliche Botschaften, wenn auch nicht annähernd so viele wie in dem plötzlichen Ausbruch von 1974.

William schildert seinen Schreibvorgang wie folgt:

«Ich werde gewöhnlich aufgerufen, eine ankommende Botschaft zu erwarten, indem ich Worte wie *Peter calling* höre, gefolgt von den erste paar Worten der Botschaft selbst. Ein paarmal wurde ich von Willy» — seinem Sohn — «vorgewarnt, entweder direkt oder über Judy, die es spürte, wenn Willy meine Aufmerksamkeit auf sich zu lenken und mich einzustimmen versuchte.

Am leichtesten versteht man diesen Vorgang, wenn man mich als Übersetzer oder Umschreiber sieht. Ich nehme Gedanken ganz ähnlich auf wie eine Sekretärin Diktate.

Aufrichtig gesagt, die *Quelle* dieses Materials *kenne* ich noch nicht, wenngleich es für mich nur zwei mögliche Erklärungen gibt:

1. Alle Botschaften werden mir tatsächlich von Verstorbenen mitgeteilt die jenseits dessen, was wir Tod nennen, weiterleben.

2. Alle Botschaften sind von meinem eigenen Unterbewußtsein hergeleitet, durch einen Vorgang oder durch Mittel, die mir völlig unbekannt sind, und aus Gründen, von denen ich nichts weiß.»

William hat das Gefühl, die Zeit sei gekommen, daß das Pfand, «das man die makroskopische oder Astronautensicht des Menschen und des Planeten Erde nennen kann ... unser gewohntes Pfand der Loyalität, das nationalistisch und trennend ist, ersetzt.»

In Erwartung dieses unwahrscheinlichen Ereignisses leben William und Judy Guggenheim mit ihren beiden Buben ruhig und behaglich in ihrem (1977 gekauften) neuen Heim in Longwood, Florida, unweit von Orlando, in fast totaler Opposition zu allem, was man im herkömmlichen Sinn unter «American Way of Life» versteht, in Opposition auch zu fast allem, wofür die Familie Guggenheim eingetreten war, seit Meyer vor rund hundertdreißig Jahren in Pennsylvanien angefangen hatte, mit Herdpolitur zu hausieren.

Das Guggenheimsche Haus in Longwood liegt in einem Ortsteil namens Woodlands, wo sich ungefähr fünfhundert Eigenheime befinden. Die Sicherheit ist ausgezeichnet, und in der Nähe sind zwei große Einkaufszentren, Longwood Village und Altamonte Mall, das letztere nach Williams Worten «eine Doppeldeck-Angelegenheit, die die größte und luxuriöseste Einkaufspromenade von Florida ist».

Das Haus selbst ist ein weitläufiges «Pool Home» aus Zementblöcken, mit vier Schlafzimmern, vier Badezimmern, einem Familien-, einem Wohn-, einem Eßzimmer und einer großen Küche. Wohn- und Eßzimmer haben große Glasschiebetüren zum gedeckten, im Winter heizbaren Swimming-pool. Auf der anderern Seite des Schwimmbads schließt sich ein Grundstück an, auf dem, wie Will sagt, «große, stattliche Eichen stehen, die eine Kathedralenwirkung hervorrufen». Dort gedenkt Will Meditationsstunden für Gruppen von dreißig Personen abzuhalten.

Ausstattung und Atmosphäre des Hauses wirken leicht, luftig, offen und fröhlich. Keinerlei Förmlichkeit. Nichts von der prätentiösen Muffigkeit, die die üppigen Wohnstätten seines Großvaters gekennzeichnet hatte. Weiß, Grün und Gelb sind die vorherrschenden Farben. «Schwere Möbel oder ein Wirrwarr von Antiquitäten» gibt es nicht. Helle, bunte Blumen- und Schmetterlingsbilder schmücken die vorwiegend weißen Wände. Zwar stehen einige Sessel und Sofas in den Räumen, aber vor allem liegen große Kissen auf dem Boden, auf denen Hausbewohner und Gäste meist zwanglos beisammensitzen. Überall gibt es eine Menge Kerzen, die den Guggenheims lieber sind als elektrisches Licht, und Dutzende von Zimmerpflanzen, von denen viele von den Wänden und Decken hängen.

Was fängt William Guggenheim III., der weder einen Beruf noch ein Amt irgendwelcher Art ausübt, mit seiner Zeit an?

Eine Menge, und alles hat mit seinen geistig-geistlichen Anliegen zu tun.

Einmal hat er die Greun-Madainn-Stiftung («Morgensonne» in gälischer Sprache) finanziert und deren Entwicklung überwacht, eine religiöse Gemeinde des «Neuen Zeitalters» in North Carolina, die als «Lebens-, Heil-und Meditationszentrum» und als «universeller Pfad» zu Gott dient.

Seit kurzem interessiert er sich sehr für Thanatologie, besonders für die Betreuung von unheilbar Kranken und ihren Familien. Er hat sich eingehend mit dem Werk von Frau Dr. Elisabeth Kübler-Ross befaßt, der Schweizer Psychiaterin, deren Arbeiten über Tod und Sterben in den letzten Jahren weltweit Aufmerksamkeit erregten. Nachdem er in Florida ein Seminar von Frau Dr. Kübler besucht hatte, gelangte William zum Schluß, es sei «Frau Dr. Kübler-Ross' geistige Mission des zwanzigste Jahrhunderts, in der wissenschaftlichen, rationalen, intellektuellen Sprache des Westens die gleiche Botschaft zu verkündigen, die Jesus von Nazareth vor fast zweitausend Jahren zu übermitteln versuchte: daß das Leben nach dem Tode weitergeht». Mit der Zeit würde Bill, der überzeugt ist, einen «Heilauftrag» zu haben und für ein «Heilamt» bestimmt zu sein, gerne ein Hospiz für unheilbar Kranke einrichten.

Williams Hauptanliegen aber ist die Gründung einer «kleinen, gemeinnützigen, steuerfreien Stiftung, die man als Vehikel für verschiedene spirituelle ‹ Werke › in kleinem Rahmen benutzen könnte», die er Butterfly Foundation nennen will und aus der eines Tages vielleicht eine «Neue Zeitalter»-Gemeinde in Florida hervorgehen wird.

«Die westliche Welt», erklärt William, «sucht nach Alternativen zur gegenwärtigen Kultur, die auf Materialismus gegründet ist.» Das höchste Ziel der Butterfly Foundation wird es sein, für einige solcher Alternativen zu sorgen.

Aber, räumt Will ein, «die eigentliche Arbeit ist die an sich selbst: zu wachsen, sich zu entfalten, zu wandeln, liebevoller und mitfühlender zu werden. Das Geld, das ich von meiner Familie geerbt habe, ermöglicht es, diese Arbeit auf viele Arten mit anderen zu teilen, so daß sie dasselbe tun können.»

Es kann sein, daß Willian III. dank der Freiheit, die seine Guggenheim-Erbschaften ihm geben, so leben kann, wie er lebt. Trotzdem ist er fast völlig isoliert von der Familie, die ihm dieses Geld verschafft hat.

Tatsächlich lebt er so abseits der übrigen Guggenheims, daß er, als im November 1976 sein zweiter Sohn Christopher Mark geboren wurde, keinen einzigen Guggenheim wußte, an den man eine Geburtsanzeige hätte schicken können, mit Ausnahme von Peter Lawson-Johnston, und selbst hier mußte er als Adresse c/o Guggenheim Brothers, 120 Broadway, New York City, schreiben.

Immerhin, bestimmte Ansichten über die Familie Guggenheim als Ganzes hat Will schon.

«Im Grunde habe ich das Gefühl, daß sie taten, was sie für sich als richtig und bequem empfanden, daß ihre Anhäufung und Verteilung von Reichtum auf einem inneren Ausdruck oder Drang basierte, vielleicht einem schöpferischen Ausdruck ihres Familien- oder Gruppen-Bewußtseins, in dem das Ganze größer war als die Summe seiner Teile. Obwohl ich die‹ großen amerikanischen Familien› nicht studiert habe, sind meines Wissens die Guggenheims insofern einmalig, als praktisch die ganze Familie sich an den Aktivitäten beteiligte, nicht nur ein oder zwei außergewöhnliche Männer wie bei John D. Rockefeller oder Henry Ford oder J.P. Morgan ... Anders ausgedrückt könnte man sagen, die Guggenheims waren eine einmalig *kreative* Familie, sogar bis in die dritte Generation und darüber hinaus — und ich denke da an Peggy und Harry, vielleicht auch an mich selbst, wenn auch auf eine viel eingeschränktere Art. Esoterisch gibt es eine Theorie, nach der eine Gruppe von Seelen sich entschließt, sich gemeinsam zu inkarnieren, um einen besonderen Plan auszuführen. Könnte es sein, daß es die Bestimmung der Guggenheims war, die vielen Stiftungen usw. zu gründen, und daß sie daher, um diese Projekte finanzieren zu können, ein umfangreiches Vermögen ansammeln mußten? Zugegeben, das ist das Gegenteil der traditionellen Ansicht, daß man erst erwirbt und dann ausgibt, aber warum nicht einmal andersherum? Das bedeutet nicht, daß ihnen ihre Absichten klar waren, ehe sie ihr Imperium aufbauten, aber wer will behaupten, daß nicht auch sie, auf ihre eigene Art, einer‹ inneren Führung› oder‹ höheren Führung›, wie man es lieber nennen will, gehorchten?»

Was William Guggenheims eigenen Beitrag an die Guggenheims angeht, so ist er begreiflicherweise stolz darauf, daß er der Familie zwei weitere Söhne bescheren durfte. «Tatsächlich scheint es dem Namen Guggenheim bestimmt», jubelt er, «noch eine Weile fortzudauern, hoffentlich noch über mehrere Generationen.»

Frau Judy denkt etwas weniger schwärmerisch über die Verewigung von Namen. Als ihr erster Sohn geboren wurde, hatte sie mit William eine ziemliche Auseinandersetzung über den Namen des Kindes. Will wollte es William Guggenheim IV. nennen, aber Judy bestand auf einem zweiten Vornamen, Douglas, nach einem autistischen Kind, dem sie beide geholfen hatten — das machte es jedoch unmöglich, den Jungen William IV. zu nennen. Will setzte sich wortreich für seine Sache ein, strich heraus, wie passend das alles war, vier aufeinanderfolgende Generationen William Guggenheim usw. Aber was konnte denn passender sein, widersprach Judy, als dem Jungen den Namen jenes kleinen Schätzchens zu geben, dem sie hatten beistehen können? Zuletzt setzte Judy ihren Willen durch.

«Aber warum, warum nur willst du ihn nicht William IV. nennen?» hatte Will III. auf dem Höhepunkt des Streits aufgebracht geschrien.

»Ach, weil das viel zu dynastisch ist, darum», erwiderte Judy.

NACHWORT: 1978—1984

Ein vollständig renoviertes Peggy Guggenheim-Museum in Venedig, eine vollständig neu belebte Firma Guggenheim Brothers in New York, die neue Guggenheim Company und eine neue Guggenheim-Kunstgalerie in Kalifornien, zwei weitere männliche Guggenheim-Erben in Florida geboren, spannende Neuentwicklungen in allen Guggenheim-Stiftungen, der anhaltende Erfolg des Verlages von Roger W. Straus jr., Farrar, Straus & Giroux in New York, aufregende neue Entdeckungen und Pläne von Iris Love, die heute als eine der besten Archäologinnen der Welt gilt und die den griechischen Aphrodite-Tempel in Neapel zu finden hofft - das sind einige der Hauptereignisse im Leben und in den Institutionen von Amerikas größter Familie schweizerisch-deutscher Herkunft, seit dieses Buch 1977 abgeschlossen wurde.

Am 23. November 1979 starb Peggy Guggenheim in einem Krankenhaus in der näheren Umgebung ihres geliebten Venedig. Sie war einundachtzig und hatte kurz zuvor einen Schlaganfall erlitten, nachdem sie schon zwei Jahre lang kränklich gewesen war. Unter Vermeidung einer Trauerfeier wurde ihre Asche in einer schlichten Zeremonie im Garten ihres venezianischen Palazzos beigesetzt, gleich neben den Gräbern ihrer Hunde. Ihr Hinschied und die Dispositionen über ihren Palast und ihre Sammlung moderner Kunst waren zweifelsohne der bedeutendste Meilenstein der Familiengeschichte in den vergangenen sieben Jahren.

1976 hatte Peggy ihre Stiftung aufgelöst, und die italienische Regierung hatte ihren Palast samt der Sammlung zum italienischen nationalen Denkmal erklärt. In der Folge hatte sie das Eigentum an Palast und Sammlung der Stiftung und dem Museum überschrieben, die ihr Onkel Solomon R.Guggenheim in New York gegründet hatte, mit der Klausel, daß ihre Sammlung intakt — «so, wie sie ist — ohne Hinzufügungen oder Wegnahmen» — in ihrem Palazzo in Venedig bleiben müsse. Drei Jahre später, nach ihrem Tod, übernahm das Guggenheim-Museum in New York dann den Palast und seine Kunstwerke, die auf 35 Millionen Dollar geschätzt wurden. Der Rest ihrer Hinterlassenschaft (mehrere Trustfonds, von denen man angenommen hatte, sie seien rund viereinhalb Millionen Dollar wert, die sich dann aber zur Bestürzung ihrer Erben auf bloß zwei Millionen beliefen) wurde zwischen ihrem Sohn Sindbad Vail und ihren acht Enkelkindern, den zwei Söhnen und zwei Töchtern von Sindbad und den vier Söhnen von Pegeen, aufgeteilt.

Wie nicht anders zu erwarten war, entstand unter ihren Erben einiger Aufruhr über die Bestimmungen ihres Testaments und die Regelung ihres Nachlasses. Sindbad hatte sich die Benutzung eines Schlafzimmers im Palazzo seiner Mutter für seine gelegentlichen Reisen nach Venedig vorbehalten wollen. Dieses Privileg wurde ihm verweigert. Der Palast dürfe ausschließlich als Museum benutzt werden. Pegeens vier Söhne fragten sich, was mit dem Geld ihrer Großmutter geschehen sei, und setzten eine Untersuchung ihres Nachlasses in Gang. Bis zum April 1984 sind die angeblich fehlenden Barmittel noch nicht gefunden worden.

Nach Peggy Guggenheims Tod nahm also das Solomon R.Guggenheim Museum in New York Peggys Palast und ihre riesige Sammlung von 266 Meisterwerken der modernen Malerei samt ihren Skulpturen und anderen Kunstgegenständen in Dauerobhut. Die Guggenheim-Sammlung von Venedig und New York zusammen, auf einen Wert von rund 150 Millionen Dollar geschätzt, errangen damit wahrhaft internationalen Status; sie wurden die größte und repräsentativste privat zusammengetragene Sammlung moderner Malerei der Welt.

Anschließend nahm sich der Direktor des Solomon R.Guggenheim Museum in New York, Thomas Messer, der Peggy Guggenheim-Sammlung und des Palazzo Venier dei Leoni am Canale Grande von Venedig an, renovierte den Palast völlig und ordnete die Bilder um. Gleichzeitig gelang es Solomon Guggenheims Enkel Peter Lawson-Johnston, mehrere italienische Institutionen dazu zu bringen, daß sie sich an den damit verbundenen Kosten beteiligten. Die Stadt Venedig spendete 100 000 Dollar; ein Konsortium von 23 italienischen Banken brachte 300 000 Dollar auf, und die Regionalverwaltung des Veneto erklärte sich bereit, das Museum mit einer jährlichen Subvention von 72 000 Dollar zu unterstützen.

Lawson-Johnston, Präsident der von seinem Großvater Solomon Guggenheim ins Leben gerufenen Stiftung, die diese beiden Museen unterhält, vermochte außerdem Madame Claude Pompidou, die Witwe des früheren französischen Präsidenten, dazu zu bewegen, den Vorsitz des beratenden Ausschusses des Museums zu übernehmen. Auch Marella Agnelli, die Frau des Fiat-Präsidenten, und ein weiterer Enkel Solomon Guggenheims, der Earl of Castle Stewart, traten diesem Ausschuß bei.

Doch die Geschichte des neuen Peggy Guggenheim-Museums ist keine ganz glückliche. Als Pegeens Söhne — die drei Helions und Sandro Rumney — den renovierten Palazzo ihrer Großmutter besuchten, in dem sie, in seinem früheren Zustand, sozusagen aufgewachsen waren, nahmen sie mit Schrecken, ja, Empörung die vorgenommenen Änderungen wahr. Unter anderem sahen sie, daß das Solomon Guggenheim Museum den Wunsch ihrer Großmutter nicht respektiert hatte, die Sammlung intakt zu lassen, worunter sie intakt ausgestellt verstanden. Stattdessen waren viele Bilder der

Sammlung von den Wänden entfernt und mehr oder weniger für immer eingelagert worden. Das veranlaßte sie, beim Solomon Guggenheim Museum Protest einzulegen. Bis jetzt, im April 1984, ist die Streitfrage noch nicht gelöst.

Peggys Pegeen-Enkel, von denen ich zwei für dieses Nachwort interviewt habe, nämlich Nicolas Helion und Sandro Rumney, wehren sich auch gegen meinen Bericht über die tragischen Beziehungen ihrer Großmutter und ihrer Mutter zu Tancredi. Dem Protest schloß sich ihre Cousine Iris Love an, mit der ich mich ebenfalls im Hinblick auf dieses Nachwort unterhielt. Dazu muß ich festhalten, daß ich die Geschichte von drei Seiten erzählt bekam: erstens von Peggys Konservator im Jahre 1976, John Hohnsbeen; zweitens von der amerikanischen Familie Curtis, die seit vier Generationen in Venedig lebt und am Canale Grande, unweit des Venier dei Leoni, einen Palast besitzt, und drittens von Madame Bonna de Pisis, Tochter des italienischen Malers Filippo de Pisis, die heute in Paris wohnt und die zur Zeit der Tragödie sowohl Peggy, als auch Pegeen kannte. Immerhin, Pegeens vier Söhne bestreiten die Geschichte, und Iris Love teilte mir mit, Peggy habe ihr zwei Jahre vor ihrem Tod gesagt, daß diese unwahr sei. Da alle drei Protagonisten des Dramas tot sind, gibt es keine Möglichkeit, der Sache auf den Grund zu kommen, und so bleibt es dem Leser überlassen, sich über die widersprüchlichen Zeugenaussagen seine Gedanken zu machen.

Es war ein schöner, klarer Ostersonntag, als am 6. April 1980 das renovierte Peggy Guggenheim Museum mit der Sammlung unter der Schirmherrschaft des Solomon R.Guggenheim Museums von New York wiedereröffnet wurde. Seither ist Peggys Museum eine der erfolgreichsten aller Guggenheim-Unternehmungen geworden. Bis zu tausend Besucher täglich stellen sich in Peggys Palazzo am Canale Grande ein, das sind manchmal sogar mehr als im «Ober»-Museum in New York. Im Jahr 1983 kamen mehr als 100 000 Besucher, zu einem großen Teil aus deutschsprachigen Ländern, um ihre Augen an dieser Insel der Kunst des 20. Jahrhunderts in der Lagune von Venedig zu weiden. «Si monumentum requiris circumspice» — «Wenn du sein Denkmal suchst, schau um dich», lautet ein klassischer Grabspruch. Im heutigen Venedig hat Peggy Guggenheims Denkmal seinen Platz unter dem Dogenpalast, der Basilika von San Marco, der Accademia und den anderen Sinnbildern westlicher Kultur eingenommen und wird wohl so lange stehenbleiben, wie Venedig selbst stehenbleibt.

Und was ist aus dem Solomon R.Guggenheim Museum in New York geworden? Unter der Leitung von zwei Enkeln Solomons, Mr. Lawson-Johnston und seinem britischen Cousin, dem Earl of Castle Stewart, als Präsident und Vizepräsident, und des Museumsdirektors Thomas Messer blüht und gedeiht es wie noch nie. Im Dezember 1977 veranstaltete das Museum zu seinem 40jährigen Bestehen eine Jubiläumsausstellung moderner Meister und einen festlichen Empfang, bei dem Frau Nina Kandinsky Ehrengast war. 1978 erhielt das Museum die großartige Justin K.Thannhauser-Sammlung von über neunzig impressionistischen und nach-impressionistischen Werken als Vermächtnis, und eine umfangreiche Ausstellung von Bildern aus Willem de Koonings East-Hampton-Periode wurde durchgeführt. 1982 fand eine große Giorgio Morandi-Ausstellung statt, sowie eine den zeitgenössischen italienischen Künstlern gewidmete Schau unter dem Titel «Italienische Kunst heute — eine amerikanische Perspektive», die von Exxon finanziert wurde und an deren Eröffnung der italienische Staatspräsident Sandro Pertini teilnahm. Vom 18. November 1982 bis zum 13. März 1983, einem Teil der Jahreszeit, in welcher der Palazzo Venier dei Leoni in Venedig geschlossen ist, veranstaltete das Museum eine überwältigende Ausstellung von sechzig Werken aus der Peggy Guggenheim-Sammlung, deren Eröffnung gleich als Guggenheim-Familienzusammenkunft benutzt wurde. Die vereinten Museen von Solomon und Peggy Guggenheim in New York und Venedig bilden heute eine der großen Kulturinstitutionen der Welt. Wahrhaft international in seinem Wirkungskreis, führte das Museum zwischen 1972 und 1982 mehr als fünfzig bedeutende Ausstellungen moderner Kunst in Nord- und Südamerika, Westeuropa, Afrika, Australien und Japan durch. Noch immer sind Mitglieder der Guggenheim-Familie sehr stark an den Aktivitäten des Museums beteiligt. Außer Peter Lawson-Johnstons Halbbruder Michael und Tochter Wendy sitzen im Vorstand so angesehene Persönlichkeiten wie Harold W. McGraw jr., der Vorsitzende von McGraw-Hill, und Anne L. Armstrong, die ehemalige Botschafterin in London zur Zeit der Ford-Administration.

Als Solomon Guggenheims Neffe Harry seinen Cousin Peter Lawson-Johnston auswählte, um nach seinem Tod Bannerträger der Familie Guggenheim zu werden, setzte er ein ungeheures Vertrauen in ihn, daß er den Erfolg und Einfluß der verschiedenen Guggenheim-Geschäfte und -Stiftungen, für die er selbst die Energien eines ganzen Lebens eingesetzt hatte, weiterhin stärken und fördern würde. Heute, dreizehn Jahre nach Harrys Tod, kann man getrost sagen, Peter Lawson-Johnston habe dieses Vertrauen voll gerechtfertigt. Neben seinen Leistungen als Präsident der vor kurzem finanziell erhöhten Solomon R.Guggenheim Foundation hat es Lawson-Johnston auch geschafft, die vorher inaktive, fast im Sterben liegende Guggenheim Brothers wiederzubeleben, indem er der Partnerschaft neues Familienblut zuführte: seinen Schwiegersohn Thomas McNeil (den Mann seiner Tochter Wendy) als Vollteilhaber, seinen Cousin Graf Castle Stewart, den mit der Familie verschwägerten Albert Van de Maele und die kalifornischen Vettern Robert und Daniel Guggenheim als Kommanditisten.

Die neue, mit frischem Leben erfüllte Guggenheim Brothers ist ohne Zweifel Lawson-Johnstons größte geschäftliche Errungenschaft der vergangenen sieben Jahre. Guggenheim Brothers ist heute eine lebendige, funktionierende

Partnerschaftsfirma, eine würdige Nachfolgerin jener mächtigen Geschäftsmaschine zu Beginn unseres Jahrhunderts, angetrieben von den sieben Söhnen von Meyer Guggenheim, die buchstäblich die amerikanische Kupferindustrie begründeten und eines der größten privaten Familienvermögen der modernen Zeit anhäuften.

In Übereinstimmung mit der klassischen Guggenheim-Vision investiert die verjüngte Handelsgesellschaft nach dem Guggenheimschen Konzept, aufstrebenden Industrien «Saatgeld» zu verschaffen, kräftig in Unternehmungen, die Thomas McNeil «Geschäfte des 20. Jahrhunderts» nennt: Produkte der biogenetischen Technik, Entsorgungstechnologie für giftige Abfälle, Ölreinigungstechnologie, Verteilung medizinischer Produkte und Dienstleistungen und Technologie für direkte Satellitenkommunikationen. Bei all diesen neuen Unternehmungen hat Lawson-Johnston die langjährige Handelsware der Guggenheims nicht vernachlässigt: Bodenschätze. Guggenheim Brothers ist heute der führende Kapitalanleger bei der American Resins Corporation, einer Firma, die allein in Utah-Kohle vorkommende Harze nutzen will, Harze von so spezifischer Qualität, daß die Nachfrage nach ihnen, wie ein Nicht-Guggenheim-Investor sagt, «das Angebot schon immer überstiegen hat.»

Mit der Rückkehr zu einem bedeutenden Geschäftsunternehmen in Utah lassen die Guggenheims natürlich eine alte Familientradition wieder aufleben: Wie wir wissen, war es Guggenheim-Geld, das für die Hälfte des ursprünglichen Kapitals zur Bildung der legendären Utah-Kupfergesellschaft sorgte, die dann Bingham Canyon betrieb, die größte Kupfermine der Welt. Über seine neuen geschäftlichen Wagnisse nachsinnend, behauptet Lawson-Johnston, er habe die ursprünglichen Guggenheim-Brüder — seinen Großvater und seine sechs Großonkel — immer als «Rollenvorbilder betrachtet, denen die neue Generation nacheifern sollte». «Sie waren Risikoinvestoren in Bodenschätzen», hält er fest, «die indessen stets zu neuen technologischen Grenzgebieten vorausblickten. Als sie in Kupfer investierten, waren sie sich durchaus bewußt, daß Kupferdraht die Basis der neuen Telefontechnologie ihrer Zeit sein würde.»

Neben der Leitung der Solomon-R.-Guggenheim-Stiftung und ihrer zwei Museen und von Guggenheim Brothers ist Lawson-Johnston auch in Geschäften tätig, die nur teilweise der Familie gehören, wie Brazilian Mining and Dredging, einem phantastisch profitablen Unternehmen, das Industriediamanten und Gold aus Flußbetten im Amazonasgebiet gewinnt; Anglo Energy Corporation, die gegenwärtig zum Stillstand gelangt ist und darauf wartet, daß sich der Öl- und Gasforschungsmarkt wieder belebt, und Pacific Tin, einem weiteren Unternehmen für Bodenschätze, in dem Lawson-Johnston den Vorsitz führt.

Die Harry Frank Guggenheim Foundation aber, wo er ebenfalls Vorsitzender ist, nimmt nach Guggenheim Brothers und den Kunstmuseen den größten Teil seiner Aufmerksamkeit in Anspruch. Die Stiftung, die sich dem Bestreben verschrieben hat, Gesellschaftsprobleme zu begreifen, die aus Vorherrschaft, Aggression und Gewalt entstehen, hat vor kurzem den Harry Frank Guggenheim Career Development Award geschaffen, einen Preis, der alljährlich einen herausragenden jungen Wissenschafter auszeichnen soll. Kürzlich wurde Dr. Floyd Ratliff, früher Professor an der Rockefeller-Universität, zum Präsidenten ernannt, und demnächst sollen General i.R. William Westmoreland, der ehemalige Kommandant der US-Streitkräfte in Vietnam, James M.Hester, der frühere Präsident der Universität New York, und Peter Lawson-Johnston zum Vorstand stoßen.

Und wie steht es um die übrigen Guggenheims?

Zuerst die Straus-Seite der Familie. Im Frühling 1980 starb Gladys Guggenheim Straus in New York im Alter von fünfundachtzig Jahren. Bis an ihr Ende aktiv, blieb diese vorbildliche Dame Präsidentin der von ihren Eltern gegründeten Daniel and Florence Guggenheim Foundation bis ein Jahr vor ihrem Tod; sie hatte einen radikalen Richtungswechsel der Stiftung gelenkt und überwacht, die Aufgabe des Bereiches Aeronautik, der das amerikanische Luftfahrtzeitalter einläuten half und das Raumfahrtzeitalter ankündigte, zugunsten des gegenwärtig drängenden Gebietes des Strafrechts. Einer ihrer Söhne, Oscar Straus II., leitet jetzt die Stiftung.

Was Roger Straus jr. angeht, so glänzt sein New Yorker Verlag Farrar, Straus & Giroux weiterhin als bestes literarisches Verlagshaus Amerikas. In den letzten sieben Jahren haben nicht weniger als drei Autoren von Farrar, Straus & Giroux den Literatur-Nobelpreis bekommen: Isaac Bashevis Singer, Czeslaw Milosz und William Golding, und ein weiterer Verlagsautor, Paul Horgan, erhielt für sein *Lamé of Santa Fé* den Pulitzer-Preis.

Roger ist neben vielen anderen Tätigkeiten nach wie vor im Vorstand der John Simon Guggenheim Memorial Foundation, die heute über ein Kapital von 110 Millionen Dollar verfügt und dementsprechend Stipendien im Betrag von durchschnittlich 22 000 Dollar an eine nicht abreißende Folge von Schriftstellern, Wissenschaftern, Komponisten, Malern und Forschern verteilt, die mehr Nobelpreise bekommen haben als Stipendiaten jeder anderen einzelnen Stiftung der Welt.

(Es sollte an diesem Punkt darauf hingewiesen werden, daß es zwar andere Stiftungen gibt, die weit mehr Mittel besitzen als jede der vier Guggenheim-Stiftungen, und Einzelpersonen mit einem Vermögen, das dasjenige jedes der rund siebzig lebenden Nachkommen von Barbara und Meyer Guggenheim weit übersteigt, daß aber der Gesamtwert der Guggenheim-Stiftungen, -Krankenhäuser, -Museen, -Kunstsammlungen, -Geschäftsbeteiligungen und einzelnen Trustfonds sicher nahe bei einer Milliarde Dollar liegt, was immer noch eines der größten amerikanischen Vermögen ausmacht.

Fünftausend Kilometer von Verlag, Stiftungen, Geschäften und Museen ihrer Vettern in New York entfernt, geht es den kalifornischen Guggenheims, Robert und Daniel, weiterhin ausgezeichnet; sie pflegen sowohl die Guggenheimsche Geschäftstradition als auch die Guggenheimsche Leidenschaft für das Sammeln von Kunst. Am 1. Januar 1984 gründete der Urenkel und Namensvetter des mächtigsten aller Guggenheims, des dynamischen, weitblickenden Daniel, die Guggenheim Company in Newport Beach, eine Immobiliengesellschaft, die bereits einen 10-Millionen-Dollar-Wohnkomplex in Corona bei Los Angeles baut, während sein Vater Robert in den letzten sieben Jahren zu einem der bedeutendsten Sammler von Netsuke, japanischen Miniaturschnitzereien, der Welt geworden ist; er besitzt heute mehr als 175 wichtige Stücke. Außerdem hat Robert der Kunst gedient, indem er The Guggenheim Gallery dem Chapman College in Orange, Kalifornien, als Schenkung überließ; dieses hat seither Ausstellungen von Rodin, Renoir, Dubuffet, Miró und Chagall veranstaltet. Robert wie Daniel engagieren sich weiterhin sehr in der Daniel and Florence Guggenheim Foundation, wo sie sich als Vorstandmitglieder der Gefängnisreform, der Reform des Strafrechtssystems der Vereinigten Staaten und der Administration der Guggenheim-Fakultäten für Strafrecht in Princeton, Harvard und Yale widmen.

Die kalifornischen Guggenheims sind, wie wir wissen, mit lauter Töchtern gesegnet, so daß es William Guggenheim III., dem religiösen Mystiker und Glaubensheiler in Florida, überlassen blieb, männliche Erben hervorzubringen, die den Namen Guggenheim weiterführen. Jetzt, im April 1984, hat William III. drei Söhne: William Douglas Guggenheim, der sich mit seinen dreizehn Jahren bereits als eine Art intellektuelles Wunderkind erwiesen hat, Christopher Paul Guggenheim, sieben, und Jonathan Guggenheim, fünf Jahre alt. Zu ihnen gesellen sich zwei Töchter im College-Alter. Diesem Zweig der Guggenheim-Familie, der immer noch in der Nähe von Orlando, Florida, lebt, wo William III. «spirituelle Führung» und Glaubensheilung an einer treuen Anhängerschaft ausübt, war es bestimmt, der einzige zu sein, der es schaffte, den Namen Guggenheim in Fleisch und Blut und nicht nur in der Anschrift von Institutionen und in Stipendien an Künstler und Wissenschafter zu verewigen.

Als letztes kommen wir zu der zweifellos begabtesten Guggenheim ihrer Generation, der weltbekannten klassischen Archäologin Iris Love, der Enkelin, wie man sich erinnern wird, eines der ursprünglichen sieben Guggenheim-Brüder, Isaac.

Miss Love, eine Autorität auf dem Gebiet des Kultes der griechischen Liebesgöttin Aphrodite und Entdeckerin des Tempels der Aphrodite auf Knidos, machte 1977 eine weitere bedeutsame archäologische Entdeckung auf Knidos: eine minoische Siedlung, auf ca. 1950 v. Chr. zurückgehend, von der sie glaubt, daß es die erste befestigte minoische Siedlung in Kleinasien war. Im folgenden Jahr begann sie, knidische Kolonien in Magna Grecia oder Großgriechenland, dem heutigen Süditalien, zu studieren, vor allem in Neapel, in Gela und auf den sizilianischen Lipari-Inseln. Sie fand Hinweise auf die mögliche Existenz eines knidischen Aphrodite-Tempels auf dem Monte di Dio, einem der Hügel Neapels über der herrlichen Bucht. 1980 wurde Iris für ihre archäologischen Leistungen belohnt, indem ein internationales Komitee sie zu «einer der zehn legendären Frauen der Welt» wählte. Im darauffolgenden Jahr entdeckte sie einen antiken Seeweg von Kreta nach Knidos, und 1982 gelang ihr die Wiederentdeckung eines «verlorenen» Aphrodite-Tempels in Ancona in der Region Marken, wo sich die nördlichste altgriechische Siedlung auf der italienischen Halbinsel befand.

Iris Love steht jetzt auf der Schwelle zum kühnsten und komplexesten Abenteuer ihrer archäologischen Laufbahn: der Suche nach dem griechischen Tempel der Aphrodite in Neapel. Achthundert Jahre vor Christus siedelten sich, wie Iris glaubt, Griechen von Knidos im heutigen Neapel an und gründeten die Stadt Partenope auf einem Hügel über der Bucht, der damals den Namen Echio trug und heute Monte di Dio heißt. Später wurde in der Nähe eine weitere griechische Siedlung gegründet, der man den Namen Neapolis, neue Stadt, gab. Bald war Neapolis größer als Partenope, und Partenope wurde zu Palaeopolis, alte Stadt. Iris glaubt, daß die Ruinen von Palaeopolis unter den Ablagerungen von 27 Jahrhunderten versteckt liegen, die andere Zivilisationen in Neapel hinterlassen haben, und ist entschlossen, sie zu finden. Unterstützt von der italienischen Regierung und vom Institut für die Geschichte und Archäologie von Magna Grecia will Iris ihre Arbeit damit beginnen, daß sie die Gärten und Höfe und Kirchengrundstücke auf dem heutigen Monte di Dio aufgräbt. Sie hofft, den antiken Tempel der Aphrodite zu finden, der nach ihrer Überzeugung einst in strahlend weißem Marmor über der Bucht von Neapel stand. Wenn man die Kraft ihrer historischen Imagination — der Gabe des archäologischen Spürhundes — und ihre angeborene Guggenheimsche Dynamik und Entschlossenheit kennt, ist kaum daran zu zweifeln, daß, wenn irgend jemand den Aphrodite-Tempel in Neapel findet, es diese unbezähmbare Guggenheim sein wird, Iris Love.

Mit Iris Love, die in Griechenland und Italien lebt und arbeitet, und Peter Lawson-Johnston, der jetzt so viel mit dem Museum seiner verstorbenen Cousine in Italien zu tun hat, mit Peggy Guggenheims Sohn und Enkelkindern, die in Florenz und Paris leben, mit dem Castle Stewart-Zweig der Familie, der in England wächst und gedeiht, mit den verschiedenen über den ganzen Globus von Malaysia bis Brasilien verstreuten Unternehmungen haben die Guggenheims einen Schritt darüber hinaus getan, Amerikas größte Familie schweizerisch-deutscher Herkunft zu sein, und sind eine echte Weltfamilie geworden, deren Einfluß sich in jeden Zipfel der Erde erstreckt.

Wenngleich andere sogenannte «große» amerikanische Familien viel berühmter sind als die Guggenheims — da kommen einem, zum Beispiel, gleich die Kennedys in den Sinn — , hat der Einfluß der Guggenheims auf unsere Zivilisation den der meisten von ihnen weit übertroffen, auch und gerade der Kennedys, deren Ruhm mehr von ihren Katastrophen als ihren Leistungen herrührt.

Im vollsten Sinne des Wortes sind die Guggenheims die Medici des 20. Jahrhunderts in Amerika gewesen, die herausragenden Gönner und Förderer der weitblickendsten Wissenschafter, Schriftsteller und Künstler unserer Zeit. Vom zentralen Pionier des Weltraumzeitalters bis zu den kühnsten Pionieren der modernen Kunst, bis zu den zahllosen noch unbekannten Pionieren, die an den Grenzen des Wissens balancieren, sind die Guggenheims immer da gewesen, wo sie gebraucht wurden, bereit, ihr Geld und ihren Ruf auf die verheißungsvollste menschliche Begabung ihrer Zeit zu setzen. Und die Tradition geht weiter. Roger Straus glaubt, in Padgett Powell, dessen ersten Roman er gerade veröffentlicht hat, den meistversprechenden amerikanischen Romancier der Zukunft entdeckt zu haben. Ein gemeinsamer Ausschuß wurde gebildet, um Anwärter auf den neuen Peggy Guggenheim-Preis für vielversprechende junge europäische und amerikanische Dichter, Komponisten und Maler zu entdecken. Die John-Simon- und Harry-Frank-Guggenheim-Stiftung unterstützen weiterhin die verheißungsvollsten wissenschaftlichen und künstlerischen Talente sowohl in Europa, als auch in Südamerika und in den Vereinigten Staaten. Wer weiß, welche Guggenheim-unterstützten Leuchten das Nachwort dieses Buches für die Ausgabe von 1994 zieren werden?

Anmerkungen und Dank des Autors

Dieses Buch ist das Ergebnis glücklicher Umstände. Als mir das Thema vorgeschlagen wurde, lebte ich gerade in Italien und arbeitete an einem Buch über die italienische Kultur, mit Schwerpunkt auf der Renaissance. Eben hatte ich eine Rundreise durch einige der Paläste großer italienischer Familien der Renaissance abgeschlossen — die Reggia der Gonzaga von Mantua, den herzoglichen Palast der Este von Ferrara, das Castello Sforzesco der Sforza von Mailand — , als die Möglichkeit, ein Buch über die Guggenheims zu schreiben, von meinem Agenten Carl D.Brandt an mich herangetragen wurde. Ich war sofort interessiert, kannte ich doch drei Mitglieder der Familie bereits recht gut — Roger W. Straus jr., der mein Buch über die Familie Bouvier veröffentlichte, Iris Love, eine Freundin meiner Schwester und Peggy Guggenheim, die ich bei der Arbeit an einem Buch über Venedig kennengelernt hatte — und war schon immer auf deren Guggenheim-Background neugierig gewesen. Nachdem ich zur Einstimmung einiges über die Familie gelesen hatte, fand ich, daß Amerika in den Guggenheims etwas besaß, das einer großen Familie der italienischen Renaissance sehr, sehr nahe kam. Kühn und abenteuerlich hatten sie ihr Vermögen aufgetürmt, ebenso kühn und abenteuerlich hatten sie es für bislang so brachliegende Dinge wie abstrakte Kunst, schöpferische Einzelvorstöße in Kunst und Wissenschaft, für Luftfahrt und Raketenbau ausgegeben. (Ich mußte dabei unwillkürlich an die Unterstützung der Sforza für Leonardo da Vincis damals avantgardistische Malerei und seiner Zeit weit vorauseilenden mechanischen Erfindungen denken, zu denen auch der Entwurf einer Flugmaschine gehörte.) Kurz, eines führte zum anderen, und bald darauf hatte ich das Buch über die italienische Kultur beiseitegelegt und steckte tief in den Recherchen für *Die Guggenheims*.

Ich erwähne all dies, um meine wichtigsten Dankesschulden zu erklären. Mein erster Dank gilt James Landis, Verlagsleiter von William Morrow & Company, dessen Idee es gewesen war, daß ich dieses Buch schreiben sollte, und der mir seither unermüdlich Ermutigung und höchst einfühlsamen herausgeberischen Rat zuteil werden ließ, und dann Carl D.Brandt, der mich Mr. Landis vorschlug, als dieser erstmals von dem Buchplan sprach, und mir ebenfalls mit wertvollen Ermunterungen und Ratschlägen zur Seite stand.

Als nächstes bedanke ich mich bei den vielen Mitgliedern der Guggenheim-Familie, die mich mit Informationen über sich selbst, ihre Verwandten und ihre Vorfahren versorgten. Zuoberst in dieser Rangfolge der Dankbarkeit steht Roger W. Straus jr., der mir nicht nur sehr viele Unterlagen über die Guggenheims besorgte, sondern mich zahlreichen Mitgliedern und Angestellten der Familie vorstellte, die ich noch nicht kennengelernt hatte: Peter O.Lawson-Johnston, Joan Van de Maele, George Fountaine, Gladys Guggenheim Straus, Oscar Straus III., Lady Castle Stewart, Barbara Obre und Michael Wettach. Ihnen allen und Roger bin ich zutiefst verpflichtet.

Des weiteren schulde ich jenen Mitgliedern der Guggenheim-Familie Dank, die ich entweder bereits gekannt oder an die ich mich selber gewandt hatte: Mrs. William J.Broadhurst (die frühere Mrs. William Guggenheim jr.), Polly Logan (die frühere Mrs. M. Robert Guggenheim), Dorothea Straus, Sindbad Vail, Nicolas Helion, Hazel Guggenheim McKinley, Mrs. Edmond A.Guggenheim und William Guggenheim III.; sie alle haben mir sehr geholfen. Ein besonderer Dank gebührt Mr. und Mrs. M.Robert Guggenheim jr., Mr. und Mrs. Daniel M. Guggenheim und Iris Love für die langen Stunden, in einige Fällen sogar Tage, die sie im Gespräch über die Guggenheims mit mir verbrachten.

Dieses Buch wäre weit weniger vollständig geworden ohne die Mitarbeit von Menschen, die in der einen oder anderen Stellung entweder mit Mitgliedern der Guggenheim-Familie oder mit Guggenheim-Geschäften und -Stiftungen zu tun hatten. Es sind dies: Phyllis Braff, Kuratorin der Schönen Künste, Nassau County Museum; John D.Hohnsbeen, Kurator, Peggy Guggenheim-Sammlung, Venedig; Leo Gottlieb, ehemals Anwalt von Harry F.Guggenheim; Francis P.Schiarolli, ehemals Anwalt der Baronesse Hilla Rebay; Thomas M.Messer, Direktor des Solomon R.Guggenheim-Museums; Peggy Miller, Sekretärin von Roger W. Straus jr.; Albert E.Thiele, Teilhaber von Guggenheim Brothers; James F.Mathias, Vizepräsident der John Simon Guggenheim Memorial Foundation; Gordon N.Ray, Präsident der John Simon Guggenheim Memorial Foundation; Dr.Florence Guggenheim-Grünberg aus Zürich, Historikerin der Guggenheims in der Schweiz; Jacques Oppenheim, Präsident der Gesellschaft zur Erhaltung der Synagogen und Friedhöfe von Endingen-Lengnau, Endingen/Schweiz; Baron Franz Hugo Rebay und Dr.Roland Rebay von Wessling-am-See, Bundesrepublik Deutschland, und Joan Lukach, Kustos des Archivs der Hilla von Rebay-Stiftung. Ihnen allen danke ich sehr herzlich.

Vielen Dank sage ich auch meinen überaus tüchtigen Rechercheuren Joanna Hughbanks, Doris Landmann, Eric Kraeutler und Ellen Yager, sowie Daniel C.Cochran, Finanzanalytiker, Exxon Corporation, für seine Hilfe bei den Dollar-Umrechnungen.

Ein spezielles Dankeschön gilt Sarah Hospodar für ihre wertvolle Recherchierarbeit und Mithilfe, des weiteren Sara K.Stillman und Wes Kirk, die das ganze Manuskript abgetippt haben.

Abschließend bedanke ich mich noch bei meinen Freunden und Verwandten, die mich auf die eine oder andere Weise während meiner Arbeit an dem Buch ermutigten und stützten: Eric F. Goldman, Lya Haby, Angelika Fischer, Monica Rotelli, Theresa Lewis, Petunia Camero, Max Cairo, Maude B.Davis, sowie Nancy W. Davis, die mir von Anfang bis Ende eine wahre Kraftquelle war.

John H.Davis
New York

GENEALOGIETAFEL DER FAMILIE GUGGENHEIM

(1)

ISSAC GUGGENHEIM
(1854—1922)
∞ **CARRIE SONNEBORN**

- 1- Beulah Guggenheim (1877—1956) ∞ William I. Spiegelberg
  - Marjorie Spiegelberg (geb. 1898) ∞ Norman Frank
    - William S. Frank (geb. 1922)
    - Norman B. Frank (geb. 1925)
  - William I. Spiegelberg, Jr. (geb. 1898) [Isaac Guggenheim II bis 1927] ∞ Frances Spiegelberger
    - Betty G. Spiegelberg (geb. 1931)
    - Janet C. Spiegelberg (geb. 1934)
- 2- Edyth Guggenheim (1880—1960) ∞ (1) Louis M. Josephthal ∞ (2) Clarence B. Hewes
  - Eleanor Josephthal (geb. 1901) ∞ Robert O'Neill Butler
    - Barbara Butler (geb. 1927)
    - Robert L. Butler (geb. 1929)
  - Audrey B. Josephthal (geb. 1904) ∞ Cornelius Ruxton Love, Jr.
    - Noel Love (geb. 1929) ∞ Nelson Gross
    - Iris Cornelia Love (geb. 1933)
- 3- Helene Guggenheim (1886-1962) ∞ (1) Edmund L. Haas ∞ (2) Corlette Glorney ∞ (3) Lord Melvill Ward
  - Carol Haas ∞ (1) John Paley Johnson ∞ (2) Peter Johnson

DANIEL GUGGENHEIM
(1856—1930)
∞ **FLORENCE SHLOSS**

- 1- M. Robert Guggenheim (1885—1959) ∞ (1) Grace Bernheimer ∞ (2) Margaret Weyler ∞ (3) Elizabeth Eaton ∞ (4) Rebecca Pollard
  - Daniel Guggenheim II (1906—1925)
  - M. Robert Guggenheim, Jr. (geb. 1910) ∞ (1) Helen Claire Allyn ∞ (2) Harriet Boyle ∞ (3) Shirlee Weatherford McMullen
    - Grace Anne Guggenheim (geb. 1935) ∞ (1) Lee Langan, Jr. ∞ (2) Dean Berg
      - Christopher Lee Langan (geb. 1956)
      - Kathryn Grace Berg (geb. 1958)
      - Marie Elizabeth Berg (geb. 1960)
      - Ingrid Berg (geb. 1966)
    - Daniel M. Guggenheim (geb. 1938) ∞ (1) Carol Marie Foulds ∞ (2) Susan Eileen Winchester
      - Kerry Marie Guggenheim (geb. 1963)
      - Kristin Allyn Guggenheim (geb. 1966)
      - Sara Elizabeth Guggenheim (geb. 1970)
      - Beth Sinclair Guggenheim (geb. 1973)
- 2- Harry Frank Guggenheim (1890—1971) ∞ (1) Helen Rosenberg ∞ (2) Caroline Morton ∞ (3) Alicia Patterson
  - Joan Florence Guggenheim (geb. 1913) ∞ (1) Charles Murray ∞ (2) Albert Van de Maele
  - Nancy Guggenheim (1915—1972) ∞ (1) George Tuckerman Draper ∞ (2) Thomas Williams
    - Dana Draper (geb. 1940)
    - George Tuckerman Draper, Jr. (geb. 1942)
  - Diana Guggenheim (geb. 1924) ∞ (1) John M. Langstaff ∞ (2) Robert Guillard ∞ (3) William Meek
    - Diana Carol Langstaff
- 3- Gladys Eleanor Guggenheim (1895—1980) ∞ Roger W. Straus
  - Oskar Straus II (geb. 1914) ∞ Marion Miller
    - Oscar Strauss III (geb. 1942) ∞ Geraldine (Missy) Coors
      - William M. Straus
      - David A. Straus
  - Roger W. Straus, Jr. (geb. 1917) ∞ Dorothea Liebmann
    - Roger W. Strauss III (geb. 1944) ∞ Nina Pelican
      - Laura Straus
      - Rachel Straus
      - Tamara Straus (Zwillinge)
  - Florence Guggenheim Straus (geb. 1922) ∞ Max Hart
    - Daniel Hart
    - Pamela Hart ∞ Walter Metcalf III

GENEALOGIETAFEL DER FAMILIE GUGGENHEIM

(2)

MURRY GUGGENHEIM
(1858—1939)
⚭ **LEONIE BERNHEIM**

- 1- Edmond A. Guggenheim (1888—1972)
  ⚭ (1) Marron Price
  ⚭ (2) Jeanne Russell
  ⚭ (3) Marion Kaufmann
  - [mit (1)] Natalie Price Guggenheim (geb. 1911)
    ⚭ (1) Robert M. Studin
    ⚭ (2) Frederik Talbert
    ⚭ (3) Bob B. Short
- 2- Lucille Guggenheim (1894—1972)
  ⚭ (1) Fred A. Gimbel
  ⚭ (2) Jack Bonar
  ⚭ (3) Peter P. Summerer
  - [mit (2)] Jean Eleanor Bonar
    ⚭ Richard Leopold

SOLOMON R. GUGGENHEIM
(1861—1949)
⚭ **IRENE ROTHSCHILD**

- 1- Eleanor May Guggenheim (geb. 1896)
  ⚭ Arthur Stuart, Earl of Castle Stewart
  - David Andrew Noel Stuart (1921—1941)
  - Robert Ochiltree Stuart (1923—1944)
  - Arthur Patrick Avondale Stuart, Earl of Castle Stewart (geb. 1928)
    ⚭ Edna Fowler
    - Andrew Charles Richard, Viscount Stuart
    - Lady Bridget Stuart
  - Simon Walter Erskine Stuart (geb. 1930)
    ⚭ Deborah Mounsey
    - Thomas Stuart
    - Corin Edmund Stuart
    - Tristram Stuart
- 2- Gertrude R. Guggenheim (1898—1966)
- 3- Barbara Josephine Guggenheim (geb. 1904)
  ⚭ (1) John R. Lawson-Johnston
  ⚭ (2) Fred E. Wettach, Jr.
  ⚭ (3) Henry Obre
  - [mit (1)] Peter O. Lawson-Johnston (geb. 1927)
    ⚭ Dorothy Hammond
    - Wendy Lawson-Johnston (geb. 1952)
      ⚭ Thomas Kerney McNeil
      - Thomas Kerney McNeil, Jr. (geb. 1977)
    - Tania Lawson-Johnston (geb. 1954)
      ⚭ Mark Tassie
      - Brogan Erin Tassie (geb. 1976)
    - Peter O. Lawson-Johnston, Jr. (geb. 1957)
    - Mary Lawson-Johnston (geb. 1967)
  - [mit (2)] Michael F. Wettach (geb. 1931)

BENJAMIN GUGGENHEIM
(1865—1912)
∞ FLORETTE SELIGMAN

- 1- Benita R. Guggenheim (1895—1927)
  ∞ Edward B. Mayer
- 2- Marguerite (Peggy) Guggenheim (1898—1979)
  ∞ Laurence Vail
  - Sindbad Vail (geb. 1923)
    ∞ (1) Jacqueline Ventadour
      - Clovis Vail (geb. 1946)
      - Mark Vail (geb. 1950)
    (2) Peggy Angela Yeomans
      - Karole Vail (geb. 1958)
      - Julia Vail (geb. 1962)
  - Pegeen Vail (1925—1967)
    ∞ (1) Jean Helion
      - Fabrice Helion (geb. 1947)
      - Davide Helion (geb. 1948)
      - Nicolas Helion (geb. 1952)
    ∞ (2) Ralph Rumney
      - Sandro Rumney (geb. 1958)
- 3- Hazel Guggenheim (geb. 1903)
  ∞ (1) Sigmund Kempner
  ∞ (2) Milton S. Waldman
    - Terrence Waldman (1924—1928)
    - Benjamin Waldman (1927—1928)
  ∞ (3) Denys King-Farlow
    - John King-Farlow (geb. 1932)
    - Barbara Benita King-Farlow (geb. 1934)
  ∞ (4) Charles McKinley

WILLIAM GUGGENHEIM
(1868—1941)
∞ (1) GRACE B. HERBERT
∞ (2) AIMEE L. STEINBERGER

- 1- William Guggenheim, Jr. (1907—1947)
  ∞ Elizabeth Newell
  - William Guggenheim III (geb. 1939)
    ∞ (1) Grace Azro Embury
      - Maire Embury Guggenheim (geb. 1962)
      - Jaenet Newell Guggenheim (geb. 1963)
    ∞ (2) Judith Arnold
      - William Douglas Guggenheim (geb. 1970)
      - Christopher Mark Guggenheim (geb. 1976)
      - Jonathan Guggenheim (geb. 1979)

GENEALOGIETAFEL DER FAMILIE GUGGENHEIM

(3)

ROSE GUGGENHEIM
(1871—1945)
ꝏ (1) ALBERT LOEB
ꝏ (2) SAMUEL GOLDSMITH
ꝏ (3) CHARLES QUICKE

- 1- Harold A. Loeb (1891—1974)
  ꝏ (1) Marjorie Content
  ꝏ (2) Vera B. Currie
  ꝏ (3) Barbara McKenzie
  - Kinder mit (1) Marjorie Content:
    - Harald A. Loeb, Jr. [James] (1915—1970) ꝏ May Bell Bucky
    - Mary Ellen Loeb [Susan] (geb. 1916) ꝏ M. Floyd Sandberg
  - Kinder mit (2) Vera B. Currie:
    - Anah Currie Loeb (geb. 1933) ꝏ Agnar Pytte
    - Harold B. Loeb [David] (1937—1965) ꝏ Laura Epstein
- 2- Edwin M. Loeb (1894—1966)
  ꝏ (1) Margaret David
  ꝏ (2) Harriet Allison
  ꝏ (3) Lisl Groag
  - Kind mit (1) Margaret David:
    - Barbara Loeb (geb. 1925)
  - Kinder mit (2) Harriet Allison:
    - Timothy Loeb (geb. 1935)
    - Peter Loeb (geb. 1937)
- 3- Williard Loeb (1896—1958) ꝏ Mary Frank
  - Nancy Loeb (geb. 1921)
  - Mary Ann Loeb (geb. 1925)

CORA GUGGENHEIM
(1873—1956)
ꝏ LOUIS F. ROTHSCHILD

- 1- Louis F. Rothschild, Jr. (1900—1902)
- 2- Muriel B. Rothschild (geb. 1903) ꝏ William Donald Scott
  - Donald Scott (geb. 1929)
  - Michael Scott (geb. 1930)
- 3- Gwendolyn Rothschild (geb. 1906)

Ausgewählte Bibliographie

WERKE VON ANGEHÖRIGEN DER FAMILIE GUGGENHEIM:

GUGGENHEIM, HARRY F. *The Seven Skies.* New York: G. Putnam's Sons, 1930.
GUGGENHEIM, HARRY F. *The United States and Cuba.* New York: Macmillan, 1934.
GUGGENHEIM, PEGGY. *Confessions of an Art Addict.* New York: Macmillan, 1960.
— *Out of This Century, The Informal Memoirs of Peggy Guggenheim.* New York: Dial, 1946.
LOEB, HAROLD. *The Way It Was.* New York: Criterion Books, 1959.
STRAUS, DOROTHEA. *Palaces and Prisons.* Boston: Houghton Mifflin, 1976.
— *Showcases.* Boston: Houghton Mifflin, 1974.
STRAUS, ROGER W. JR., *The New Order.* New York: G. P. Putnam's Sons, 1941.
— *War letters from Britain.* New York: G. P. Putnam's Sons, 1941.
WILLIAMS, GATENBY (Pseudonym von William Guggenheim), und CHARLES MONROE HEATH, *William Guggenheim.* New York: Lone Voice Publishing, 1934.

DIE FAMILIE GUGGENHEIM IN ANDEREN QUELLEN:

BARUCH, BERNARD M. *My Own Story.* New York: Holt, Rinehart and Winston, 1957.
BERNSTEIN, MARVIN D. *The Mexican Mining Industry,* 1890 — 1950. NewYork: State University of New York, 1965. (mit umfangreicher Bibliographie).
CLEVELAND, REGINALD M. *America Fledges Wings: The History of the Daniel Guggenheim Fund for the Promotion of Aeronautics.* New York: Pittman, 1942.
DORSET, PHYLLIS FLANDERS. *New Eldorado.* New York: Macmillan, 1970.
EMME, EUGENE M. *Aeronautics and Astronautics: An American Chronology of Science and Technology in the Exploration of Space, 1915— 1960.* Washington D.C.: National Aeronautics and Space Administration, 1961.
GODDARD, ESTHER C., und G. EDWARD PENDRAY. *The Papers of Robert H. Goddard,* 6 vols. New York: McGraw-Hill, 1970.

HALLION, RICHARD P. *Legacy of Flight: The Guggenheim Contribution to American Aviation*. Seattle: University of Washington Press, 1977 (mit umfangreicher Bibliographie).

HAMMOND, JOHN HAYS. *The Autobiography of John Hays Hammond*. New York: Farrar and Rinehart, 1935.

HAYNES, WILLIAM. *Chemical Pioneers:* Freeport, N. Y.: Books for Libraries Press, 1939.

JACKSON, SAMUEL B. *Two Hundred Trails to Gold*. Garden City, N. Y.: Doublebay, 1976.

JORALEMON, IRA B. *Romantic Copper, Its Lure and Lore*. New York: Appleton-Century, 1934.

LEHMAN, MILTON. *This High Man: The Life of Robert H. Goddard*. New York: Farrar, Straus, 1963.

LINDBERGH, ANNE MORROW. *The Anne Morrow Lindbergh Diaries. New York: Harcourt Brace Jovanovich, 1971—1973.*

MARCOSSON, ISAAC F. Metal Magic: The Story of The American Smelting and Refining Company. New York: Farrar, Straus, 1949.

MILLIKIN, ROBERT. *The Guggenheim Aeronautical Laboratory of the California Institute of Technology, The First Twenty-five Years*. Pasadena: California Institute of Technology, 1954.

PARSONS, A. B. *Porphyry Coppers*. New York: American Institute of Mining and Metallurgical Engineers, 1933.

PENDRAY, G. EDWARD. *The Coming Age of Rocket Power*. New York: Harper & Bros., 1945.

PENDRAY, G. EDWARD, ed. *The Guggenheim Medalists, Architects of the Age of Flight*. New York: The Guggenheim Medal Board of Award, the United Engineering Trustees, 1964.

REYNOLDS, QUENTIN JAMES. *The Amazing Mr. Doolittle*. New York: Appleton-Century-Crofts, 1953.

RICKARD, T. A. *A History of American Mining*. New York: McGraw-Hill, 1932.

SLOANE, HOWARD N., and LUCILLE L. SLOANE. *A Pictorial History of American Mining*. New York: Crown, 1970.

WRIGHT, FRANK LLOYD. *An Autobiography*. New York: Duell, Sloan, & Pearce, 1943.

BIOGRAPHIE DER FAMILIE GUGGENHEIM

HOYT, EDWIN P., JR. *The Guggenheims and the American Dream*. New York: Funk and Wagnalls, 1967.

LOMASK, MILTON. *Seed Money: The Guggenheim Story*. New York: Farrar, Straus, 1964. (Vor allem über die Guggenheim-Stiftungen.)

O'CONNOR, HARVEY. *The Guggenheims: The Making of American Dynasty*. New York: Covici Friede, 1937.

ÜBER DIE JUDEN IN DER SCHWEIZ:

GUGGENHEIM-GRÜNBERG, FLORENCE. *Die ältesten Grabsteine des Friedhofs Endigen-Lengnau.* Zürich: Verlag Jüdische Buch-Gemeinde, 1958.

— *Die ältesten Jüdischen Familien in Lengnau und Endigen.* Zürich: Verlag Jüdische Buch-Gemeinde, 1954.

— *Die Juden in der Schweiz.* Zürich: Verlag Jüdische Buch-Gemeinde, 1961.

— *Pfarrer Ulrich als Missionar im Surbtal.* Zürich: Verlag Jüdische Buch-Gemeinde, 1953.

— *Die Sprache der Schweizer Juden von Endigen und Lengnau.* Zürich: Verlag Jüdische Buch-Gemeinde, 1950.

ULRICH, JOHANN CASPAR. *Sammlung jüdischer Geschichten welche sich mid diesem Volk in XIII und folgenden Jahrhunderten bis auf 1760 in der Schweiz von Zeit zu Zeit zugetragen.* Basel, 1768. (Erwähnt Parnas Jakob Guggenheim und andere direkte Vorfahren der amerikanischen Guggenheims.)

ALLGEMEINE WERKE ÜBER JÜDISCHE GESCHICHTE UND JUDENTUM:

BAMBERGER, BERNARD J. *The Story of Judaism.* New York: Schocken Books, 1964.

BIRMINGHAM, STEPHEN. *Our Crowd.* New York: Harper & Row, 1967.

CUDDIHY, JOHN MURRAY. *The Ordeal of Civility: Freud, Marx, Levi-Strauss and the Jewish Struggle with Modernity.* New York: Basic Books, 1975.

GRAETZ, HEINRICH. *History of the Jews,* 6 Bde. Philadelphia: Jewish Publication Society of America, 1898.

DIMONT, MAX I. *Jews, God and History.* New York: New American Library, 1962.

GRAYZEL, SOLOMON. *A History of the Contemporary Jews.* New York: Meridian Books, 1960.

HERBERG, WILL. *Judaism and Modern Man: An Interpretation of Jewish Religion.* New York: Farrar, Straus & Cudahy, 1951.

HIRSCHLER, ERIC E., Hsg. *Jews From Germany in the United States.* New York: Farrar, Straus & Cudahy, 1955.

HOROWITZ, GEORGE. *The Spirit of Jewish Law.* New York: Central Book Company, 1973.

KAUFMANN, WALTER. *Religions in Four Dimensions.* New York: Reader's Digest Press, 1976.

MADISON, CHARLES A. *Eminent American Jews, 1776 to the Present.* New York: Frederick Ungar, 1970.

ROTH, CECIL. *The Jewish Contribution to Civilization.* New York: Harper & Bros., 1940.

VAN DEN HAAG, ERNEST. *The Jewish Mystique.* New York: Stein & Day, 1969.

ARCHIVE UND SPEZIALSAMMLUNGEN

Archives of Guggenheim Brothers, 120 Broadway, New York, N.Y. 10005. (GB)

Archives of the Kennecott Copper Corporation, 161 East 42nd Street, New York, N.Y. 10017. (K)

Archives of the American Smelting and Refining Company, 120 Broadway, New York, N.Y. 10005. (ASARCO)

Archives of the Solomon R. Guggenheim Foundation, Solomon R. Guggenheim Memorial Museum, Fifth Avenue and 89th Street, New York, N.Y. 10028 and 120 Broadway, New York, N.Y. 10005. (SRG)

Archives of the John Simon Guggenheim Memorial Foundation, 90 Park Avenue, New York, N.Y. 10016. (JSGM)

Archives of the Daniel and Florence Guggenheim Foundation, 120 Broadway, New York, N.Y. 10005. (DFG)

Archives of the Harry Frank Guggenheim Foundation, 120 Broadway, New York, N.Y. 10005. (HFG)

Archives of the Hilla von Rebay Foundation, 1083 Fifth Avenue, New York, N.Y. 10028. (HR)

The Daniel Guggenheim Papers (einschließlich Archiv des Daniel Guggenheim Fund for the Promotion of Aeronautics), Library of Congress, Washington, D.C. (DGP)

The Harry Frank Guggenheim Papers, Library of Congress, Washington, D.C. (HFGP)

Register